江苏师范大学小学教育国家级一流本科专业建设点资助

小学语文文体教学分析 与学习活动设计

XIAOXUE YUWEN WENTI JIAOXUE FENXI
YU XUEXI HUODONG SHEJI

小学教育一流专业建设教材·总主编:高 伟

王靖懿 / **主 编**

丁 楠 / **副主编**

北京师范大学出版集团
BEIJING NORMAL UNIVERSITY PUBLISHING GROUP
北京师范大学出版社

图书在版编目(CIP)数据

小学语文文体教学分析与学习活动设计 / 王靖懿主编. —北京：北京师范大学出版社，2023.8

小学教育一流专业建设教材

ISBN 978-7-303-29058-1

Ⅰ.①小… Ⅱ.①王… Ⅲ.①小学语文课－教学研究－高等师范院校－教材 Ⅳ.①G623.202

中国国家版本馆 CIP 数据核字(2023)第 065571 号

教 材 意 见 反 馈 　gaozhifk@bnupg.com　010-58805079
营 销 中 心 电 话 　010-58802135　58802786
北师大出版社教师教育分社微信公众号 　京师教师教育

出版发行：北京师范大学出版社　www.bnupg.com
　　　　　北京市西城区新街口外大街 12-3 号
　　　　　邮政编码：100088
印　　刷：天津旭非印刷有限公司
经　　销：全国新华书店
开　　本：787 mm×1092 mm　1/16
印　　张：20.25
字　　数：403 千字
版　　次：2023 年 8 月第 1 版
印　　次：2023 年 8 月第 1 次印刷
定　　价：54.00 元

策划编辑：张筱彤　　　　　　责任编辑：朱前前
美术编辑：陈 涛 焦 丽　　　装帧设计：陈 涛 焦 丽
责任校对：包冀萌　　　　　　责任印制：马 洁

丛书顾问

总　序

本套教材由江苏师范大学教育科学学院（教师教育学院）小学教育国家级一流本科专业建设点资助出版，共有《教师的实践哲学》《儿童哲学》《小学生认知与学习》等 21 本，基本涵盖了小学教育专业的学科专业课程、教育实践课程以及教师教育课程，并重点关注了新时代教育前沿课程。

本套教材自酝酿到遴选、初审再到申报选题、审读、出版，经历了一个较为漫长的过程。2019 年，江苏师范大学教育科学学院（教师教育学院）小学教育专业先后获批江苏省高校一流本科专业和国家级一流本科专业建设点，国家级一流本科专业建设点本身对教材建设有要求。2019 年年初，我们在学院发布了教材招标书，明确了申报条件、教材范围以及申报程序。在提交给出版社教材目录之前，我们对所申报的教材采用院内评价、同行评价、专家评价的方式进行了三轮严格的遴选。我们把"三个原则，三个标准"作为教材遴选的基本条件。

三个原则，即思想性原则、实用性原则和时代性原则。这三个原则也是教材出版的基本依据和根本遵循。一是思想性原则。思想性就是有意识地将习近平新时代中国特色社会主义思想、社会主义核心价值观有机融入教材内容，体现马克思主义中国化要求，体现中国和中华民族风格，体现党和国家对教育的基本要求，体现国家和民族基本价值观，围绕育人目标，深度挖掘提炼小学教育专业知识体系中所蕴含的思想价值和精神内涵，注重加强师德师风教育，引导学生树立学为人师、行为世范的职业理想，争作"四有"好老师，充分体现课程的思想逻辑、价值逻辑和实践逻辑。二是实用性原则。小学教育专业教材编写的指向很明确，就是要培养能够胜任小学教育教学的高素质、专业化、创新型教师，这就要求教材实用、能用、好用。教材要遵循小学教育专业教育教学规律、小学教师人才成长规律，贴近小学教育专业学生的思想、学习和生活实际，以便教师好教、学生好学、学有所得、学以致用。我们要求教材在呈现专业知识时，以实际问题为出发点和归宿，体现知识的形成和应用过程，突出理论与实践的统一，培养学生用教育学的思想和眼光观察世界的习惯，在教学实践中提升问题解决的能力。教材一定要注重师范生能力培养，以创新精神和实践能力为核心，以培养学生发现问题、提出问题、分析问题、解决问题的能力为目标，完善以能力培养为核心的教学设计。这就要求编者不仅要精心设计教材内容，还应在编写体例上下足功夫，夯实学生能力发展的知识基础，把知识学习与能力形成有效地结合起来。三是时代性原则。时代发展和科技进步是教材改革最有效的催化剂。要想更新教材内容、创造性转化传统教育观念，就必须立足时代前沿，及时反映经济社会发展新变化、科学技术进步新成果，既要相对稳定，准确阐述本学科专业基本概念、基本知识和基本方法，保持小学教育专业教材的科学性，又要与时俱进，吸纳最新研究成果，保障人才培养的先进性。

三个标准，即专业标准、经历标准和验证标准。一是专业标准。凡申报教材出版的教师，必须有高级职称，必须在其专业领域表现出较高的专业水准。我们不是唯职称论者，所看重的并不是职称，而是职称背后的学术训练、实践历练和经验老练。二是经历标准。我们要求教材编者必须有三个经历：和中小学的长期合作经历、经常去中小学体验的经历，以及指导中小学教科研的经历。这三个经历缺一不可。之所以要特别强调经历标准，是因为教材是要"用"的，如果编者对基础教育的情况不熟悉、不了解，对中小学课程标准摸不透、吃不准，对中小学到底需要什么样的教师把握得不清楚、不准确，那么他就既不能准确地理解我们对人才培养目标的设计，也不能保证课程、教学对于培养目标、毕业要求的达成，当然也就写不出一本具有学科特色、专业特色的教材。三是验证标准。验证标准就是所申报的教材内容必须在教学实践中经过两到三轮的试用，也就是说在出版之前，必须已经验证了教材的适用性。事实上，有的教材是编者十几年乃至几十年专业教学工作的结晶。从这个意义上讲，这套教材既是我们对教学实践的总结，也是对教学实践的反思与提炼。

我们按照"三个原则，三个标准"遴选的教材又经过了出版社的严格审核、层层遴选、多重把关，应该说充分保障了教材本身的质量。

本套教材出版之际，还是要表达由衷的感谢之情。感谢江苏师范大学小学教育专业团队，这个团队所有成员同呼吸、共命运，同甘共苦，同心同德，矢志创业，本套教材在某种意义上也是团队共同奋斗的见证。感谢北京师范大学出版社郭兴举、李轶楠、张筱彤及其他编辑同志，他们的精心编辑、审读使本套教材锦上添花，他们的帮助对江苏师范大学小学教育专业建设而言是雪中送炭。最后，也要感谢江苏师范大学小学教育专业的所有学生，他们的成长与发展是我们追求进步的不竭动力。当然，由于编者水平所限，教材不免会有不妥之处，同时随着教育实践和研究的不断发展，教材的内容也应该不断升级换代，敬请广大读者、同行专家给予批评指正，欢迎提出富有建设性的意见，以便今后进一步修订完善。

高伟

2022 年 2 月

前　言

我国教育部组织编写的义务教育语文教科书(简称"统编教材")自 2017 年秋季在全国范围内启用以来，经过五年的摸索与实践，广大一线教师由最初的无所适从，到逐渐习惯、适应，整体上已能较好地接纳新教材，并探索出众多适应新教材的语文教学方法及路径。然而，所谓学无止境，教亦无止境。教学既是一门科学，又是一门艺术。教师面对教学工作，由从容应对而至游刃有余、运斤成风，中间还有很长的一段路要走，而这恰恰建立在对教材的研读、思考、建构以及再创造的基础之上。特别是为了全面落实立德树人根本任务，进一步深化课程改革，对义务教育课程方案和课程标准进行了重新修订，并于 2022 年秋季学期开始执行。与 2011 年版"语文课程标准"相比，2022 年版《义务教育语文课程标准》明确了义务教育语文课程培养的核心素养的四个维度，即文化自信、语言运用、思维能力、审美创造，并界定了其具体内涵。此外，新"课标"最为显著的变化，一是新增了学业质量标准，二是课程内容主要以学习任务群组织与呈现。这无疑对教师的教学能力与素养提出了更高的要求。新课程标准要求学生从"学语文"到"学好语文"层次的转变，进一步鞭策着教师实现从"教教材"到"用好教材"能力的提升。

那么，如何才能用好统编本小学语文教材呢？该教材总主编温儒敏教授在《用好统编本教材，切实提升教学质量——使用统编本小学语文教材的六条建议》一文中指出："讲到课型区分，不只是精读、略读的区分，还有不同文体课文教学的课型也要区分。现在的问题是，教学中文体意识淡薄，课型混淆……无论是小说、故事、童话、散文、诗歌、说明文，几乎都采用差不多的分析性阅读，很注重背景、主题、作者意图、段落大意、词句分析、思想意义、修辞和艺术手法等，这就有点文体混淆了。"进而强调："其实不同的文体，阅读方法应当有所区别，授课的重点也不一样。教师要教学生面对不同的文体，不同的作品，采用不同的阅读方法。比如，小说和童话不一样，诗歌和散文不一样，文学类阅读和实用类、思辨类阅读是有明显差别的。教学中应当注意区分不同的课型，增强文体教学意识。"①

文体，是指文章、文学作品的体裁。苏联美学家奥夫相尼柯夫《简明美学辞典》认为："在每一种体裁中都可以看到内容的某种共同性(生活联系和关系的特殊性)以及方

---

① 温儒敏：《用好统编本教材，切实提升教学质量——使用统编本小学语文教材的六条建议》，载《语文建设》，2019(8)。

向性、生活现象取舍及其艺术体现、思想和审美评价、感染作用特点的某种共同性。每一种体裁都有一整套相对稳定的艺术手段，这些艺术手段就是该体裁的独特辨认标志。"①由此可见，每一种文体都具有"内容的某种共同性"以及"一整套相对稳定的艺术手段"。对于语文教师而言，在进行文本教学解读时，若能从文体角度出发，以课文所属体裁的某些共性及其相对稳定的创作手法作为认知背景，则能举一反三、触类旁通，直指本篇课文的要害，抓住文本内容或形式的精髓，确立教学目标及重难点；在进行学习活动设计时，若能立足文体内容及其艺术手法的共性，确定学习内容，选择学习方法，安排学习进程，则有助于学生深入领会文本，并潜移默化地在文体意识的指引下，不断积累、充实文体认知与鉴赏经验，进而在课外阅读中进行经验的有效迁移与运用。

为有鉴于此，本教材以"文体"为纲，梳理出统编本小学语文教材常见的体裁类型，主要包括诗歌、散文、童话、故事、寓言、小说、科学文艺。之所以如此划分，主要是参照几种比较权威的"儿童文学"教程类书籍通用的文体分类方式。同时，依据统编教材的实际情况，又将"诗歌"具体区分为"古诗"及"儿童诗歌"两类，并另设"文言文"一类。当然，这种分类方式并非尽善尽美，某些类型之间难免存在交叉、重叠的情况。比如，文言文是中国古代书面语言组成的文章，并非文学体裁的一种，统编教材中的文言课文实际可归入散文、故事、寓言等体裁类型；科学文艺重在以文学的手法描写科学、表现科学、普及科学，当它与其他文学体裁相碰撞时，便形成了种类繁多的体裁形式，如科学童话、科学幻想小说、科学诗、科学小品、科学故事、科学寓言等，统编教材中的相关课文，既可纳入科学文艺的范畴，又可分属童话、小说、诗歌、散文、故事、寓言等文体类型。即便如此，文言文或科学文艺类文本却又具有自身的文本属性与审美特质，文言文教学理应区别于现代文教学，科学文艺类文本的教学也理应区别于一般文学作品的教学；同样的，古诗教学亦具有不同于现代诗歌教学的目标、重点、路径与方法。进言之，统编教材中的其他文体，如现代诗歌、散文、古诗、小说等，大多属于儿童文学的范畴，故而教学中，既要关注"文学性"，又要体现"儿童性"，并遵循文体自身的规律与特点。因此，小学语文教师在进行文本教学解读与学习活动设计之时，只有站在"文学"的高度，以"儿童"的视角加以审视，并从"文体"角度予以切入，才能精准把握文章的脉搏，令教学既适应学生的学习特点，又体现文本自身的特点，让学生能够更深层次地触及文学的规律及奥秘。

为做到"有理有据"，本教材在"以文体为纲"的整体框架之下，每一章皆分为两节：第一节主要从理论层面对某一文体进行教学分析，包括文体概念及特征、该文体在统编本小学语文教材中的编排特点、该文体教学解读策略以及学习活动设计策略等内容；

---

① ［苏联］奥夫相尼柯夫：《简明美学辞典》，38 页，北京，知识出版社，1981。

第二节则从实践层面，选取统编教材所涉此种文体较有代表性的2～3篇课文进行文本教学解读与学习活动设计。其中，第一章是围绕"古诗"的教学分析与学习活动设计，因古诗在统编本小学语文教材中地位独特，不仅数量众多、内涵丰富，而且形式多样，同时古诗教学又是小学语文教学的重点与难点，因而本教材除了从低、中、高学段各选取一首古诗作为学习活动设计案例以体现古诗教学的学段特点以外，又特别选择一首词作，以显现词体与诗体教学所应具有的差异性，故而第一章共提供了四篇学习活动设计案例，与其他各章略有出入。

本教材的编写，汇聚了江苏师范大学教育科学学院小学教育专业的优质师生力量。教材编写的初衷，既是为师范院校小学教育专业的师范生以及广大一线小学语文教师提供参考、借鉴，又是作为本院小教专业人才培养成果的集结与检视。编写组成员及具体分工如下：

王靖懿，江苏师范大学教育科学学院师范生技能实训中心主任，副教授，文学博士，硕士生导师，负责教材编写的统筹工作，撰写第一章第一节"古诗教学分析"，以及《绝句》《凉州词》《示儿》《西江月·夜行黄沙道中》《比尾巴》5篇文本教学解读与学习活动设计。

丁楠，江苏师范大学教育科学学院2017级本科生，现就职于南京市拉萨路小学，负责撰写"绪论"、第八章第一节"小说文体教学分析"，以及《祖父的园子》《景阳冈》《桥》《搭船的鸟》《盘古开天地》5篇文本教学解读与学习活动设计。

陈丽婷，江苏师范大学教育科学学院2015级本科生，现就职于苏州工业园区星湾学校，负责撰写第二章第一节"文言文教学分析"，以及《司马光》《精卫填海》《白鹅》3篇文本教学解读与学习活动设计。

顾筱筠，江苏师范大学教育科学学院2011级本科生，现就职于无锡市安镇实验小学，负责撰写第三章第一节"儿童诗歌教学分析"，以及《雪地里的小画家》《祖先的摇篮》2篇文本教学解读与学习活动设计。

赵菁菁，江苏师范大学教育科学学院2009级本科生，现就职于南京市瑞金北村小学，负责撰写第四章第一节"散文文体教学分析"。

宋蕾蕾，江苏师范大学教育科学学院2009级本科生，现就职于苏州工业园区星海小学，负责撰写第五章第一节"童话文体教学分析"，以及《动物王国开大会》《咕咚》《一个豆荚里的五粒豆》3篇文本教学解读与学习活动设计。

李森，江苏师范大学教育科学学院2009级本科生，现就职于南京市陶行知学校，负责撰写第六章第一节"故事文体教学分析"。

周心怡，江苏师范大学教育科学学院2010级本科生，现就职于苏州工业园区星海小学，负责撰写第七章第一节"寓言文体教学分析"及《寒号鸟》文本教学解读与学习活动设计。

夏眉宇，江苏师范大学教育科学学院 2012 级本科生，现就职于泰州市姜堰区东桥小学教育集团，负责撰写第九章第一节"科学文艺文体教学分析"及《蜜蜂》文本教学解读与学习活动设计。

郑玉凤，江苏师范大学教育科学学院 2014 级本科生，现就职于张家港市常阴沙学校，负责撰写《囊萤夜读》文本教学解读与学习活动设计。

张婷，江苏师范大学教育科学学院 2018 级本科生，负责撰写《军神》文本教学解读与学习活动设计。

许诺，江苏师范大学教育科学学院 2019 级在读本科生，负责撰写《灰雀》《鹿角和鹿腿》《绿》3 篇文本教学解读与学习活动设计，以及部分板书设计的书写。

教材编写组成员，多数在大学期间就参加过江苏省师范生教学基本功大赛或其他教学竞赛，获得优异成绩，工作后亦是教学一线的佼佼者，不但专业理论扎实，而且实践能力过硬。此外，本教材的编写得到江苏师范大学教育科学学院高伟院长、贾林祥书记、陈鹏副院长等领导的大力支持，特表示由衷的感谢！

编者

2022 年 8 月

目　录

基于统编教材的小学
语文学习活动设计总论

一、概述：统编本小学语文教材的编排特点

从 2017 年 9 月开始，全国义务教育全学段统一使用统编本教材。该教材的编写工作历时多年，汇聚了众多专家、学者、教研员、一线教师的智慧，是语文教材的一次历史性变革，受到全社会的广泛关注。我们首先需要对统编本小学语文教材的特点有清晰的认知，方可为文本教学解读与学习活动设计奠定基础。

统编本小学语文教材总主编温儒敏教授曾将教材的编写理念及总体特色概括为：一是强调立德树人，却又避免做表面文章；二是接地气，希望有新理念，又不挂空；三是守正创新；四是力图贴近当代中小学生的"语文生活"，体现时代性。并将课文的选篇标准概括为"经典性，文质兼美，适宜教学，同时要适当兼顾时代性"。[①] 整体而言，统编本小学语文教材强化文化育人，双线组织单元，习作自成体系，并且建构了三位一体的阅读教学体系。同时，这套教材又凸显文体意识，设置了多个文体主题单元，如三年级上册的童话单元，三年级下册的寓言单元、故事单元，四年级上册的神话单元、古代故事单元，四年级下册的现代诗单元、中外经典童话单元，五年级上册的民间故事单元，五年级下册的古典名著单元，六年级上册的小说单元，六年级下册的外国名著单元。为了方便读者对于统编本小学语文教材有更加全面而深入的认知，在此以小说这一文体为主，具体阐明统编本小学语文教材的编排及文本特点。

（一）温度：以儿童为本位

统编本小学语文教材所选的文本符合儿童的认知特点与逻辑思维倾向，关注儿童的生活经验、阅读体验以及阅读兴趣。例如，三年级下册的《剃头大师》是让学生体会文本字里行间流露出的童真与童趣，因而更易打动儿童。四年级下册中，《小英雄雨来》《我们家的男子汉》和《芦花鞋》的人文主题是成长，文本的选择贴近儿童实际生活，人物形象也极具特色，浓缩了某一时代的儿童最突出的形象特征，并用细腻的笔触将这一特征发挥到极致。如《小英雄雨来》中的主人公雨来，文章不仅塑造了雨来面对敌人时坚强不屈、不怕牺牲的精神，而且描写了雨来玩水被妈妈追着打的事情，贪玩、调皮的形象跃然纸上，人物有血有肉，文本极富真实性与亲切感，学生在文本阅读中很容易与文中的主人公产生情感的共鸣与达到精神的互通。

（二）梯度：渐进式的发展

统编本小学语文教材依据培养目标、课程标准以及儿童的身心发展特点，对文本

---

① 温儒敏：《如何用好"统编本"小学语文教材》，载《课程·教材·教法》，2018(2)。

进行了整体的规划设计，将多样化题材以适宜的形式合理分配到各个年级的不同单元，具有阶梯发展性特征。就小说而言，从三年级到六年级，小说文体的编排是一个逐级推进的过程，由浅入深，由简单到复杂。具言之，第二学段，小说文本主要是儿童小说，以培养学生对小说阅读的兴趣为主，符合学生的阅读心理与能力特点；作品的主题思想较为浅显，多体现童真童趣，语文要素方面强调学生初步掌握阅读长文章、长难句的方法。第三学段，随着学生认知水平、思维能力的发展，教材编排了古今中外不同类型的小说，阅读难度逐级提升，对于阅读方法也提出了更高的要求。此外，教材还建构了三位一体的阅读教学体系，强调课型的区分，精读课学生学习阅读方法，略读课学生自主运用阅读方法，辅以"阅读链接""快乐读书吧"等板块的课外阅读，贯彻落实"多读书，读好书，好读书"的理念，关注学生学法与用法的阶梯性发展。

（三）广度：经典性与多样性

统编本小学语文教材所编选的文本文质兼美，多是广为流传的经典作品，兼有内涵的丰富性、时空的跨越性与较强的可读性。就小说而言，五六年级更是专门设置了中外经典名著专题，激发学生阅读中国古典小说"四大名著"和外国经典名著的积极性。五年级下册的《景阳冈》选自古典小说《水浒传》，六年级上册的《少年闰土》选自鲁迅的小说《故乡》，六年级下册的《鲁滨逊漂流记》《汤姆·索亚历险记》都属外国名著节选。教材中小说类课文题材、种类丰富多样，从主题来看，有童真、成长、亲情、革命、古典、战争和科幻题材；从类型来看，有章回体小说、长篇小说的节选和微型小说；从时空范围来说，涵盖了古今中外不同时期、不同地域作家的创作，如六年级上册第四单元选编了中外不同作家各具特色的三篇小说：中国作家谈歌的《桥》、俄国作家列夫·托尔斯泰的《穷人》和美国作家奥莱尔的《在柏林》。此外，对于一些长篇小说的节选，教材有时在课文前面添加内容梗概，有时在课文之后设置"阅读链接"或"资料袋"，有时还会在文中穿插一些泡泡提示语，既方便学生理解故事情节，也能调动学生的阅读兴趣，推进"整本书"阅读。

（四）高度：工具性与人文性

统编本小学语文教材所选的文本既有极高的文学价值，同时又兼顾语文学科的工具性，既注重阅读方法的教授，也关注文本主题中人文情感的渗透。就小说而言，教材编选了多篇适合小学生阅读能力和审美取向的儿童小说，作品中的主要人物是与学生年龄相仿的儿童，阅读过程中学生更容易产生共鸣，更能以主人公为学习的榜样，从中汲取精神的力量；亲情题材小说《慈母情深》中刻画了一位无论生活多么艰苦，也要让孩子读书的母亲形象，让学生对于母爱有了更深的感知；童年往事主题的《祖父的园子》，让学生跟随萧红的笔触感受其童年的纯真自由，以及对家乡、亲人和故土的怀念；六年级上册第四单元的三篇小说都是以现实生活为题材，表现了普通人在面临困境时所闪现的人性光辉。选编这三篇课文，不仅是为了具化有关"美好品质"的人文主题，而且是为了落实具体的阅读训练要素，即"读小说，关注情节、环境，感受人物形象"，贯彻学科育人理念，实现了工具性与人文性的统一。

二、深描：文本解读与活动设计的内在联系

小学语文教学得以实现离不开两方面，一是教师解读课文文本，与文本（包含作者、教科书编者）展开对话；二是将文本解读的内容转化为教学实践，设计学习活动，与学生展开对话，并引导学生与文本展开对话。如果教师疏于或不重视文本解读，与学生直接展开对话，那么其在课堂上的教学也只是脱离文本的虚假对话，是追求表面热闹的虚伪教学。因此，文本教学解读是学习活动设计的坚实基础，学习活动设计是文本教学解读的具体表现，二者交错勾联，互推互进。就阅读教学而言，阅读是运用语言文字获取信息、认识世界、发展思维、获得审美体验的重要途径；阅读教学是学生、教师、教科书编者、文本之间对话的过程。那么，如何在阅读教学中实现有意义的语文对话，实现文本解读与活动设计的交互创生，真正让学生的语文核心素养落地生根、生长拔节，这是我们需要深思的，本书也是致力于研究解决这一关键性问题并提出了诸多建议。在此我们先做一个讨论与探析，如图 0-1 所示。

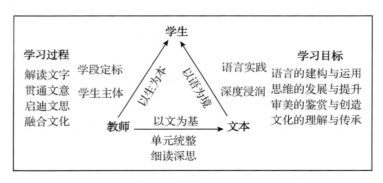

图 0-1

（一）以文为基：单元统整，细读深思

统编本小学语文教材是国家意志的体现，指向立德树人的根本任务，是课程标准的具体化呈现，也是教和学的主要依据。因此，在教师教学、学生学习之前，认真研读、深入理解、全面把握教材，做到"以文为基"就显得至关重要。对于统编本小学语文教材的研读，既要有高屋建瓴的单元整体意识，关注人文主题与语文要素的双线统一，注重各单元、各文本间的横向迁移与纵向联系，统整设计，综合施策；也要有微观聚

焦的文本细读意识，解读好"此文本"。统编本小学语文教材中所选的课文文质兼美，意蕴深远，教师不但要解读文本的"字面意"，而且要体味文本的"字中意、字外意"，多元解读且有标度度。同时，对于文本的解读，理应从文体入手。阅读就是对某种特定的文学体裁进行深入理解，阅读教学本质上是一种文体教学。"其实不同的文体，阅读方法应当有所区别，授课的重点也不一样。教师要教学生面对不同的文体、不同的作品，采用不同的阅读方法。比如，小说和童话不一样，诗歌和散文不一样，文学类阅读和实用类、思辨类阅读是有明显差别的。教学中应当注意区分不同的课型，增强文体教学意识。"①可见，不同的文体应采取不同的教学方法，紧扣文本的特点来解读并设计学习活动。最后，基于对文体的充分认知，教师可以再次细读文本，疏言解意，入境悟情，即对字词句段适当梳理，文本意义适切发掘，进入文本情境感悟文学价值及其蕴含的情感等，进而深入思考如何将文本的原生价值转化为独特的教学价值，从而生成本课的教学目标、形成本课的活动设计，帮助学生做到"一课一得"，实现学有所获、学有所长。

(二)以生为本：学段定标，学生为主

无论是基础教育课程改革，还是教科书与教学的变革，最为重要的价值取向都是以生为本，突出学生在学习中的主体地位，实现每一位学生全面且富有个性的发展。所以在解读好教材文本后随即便直接进入课堂教学是不可取的，中间缺少了关键性的环节，即对于学生学情的把握。课堂教学应做到心中有"生"，眼中有"人"。首先，教师要依据学段定标。低、中、高学段的学生不仅认知特点、情感价值观等方面存在较大差异，而且课程标准中对于各学段的语文学习目标也有所不同。教师要依据课标要求、该学段学生的总体特征、本班学生的独有特点来进一步调整学习活动的设计，确定本课开始前学生的起点和本课学习后学生的落点，教师在其中搭建桥梁，实现由"教本"向"学本"的转变。比如，统编本小学语文教科书设置了助学系统，学习提示简明扼要，示范批注展示过程，"交流平台"归纳提升，教师更需思考如何充分利用教材帮助学生自主学习，促进其语文综合能力的提升。同时，以生为本还体现在语文教学这一场域中的时时处处，比如关注学生的生命成长、生活经验以及课堂的生成。就学生的生活经历和经验而言，这是语文教学中重要的可利用资源，教师需有此意识，从学生的生活中探寻知识信息来拓宽、丰富和深化教学内容，将生活经验融入语文的课堂教学。这样，学生才能学有所趣，从而实现学有所得、学有所用。

---

① 温儒敏：《用好统编本教材，切实提升教学质量——使用统编本小学语文教材的六条建议》，载《语文建设》，2019(8)。

（三）以语为境：语言实践，深度浸润

　　语文课程是一门学习国家通用语言文字运用的综合性、实践性的课程。因此，在"以文为基""以生为本"全面解读好文本和学情之后，在设计语文学习活动让学生阅读文本之时，还要"以语为境"，在真实的语言运用情境中培养学生的语文核心素养。第一，学习活动的设计要融入单元的语境之中。每个单元的人文主题是不一样的，课文所展示的文风氛围也大不相同。比如三年级上册第二单元的人文主题是"金秋时节"，所选的散文、诗歌充盈着秋的物象与自然的美好；而第三单元是童话单元，所选的四篇童话故事洋溢着童真童趣与驰骋的想象。因此，教师在单元导读时就要营造情境，引导学生走进本单元独特的语境之中，并在每篇课文学习时逐步深入。第二，教师要关注学生对于文本的感受、体验和理解，不应以教师的分析代替学生的阅读实践，而是以新课标提倡的任务驱动的方式，设计具有情境性、实践性、综合性的学习活动，关注学生在完成任务的过程中生成"切己"的体验，在创编演绎的过程中呈现创造性的语言表达，从而让学生在语言文字的深度浸润中，获得学习方向感、知识效用感、能力胜任感、价值生成感。第三，教师还需关注课堂的生成性，不能一味按照自己既定的教学解读与设计流程展开，应当落实"还学于生"，根据实际情况对教学过程进行适时的调整，呈现开放性、包容性、多元性、创造性的课堂。学生亦能在这样的学习活动之中深层参与、深入探究、深度学习，自觉主动地走进语文世界，浸润于文本之中，感受语文魅力，享受语文乐趣，提升语文素养。

三、聚焦：本书内容及编排的几大特色

（一）文体阐释与教材体现的呼应

　　文体兼具体裁的规范、语体的创造与风格的追求，阅读教学本质上是一种文体教学。本书正是以文体为纲统整结构，力求系统编排，层次分明。在每一章的开篇，首先，介绍此种文体的内涵、特征、要素等内容，让读者对这一文体有基本而又精确的认知，强化文体意识，提升文体素养，避免因不同文体教学的同质化与肤浅化而造成阅读教学价值的减弱与流失。同时，本书对于文体的阐释不是泛泛而谈、深浅不顾，而是以统编本小学语文教材为研究范畴，注重文体在教材课文文本上的体现。因此，在介绍完文体的基本知识要素后，对该文体在统编本小学语文教材中的编排情况及其特点加以介绍与分析，借助表格的形式一目了然地呈现该文体在教材中的分布情况，让读者对此文体与教材编排的呼应有系统而又全面的认识，便于读者进行横向对比与纵向联系，也有助于读者在进行文本解读时感悟文本的独特价值，并定位其教学价值，

进而在教学活动设计时，注重将文体知识及其特质内嵌于理解、感悟、审辨等语文活动之中，促使学生带着文体意识与作者、文本展开深度的对话。

(二)文本解读与活动设计的统一

本书具体的教学案例，兼具文本教学解读与学习活动设计的统一性。每一篇教学案例首先针对本篇课文进行文本教学解读，注重多元解读和一元深入的融合。换言之，一方面，会从不同维度对此文本及文体教学作具体而又深入的解读，比如文体特性在文本中的表现、同一文体不同类型文本的特点等；另一方面，关注文本最突出的教学价值，并提出具有针对性的教学建议，比如从单元整体的角度定位文本，分析其中蕴藏的人文主题与语文要素，以及课后习题的助学价值等。如此，在多元解读与一元解读之间达成视域融合，把握解读之"度"，为接下来的学习活动设计奠定坚实的基础。随后，具体展示针对本篇课文的学习活动设计，包含学习目标、学习过程等部分。学习目标是本课关键点、疑难点的精练表达，学习过程则是落实学习目标的具体步骤，并且是之前偏于理论概括的文本教学解读的可视化表现，有助于教师生成直观的感悟与可借鉴的迁移；同时，本书的学习过程设计不是零碎化、片段式的教学实录，而是板块化的设计，所有板块形成教学过程全貌。各板块间的侧重点不同，力求突出重点、突破难点，落实相应的教学目标，从而达到板板相接、环环相扣、循序渐进、张弛有度。

(三)理论高度与实践深度的融合

统而观之，本书兼具相应的理论高度与实践深度。如前文所论，本书既涉及文体学的相关理论，又反映教材中各类文体的具体呈现；既包含文本解读及教学实施的理论，又提供具体教学过程的案例，并在其中穿插着相应的设计理念。此外，每一种文体之下选取二到四篇具有代表性的课文作为案例进行文本教学解读与学习活动设计，兼顾到这一文体课文的不同类型、学段、主题、篇幅、课型、题材等。拿小说这一文体来说，本书便选择了五年级下册的散文化小说《祖父的园子》、五年级下册的古典小说《景阳冈》、六年级上册的微型小说《桥》三篇课文作为案例。它们虽属同一文体，但又各具特色。故而读者在本书的阅读中不仅能够感知不同文体的差异，而且还能感悟到同一文体的共性，以及同一文体内部的多元样态，获得与之相应的学习活动设计的策略建议。这样既有利于教师"避弯路"与"凝理路"，也有助于教师"寻思路"与"炼出路"，从而让自我的教学理论向高处延伸，教育实践向深处延展，达成教学理论与实践的同声相应、同气相求、融合互进、交互创生！

第一章

古诗教学分析
与学习活动设计

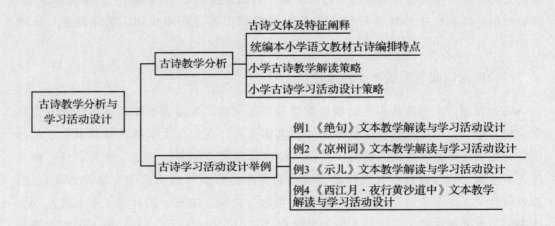

章前导语

　　中国是一个诗歌的国度。中国古典诗歌是小学生认识、理解和传承优秀传统文化的重要载体，其具有情感性、形象性、精练性、音乐性等特征。统编本小学语文教材共收录中国古典诗歌 111 首，兼具数量多、内涵广、程度螺旋上升等特点。小学古诗教学解读时可以运用知人论世、以意逆志、还原意象、捕捉诗眼这四大策略，解悟其中的创作动机、诗歌意蕴、作品情感、创作精妙。在充分解读好古诗的基础上，小学古诗学习活动设计可以围绕以下五大方面展开：聚焦主题，存异求同；创设情境，还原意象；读诗作画，和诗以歌；群文拓展，举一反三；随文生趣，多元互动，从而让学生充分沉浸课堂，感受古诗之美。

第一节
古诗教学分析

　　中华民族在数千年历史进程中创造和延续的中华优秀传统文化是中华民族的根与魂，是中华儿女克服困难、生生不息的强大精神支柱。守护并传承优秀传统文化，是每一个中国人的神圣职责与使命。《义务教育语文课程标准（2011 年版）》指出，"语文课程对继承和弘扬中华民族优秀文化传统和革命传统，增强民族文化认同感，增强民族凝聚力和创造力，具有不可替代的优势"，"认识中华文化的丰厚博大，汲取民族文化智慧"是语文课程的一项总体目标与内容。在这样一种理念及目标的引领下，统编本义务教育语文教科书加强了中华优秀传统文化方面的内容设计，小学语文涵盖古诗文 125 首（篇），总体占比 30% 左右。教材以古诗为主，还包括一些文言文，并增设专题栏目，安排了成语、楹联、歇后语、蒙学读物等传统文化内容。在最新修订的《义务教育语文课程标准（2022 年版）》中，更是明确了义务教育语文课程核心素养的内涵及其四个基本维度，其间，"文化自信"是四个维度之一并居于首要位置，是指"学生认同中华文化，对中华文化的生命力有坚定信心"①。

　　中国诗歌历史之久远、作家之众多、种类之丰富、流传之广泛，都算得上世界之最。两千余年的氤氲积淀，中国古典诗歌铸就了自身的辉煌，成为中华传统文化的核心

---

　　① 中华人民共和国教育部：《义务教育语文课程标准（2022 年版）》，4 页，北京，北京师范大学出版社，2022。

构成元素，也是少年儿童"文化自信"养成的最佳媒介。统编本小学语文教材中的古典诗歌是小学生认识、理解和传承传统文化的重要载体，不仅数量众多、内涵丰富，而且在编排上体现出贴合学生认知特点、程度螺旋上升的总体特点。

一、古诗文体及特征阐释

诗歌，是一种抒情言志的文学体裁，是用高度凝练的语言，生动形象地表达作者的丰富情感，集中反映社会生活并具有一定节奏和韵律的文学体裁。古诗，是中国古典诗歌的泛称，指古代中国人创作的诗歌作品。广义的古诗包含诗、词、散曲，狭义的古诗仅指诗，包括古体诗和近体诗。

中国古典诗歌在长期积淀与历史演进的过程中，逐渐形成自身的特征。这些"特征"，既有区别于非"诗歌"的，又有区别于非"中国"或非"古典"的。概言之，主要表现为：

(一)情感性

任何一种文学形式，毫无例外都是主体(作家主观的思想感情)和客体(客观的自然界或社会生活)相统一或相融合的产物，但诗歌却是主体性最强、主体特征表现得最为鲜明的一种文学类型；而在世界各民族诗歌文学中，中国古典诗歌恰恰又是情感性最强的。"诗言志"作为中国诗论的源头，确立了中国古典诗歌的本质特征。《毛诗序》云："诗者，志之所之也。在心为志，发言为诗。情动于中而行于言。"从"诗缘情而绮靡"(陆机《文赋》)，到"根情，苗言，华声，实义"(白居易《与元九书》)，到"一切景语皆情语"(王国维《人间词话删稿》)，对诗歌抒情特质的体认贯穿了中国古代诗论的始终。相较于西方诗歌，中国古典诗歌偏重抒情写意。中国早期诗歌并未产生如古希腊《荷马史诗》、古罗马《埃涅阿斯纪》那样的长篇叙事史诗；在此后的诗史进程中，叙事诗更是逐渐趋于式微，抒情诗占据了中国诗坛的绝对优势地位。即便是一些著名的叙事诗，如汉乐府《孔雀东南飞》、白居易的《长恨歌》《琵琶行》等，也带有浓烈的感情色彩，可视为"抒情的叙事"。因此，面向中国古典诗歌，无论是阅读赏析，还是课堂教学，假如一味从字面上做文章，注定都是舍本逐末。只有深入诗歌的肌理，真正做到入情入境地领会作品渗入的情感、感知作者流露的意绪，才是中国古典诗歌正确的打开方式。

(二)形象性

中国古典诗歌的形象性特征主要表现在两个方面。

一是意象塑造。"意象"是中国古典诗论的核心概念。简言之，所谓"意"，就是主观之情，所谓"象"就是客观之物。当客观之物寄寓了主观上喜怒哀乐的思想感情时，则此"物"就不再是单纯的客观之物，而成了"意象"。中国诗学一向重视"意"与"象"的关系，亦即"情"与"景"，"心"与"物"，"神"与"形"之间的关系。作为中国古典诗歌两大源头的《诗经》与《楚辞》，它们所开创的"比兴""寄托"传统，早已成为中国两千余年诗歌创作的基本范式。中国诗歌虽以"抒情言志"为职志，但对"情"与"志"的传达绝不是一味地隳突叫嚣，而是把抽象的情感托付于具体直观的形象，将那满怀愁绪，或是化作"一江春水向东流"，或是融入"月落乌啼霜满天"，或是凝聚成"一川烟草，满城风絮，梅子黄时雨"。诗歌在一定意义上说，就是意象的创造和创造性的组接。

二是诗画结合。中国诗与中国画是中华传统文化精华的集中体现，它们深受中国传统文化的滋养，有着高度的文化同一性，在文化基础、境界追求，以及对情与意的表达上是一致的。正因如此，在中国文化的演进过程中，诗与画成为中国文人表达内心情感的两种重要手段，相辅相成地构筑起抒情主体的精神世界及艺术空间，于是就有了"诗是无形画，画是有形诗""诗中有画，画中有诗"等关于诗画关系的经典表述。一方面，诗人借助绘画的元素、手段生成画面，构成诗歌；另一方面，读者通过想象画面、还原意象，解构诗歌。这种创作与接受之间的双向互动不断强化着中国古典诗歌的形象性特征，也为诗歌中的形象创设了更富艺术气息的美学境界。

（三）精练性

中国古典诗歌的精练性特质具有两重表现：

一是言简义丰，或可谓之曰"言有尽而意无穷"。由于古汉语是一种没有词尾变化的语言，它不像英语那样有明显的人称、数和时态变化，表达上不如西方语言那么精确，因此汉语更具有模糊性，更加含蓄。而中国古典诗词的语言更强调简洁精练，用紧凑简练的文笔表现更丰富的内容和思想。无论是五言、七言的绝句和律诗，还是句式长短有变的古体诗、词、散曲，多数情况下都是几十字或一二百字的篇幅，作家在创作过程中既要随心所欲，又必须不逾格式之"矩"，就必然养成言简意赅的思维与行文习惯，进而强化了汉语简洁精练的语言风格。在品读诗歌的过程中，若要真正把握诗歌的情感及意蕴，就必须借助想象和联想，补白诗歌的言外之意、韵外之致，探寻诗歌深层次的审美空间。

二是含蓄蕴藉、温柔敦厚。精练和含蓄总是相关的，但精练不等于含蓄。中国古典诗歌大多运用比兴、寄托手法，借助比喻、象征、双关、移情等方式表情达意，从而显得含蓄、婉转。对于爱情的追寻，中国诗人也许会"溯洄从之，道阻且长，溯游从之，宛在水中央"，是那么的渺远、空灵；而西方诗人则会高呼"你是我的太阳，爱情之火烧得我浑身焦灼"，感情直率、奔放。尽管中国诗歌也有如汉乐府"上邪！我欲与君相知，长命无绝衰"这般感情一泻无遗的作品，但那更多来自民间的呐喊，往往难入文人雅士之法眼。同时，受儒家"温柔敦厚"的"诗教"观①影响，中国古典诗歌虽"发乎情"，却强调"止乎礼义"，合于雅正，努力保持一种宽厚平和的态度，怨而不怒，哀而不伤，乐而不淫，既不叫嚣乖张，又不直露浅显，带有一种委婉含蓄、温文尔雅的美学特质，呈现"中和"之美。

（四）音乐性

诗歌的音乐性，是指诗歌所具有的跟音乐相通或相近的艺术气质，外在形式上表现为节奏、格律、押韵等，内在品质上则表现为诗人个体深层生命情感的起伏、律动。诗歌是最早产生的艺术形式之一，在其发展的最初阶段即体现出诗、乐、舞三位一体的存在状态。《吕氏春秋·古乐》载："昔葛天氏之乐，三人操牛尾，投足以歌八阕：一曰载民，二曰玄鸟，三曰遂草木，四曰奋五谷，五曰敬天常，六曰达帝功，七曰依地德，八曰总禽兽之极。"《毛诗序》谓："诗者，志之所之也。在心为志，发言为诗。情动于中而形于言，言之不足，故嗟叹之，嗟叹之不足，故咏歌之，咏歌之不足，不知手之舞之，足之蹈之也。"作为一种韵语文学，诗歌具有鲜明的节奏、和谐的韵律，富于音乐美。中国诗歌自诞生之初，就与音乐结下了不解之缘，其发展、更迭与音乐密不可分。从《诗经》、《楚辞》、汉乐府、南北朝民歌，到唐代的绝句、宋代的词、元代的散曲，诗歌与音乐相互融合，互补共生。音乐性作为诗歌的审美特质之一，在诗歌发展史上扮演着举足轻重的角色。中国古典诗歌的音乐性主要表现为：一方面，诗歌通过节奏、音调、韵律呈现乐感，讲究句式的整齐或参差变化，讲究节奏和对偶、押韵和平仄；另一方面，诗歌在结构上的复沓、整齐、对称等，形成回旋往复、一唱三叹的音乐美感；再者就是诗人自我的情感起伏、神韵萌动所构筑的生命空间与音乐所建构的审美空间具有较多交叠或重合的元素，这绝不单纯诉诸听觉，更是一种感觉。

二、统编本小学语文教材古诗编排特点

统编本小学语文十二册教材共收录中国古典诗歌 111 首，其中以课文形式出现的共计 61 首，另外 50 首则分布在各册教材"语文园地"之"日积月累"板块以及六年级下册"古诗词诵读"板块中。现将这 111 首古诗词作品见表 1-1：

---

① 《礼记》："入其国，其教不可知也；其为人也，温柔敦厚，《诗》教也。"

表 1-1　统编本小学语文教材选录古诗词一览表

教材	课文	日积月累	备注
一年级上册	《汉乐府·江南》 王维《画》	骆宾王《咏鹅》 李绅《悯农》（锄禾日当午） 李白《古朗月行》（节选） 李峤《风》	六年级下册"古诗词诵读"板块包括： 《诗经·采薇》（节选） 王维《送元二使安西》 杜甫《春夜喜雨》 韩愈《早春呈水部张十八员外》 范仲淹《江上渔者》 王安石《泊船瓜洲》 叶绍翁《游园不值》 王观《卜算子·送鲍浩然之浙东》 苏轼《浣溪沙》 黄庭坚《清平乐》
一年级下册	李白《静夜思》 白居易《池上》 杨万里《小池》	孟浩然《春晓》 李白《赠汪伦》 贾岛《寻隐者不遇》 唐寅《画鸡》	
二年级上册	王之涣《登鹳雀楼》 李白《望庐山瀑布》 李白《夜宿山寺》 《北朝民歌·敕勒歌》	王安石《梅花》 胡令能《小儿垂钓》 柳宗元《江雪》	
二年级下册	高鼎《村居》 贺知章《咏柳》 杨万里《晓出净慈寺送林子方》 杜甫《绝句》	白居易《赋得古原草送别》（节选） 李绅《悯农》（春种一粒粟） 查慎行《舟夜书所见》	
三年级上册	杜牧《山行》 苏轼《赠刘景文》 叶绍翁《夜书所见》 李白《望天门山》 苏轼《饮湖上初晴后雨》 刘禹锡《望洞庭》	袁枚《所见》 李白《早发白帝城》 王昌龄《采莲曲》	
三年级下册	杜甫《绝句》 苏轼《惠崇春江晚景》 曾几《三衢道中》 王安石《元日》 杜牧《清明》 王维《九月九日忆山东兄弟》	白居易《忆江南》 韦应物《滁州西涧》 白居易《大林寺桃花》	
四年级上册	白居易《暮江吟》 苏轼《题西林壁》 卢钺《雪梅》 王昌龄《出塞》 王翰《凉州词》 李清照《夏日绝句》	王维《鹿柴》 李商隐《嫦娥》 高适《别董大》	

续表

教材	课文	日积月累	备注
四年级下册	杨万里《宿新市徐公店》 范成大《四时田园杂兴》 辛弃疾《清平乐·村居》 王昌龄《芙蓉楼送辛渐》 卢纶《塞下曲》 王冕《墨梅》	杜甫《江畔独步寻花》 罗隐《蜂》 李白《独坐敬亭山》	
五年级上册	陆游《示儿》 林升《题临安邸》 龚自珍《己亥杂诗》 王维《山居秋暝》 张继《枫桥夜泊》 纳兰性德《长相思》	虞世南《蝉》 林杰《乞巧》 张志和《渔歌子》 朱熹《观书有感》二首	
五年级下册	范成大《四时田园杂兴》 杨万里《稚子弄冰》 雷震《村晚》 王昌龄《从军行》 陆游《秋夜将晓出篱门迎凉有感》 杜甫《闻官军收河南河北》	孟郊《游子吟》 王维《鸟鸣涧》 王之涣《凉州词》 李白《黄鹤楼送孟浩然之广陵》 翁卷《乡村四月》	
六年级上册	孟浩然《宿建德江》 苏轼《六月二十七日望湖楼醉书》 辛弃疾《西江月·夜行黄沙道中》 刘禹锡《浪淘沙》 杜牧《江南春》 王安石《书湖阴先生壁》	孟浩然《过故人庄》 朱熹《春日》 贺知章《回乡偶书》	
六年级下册	韩翃《寒食》 《古诗十九首·迢迢牵牛星》 王建《十五夜望月》 李贺《马诗》 于谦《石灰吟》 郑燮《竹石》	《汉乐府·长歌行》	

　　统编本小学语文各册教材中以课文形式出现的古诗词数量较为均衡。二年级两册教材都是以两组"古诗二首"的方式编排，每册 4 首；二年级以上四个年级八册教材则皆以两组"古诗（词）三首"的样式编排，每册 6 首。再加上一年级选入的 5 首古诗，十二册教材以课文形式编排的古诗词总计 61 首，见表 1-2。

表 1-2　统编本小学语文各册教材古诗词课文数量统计表

一年级		二年级		三年级		四年级		五年级		六年级		合计
上册	下册	上册	下册	上册	下册	上册	下册	上册	下册	上册	下册	
2	3	4	4	6	6	6	6	6	6	6	6	61

以下将对这 61 首古诗词从体裁、作者、时代、主题等角度加以分析、统计。

首先，从诗歌体裁上讲，统编本小学语文教材选入的中国古典诗歌以诗为主，共计 58 首，另有 3 首词作，即辛弃疾的《清平乐·村居》和《西江月·夜行黄沙道中》，以及纳兰性德的《长相思》。这 58 首诗作按照体式又可分为古体诗和近体诗两大类。古体诗也称古诗、古风，是与近体诗相对而言的诗体，是近体诗形成以前中国古代各种诗歌的体裁。古体诗格律自由，不要求对仗、平仄，押韵也比较自由，篇幅长短不限。近体诗又称今体诗、格律诗，是唐代形成的律诗和绝句的通称，是一种讲究平仄、对仗和押韵的诗歌体裁，对句数、字数、平仄、押韵等都有严格的要求。律诗是近体诗的基本形式之一，通常每首八句，句子字数整齐划一，每句或五言，或七言，分别称作五言律诗、七言律诗。绝句是近体诗的另一种基本形式，每首四句，短小精悍，按每句字数，以五言和七言较为常见，可称为五言绝句、七言绝句。教材选入的古代诗歌，以近体诗居多，总共 55 首，古体诗仅 3 首，即《汉乐府·江南》《北朝民歌·敕勒歌》《古诗十九首·迢迢牵牛星》。在这 55 首近体诗中，绝句占据绝对优势，共 53 首，其中又以七绝为多，共计 43 首；律诗 2 首，五律、七律各一，分别是王维的《山居秋暝》和杜甫的《闻官军收河南河北》。具体情况见表 1-3：

表 1-3　统编本小学语文教材古诗词体裁分类统计表

绝句		律诗		古体诗	词	合计
五绝	七绝	五律	七律			
10	43	1	1	3	3	61

其次，从诗歌作者角度分析，教材选入诗歌所涉及的作者较为丰富。其中，选入苏轼诗作数量最多，总共 5 首；紧随其后的是李白和杨万里，都是 4 首；再往后是杜甫、杜牧、王维、王昌龄，各 3 首。苏轼与李白的诗歌，自然晓畅，极富想象力，是宋诗与唐诗最高成就的代表，亦符合小学生认知与接受特点，故而在教材中频繁出现。然而杨万里的诗坛地位远不及苏轼或李白，却能跟"诗仙"平起平坐，似乎有些匪夷所思。实际上，杨万里的诗歌在南宋中兴诗坛独树一帜，被称为"诚斋体"，风格活泼自然，饶有谐趣，恰恰适合小学生的欣赏口味，无论是低年级的《小池》《晓出净慈寺送林子方》，还是中、高年级的《宿新市徐公店》《稚子弄冰》，都是"诚斋体"风格的典型代表。现将统编本小学语文教材中选入诗作 2 首及以上的作家统计如下：

苏轼：5 首	王维：3 首	白居易：2 首
李白：4 首	王昌龄：3 首	刘禹锡：2 首
杨万里：4 首	陆游：2 首	王安石：2 首
杜甫：3 首	范成大：2 首	辛弃疾：2 首
杜牧：3 首		

再次，从诗歌的产生时代来看，教材中选入的古典诗歌以唐诗和宋诗为主，分别为 29 首和 23 首。唐代是中国古典诗歌发展的巅峰时期，无论是诗歌创作的艺术成就还是影响力，都堪称空前绝后。唐诗历来备受瞩目，甚至成为"一代之文学"，因而语文教材中选入大量的唐诗，自然是既合情又合理的。而宋诗在唐诗之后，并未亦步亦趋，而是有因有革，另辟蹊径，亦创造出令后人瞩目的成就，堪与唐诗媲美比肩。并且宋代文人在宋诗之外开辟出宋词的别一番天地，将词体文学的艺术魅力发挥到了极致。因此，教材选入宋代诗歌 23 首（含 3 首词作），也可体现教材编选者"不薄宋诗爱唐诗"的审美取向和文学史观。除了唐诗和宋诗以外，教材还选入汉代诗歌 2 首，北朝民歌 1 首，元、明诗歌各 1 首，清代诗词作品 4 首。由汉代而至清代，跨越时空两千载。这种宏通广博而又聚焦重点的视野，既切近中国古典诗歌发展史程的真实状貌，又可帮助小学生全面、客观地了解中国文学与文化，从教材编写的角度上讲，是较为科学且有效的。

最后，从诗歌的单元分布及其体现的人文主题的角度分析，从一年级下册开始，教材所选入的古诗文本就以"两首"或"三首"聚合的方式进行编排，并归入某一特定人文主题之下，具体情况如表 1-4 所示。从四季风光、山水景物到家国情怀、风俗文化、信念理想……教材选入的古诗主题丰富多样，具有丰厚的文化底蕴和审美内涵，渗透着积极健康的人生观、价值观，是传承中华民族独有的文化记忆、增强学生民族自信心和自豪感、培养学生正确的价值取向和高尚情操修养的极佳媒介。在不同学段的编排上，教材选入古诗的人文主题遵循小学生思维与认知发展规律，体现出由浅入深、由简到繁、由直观到抽象的整体特点。

表 1-4　统编本小学语文教材古诗单元分布及人文主题一览表

教材	单元	人文主题	古诗
一年级下册	第四单元	家人	《静夜思》
	第六单元	夏天	《池上》《小池》
二年级上册	第四单元	家乡	《登鹳雀楼》《望庐山瀑布》
	第七单元	想象	《夜宿山寺》《敕勒歌》

教材	单元	人文主题	古诗
二年级下册	第一单元	春天	《村居》《咏柳》
	第六单元	自然	《晓出净慈寺送林子方》《绝句》
三年级上册	第二单元	金秋时节	《山行》《赠刘景文》《夜书所见》
	第六单元	祖国山河	《望天门山》《饮湖上初晴后雨》《望洞庭》
三年级下册	第一单元	可爱的生灵	《绝句》《惠崇春江晚景》《三衢道中》
	第三单元	中华传统文化	《元日》《清明》《九月九日忆山东兄弟》
四年级上册	第三单元	留心观察	《暮江吟》《题西林壁》《雪梅》
	第七单元	家国情怀	《出塞》《凉州词》《夏日绝句》
四年级下册	第一单元	田园生活	《四时田园杂兴》《宿新市徐公店》《清平乐·村居》
	第七单元	人物品质	《芙蓉楼送辛渐》《塞下曲》《墨梅》
五年级上册	第四单元	家国情怀	《示儿》《题临安邸》《己亥杂诗》
	第七单元	四季之美	《山居秋暝》《枫桥夜泊》《长相思》
五年级下册	第一单元	童年往事	《四时田园杂兴》《稚子弄冰》《村晚》
	第四单元	家国情怀	《从军行》《秋夜将晓出篱门迎凉有感》《闻官军收河南河北》
六年级上册	第一单元	触摸自然	《宿建德江》《六月二十七日望湖楼醉书》《西江月·夜行黄沙道中》
	第六单元	保护环境	《浪淘沙》《江南春》《书湖阴先生壁》
六年级下册	第一单元	民风民俗	《寒食》《迢迢牵牛星》《十五夜望月》
	第四单元	理想与信念	《马诗》《石灰吟》《竹石》

三、小学古诗教学解读策略

（一）知人论世，领会创作动机

"知人论世"，作为文学批评的一种原则与方法，最早由孟子提出，是我国文论史上较早出现的文艺思想。所谓知人，即了解作家自身状况及其创作意图；所谓论世，即了解作家所处的社会环境以及作品所反映的时代背景。俄国思想家普列汉诺夫曾言："任何一个民族的艺术都是由它的心理所决定的；它的心理是由它的境况所造成的。"①

---

① ［俄］普列汉诺夫：《没有地址的信》，见曹葆华主编：《普列汉诺夫美学论文集》，350 页，北京，人民出版社，1983。

丹纳《艺术哲学》一书亦提出，"种族、环境、时代"是影响文学创作及其发展的三要素。

"知人论世"是深入解读古典诗歌的前提条件，有助于学生理解诗情、诗境，把握诗歌艺术形象。当然，统编本小学语文教材在古诗词的编排上，充分考量学生身心发展特点，体现出渐进性原则。低年级选入的诗歌更注重生动性、形象性，以写景、状物居多，画面感强烈，通常强调依托语言描述想象画面、建构形象，符合低年级小学生以直观形象思维为主的思维发展特点。鉴于低年级小学生的接受能力、思维水平以及教材选入诗歌的文本特征，面向低年级的古诗教学往往淡化了作家经历或创作环境，而把更多课时留在诗歌本身的诵读、想象、理解上。随着学生学段的提升，教材所编选的古诗显现出愈加丰厚的底蕴与内涵。四年级上册第三单元《古诗三首》统摄于"处处留心皆学问"的单元主题之下，其中的《题西林壁》及《雪梅》皆包含一定的哲理意味；第七单元《古诗三首》则彰显着"天下兴亡，匹夫有责"的主题思想。四年级下册第一单元《古诗词三首》聚焦于乡村田园风景；第七单元《古诗三首》则重在表现人物的精神品格。因此，教学时就不能单纯流连于诗歌字面，而应由表及里、由此及彼、由直观而至抽象、由现象而至本质地去探索、挖掘诗歌更深邃的意蕴。

比如，五年级上册第四单元《古诗三首》收录陆游的《示儿》、林升的《题临安邸》以及龚自珍的《己亥杂诗》三首诗歌，统摄于"为什么我的眼里常含泪水？因为我对这土地爱得深沉……"这一单元导语所代表的"家国情怀"的人文主题之下。三首诗中，《示儿》与《题临安邸》创作年代大致相当，都表现了宋"南渡"以后的现实局势以及文人志士内心沉重的苦闷与悲哀。在诗歌解读与教学过程中，假如脱离了两宋之交"靖康之变"所激起的社会剧变，以及由此在南宋士人心头所烙下的永恒伤痛，而仅仅就诗论诗的话，是很难理解诗人情之所起一往而深的实际缘由的，也无从感知作者执着而深沉的爱国激情以及所谓"诗言志"的真正内涵。而末首《己亥杂诗》是清代思想家、文学家和改良主义先驱龚自珍的七绝体自叙组诗《己亥杂诗》315首中的第125首。这组诗歌创作于己亥年（1839年），时值鸦片战争前夕，内忧外患，国步艰难。作者随感而发，或述见闻，或议时政，或思往事，抚今追昔，借题发挥，充分发挥了七绝体诗歌议论时事、干预现实的功能，折射出忧国忧民的情思和理想主义的光芒。在教材选录的这首"九州生气恃风雷"诗中，作者对死气沉沉、令人窒息的社会危局痛心疾首，期待着"风雷"一般变革时代的蓬勃生机，更期待叱咤风云的杰出人才的涌现，得以挽狂澜于既倒，扶大厦之将倾，既抨击时事、暴露黑暗，又憧憬未来、踌躇满志，充满战斗的豪情与不屈的信仰。解读该诗，如若屏蔽掉龚自珍的个性人格以及作者所处的时代环境，那么诗歌字里行间的执着与挚诚难免会被当成无病呻吟，对于诗人情感以及诗作思想性、艺术性的把握自然就要大打折扣。

(二)以意逆志，解悟诗歌意蕴

"以意逆志"就是"以己意迎取作者之志"，用自己的心灵去探寻作者的心灵及情感轨迹，将心比心，设身处地地去推测、领会作者在作品中所寄寓的思想与情感，从而深入理解文学作品的内容及意蕴。

古诗创作年代久远，无论是语辞、句法，还是其所反映的社会生活，都跟今天大相径庭，特别是中国古典诗歌语言的精练、含蓄以及多种表现手法的运用，都会对读者的解读造成较大的障碍。那么，对于读者尤其是知识与经验更为匮乏的小学生而言，该如何走进古诗、把握诗歌的思想意蕴呢？其实，正所谓"万变不离其宗"，在古诗阅读鉴赏过程中，这个不变的"宗"就是人类共通的思想与情感。"人禀七情，应物斯感，感物吟志，莫非自然"①，人具有喜、怒、哀、惧、爱、恶、欲七种情感，受到外物的刺激，就会产生一定的反应，从而倾泻于诗文的字里行间，这是很自然的。"七情"为全人类所共有，而面对同一"物"，所激发的"情"则是大致相当的。"情"，是流淌于古诗中的内在线索，仿佛我们抬头所见的那轮明月，既为今人之所见，又曾经照拂着古人。因而一旦抓住诗歌的情感线索，也就搭建起古人与今人跨越时空进行对话的桥梁。然而，诗歌所言之"志"绝非显性或一目了然，它是潜在的、隐性的，需要读者去探赜索隐、钩深致远，透过外在的语言文字探求、领会复杂且微妙的情感。因此，对古诗情感的把握并非理性的公式推导过程，而是感性的推敲与建构过程。在此过程中，假如读者能够设身处地地体验作者的处境，将心比心，推己及人，则往往更容易感知和理解作者的情感及用心，进而达到"共情"。

比如王维《九月九日忆山东兄弟》一诗，表达了游子的思乡怀亲之情。诗歌前两句诉说自己他乡为客的处境本已孤独凄苦，而遇佳节良辰，则思念之情加倍，甚至一发而不可抑止。后两句本应沿此思路抒写自己如何"佳节倍思亲"，然而作者却笔锋一转，借助"遥想"之"离魂"大法②，不说"我"想"兄弟"，而说"兄弟"想"我"，则一倍增其凄凉。这种避实就虚之法，实为读者预留了艺术的空白以及发挥想象的空间。读者若能置身其中，通过想象"兄弟"们登高怀远时的所见所言，进而揣度"我"面对此情此景时的所思所感，则诗作之意蕴必将不言而自明。

再如杜牧的《清明》，写旅人清明遇雨之所见。作为中华民族的传统节日，清明节包含着两大节令主题：一是慎终追远，礼敬祖先；二是踏青郊游，亲近自然，其文化意蕴较之今日，更加丰富多元。因此，尽管某些学者可能对该诗创作的时间、地点言

① （南朝齐）刘勰：《文心雕龙》，95 页，开封，河南大学出版社，2008。
② （宋）周弼原选、（元）释圆至注：《碛砂唐诗》：谦曰：圣叹曾言，唐人作诗每用"遥"字，如"遥知远林际""遥知兄弟登高处"，皆用倩女离魂法也，极有远致。转引自陈伯海：《唐诗汇评》，539 页，上海，上海古籍出版社，2015。

之凿凿，但诗人在牛毛细雨中凄迷纷乱的意绪以及"断魂"的缘由，其丰富性与复杂性，恐怕单从"知人论世"的角度解读注定是要落空的。更妙的是，"借问酒家何处有，牧童遥指杏花村"，整首诗就在放牛娃回身一指中戛然而止，瞬间定格为永恒。至于之后发生的事情：是否找到了酒家，酒水是否合口，是开怀畅饮还是借酒浇愁……对于这些，诗人全都不管不顾，而是留给读者一片远比诗篇语言文字广阔得多的想象空间，余韵绵邈，耐人寻味。所谓"状难写之景，如在目前；含不尽之意，在于言外"，这"难写之景"与"不尽之意"，全靠读者以己意去探寻、去揣度，从而发现属于自己的"哈姆雷特"。

（三）还原意象，感知作品情感

诗歌情感的具体外化是借助意象来实现的。既然意象塑造是中国古典诗歌的基本特征之一，那么把握并还原意象则成为诗歌审美鉴赏的题中应有之义。从诗歌创作的角度上说，诗人对某事物心有所感，便将其寄托于某个具有关联性的具体物象，使之融入自己的某种感情色彩，并由此创造出一个特定的艺术天地；从诗歌阅读鉴赏的角度来讲，读者在品读诗歌的过程中，就要努力进入诗歌作者所创造的那个艺术天地，并经由二次创作，在还原诗人所见所感的基础上融入自我的情感体验。

那么，诗歌意象究竟寄托着作者怎样的情感？读者又如何才能走入那个艺术天地，把握与还原诗歌意象呢？

一方面，中国古典诗歌中的意象，往往受民族的历史文化、传统习俗、生活方式、审美心理等因素的影响，在长期的创作积淀中被赋予某些约定俗成的内涵或感情色彩，具有相对稳定的特质，诗人们通常用其表达相似或相通的情感。例如，"月"。首先，"月"代表着团圆和思念。由于"露从今夜白，月是故乡明"（杜甫《月夜忆舍弟》），所以才说"但愿人长久，千里共婵娟"（苏轼《水调歌头》）；因为"海上生明月，天涯共此时"（张九龄《望月怀远》），故而可以"我寄愁心与明月，随风直到夜郎西"（李白《闻王昌龄左迁龙标遥有此寄》）。其次，"月"又象征着哲理与永恒。明月，跨越宇宙时空，见证岁月沧桑，阅尽人世荣辱，因而"月"意象经常渗透着哲理意味，代表着无尽或永恒。如"人生代代无穷已，江月年年只相似"（张若虚《春江花月夜》）。此外，"月"还可象征孤独与失意，如"花间一壶酒，独酌无相亲。举杯邀明月，对影成三人"（李白《月下独酌》），或者象征自然之美，如"明月出天山，苍茫云海间"（李白《关山月》）。把握了"月"意象在中国古典诗歌中相对稳定的特质，我们在对小学教材中的古诗进行教学解读时，自然也就能感悟到"举头望明月"以及"今夜月明人尽望"所包含的思念，"江清月近人"以及"月落乌啼霜满天"所暗示的孤独与愁绪，"明月松间照"以及"湖光秋月两相和"所渲染的美景，"燕山月似钩"以及"秦时明月汉时关"所代表的沧桑与永恒。

另一方面，由于中国古典诗歌重在表现人的内在情志，作为"感情表象"的意象，也就带上了作者鲜明的个性与人格印记。例如，梅花，因其凌寒傲雪在严冬独自绽放，故而被赋予坚忍顽强、雅致高洁等人格形象，成为最受古代文人墨客追捧的物象。然而，梅花在不同作者的笔下，固然潜藏着其作为"意象"的相对稳定的特质，但也在宣示着作者个体的独立人格与审美追求。同是以《卜算子》词调咏梅，宋代文学家陆游笔下的梅花孤苦寂寞，处境艰难，它实际上是作者孤高自傲、孤芳自赏，虽备受打击却不愿同流合污的性格特征的形象写照。① 而一代伟人毛泽东笔下的梅花，则具有不畏严寒、不惧困难、蓬勃旺盛的生命力，梅花也就成为诗人乐观、旷达的革命豪情的载体。② 意象所具有的这重特性，也为我们解读诗歌铺设了路径。统编本小学语文教材选入的咏梅诗，必然蕴含着梅花所代表的坚忍顽强、雅致高洁的共性品质，同时又因诗人个体人格与处境的不同，从而打上了作者鲜明的个性化烙印。王安石的《梅花》，是作者两次罢相后退居钟山心灰意冷的产物，作者的孤独心态和艰难处境与"凌寒独自开"的梅花有着共通之处；诗中的梅花，实际象征着那些像诗人一样虽身处逆境却依然能坚持操守、主张正义的人。卢钺的《雪梅》独出机杼，雪与梅并举，以其批评精神、理趣机锋以及独特的视角而另辟蹊径，于众多咏雪、咏梅名篇中脱颖而出。而在王冕《墨梅》一诗中，梅的品格与诗格、画格、人格合而为一，借梅花自喻，将清高正直之气寄寓其间，墨梅的风姿与诗人傲岸的形象跃然纸上，彰显着作者的人生态度以及不向世俗献媚的高洁操守。

(四)捕捉诗眼，洞悉创作精妙

"诗眼"是诗作中最能开拓意旨、表现力最强的关键性字词。古人作诗填词，讲究炼字，若在节骨眼处炼得好字，即可令全句乃至整首诗游龙飞动，给人留下深刻印象。所谓"诗之有眼，犹人之有目也"，人之目，乃人心之窗口；诗之眼，则为洞察诗歌旨趣及情感脉络的窗口。当然，并非所有诗歌皆有"诗眼"，有些诗作语言直白，通俗易懂，并不以炼字造句取胜，故而没有"诗眼"。但毋庸置疑的是，对于某些具有"诗眼"的诗作，在品读鉴赏过程中，若能抓住"诗眼"这把开锁之钥，就能更便捷地厘清作者的情感脉络，洞悉作品的主旨以及作者构思的精妙。

"诗眼"可以是诗歌中最精练传神的某个字。如李清照《如梦令》"知否，知否，应是绿肥红瘦"，"肥"与"瘦"，写出了暮春雨后叶子因水分充足而茂盛肥大，而花朵却因不堪风雨而凋零稀少，两种状态的鲜明对比如在眼前，形象生动而又凝练简约。此句之"瘦"字，再加上"莫道不销魂，帘卷西风，人比黄花瘦"(《醉花阴》)，以及"新来瘦，非干病酒，不是悲秋"(《凤凰台上忆吹箫》)，使李清照赢得"李三瘦"的美誉。与此类似，

---

① 陆游：《卜算子·咏梅》："驿外断桥边，寂寞开无主。已是黄昏独自愁，更着风和雨。无意苦争春，一任群芳妒。零落成泥碾作尘，只有香如故。"

② 毛泽东：《卜算子·咏梅》："风雨送春归，飞雪迎春到。已是悬崖百丈冰，犹有花枝俏。俏也不争春，只把春来报。待到山花烂漫时，她在丛中笑。"

宋祁因一句"红杏枝头春意闹"而被称为"红杏尚书"，王国维《人间词话》云："着一'闹'字而境界全出。"张先对"云破月来花弄影""娇柔懒起，帘幕卷花影""柳径无人，堕絮飞无影"三句颇为自得，而自号"张三影"。这些都是古人极重炼字的著名典故。

统编本小学语文教材选入的古诗词也不乏这样的例子。王安石《泊船瓜洲》名句"春风又绿江南岸"，一个"绿"字，给人以色彩鲜明的视觉冲击，引发春意无涯的心理感受，全诗因此而意趣盎然。宋洪迈《容斋随笔》有载："王荆公绝句云：'京口瓜洲一水间，钟山只隔数重山。春风又绿江南岸，明月何时照我还。'吴中士人家藏其草，初云'又到江南岸'，圈去'到'字，注曰'不好'，改为'过'，复圈去而改为'入'，旋改为'满'，凡如是十许字，始定为'绿'。"①品读该诗，若能领悟"绿"字同"到""过""入""满"等字之差异，无疑是对作者创作用心之还原。此外如杜甫《绝句》"窗含西岭千秋雪"一句中，"含"字化静为动，令窗不仅变身为画框，而且具有了凝聚、概括的力量，把远处西岭的千秋雪色定格在图画之中。再如，杜牧《山行》"白云生处有人家"句，多数版本用的是"生"字，但在明清时期的一些唐诗版本中，也有不少使用"深"字的。那么，究竟是"深"字好还是"生"字更佳呢？细加玩味，"深"字只标示位置或程度；而"生"字则呈现出动态变幻之美：在那白云升腾的地方，掩映着几间茅舍。白云仿佛从山岭间生出，蒸腾缭绕，既可见山势之高，又令那几间茅舍宛若遗世独立，增添了空灵缥缈的气息。

"诗眼"也可以是全篇最精彩或关键性的字、词、句子，是诗歌主旨之所在。如李煜《虞美人》"问君能有几多愁，恰似一江春水向东流"，"愁"作为诗（词）眼，词中无论是代表世间美好事物的"春花秋月"，还是带来春天讯息的"东风"，抑或是承载着故国记忆的"雕栏玉砌"，一切景物皆着以"愁"之色彩，以致这首表面上风光旖旎的作品竟成为"最绝望的诗歌"。而杜甫的《春夜喜雨》，诗题中的"喜"字奠定了全诗的感情基调。"喜"字虽在诗句中一次都没有露面，但"'喜'意都从隙缝里迸透"（浦起龙《读杜心解》）。颈联"野径云俱黑，江船火独明"，倘若置于老杜其他诗篇当中，恐怕又会是忧国忧民、郁郁寡欢的吧！然而在这里，却引得作者心头窃喜：这浓阴的天气，绵延的春雨，正是滋润万物的好时机。这场雨准会下到天明，到时候必定是"花重锦官城"了吧！

这种作为诗歌主旨的"诗眼"在统编本小学语文教材中也所在多有。如李白《赠汪伦》"桃花潭水深千尺，不及汪伦送我情"，"深"者，既写潭水，又喻友情；李白《夜宿山寺》一诗，"高"是楼的特征，亦是整首诗着力刻画的重点。全诗围绕"高"做文章，形象地将山寺屹立山巅、雄视宇宙的非凡气势淋漓尽致地展现出来；刘禹锡《望洞庭》一诗，"两相和"写出了秋夜月光下洞庭湖的优美景色，澄澈空明的湖水与素月青光交相辉映，无论是自然景致，还是人与自然，都是如此的和谐融洽，显现出和光同尘、与

---

① （宋）洪迈：《容斋随笔》，173 页，上海，上海古籍出版社，2015。

时舒卷的自然审美观；柳宗元的《江雪》，"千山""万径"都在为"孤""独"二字做铺垫，那一叶孤舟上孑然垂钓的老渔翁，形体孤独寂寥，性格孤傲清高。老人钓的不是鱼，钓的是寂寞，钓的是超然物外、高风绝尘的精神境界。

四、小学古诗学习活动设计策略

以"课标"为指向，以教材为依托，在对中国古典诗歌基本特征有所把握，并对古诗文本进行了有效解读的基础上，小学语文古诗学习活动设计可以围绕以下几个方面展开：

(一)聚焦主题，存异求同，触摸古诗文化脉搏

文化，是一种包含精神价值和生活方式的生态共同体。它通过积累和引导，创建集体人格。① 一个国家、民族的终极意义，绝非来自军事或政治层面的较量，而是通过积累和引导以创建集体人格为目标的文化的较量。文化一旦积淀为集体人格，也就灌注起民族的灵魂。《义务教育语文课程标准(2022年版)》提出"认识中华文化的丰厚博大，汲取智慧，弘扬社会主义先进文化、革命文化、中华优秀传统文化，建立文化自信"的课程"总目标"②，并将"文化自信"作为义务教育阶段语文核心素养四个基本维度中居于首位的内容。通过优秀传统文化培养学生正确的人生观、价值观，塑造学生的精神气韵与集体人格，应是语文课程的目标、内容，也是其人文性的重要体现。语文课程应以高扬的人文精神为目标导向，以促进学生知情意的全面发展为价值追求。古诗词作为优秀传统文化的精髓，蕴含着民族文化的智慧与魅力，彰显着中华文化的博大精深。语文教材中的古诗词，是让学生直面传统文化，汲取文化精华，获得民族文化的认同感、归属感和自豪感的最佳媒介；面向小学生的古诗词教学，也是落实"文化自信"素养最为直接且有效的途径。因此，小学语文古诗词教学应在兼顾学生"语言运用""思维能力""审美创造"素养提升的同时，以"文化"为重，凸显古诗词教学的文化要素。而在古诗学习活动设计中，聚焦单元人文主题，发掘其与诗作相关联的文化元素，进而理解、认同民族优秀文化的底蕴及内涵，应是古诗教学的出发点与落脚点。

统编本小学语文教材具有"单元系统性"和"双线组元"的结构编排特点，"按照'内容主题'组织单元，课文大致都能体现相关的主题，形成一条贯穿全套教材的、显性的

---

① 余秋雨：《何谓文化》，6页，武汉，长江文艺出版社，2012。

② 中华人民共和国教育部：《义务教育语文课程标准(2022年版)》，6页，北京，北京师范大学出版社，2022。

线索"①。小学语文教材中的人文主题，涵盖了自然社会、风俗传统、理想信念、品格情操等方方面面，是达成语文课程的人文性特征与育人价值的重要载体。

从一年级下册开始，教材中的古诗文本就以《古诗二首》或《古诗（词）三首》的形式聚合编排，归入某一人文主题之下，并与本单元的其他几篇课文共同指向单元主题目标。单元的人文主题与课文之间实际是一种双向互动的关系：人文主题是课文情感态度价值观教学设计的目标导向；课文教学是对人文主题理解的具化与深化。因此，在小学古诗学习活动设计的目标定位上，应从单元人文主题这个大方向着眼，从大处说，是立足整个单元文本乃至整个教材体系，从小处说，是针对这两首或三首诗歌聚合成的一组课文，进行整体设计。

例如，四年级上册第七单元《古诗三首》收录王昌龄的《出塞》、王翰的《凉州词》以及李清照的《夏日绝句》，这三首诗歌风格各异，主题多样，但以本单元"天下兴亡，匹夫有责"的人文主题作为统领，在进行学习活动设计时，也就有了明确的目标和抓手，可以围绕《出塞》和《凉州词》所流露的对战争既厌恶、恐惧又慷慨激昂、义无反顾的矛盾心态，以及《夏日绝句》的作者以女儿身但作丈夫气，其词以婉约见长而此诗却风云激荡，这中间的对立反差，以此设置认知冲突，让学生在思维碰撞中意识到，战争固然残酷且令人憎恶，但当战争不可避免的时候，敢于直面战争，为了保卫家园而义无反顾，哪怕"捐躯赴国难"，也要"视死忽如归"，这是每个中华儿女的责任与担当，从而深刻领会"天下兴亡，匹夫有责"所体现的民族性格的文化内涵。

当然，单元人文主题可以说是本单元若干篇课文所提取的"最大公约数"，是将不同作家、不同时代、不同文体的若干篇作品聚合在一起的"枢纽"。然而不容回避的是，每一篇文章又是独立的个体，有其自身的文化个性与基因。因此，在进行古诗学习活动设计时，固然要去"求同"，但也应关注每一首诗歌自身的特质，做到"存异"。例如，三年级上册第二单元《古诗三首》编入杜牧的《山行》、苏轼的《赠刘景文》、叶绍翁的《夜书所见》三首诗歌，共同指向"金秋时节"这一人文主题。事实上，古往今来，"秋"所附着的文化意蕴是深邃且复杂的，假如仅仅从"秋天景致"的角度去观照，显然是不够的。因此，在进行学习活动设计时，应透过秋天景色环境的刻画，从《山行》中感知作者对秋景的赏爱，从《赠刘景文》中领略作者借秋景所传递的旷达与劝慰，从《夜书所见》中体会作者因秋景而触发的悲情。再如，四年级上册第三单元《古诗三首》包含白居易的《暮江吟》、苏轼的《题西林壁》以及卢钺的《雪梅》，共同指向"留心观察"的人文主题，而三首诗作的观察角度又各不相同：《暮江吟》以细腻的笔法描写了观察之所见；《题西林壁》站在理性的高度阐述观察之所得；《雪梅》则是引入对比法，打破惯性思维，无形中提供了一种观察与思维的方法。

---

① 温儒敏：《"部编本"语文教材的编写理念、特色与使用建议》，载《课程·教材·教法》，2016(11)。

（二）创设情境，还原意象，把握古诗情感意蕴

中国古典诗歌的抒情性特征决定了古诗教学必须立足于情感。尽管情感是抽象的，既看不见也摸不着，但并不意味着诗歌中的情感就无迹可寻或无从把握。实际上，在前文"小学语文古诗类文本教学解读策略"中，我们已经分析了通过意象还原来感知诗作情感的可行性与必要性，因此"意象教学法"已成为中小学古诗教学不可或缺的重要手段。然而，对于小学生尤其是中低学段的学生而言，由于受到生活经验与阅读积累相对匮乏等因素的制约，要对诗歌意象进行有效的还原，难免会遇到一些障碍，这时就需要积极创设情境，引导学生置身于特定的情境之中，从而"以意逆志"，尽可能地与诗人、诗作产生"共情"，生发"同理"之心，获得对诗人思想、情感以及诗歌意蕴更深层次的理解与把握。

比如一年级下册李白的《静夜思》。为何明月象征着思念？又为何作者会把那满地皎洁的月光当成了"霜"呢？虽然面向一年级学生，古诗教学在诗情、诗意方面不必做过高要求，课后习题也仅是"朗读课文"和"背诵课文"，但《义务教育语文课程标准（2022年版）》明确规定了第一学段"阅读与鉴赏"的教学要求："诵读儿歌、儿童诗和浅近的古诗，展开想象，获得初步的情感体验，感受语言的优美。"[①]"获得初步的情感体验"可以作为这首诗歌教学的重点与难点，同时也为今后的古诗学习积累经验。为此，可以创设这样一种情境：中秋节的晚上，我们全家人在干什么？由此引出月亮与"团圆"、与"家人"之间的联系，既凸显了"家人"的人文主题，又让学生初步接触了古诗中意象的存在及其价值。那么，在作者看来，那满地皎洁的月光为何像"霜"而不是同样洁白的"棉花"呢？围绕这一问题进一步创设情境：当你面前是满地的"霜"或者是一地"棉花"时，你的感受会有何不同？一方面，让学生意识到"棉花"放在诗句中"不好听"，从而直观感知诗歌格式、押韵等特点；另一方面，通过对"霜"寒凉特征的体认，让学生初步领会作者因远离故乡、思念亲人而引发的内心的凄凉。

再如，四年级上册卢钺的《雪梅》。在教学导入阶段可以创设情境：假如你能够变身为"雪"或者是"梅"，你会做出怎样的选择呢？请以"雪"或"梅"的身份夸一夸自己。以此增加代入感，让学生在课堂伊始就逐渐生成对雪与梅特征、品质乃至精神的印象。这既是对学生前期"留心观察"能力的展示，也是引导学生由外而内、由显而隐、由直观而至抽象、由物理属性而至人文精神的思维训练活动，同时也为理解诗意、感知诗情打好了基础。

尽管在解读诗歌、把握情感的过程中，意象的地位毋庸置疑，但是，并非所有的

---

① 中华人民共和国教育部：《义务教育语文课程标准（2022年版）》，8页，北京，北京师范大学出版社，2022。

诗歌都包含显豁或典型的意象。对于这样的诗歌，面向小学生的古诗教学就更应该充分发挥"情境"创设的作用，从而让抽象、微妙的情感更容易为小学生所理解和接受。例如，王维《九月九日忆山东兄弟》一诗，可以这样设置情境：假如你是作者，你想对家乡的兄弟说些什么？再如龚自珍《己亥杂诗》，可以围绕"我劝天公重抖擞"句设置情境：如果你是龚自珍，打算如何来"劝天公"呢？再如陆游的《示儿》，它是陆游的临终绝笔，是对儿孙最后的谆谆嘱托，是诗人一生最大的遗憾与期盼的告白。学生只有置身于诗歌创作的特定情境，才能真切体会作者刻骨铭心、至死不渝的最赤诚、最深沉的感情，才能更好地理解"为什么我的眼里常含泪水？因为我对这土地爱得深沉"这一单元主题。因而在教学中，可以创设"人在临死之际，最关心的通常是什么"的问题情境，激发学生的思维碰撞，以此引领学生感知陆游"遗嘱"的与众不同，进而探求其之所以不同的根源所在，领会作者既"悲"且"盼"、至死不休的拳拳深情。

（三）读诗作画，和诗以歌，感受古诗诗性品质

一方面，诗歌是有节奏、有韵律并富有感情色彩的语言艺术形式。节奏感和韵律美是诗歌区别于散文以及其他文学形式的自身文体属性的构成元素。另一方面，中国古典诗歌重形象、重意境、重文人情趣，同文人画具有相通的精神与气韵，二者珠联璧合，相互生发，相辅相成。中国古典诗歌所体现的以上两方面特质，可以简单概括为——"诗中有乐""诗中有画"。音乐性与形象性是中国古典诗歌"诗性"之所在，是我们感受诗歌艺术魅力、领略诗歌美学风采最直接、最便捷的渠道。而编入统编本小学语文教材的古诗词，由于面向的是小学生，因而大多是一些形式短小精悍、主题显豁明朗、音韵和谐流畅的作品，既鲜活生动，又朗朗上口，极富形象性和音乐性。那么，如何让小学生尤其是刚刚跨入古诗殿堂的低年级小学生更直接、更有效地体认古诗的"诗性"特征的同时，又能在最初接触以古诗为代表的中国传统文化时产生浓厚的兴趣，进而感受传统文化的魅力呢？对此，不妨尝试运用以下两种教学方式：

1. 拓展想象，读诗作画，体会古诗诗情画意

儿童思维较之成人的最大不同就在于，成人为人处世主要依凭的是知识、经验和理性，而儿童对世界的认识和探索则主要是依靠感知与想象；想象构成儿童认知世界、认知自我的基本途径。诗歌是浇灌、放飞儿童想象力的重要载体，特别是小学低年级语文教材编入的古诗，以写景、状物居多，形象生动，画面感强，非常方便学生依凭诗句想象画面、建构形象。教材从二年级上册开始，就在《古诗二首》的练习中提出"读诗句，想画面，再用自己的话说一说"的要求；二年级下册则要求"想象画面，说说诗句中春天的美景"，或"读下面的诗句，说说你看到了什么样的画面"；三年级两册教材也都有"想象诗中描绘的景色"或"结合诗句的意思，想象画面"的练习内容。文学阅读和艺术欣赏主要依靠再造想象，古诗学习也不例外。所谓再造想象，就是根据语言的

描述或者实物的示意，在经验记忆的基础上，再创造出相应的新形象的心理过程。小学生在古诗学习过程中，只有边读边想象，依据诗歌语言的描述，建构形象，形成画面，才能对诗歌生成属于自己的感知，同时这也是更适合儿童认知特点的"理解诗意"的过程及方法。什么是"白日依山尽，黄河入海流"？什么是"天苍苍，野茫茫，风吹草低见牛羊"？而"碧玉妆成一树高，万条垂下绿丝绦"，或者"两岸青山相对出，孤帆一片日边来"，具体描写了哪些景物，呈现了怎样的图景，表达了怎样的意味？教学时，其实根本无须教师再去耳提面命地逐句翻译讲解，更不需要学生照本宣科地死记硬背诗句的译文。学生在古诗学习过程中，一旦经由想象生成了诗歌语言文字所描述的画面，则诗歌意思乃至诗歌意境也就不言自明了，并且，这种理解是更鲜活的，也更富有个性化。

那么，在课堂教学中，如何对学生"想象"的过程与成果进行有效监测呢？通常可采取"用自己的话说一说"的方式——让学生运用自己的语言将想象的画面予以呈现，从而实现"阅读——想象——表达"，亦即将抽象的文本生成直观具象进而再转化为抽象语言的二度转换过程。除此之外，借助"读诗作画"的形式，将想象的画面付诸笔端，运用线条和色彩描绘真正的图画，这也不失为一种适合小学生古诗学习的有效方法。绘画是儿童的特殊语言，是儿童精神世界的载体。教材中大量配合古诗而出现的插图为"读诗作画"提供了直接的范本，但"读诗作画"绝不局限于此，它更强调学生自己对诗歌的理解与创造。比如，杜甫的《绝句》（两个黄鹂鸣翠柳）可以这样画（见图 1-1）。

图 1-1

杨万里《晓出净慈寺送林子方》一诗中，"接天莲叶无穷碧，映日荷花别样红"所蕴含的诗意可以这样来描绘(见图1-2)。

图 1-2

在古诗学习活动中，学生将诗歌文本转化为脑海中的想象，再运用线条、色彩将想象的画面外化为一幅实实在在的画作，这一过程既让学生理解了诗意、领会了诗情，获得对诗作意蕴的深层解读与建构，又让他们直观体认了中国古典诗歌诗中有画、诗画相通的特质，从"诗性"的高度窥探中国古典诗歌的精神气韵。

2. 多元诵读，和诗以歌，感受古诗音乐美质

《义务教育语文课程标准(2022年版)》对"基础型学习任务群"教学做出如下提示："诵读材料要选择脍炙人口的千古名篇和名言名句，既要有文化内涵，又要短小精悍，朗朗上口。"[1]可见，教材中那些短小精悍、脍炙人口的古诗词是诵读训练的主要内容与载体；而诵读，乃至吟诵、吟唱，又是古诗类文本教学主体性阅读训练方式。"诵读，是心、眼、口、耳并用的一种学习方法，它可以让读者在感知、言语、声音、形态的同时，实现对文本的感悟和理解。"[2]如果总是用一种方式来诵读，学生可能会感觉索然无味，那么就可以变换花样地去读：齐读，对读，赛读，分角色读，拍手读，加上动作读……

---

① 中华人民共和国教育部：《义务教育语文课程标准(2022年版)》，22页，北京，北京师范大学出版社，2022。

② 王荣生：《阅读教学设计的要诀——王荣生给语文教师的建议》，246页，北京，中国轻工业出版社，2004。

诵读的升级版是吟诵。古人讲究"吟而成文"。中国古典文学研究专家叶嘉莹先生一直致力于推动诗词吟诵的传承，她认为：吟诵是学习古典诗词的重要法门，它所带来的兴发感动的体会是深入理解古诗词的基础。中国古典诗歌在创作之时就糅合了丰富的音乐元素，那平仄的音节、抑扬顿挫的音调、轻重缓急的节奏，都是解锁诗歌音乐美质的锁钥，更是引领学生走进诗歌艺术殿堂的通道。

而吟诵的升级版则是吟唱。还记得那些年我们一起追过的中央电视台《经典咏流传》节目吗？它将古代经典文学作品配上现代流行音乐，"把经典唱给你听"，王冕的《墨梅》，王之涣的《登鹳雀楼》，王维的《山居秋暝》，孟郊的《游子吟》，李白的《将进酒》……那一首首看似凛然不可犯的经典因为插上了音乐的翅膀而一次次击中现代读者的心灵。其中最令人印象深刻的是乡村支教老师梁俊带着贵州乌蒙山区乡村小学的孩子们一起唱响的《苔》，让清代袁枚这首原本名不见经传的 20 字小诗一夜之间红遍大江南北，而其背后的故事同样令人动容——这位乡村教师在支教的两年时间里，教了贵州山区的孩子们一百余首诗歌，其中改编成歌曲的就有 50 首之多。从中，我们看到了诗歌的力量、音乐的力量，以及诗与乐注入教育所升腾的能量。在小学语文古诗学习活动中，学生在反复诵读古诗、已经对诗作的情感和意蕴有所把握的基础上，可以选择已有乐曲的曲调，或者结合诗情、诗韵自创曲调，用自己喜欢的方式随心所欲地吟唱。这既是向诗歌原始本真状态的回归，又是对小学生诗歌美学、音乐美学的启蒙。

当然，读诗作画也好，和诗以歌也罢，虽然都涉及学科融合的内容，但必须强调的是，小学语文古诗教学所渗入的美术或音乐元素，其出发点和归宿都是为语文教学服务，因此无论是教学目标的设定、教学过程的实施还是教学评价的运用，都应以"能否促进学生的古诗学习、提升其语文素养"作为根本宗旨，切忌喧宾夺主，将语文课上成了音乐课或美术课。

(四)群文拓展，举一反三，丰富古诗文本内涵

随着新课程改革的不断推进，群文阅读教学以其独特的教育价值获得越来越多的关注，它跟"单篇阅读教学"互为补充，相得益彰。所谓群文阅读教学，指在语文阅读教学活动中，以教材文本为依托，师生围绕某个议题选择若干相关文本，进而围绕中心议题展开自主、合作、探究的阅读学习，从而丰富教材文本的意蕴与审美内涵，实现阅读内容的多元化、立体化以及学生阅读能力的提升。《义务教育语文课程标准（2022 年版）》在"课程理念"部分明确要求："倡导少做题、多读书、好读书、读好书、读整本书，注重阅读引导，培养读书兴趣，提高读书品位。"[①]在实际教学过程中，群文

---

① 中华人民共和国教育部：《义务教育语文课程标准（2022 年版）》，3 页，北京，北京师范大学出版社，2022。

阅读方式的引入可以有针对性地对教材单篇文本教学进行拓展补充，实现课内外资源的有效整合，体现出教学内容与方法的开放性、文本体验的鲜活性、学习的探究性等特点，并且遵循着同中存异、异中求同的思维逻辑，可极大地丰富教材文本的审美内涵，有效拓展学生的阅读视野。

以《示儿》一诗的课堂教学为例。陆游的爱国情怀绝非这一首诗歌可以涵盖，掌握"这一篇"也绝非语文学习最终的目标与指向。因此，在学生已对陆游的思想人格以及本诗主题意蕴有所把握的基础上，教师可以引入陆游不同时期爱国主义诗歌创作的典型代表，比如，其47岁时创作的"良时恐作他年恨，大散关头又一秋"（《归次汉中境上》），52岁时创作的"横槊赋诗非复昔，梦魂犹绕古梁州"（《秋晚登城北门》），67岁时创作的"遗民泪尽胡尘里，南望王师又一年"（《秋夜将晓出篱门迎凉有感》），75岁时创作的"万里关河孤枕梦，五更风雨四山秋"（《枕上作》）……由"这一篇"而至"这一类"，由单文本走向多文本，既是对陆游诗歌创作的立体化感知，也是对《示儿》一诗的审美内涵以及诗中所蕴含的爱国主义情操认识上的具化和深化。同时，诸如爱国主义之类的情感、态度、价值观，跨越古今，跨越国界，是人类发展历程中共通的意识形态。然而，无论是爱国主义还是其他思想或情感，通常都是抽象的，其内涵复杂且深邃，小学生理解起来存在较大困难。诗歌，作为人类意识、情感或精神的载体，具有内容与形式的双重美感，但若仅仅关注字面则会流于单薄、僵化，甚至落入教条。故而在课堂教学的拓展延伸阶段，教师可以给学生布置这样的课后作业：搜集二到三首表现爱国主题的诗歌，并探寻诗歌背后的故事。只有触摸到诗歌所植根的生活，理解了诗歌背后的故事以及缘此注入字里行间的情感，文学作品才会变得血肉丰满，爱国主义才能真正内化为学生的情感态度价值观。

群文阅读所引入的文本，既可遵循"同类强化"的原则，也可采用"异类相辨"的模式，在对体现矛盾性的文本进行对比、思辨的过程中，提升对原文本认知的深度与广度。如李清照的《夏日绝句》："生当作人杰，死亦为鬼雄。至今思项羽，不肯过江东。"诗歌借咏史而讽今，对于西楚霸王项羽在生命的最后关头选择自刎而亡所表现出的凛然无畏与悲壮慷慨，作者给予了高度的肯定和认同。事实上，关于项羽兵败乌江自刎身亡这一历史事件，唐代杜牧曾写下一首非常著名的咏史诗《题乌江亭》："胜败兵家事不期，包羞忍耻是男儿。江东子弟多才俊，卷土重来未可知。"诗中批评项羽刚愎自用，心胸狭隘，缺乏大将气度，对其负气自刎的行为深表惋惜，带有浓重的批判、讽刺意味。在《夏日绝句》学习活动中，可引入杜牧《题乌江亭》一诗，让学生并读比照，发现这两首诗对待项羽乌江自刎事件态度及评价的截然反差，并探寻这种反差背后所体现的作者不同的时代、境遇、思想以及依托诗歌创作所要传达的情感。甚至还可以引入《史记·项羽本纪》对这一事件的描述及评价："谓霸王之业，欲以力征经营天下。五年卒亡其国，身死东城，尚不觉寤而不自责，过矣。乃引'天亡我，非用兵之罪也'，岂不谬哉!"司马迁将项羽塑造成一个悲剧英雄的形象,以史学家的眼光批评了项羽"天亡我,非战之罪"的执迷不悟。此种观照角度、评价标准,跟《夏日绝句》以及《题乌江亭》又有所不同。当然,这样的"对读"固然离不开对文本之异的探寻,进而引发了学生思维的碰撞,达到培养学生批判性思维的目的;但实际上,无论是"同类强化"还是"异类相辨",在"1+X"的群文阅读教学模式中,作为"1"的课文原文本,既是群文阅读设计的出发点,也是最终的落脚点。因此,对于《夏日绝句》学习过程中群文的引入,应以"深入理解这首诗歌的诗情、诗意"作为活动设计的基本目标指向。

(五)随文生趣,多元互动,打造古诗艺术课堂

由于小学语文古诗学习活动的主体是小学生,因而面向小学生的古诗教学应体现出有别于中学古诗教学的、适应小学生认知和学习特点的内容与形式。在实际教学中,这些内容或形式并没有统一的模板,也不是能够以不变应万变的,而是需要教师在深入研读古诗文本、领悟"这一首"诗作特点的基础上,充分发挥教学的创造性,调动学生学习的积极性,真正让小学语文古诗课堂有声有色、有动有静、有情有趣,让小学生在古诗课堂上接受经典文学的熏陶,领略教学艺术的魅力。

低年级的古诗学习活动设计应更多地体现活动性、游戏性、生活性。最新修订的义务教育语文课程标准的主要变化之一是"注重幼小衔接,基于对学生在健康、语言、社会、科学、艺术领域发展水平的评估,合理设计小学一至二年级课程,注重活动化、游戏化、生活化的学习设计"①,这也为低年级古诗教学指引了方向。游戏是幼儿最基本的活动,也是幼儿获得发展的最基本的途径。幼儿期向儿童期的过渡是渐进的、量的积累过程,而非一蹴而就的质性飞跃。因此,对于低年级小学生而言,他们身上还较多地保留着幼儿身心发展的痕迹,故而在小学低年级古诗教学中,对游戏性、活动化的考量理应作为教师进行活动设计的基本指标。需要特别指出的是,小学古诗学习活动所融入的游戏环节或活动内容,其目标指向并非单纯意义上游戏对儿童身心发展的价值功能,而在于激发学生古诗学习兴趣、维持其课堂有效注意的同时,提升学生古诗学习的效果。也就是说,古诗教学中的游戏性、活动性设计要体现"语文味儿"。同时,活动设计还应紧扣古诗文本特质,体现形式的多样性。

例如,一年级上册的汉乐府《江南》。乐府本就是用来唱的,且这首《江南》在乐府分类中又属"相和歌辞"。关于"相和歌"的理解,有人认为"本是两人唱和,或一个唱、众人和的歌曲",若此,则《江南》的后四句"可能为和声",或"当是四面男女的分组和

---

① 中华人民共和国教育部:《义务教育语文课程标准(2022年版)》,4页,北京,北京师范大学出版社,2022。

唱"①。诗中东、西、南、北句式复沓，若置于文人诗歌中难免显得堆砌呆板，但若从民间乐歌"和唱"乃至融合舞蹈、表演等艺术形式的角度来看，在反复咏唱的情境中，采莲人轻松欢悦、鱼儿自由活泼的场景生动若现眼前，更具生活气息，整首诗也因此而变得文情恣肆、神采飞扬，令人回味无穷。所以在这首《江南》的学习活动设计中，完全可以加入歌舞剧表演的成分，让学生分角色"和唱"，或者以童话剧演出的形式，让学生扮作小鱼，一边吟唱，一边在教室东西南北各处"嬉戏"，由此感受中国古典诗歌多样化的形式，再现这首古代民歌活泼灵动的神韵。

事实上，低年级古诗教学游戏性、活动性的呈现方式是多元的，比如前面提到的"读诗作画"以及"和诗以歌"，就是在古诗教学环节加入小学生喜闻乐见的绘画或唱歌的形式，让学生在轻松自如的"非常态化"课堂环境下不自觉地实现古诗学习的深化。此外，也可以在吟诵古诗的时候加上拍手的节奏；在吟诵或吟唱某些包含着处所、方位或动作的古诗时，为诗句配上相应的手势、动作，如《静夜思》《登鹳雀楼》《绝句》（两个黄鹂鸣翠柳）等。

面向中、高年级的古诗教学则应顺应学生思维发展的层次及特点，关注学生思维品质的提升，从古诗文本自身的特点出发，巧妙设计一些既能激发学生探索的欲望，又能拓展其古诗学习的深度与广度的活动。《义务教育语文课程标准（2022年版）》在"课程内容"中指出："应设计阅读、讨论、探究、演讲、写作等多种学习活动，引导学生学习发现、思考、探究问题的思路和方法。"第二学段"引导学生发表对文本的看法，尝试表达自己的观点，从文本中寻找证据支持自己的观点"；第三学段"鼓励学生对文本进行评价"。②

例如，四年级上册苏轼的《题西林壁》。苏轼是宋代文学最高成就的代表，也是宋代文化人文精神的荟萃。苏轼的诗歌善于从点滴小事中总结经验，也善于从个别事物中发现规律，将瞬间的个人感受上升为普遍的人生反思。《题西林壁》可以说就是苏诗典型风格的代表，也是宋诗重理尚意主体风尚的集中体现。这首诗跟白居易的《暮江吟》、卢钺的《雪梅》构成一组，共同指向"留心观察"这一单元主题。教学过程中，可以将该诗与二年级时学过的李白《望庐山瀑布》并举，设计"谁是大侦探"活动环节，让学生们通过对这两首同是描写庐山的诗作的比照，探寻二者间的差异，从作者及其时代的不同，到诗歌表现内容、表现手法的不同，再到诗歌风格、作者的创作意旨乃至两首诗作所代表的宋诗与唐诗审美取向之反差，如此由浅入深，由表及里，由个别到一般，由现象而至规律，不断深化着对《题西林壁》一诗的认知，同时这也是对"留心观

---

① 贺新辉：《古诗鉴赏辞典》，207页，北京，北京燕山出版社，1989。

② 中华人民共和国教育部：《义务教育语文课程标准（2022年版）》，31页，北京，北京师范大学出版社，2022。

察"单元主题的实践。而对于卢钺的《雪梅》，则可以设计"梅雪辩论擂台赛"活动，将班上学生按照自己的意愿分成两队，分别代入梅或雪的身份，以辩论赛的形式展现梅或雪的精神风骨，深度感知诗歌意象所包含的人文意蕴。

再如，王翰的《凉州词》，教材在"古来征战几人回"句末标注的是"？"。实际上，古人写文章只有句读而不使用我们今天所用的标点符号，也就是说，王翰原诗末句所表达的情感意味是具有开放性的，那么，是否可将问号替换成句号、感叹号或省略号呢？这个问题对于四年级的学生具有一定挑战性，学生既要掌握这几种标点符号的用法及其所代表的语气，又要对诗作本身所富含的情感和意蕴有较为深入的把握。经过思考与讨论，大家发现，句号不太能够充分传达情感的浓度；而换作感叹号或省略号也未尝不可，只是表达的意味略有不同。

同时，中、高年级的古诗教学也可以加入项目式学习或综合实践活动等形式，围绕某一主题设计连贯的语文实践活动，突出学生的自主性，强调学生积极主动的参与意识与合作精神，拓展学生语文学习和创造的空间。

比如，五年级上册第七单元的人文主题是"四季之美"，选入王维《山居秋暝》、张继《枫桥夜泊》、纳兰性德《长相思》一组诗词。教学时，可立足单元整体设计，比如举办"最美四季诗词大会"，让学生从描写四季景致的课外诗歌作品中选择一首自己所认为的"最美"诗词，并作为"经典代言人"，向全班同学夸一夸它的"美"。

再如，围绕六年级下册第一单元《寒食》《迢迢牵牛星》《十五夜望月》三首古诗的学习，开展"古诗中的民风民俗"项目式学习活动，由学生自己策划、组织、协调并加以实施，利用网络资源平台拓展学习空间，从而由课内引向课外，由知识转向能力。

叶圣陶先生说过："教学有法，但无定法，贵在得法。"教学既是一门技术，又是一门艺术。在小学古诗学习活动中，兴趣作为学习行为的动力，它将推动学生积极、主动、自觉地走近古诗。因此，教师要在深度研读古诗文本的前提下，善于发现古诗文本的"教学点"与小学生学习的"兴趣点"之间的关纽，充分发挥创造性，体现课堂教学的艺术性，使小学古诗教学既具有"语文味儿"，又充满"儿童味儿"。

第二节
古诗学习活动设计举例

为兼顾古诗的学段、体式、主题等特征，本节选取二年级下册的《绝句》、四年级上册的《凉州词》、五年级上册的《示儿》这三首诗作，以及六年级上册的《西江月·夜行黄沙道中》一词，作为古诗类文本教学解读与学习活动设计的具体案例。

例1 《绝句》文本教学解读与学习活动设计

一、文本教学解读

《绝句》(两个黄鹂鸣翠柳)是统编本小学语文教材二年级下册第 15 课《古诗二首》之二，是"诗圣"杜甫近体诗中的名篇，也是中国古典诗歌"七绝"体的典范之作。作者选取一组明丽鲜活的景物：黄鹂、翠柳、白鹭、青天、千秋雪、万里船，勾勒出一幅生机盎然、意境高远的春景图。全诗有声有色，有动有静，有远有近，有虚有实，兼具音乐美、绘画美、建筑美，既兴到笔随、对仗精工，又动静相宜、开合有度。其艺术特色可归结为以下三点：

(一)结构之巧

该诗并未采用绝句通常的起承转合的结构模式，而是"一句一绝"，四句之间互不相属，却彼此照应，意脉贯通，故《唐宋诗醇》称其"虽非正格，自是绝唱"。其间，"两个"对"一行"，"黄鹂"对"白鹭"，"翠柳"对"青天"，"窗"对"门"，"千秋雪"对"万里船"，对仗工整谨严，韵律自然流畅，堪称千古奇作。教学时，可联系一年级所学《对韵歌》，并进行有效迁移，让学生从本诗中摘取词语，自主创编"对韵歌"，从而感知本诗的结构之巧以及诗歌的对仗与韵律之美。

(二)画面之美

苏轼曾言"少陵翰墨无形画"，该诗可谓杜甫"诗中有画"技艺之造极。诗歌一句一景，浑然一体。前两句，有颜色，有声音，有动作。两点鹅黄掩映在一片翠绿之中，青蓝色的天幕上晕出一条白线，点、线、面结合，色彩亮丽而和谐。黄鹂鸟悦耳而多变的鸣叫声带来听觉的享受，白鹭飞上青天又为画面增添了动感。后两句中，"窗含"与"门泊"，点明作者的观察点、立足点，引入中国古典园林"框景"的造园手法，于是"西岭千秋雪"和"东吴万里船"仿佛成为嵌入画框中的水墨画卷。教材运用一幅中国画作为插图，诗画呼应，既便于学生图文结合，理解诗意，又有助于激发学生观察、想象、表达的兴趣，真正感知诗歌的画面之美。教师也可以让学生结合诗意诗境，发挥想象，体会诗中有画，画中有诗。

(三)气象之大

诗歌后两句写景虚实相生、含蓄有致。作者思接千载，视通万里。"窗"中之景虽小，但一个"千秋"，便显现时间之纵深；船因行程"万里"，令人顿觉天地之开阔。上下四方为"宇"，古往今来为"宙"。在这茫茫宇宙时空中，一个"屋"的形象无疑是小的，但它的窗"含"着西岭的千秋积雪，它的门"泊"着可行万里的船。而此"屋"正是杜甫精神人格的象征，虽孤居小屋，却临窗放眼便是千秋岁月，出门举步便是万里山河，这是一种胸怀天地、气贯古今的人格气象。当然，这是教师自身的深度解读，对于二年级学生太过深奥。因而只需引导其反复诵读，在诵读中体会诗歌的气象之大。

因此，本课设计，充分抓住诗歌"诗中有画"的特点，以文字为载体，以想象为翅膀，引领学生在"诗情画意"中徜徉，主要体现以下三个亮点。

第一，以朗读为主线，体现语用教学。语言积累与运用，是语文学习的核心使命。古诗，作为运用汉语言文字精练地表情达意的文学形式，具有鲜明的特点与独特的魅力，其节奏性、韵律感、意蕴美，都需要反复诵读，潜心体会。本教学设计，以朗读为主线，通过不同方式、不同层次的诵读活动，以及运用诗中语汇自创"对韵歌"等形式，让学生充分感受古诗语言文字的魅力与张力，并在此过程中逐渐生成自己的语言文字建构。

第二，以想象为翅膀，重视思维培养。古诗教学应当抓住那些鲜明且典型的意象，引发学生的想象，激活学生的思维，从而令其产生真切的体会，在诗情画意中徜徉。本课教学，抓住"黄鹂""翠柳""白鹭""青天""千秋雪""万里船"等意象，引导学生入情入境，展开想象，将学生引到诗人面前，展开超越时空的心理对话，从而品味诗情，读懂诗意，同时也从感受、理解、欣赏、创造等多个方面培养学生的思维能力。

第三，以策略为支架，渗透学法指导。无论是识字写字、初读感知，还是品读体会、迁移转化，都需重视学法指导，引导学生积极运用有关的方法与策略。比如，联系生活经验识字，通过图文对照读懂诗意，抓住关键词语展开想象，移植已有经验介入新知等。因为有了这些方法与策略作为学习的支架，学生整个学习过程是清晰的、明确的、可见的。

二、学习活动设计

【学习目标】

1. 通过图片观察、对比发现、联系生活经验等方式，正确认读"绝""鹂""鸣""行""含""岭""泊"7个生字，正确书写"绝""含""岭""吴"4个生字，读准多音字"行"。

2. 利用朗读、趣读、吟诵等多种形式的诵读，正确、流利地朗读、背诵诗歌，体会诗歌的音韵之美与结构之巧。

3. 通过读诗作画、观察与想象等方式，理解诗意，初步体会诗歌所描绘的画面与意境，并能用自己的话描述诗句所呈现的画面，激发学习古诗的兴趣。

【学习过程】

板块一：温故知新，激趣导入

1. 图画设疑，引入情境

上节课，我们学习了一首描写夏天景致的诗歌——《晓出净慈寺送林子方》（PPT呈现古诗《晓出净慈寺送林子方》及背景图），欣赏了"无穷碧"的荷叶和"别样红"的荷花。今天，我们再来学习一首古诗，欣赏另一幅美丽的图画（PPT呈现古诗《绝句》及背景图）。你们觉得，这首诗表现的是什么季节的景色呢？

预设1：冬天。因为山上有雪。

预设2：春天。因为有嫩绿的柳树叶。

点拨：就让我们带着疑问走进《绝句》这首古诗吧。

2. 板书课题，范读全诗

3. 厘清季节，初感诗意

围绕诗歌表现的季节展开讨论，一是厘清"千秋雪"不见得一定是在冬季，二是引导学生抓住关键意象初步感知诗意，感受诗歌所描绘的生动优美的春日景象。

4. 初解"绝句"

借助诗题，初步认识"绝句"这种诗歌形式，了解一些诗歌的基本常识。

5. "猜猜他是谁"

展示"唐代诗人""诗圣""子美"等关键词及杜甫图片，猜一猜这是哪位诗人。

【设计意图】一方面，由一幅图画引入另一幅图画，从一首诗歌走入另一首诗歌，借助问题引领，激发学生的学习兴趣，符合低年段学生具象化的思维特点，也能让学生感受到这两首古诗"诗画合一"的共性。另一方面，不同于直接出示诗人相关介绍，而是以"猜一猜"的游戏方式，增加趣味性，吸引低年段学生的注意，让学生初步了解诗歌作者。

板块二：趣味识字，读准字音

1. 观图识字，读准字音

（PPT呈现黄鹂、白鹭、翠柳、泊船的图片）

正音：鹂、鹭、翠、泊。

解意：联系图片，连接生活经验，引入"泊车""停泊"等词语理解"泊"的意思。

强调：多音字"行"的正确读音。

2. 对比发现，认清字形

设疑："含"字上半部分与"岭"字右半部分一样吗？

写字：看字千遍不如书写一遍。指导学生在写字本上书写"绝""含""岭""吴"4个生字，引导学生注意观察左右结构和上下结构的字在田字格中的位置及比例。

板块三：吟咏创作，感受诗韵

1. 小组合作，以赛促学

送生字回家，并用"/"给诗句标上节奏；小组竞赛，比拼哪组既能读准字音，读通诗句，又能读好停顿，读出节奏。

2. 点生诵读，相机点评

教师评价，学生自评，学生间互评。

3. 找出对子，自创对韵歌

咱们一年级的时候学过《对韵歌》，大家还记得吗？（PPT呈现一年级上册《对韵歌》）其实，在这首诗里，也有许多地方是对韵的，比如，"两个"对——（"一行"），"黄鹂"对——（"白鹭"），"门"对——（"窗"）。下面，看看谁是火眼金睛，找得又快又准，并创作一首属于自己的"对韵歌"。

示例：黄鹂对白鹭/翠柳对青天/西岭对东吴/千秋雪对万里船。

点拨：对仗工整才会让我们读起来朗朗上口。

4. 再读古诗，感受节奏和韵律

配合背景音乐诵读古诗，体会诗歌的音韵之美，更能加深印象，达到熟读成诵。

【设计意图】《对韵歌》属于学生"已有"的知识体系，但对学生而言，是"死"的，很难迁移运用；杜甫的这首《绝句》则因对仗工整而堪称千古绝唱。然而，"对仗"及"格律"对于二年级学生又是生疏且抽象的。因此，通过自创"对韵歌"的形式，既实现了新旧知识之间的迁移转化，又帮助学生理解了"对仗"与"韵律"的意义，从而更直观地感受诗韵之美。同时，学生在今后学习古诗时，亦能做到举一反三，提升思维与审美素养。

板块四：读诗作画，领会诗意

圈一圈：这首《绝句》描写了哪些景物？请在书上圈出来。（黄鹂、翠柳、白鹭、青天、千秋雪、万里船）

想一想：古人云："诗是无形画，画是有形诗。"现在，老师来诵读这首古诗，请大家闭上眼睛，想象一下，在你脑海中出现了一幅怎样的画面？

画一画：请大家拿出画笔，把你脑海中所呈现的画面画出来吧。

说一说：小组之中互相展示自己的画作，分享自己想象到的画面。

比一比：比较老师画的这幅图画，或者书上的插图，仔细观察，看看跟你们画的有何不同。

引一引：诗人是站在什么地方看到这些景物的？（着重引导学生理解诗中的"窗含"一词）

品一品：一边欣赏自己的画作，一边诵读诗歌。你能品味出诗句中蕴含的美吗？

【设计意图】图文并茂，是低年级古诗教学的有效策略之一。借助圈一圈、画一画，旨在通过抓住诗中一个个鲜活的意象，引导学生展开丰富的想象与联想，在感受文字美、画面美的同时，既可以降低古诗学习的难度，激发学习兴趣，又能感悟"诗中有画，画中有诗"，并体会"窗含"的绝妙之处。这比单纯让学生逐句翻译或背诵老师给出的解释，更能引发学生的兴趣，契合低年级学生的认知特点。当然，"读诗作画"设计的出发点是"语文"而非"美术"，因此在教学评价时，应着眼于画作是否更好地传达出诗意，而不必过分注重绘画技艺本身。

板块五：迁移学法，拓展延伸

总结：今天，我们通过诵诗句——品诗情，找对子——感诗韵，画图画——解诗意，有了这么多收获。

延伸：杜甫的另一首《绝句》（迟日江山丽）写得也很美。读一读，想一想：从这首诗中，你看到了怎样的画面？课后能不能也给这首诗画上一幅画呢？

例 2　《凉州词》文本教学解读与学习活动设计

一、文本教学解读

《凉州词》（葡萄美酒夜光杯）是统编本小学语文教材四年级上册第七单元第 21 课《古诗三首》中的第二首，是唐代边塞诗人王翰的代表作。《凉州词》为唐代曲名，是按凉州（今甘肃武威一带）地方乐调歌唱的。从语言内容来看，"葡萄美酒"是西域物产，"夜光杯"属西域特有，"琵琶"乃西域流行的乐器，无一不与边塞风情相关；从主题思想来看，无论是"醉卧沙场"的豪迈，还是"古来征战几人回"的悲慨，都是边塞诗歌的常见类型。诗作慷慨激昂，节奏明快，气韵沉雄，格调高亢，既显现出唐代边塞诗的典型特征，又代表着浑厚、雄壮的"盛唐气象"。在教材编排上，它与之前王昌龄的《出塞》、之后李清照的《夏日绝句》构成一组，再跟其后的《为中华之崛起而读书》《梅兰芳蓄须》《延安，我把你追寻》三篇课文共同指向"天下兴亡，匹夫有责"的单元主题。在诗歌解读与教学过程中，有三个问题值得特别关注。

（一）主体情感的具象化呈现

情感是人受外界刺激而产生的心理反应，是内在的、抽象的；而诗歌，作为一种抒情言志的文学体裁，重在运用语言文字形象生动地传达情感。尤其是中国古典诗歌，"诗言志"的诗歌本质观贯穿了中国诗论的始终，由此奠定了我国古代诗歌的基础。那么，如何通过外在的、具体的语言来传达内在的、抽象的情感？诗人如何构建起由抽象模糊通向具体可感的路径，从而在创作层面，更便于作者发抒胸臆，在接受层面，更易于读者对作者之"胸臆"心领神会呢？实际上，"意象"就是诗歌中连接客体与主体、沟通具象与抽象、关联语言文字与情感意蕴的桥梁和纽带。在诗歌阅读鉴赏活动中，

"意象"是一个十分便捷的"抓手",它以外在化、具体化的语言文字形式呈现,且又注入了作者的情感,一旦将意象之"意"进行解码,诗歌所包蕴的情感也就不言自明了。

在这首《凉州词》的教学中,应该把握哪个最具情感张力的意象呢?当然是"酒"。"葡萄美酒"是酒本身,"夜光杯"是饮酒之具,"醉卧"是酒后之态,整场筵席可谓觥筹交错,酒入肠,人已醺。然而欢宴之上绝非仅有美酒,美食、美人、美景,想必都不可或缺,那么作者为何单单聚焦于"酒"呢?这夜光杯所盛满的葡萄美酒中又包蕴着怎样的情愫呢?对此,学生通过联系含"酒"的古诗词,领会经由酒所达成的破愁、解忧、助兴、壮胆等功用,以及借助于酒所传达的喜、怒、哀、乐等情绪。进而由古诗词中的"酒"落实到《凉州词》中的"酒":在王翰此诗中,"酒"究竟有着怎样的意味呢?学生进而感受到,那些醉卧沙场的将士们,既有"白日放歌须纵酒"的欢乐,又有"举杯消愁愁更愁"的哀伤,更有"明知山有虎,偏向虎山行"的豪迈。由此,经由具体之"象"而上溯至主观之"意",作者在诗歌中所要抒发的情感也就更易引发学习者的共鸣。

(二)文本主题的多义性解读

主题是文艺作品中通过具体的艺术形象表现出来的基本思想,它是文学作品的灵魂与生命所在,因而把握作品的主题也就成为文本解读与教学的题中应有之义。在小学语文阅读教学活动中,教师往往习惯于直奔课文最核心的主题,尔后以此为原点向四周辐射,以为如此才不至失掉文章的灵魂,才能揭示作品的深层意蕴;尤其是统编本小学语文教材以"单元主题"的形式固化了本单元之中每一篇课文的基本主题。如此一来,文章的主题仿佛具有了"唯一性",似乎只要抓住这一把钥匙就必然能开启文章这扇大门。实际上,文学作品不是一道代数题,可以得出唯一解或标准答案;文学之美,恰在于其缤纷或斑斓,就好比晚霞之灿烂,绝非仅有一种色彩。既然文学是以渗透着情感的形象来反映社会生活和人的思想感情,而社会生活是丰富的,人类情感是复杂的,那么,文学作品的主题就必然具有多义性。主题的多义性是指一部作品的主题可以从不同的角度去把握,从而具有多种不同的理解。文本主题的现实揭示,是一个不断建构的过程,既跟作品本身蕴含的多重意味有关,又深受时代文化语境的制约,并与每一位读者自身的价值观及审美取向密切关联。

《凉州词》作为本单元的构成元素之一,固然与单元中的其他文本共同指向"天下兴亡,匹夫有责"的单元主题,然而,此单元主题更像是对本单元若干篇课文所提取的"最大公约数",而非其中每一篇课文的全部"因数"。当然,在当前倡导"大单元""大概念"教学观念的引领下,"最大公约数"必然是这一组课文研讨的重中之重,但若要深入解析某一篇文本,仅仅抓住那个"最大公约数"显然是不够的。《凉州词》之所以能够成为盛唐边塞诗中的杰作,恰恰在于其思想意蕴的多重性与复杂性,以及在多重情感激荡与矛盾冲突过程中所展现的悲剧之美。这种悲剧美与崇高、壮美相联系,进而令读者生发出深沉而强烈的同情共感以及心灵震撼，引发人们深层次的审美感受。诗歌之中，既表现出同袍战友宴饮欢会时开怀畅饮、一醉方休的豪迈，又包含着对战争"积尸草木腥，血流川原丹"的恐惧以及"古来征战几人回"的无奈；而面对迫在眉睫的这场九死一生甚至有去无回的战斗，为何还要挺身而出、义无反顾？其实，在这诸般畅快、豪迈、恐惧、无奈以及义无反顾的矛盾交锋中，"捐躯赴国难，视死忽如归"的慷慨与悲壮也就呼之欲出了。可见，只有通过对诗歌多重情感、多义主题的挖掘与感知，学生才能深刻理解"天下兴亡，匹夫有责"的精神内涵，"爱国主义"才不至于仅仅作为一个空洞且教条的口号。教师在教学过程中，倘若只是墨守"天下兴亡，匹夫有责"所代表的爱国情怀，则不但难以令学生真切理解这八个字的深刻内涵，而且容易造成学生思维的僵化。事实上，教材中《凉州词》之前的那首被明人视为"唐人七绝压卷之作"的王昌龄的《出塞》亦可作如是观。诗中既有"秦时明月汉时关"的雄浑苍茫，又有"万里长征人未还"的凄凉感伤，更有"不教胡马度阴山"的坚定与豪迈。而盛唐边塞诗的魅力正是在这多声部、多腔调的合唱中得以彰显的。

(三)教学策略的多元化实施

教学策略是为完成特定的教学目标所采取的教学活动的程序、方法、形式、媒体等因素的总和。它是灵活、多样的，而非刻板或单一的。教学之所以被称作一门"艺术"，在很大程度上就在于教学策略的制定是一项系统考虑诸教学要素、总体上择优的富有创造性的设计工作。古诗教学始终是语文教学的重难点，每一首经典诗歌几乎都包蕴着悠久的文化与丰富的意蕴，无论是对小学生还是语文教师而言，都会由于时代的隔阂、知识的匮乏以及生活经验的缺失而造成理解与品鉴的障碍，再加上教学进度及考试要求的制约，教师在古诗教学中通常习惯于"熟读、理解、背诵"的三段法模式，采用"梳理字词及文学常识——介绍作者及时代背景——朗读诗句把握节奏——逐句翻译领会诗歌内容——概括诗意提炼主题思想——背诵古诗及诗歌大意"这种格式化教学步骤，于是整堂课只能停留于"走马观花"或"蜻蜓点水"式的浅尝辄止，整个教学更多的是在考验学生的记忆力与复述资料的能力，一首美妙的诗歌或者被肢解成支离破碎的知识点，或者被凝固成字斟句酌的白话文翻译，或者被抽象为空洞高深的标语口号，总之都是舍弃掉诗歌最可爱、可感的成分，不仅让诗歌本身变得冷若冰霜，而且令诗歌教学拒学生于千里之外。

就《凉州词》一诗的教学而言，让学生感悟戍边将士"天下兴亡，匹夫有责"的家国情怀无疑是教学的重难点。为了达成这一教学目标，仅靠熟读、翻译、背诵诗歌是远远不够的，这就需要教师在深入理解、感悟诗歌的基础上，创造性地设计并实施相应的教学策略。比如，抛出"宴席上景物繁多，为何作者仅仅抓住'酒'来写"以及"'酒'传达出主人公怎样的情绪"这两个主问题，引导学生通过分析古代文人的"酒中趣""酒中味"，来领会诗歌复杂而深邃的思想与情感。教师也可针对诗歌末句"古来征战几人回"的标点符号设疑："古汉语原本不用我们今天的标点符号。这首诗末尾处的'？'实际上是今人添加的。那么，这个问号是否可用其他标点符号替换呢？"相信这一问题极容易激发学生探索的兴趣，学生通过品味诗歌意蕴，意识到假如将"？"替换成"！"或"……"也未尝不可，只是在情绪、语气或格调的表达上略有不同；继而再鼓励学生运用自由吟诵的方式呈现每种标点符号在情绪表现上的差异，在吟诵过程中运用声情的调控来真切、深入地感悟诗歌的意蕴。此外，教师也可以提前准备不同风格的背景音乐，由学生自主选择进行诗配乐吟诵，一方面是在学科融合的情境中感知诗歌的音乐性特质，另一方面也是在思维与审美的建构过程中，让学生生成自我的情感体验。

二、学习活动设计

【学习目标】

1. 正确认读和书写"词""催""醉"3个生字；利用吟诵、配乐等多种形式的诵读，正确、流利、有感情地朗读古诗，背诵古诗。

2. 想象诗歌画面，能用自己的话说出古诗的意思，并结合"酒"意象体会诗歌情绪的复杂性与主题的多义性。

3. 感受戍边将士在多重情感矛盾冲突中的感伤与豪迈之情，品味诗歌的崇高与悲壮之美，理解"天下兴亡，匹夫有责"的精神内涵，初步感知边塞诗尤其是盛唐边塞诗的风格特征。

【学习过程】

板块一：温故知新，初读感知

1. 复习旧知，导入新课

上节课，我们学习了盛唐边塞诗人王昌龄那首著名的边塞诗《出塞》，感受到"秦时明月汉时关"的苍凉雄浑以及"不教胡马度阴山"的坚定豪迈。今天，我们将要学习的这首诗歌也是一首边塞诗，并且同样出自盛唐，它就是《凉州词》。

（板书："凉州词"及"唐　王翰"）

2. 介绍"凉州词"及创作背景

"凉州词"是唐朝时候流行的一种曲调名。凉州，就是今天的甘肃武威一带，因地处西北，土地寒凉而得名。汉唐之际，凉州成为连接中原与西域的重要通道，有"天下要冲，国家藩卫"之称，也因此成为唐代边塞诗创作的大舞台，许多著名诗人都曾填写过《凉州词》。

3. 初读诗歌，读准字音、节奏

点学生朗读诗歌。

评价点："葡萄""琵琶"末尾音节读作轻声；"催""醉"都是平舌音；"征战"都是翘舌音，"征"后鼻音，"战"前鼻音；四句节奏都是二二三。

板块二：再读诗歌，想象画面

1. 配乐范读诗歌

同学们都很棒！不仅读得字正腔圆，读准了字音，而且读得有板有眼，读出了节奏。可这样还不够，我们还要读出自己的理解。听老师来诵读这首诗歌，边听边想象：在你脑海中浮现了怎样的画面？

2. 讨论分享，领悟诗歌大意

鼓励学生用自己的话描述诗歌文字所展现的画面。

评价点：宴会场面的盛大、隆重，将士形象的英勇、豪放。

【设计意图】《义务教育语文课程标准（2022年版）》第二学段要求："诵读优秀诗文，注意在诵读过程中体验情感，展开想象，领悟诗文大意。"[1]四年级的学生正处于具体形象思维向抽象思维转折过渡的时期。借助想象，将抽象的语言文字转化为具体的画面，这既符合该年龄段学生的思维和学习特点，也是阅读活动中"再造想象"的具化实践。同时，将想象的画面再运用语言描述出来，则达成了对诗歌大意的整体把握。相比教师逐句解释诗歌意思，学生死记硬背诗句翻译，通过教师引导、学生想象诗歌画面的形式，学生更容易获得个性化的阅读体验，也更有可能细致、深入地理解诗歌。

板块三：问题引领，品味诗情

1. 思考：为何整首诗都在围绕"酒"展开

经过大家的交流分享，老师眼前仿佛也呈现出盛大、欢腾的宴会场面以及一群英勇无畏的戍边将士。在这场宴会上，珍馐美味一定很多，歌舞焰火想必也不可少，那么，作者为什么仅仅抓住了"酒"，为何整首诗都在围绕"酒"展开呢？

点拨：古人爱酒，酒常常是情感触发的媒介。因此，在这首诗歌中，"酒"比其他景物更便于抒发和传达情感。

2. 小组大比拼：品悟"酒中味""酒中情"

古人爱酒，也常常将酒写入诗歌。中国古典诗歌，往往散发着浓郁的酒香。现在咱们就来个诗歌大比拼：以小组为单位，每组背诵一句带"酒"的古诗，并说出其中包含的情感。看看哪一组说得最多、最准确。

预设：

欢乐："白日放歌须纵酒，青春作伴好还乡"；"莫笑农家腊酒浑，丰年留客足鸡豚"；"开轩面场圃，把酒话桑麻"……

---

① 中华人民共和国教育部：《义务教育语文课程标准（2022年版）》，10页，北京，北京师范大学出版社，2022。

忧愁："抽刀断水水更流，举杯消愁愁更愁"；"借问酒家何处有，牧童遥指杏花村"；"对酒当歌，人生几何"……

孤独："花间一壶酒，独酌无相亲"；"劝君更尽一杯酒，西出阳关无故人"；"一曲新词酒一杯，去年天气旧亭台"……

豪迈："人生得意须尽欢，莫使金樽空对月"；"明月几时有，把酒问青天"；"一壶浊酒喜相逢，古今多少事，都付笑谈中"……

3. 小组合作探究：在本诗中，"酒"究竟传达出主人公怎样的情绪？

通过刚才的诗歌大比拼，我们感受到，原来古诗中的"酒"竟包含着如此多的意味。那么，在《凉州词》这首诗歌中，"酒"究竟传达出主人公怎样的情绪呢？

预设：

有在战斗的间隙，宴会上把酒言欢、开怀畅饮的愉悦、慷慨；（板书：慷慨）

有即将奔赴新的战场，九死一生甚至有去无回的无奈、感伤；（板书：感伤）

有保家卫国、舍生取义、视死如归的从容、大义。（板书：大义）

【设计意图】"酒"既是诗歌着力刻画的对象，又是作者及诗作主人公情感触发的媒介。诗歌鉴赏与教学过程中，抓住了"酒"，就等于紧紧把握住打开诗歌情感之门的钥匙，就能化抽象为具体，便于学生感知与理解诗歌所要传达的微妙情感。同时，语文教学虽然依托教材"文本"，但"文本"绝不是终极目标。课文只是语文教与学的媒介，假如语文教学仅仅是在课文内部"打转转"，那么即便将这篇课文分析讲解得再透彻，对于学生而言，意义也是有限的。因此，语文学习应当从教材文本出发，举一反三，触类旁通，注重同类语言材料的迁移、转化、运用，才能真正实现学生语言、思维、审美以及文化素养的全面提升。

板块四：层层递进，感悟意旨

1. 因"酒"知味：由"酒"的多重意味所传达的情感的微妙复杂，感知主题的多义性

原来，这看似单纯的"酒"中竟然包含着如此多的意味，而诗人也正是借助这多种味道的"酒"，传达出如此微妙而又复杂的情感。

古今中外，凡提笔为文，无不有一定的目的。每篇文章中都表达了作者对客观事物的某种认识、观点或看法。这些认识、观点、看法就是"主题"。那么，在《凉州词》这首诗歌中，表现了怎样的主题呢？

预设：

愉悦、慷慨——豁达豪迈、热情奔放；（板书：豪迈）

感伤、无奈——厌恶战争、渴望和平；（板书：厌战）

大义、从容——捐躯国难、视死如归。（板书：爱国）

2. 感知主题：理解"天下兴亡，匹夫有责"的精神内涵

既然将士们厌恶战争、渴望和平，那么，为何当他们面对即将到来的九死一生甚

至有去无回的新战斗，面对死亡的威胁，却仍然义无反顾、视死如归？

是啊！尽管战争残酷、无情，令人厌恶，但当战争不可避免的时候，将士们只有通过浴血奋战才能保家卫国，让人们安居乐业。因此，对于每一个热血男儿来说，爱国绝不是空洞的口号，而是"捐躯赴国难，视死忽如归"的实际行动，是"舍我其谁"的使命与担当，是我们每个人都义不容辞的责任。这正是本单元的主题——天下兴亡，匹夫有责——这八个字的真正内涵。

（板书：天下兴亡，匹夫有责）

3. 置换身份：移情入境，想象临别话语

假如你是诗中的一名战士，即将奔赴战场，你最想对你的父母（兄弟、战友、妻子、孩子……）说些什么？

4. 改换标点：体味不同语气及所传达的情感意蕴

古人写文章并不使用我们今天所用的标点符号。这首诗末尾处的"？"实际是我们现代人加上去的，大家觉得用问号合适吗？是否可以改换成其他标点符号呢？

预设：

"？"——反问，表达肯定的意思，增强语气。

"！"——强调，表达叹息、伤悼等意味，语气强烈。

"……"——语意含蓄，启人深思，意犹未尽。

5. 自由吟诵：外化诗歌情感意蕴

结合不同标点所传达的不同意味，学生也可以选择合适的背景音乐，用自己喜欢的方式吟诵古诗、背诵古诗，读出诗歌感情与意蕴。

【设计意图】文学作品的主题绝非空中楼阁，而是由材料以及材料所传达的情感层层铺垫。教学中，只有从具体的意象出发，经由感性的情感，才能上升至抽象的思想和主题。情感的丰富复杂性决定了主题的多义性，因而绝不能将学生的思维固化、模式化，而应让他们在语文学习中感受思想的驰骋，享受思考的快乐，并以此深化对文本的理解，积累语文学习的经验。而当学生一旦触及文章的主题，并不意味着学习活动的终结，而是要让他们真正将抽象的思想主题理解、内化。因此可借助身份置换、创造想象、改编文本、自由吟诵等形式，既能深化学生对文本主题的理解，又能以外显的方式检验学生的学习成果，使得表现性评价落于实处。

板块五：求同存异，拓展延伸

1. 总结与升华：总结本课内容，引出"边塞诗"

今天，我们学习了唐代诗人王翰的《凉州词》，从"葡萄美酒"之中品味出戍边将士复杂微妙的情感，也感受到"天下兴亡，匹夫有责"的丰富内涵。这正是盛唐边塞诗带给我们的精神洗礼。

2. 前引后拓，学法迁移：自主探究盛唐边塞诗的风格特征

边塞诗是以边疆地区军民生活和自然风光为题材的诗，在盛唐最为繁盛，也是唐诗中思想性、艺术性最强的一部分。我们上节课学习的王昌龄的《出塞》就是盛唐边塞诗；等到五年级下学期，我们还将遇到另一首《凉州词》，也就是王之涣的"黄河远上白云间，一片孤城万仞山。羌笛何须怨杨柳，春风不度玉门关"，它也属于盛唐边塞诗的范畴。

请大家课后运用我们今天学习王翰《凉州词》的方法阅读、体会王之涣的这首诗歌，并结合王昌龄的《出塞》，将这三首诗歌进行比较，看看它们具有怎样的共性与差异，探究盛唐边塞诗的风格特征。

（提示：可借鉴网络资源）

【设计意图】语文学习的着眼点应由"鱼"而转变为"渔"；语文学习的内容应由"这一个"而延伸至"这一类"；语文学习的资源应由"教材"而拓展至媒体、网络乃至大千世界。此外，比较阅读过程中"求同存异"的思维方法，既是文本阅读的重要手段，也是学生语文学习以及认识世界、认识自我的有效方式。

【板书设计】（见图 1-3）

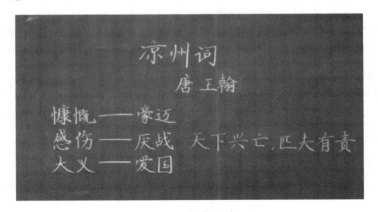

图 1-3　板书设计

例 3　《示儿》文本教学解读与学习活动设计

一、文本教学解读

《示儿》是统编本小学语文教材五年级上册第四单元第 12 课《古诗三首》中的第一首，是南宋诗人陆游的绝笔诗，也是中国古代爱国诗中的经典之作。短短二十八字，凝聚着诗人毕生的心愿，如怨如慕，如泣如诉，表现出诗人临终之际丰富复杂的思想感情以及"北定中原"、收复失地、统一祖国的坚定信念。诗歌语言质朴无华而又曲折

多变，率意直书而又感人肺腑，既流露出对山河破碎、北伐大业未就的遗憾、悲怆心境，又传达出对抗金事业必胜的信心。而在这"悲"与"盼"、现实与理想的激荡碰撞中所迸发出的悲壮与崇高，感心动耳，荡气回肠，足以令读者潸然泪下。在教材编排上，该诗与《题临安邸》《己亥杂诗》构成一组，再跟随后的两篇精读课文《少年中国说》《圆明园的毁灭》以及略读课文《小岛》共同指向"为什么我的眼里常含泪水？因为我对这土地爱得深沉……"这一单元导语所代表的"家国情怀"的人文主题，并提出了"结合资料，体会课文表达的思想感情"以及"学习列提纲，分段叙述"这两项语文要素。在诗歌解读与教学过程中，可从三个方面入手以更好地理解、把握作品。

（一）"知人论世"，真切领会作者创作动机

"知人论世"是我国文学理论发展史上较早出现的文艺思想，从孟子首倡沿袭至今，无论是文艺创作还是批评鉴赏，都在不自觉地遵循着这一基本原则。"知人论世"原则应用于诗歌鉴赏，主要是指：在解读与评价具体的诗歌作品之时，必须将诗作产生的时代背景、历史条件以及诗人的生平遭际等与作品联系起来。诗歌是由人创作的，而人又无法超然独立于时代以及现实生活之外，故而在诗人的创作中，往往蕴含着诗人遭逢其时、其事之际的所思所感，而要正确把握诗歌的感情意蕴、真切领会作者的创作动机，就需要了解作者所处的时代或者写作时的具体背景。品读《离骚》，不能抛开战国后期楚国内忧外患的时局以及屈原"信而见疑、忠而被谤"的处境；鉴赏"三吏""三别"，就不能无视"安史之乱"后那多难的时代以及杜甫忠君爱国、仁民爱物的思想情怀。陆游的这首《示儿》是五年级上册第四单元《古诗三首》中的第一首作品，与紧随其后的林升《题临安邸》一诗创作年代大体相当，且同样揭示了宋"南渡"之后偏安江南的尴尬政局，表达了爱国志士内心深沉的无奈与悲哀。在诗歌教学时，倘若无视北宋与南宋之交"靖康之变"所造成的民族耻辱及其反馈给南宋爱国文人的历久而弥新的疮疤，而单纯从诗歌字面进行解读的话，学生是很难理解诗人情不知所起，一往而深的真正缘由的，也无从感知作者执着而深沉的爱国激情以及所谓"诗言志"的实际内涵。尤其是《示儿》一诗，其作者陆游是南宋爱国诗人的代表，其文学作品以爱国情怀而著称，爱国主题几乎贯穿了他诗歌创作的始终。《示儿》为陆游"怀壮志统一国土，含悲愤宿愿未酬"的悲情人生画上了最后的句点，是他一生爱国情怀、爱国诗篇的凝练与升华。故而若想读懂《示儿》，就不仅要结合宋"南渡"之后的时代背景，而且要对陆游的生平及思想有所把握。《义务教育语文课程标准（2022 年版）》在"课程实施"部分指出："积极利用网络资源平台拓展学习空间，丰富学习资源，整合多种媒介的学习内容，提供多层面、多角度的阅读、表达和交流的机会，促进师生在语文学习中的多元互动。"[①]对此，

---

① 中华人民共和国教育部：《义务教育语文课程标准（2022 年版）》，46 页，北京，北京师范大学出版社，2022。

教师可以通过课前布置资源检索作业、课初"讲故事"等形式，帮助学生了解作者生平以及诗作的创作背景，做到"知人论世"；在课堂接近尾声时，可以用陆游各个阶段所创作的代表性爱国诗篇串联其一生，拓展学生的视野，加深对陆游及其诗歌爱国情怀的体认与理解；课后，可让学生搜集并品读其他爱国主义诗篇，从而由"这一首"而至"这一类"，由陆游而至爱国文人群体，既深化对《示儿》本身的理解，实现"结合资料，体会课文表达的思想感情"这一单元教学目标，又为《题临安邸》一诗的学习做好铺垫。

（二）"以意逆志"，深入挖掘诗歌思想意蕴

"诗言志"作为中国诗论的开山纲领，塑造了中国古典诗歌重抒情言志的本质特征。诗歌，负载着作者的思想、情感、意愿或决心，是诗人心路历程的记录与复现。《三字经》云："曰喜怒，曰哀惧。爱恶欲，七情具。"所谓"七情六欲"，是人类普遍的心理反应，而当人们面对同一客体之"物"，内心所生成的情感也是大致相同的。古人见落花而流泪、处佳节而思亲，我们今人遭逢此情此景，也同样会生发相似的感怀；古人遇友朋欢聚而开怀畅饮，获金榜题名而洋洋自得，我们今人也一样会兴高采烈、欢欣鼓舞。故而一旦抓住诗中的情感脉络，也就开启了古代作家与现代读者沟通、对话的大门，原本陌生的古诗才会带上了温度，变得血肉丰满。当然，诗人借助语言文字传达情感，而语言文字并非情感本身。诗歌所言之"志"是潜在的、隐性的，这就需要读者运用诗歌鉴赏的技法，并"以己意迎取作者之志"，用自己的心灵去探寻作者的心灵及情感轨迹，将心比心、设身处地去推测、领会作者在作品中所寄寓的思想与情感，亦即"以意逆志"，从而对诗歌外显的语言文字进行"解码"，感知和理解作者的情感及思维，获得"同理"之心，跟作者达成"共情"。小学生因受到生活经验的制约，在古诗学习中较难自发而有效地获得"共情"，这就需要教师积极创设情境，并有针对性地加以引导，从而带领学生身临其境，生发"同理"之心，获得对诗人情感及诗歌意蕴更深层次的感知与把握。就《示儿》一诗而言，其最特殊、最震撼人心的地方就在于，这是作者陆游在生命之光即将熄灭之际留给儿孙的最后嘱托，也是陆游一生爱国主义情怀的凝聚与升华。短短 28 个字，虽朴实无华，但能迸发出惊天地、泣鬼神的情感力量，其原因正在于它是在"特殊"情境中所写下的"特殊"遗嘱。这两个"特殊"，恰是学生解读诗作的关键，也是学生深入感知作者刻骨铭心、至死不渝的最赤诚、最深沉的爱国主义情感的具体语境。因此，教学时，可以创设"人在临死之际，最关心的通常是什么"这一问题情境，并跟《示儿》诗中作者的行为加以对比，揭示陆游"遗嘱"的与众不同，进而探寻这种不同的因缘之所在，感知诗歌惊心动魄的情感魅力以及作者执着坚韧、至死不休的殷殷爱国情意。

（三）捕捉"诗眼"，明确把握作品情感脉络

"诗眼"是诗作中最能开拓意旨、表现力最强的关键性字词。捕捉"诗眼"，既可感知诗人炼字造句之精妙，领略古典诗歌精炼、简约的艺术特质，有时又可抓住诗歌结构布局的关键字眼，借此厘清作者思维与情感的脉络。在古诗教学过程中，"诗眼"往往也是教师剖解作品的突破口，对于学生理解并把握诗作的意蕴及特点至关重要。《示儿》一诗中，"死去元知万事空，但悲不见九州同"，"悲"字应为此二句之"诗眼"。对生命即将终结的悲哀，对未能亲眼看到祖国统一的悲痛，对朝廷苟且偷安的悲愤，对金兵铁蹄践踏下民生多艰的悲悯，对无数仁人志士浴血奋战而壮志难酬的悲怆……一个"悲"字，既是诗人临终之际心情与境遇的真实写照，又是其一生拳拳赤子之心、殷殷报国之志的凝结。因此，在课堂教学中，教师可引导学生抓住"悲"字，进而设疑：作者因何而"悲"？从而引领学生深入诗人的精神世界，设身处地地感知诗歌的情感内涵。然而，"悲"字虽为本诗前两句之"诗眼"，却不足以囊括整首诗尤其是诗歌后二句之意蕴。"王师北定中原日，家祭无忘告乃翁"，字里行间又饱含殷切期盼。尽管从诗歌字面上而言，并无明显字词堪当此二句之"诗眼"，然而教师可以启发学生通过深入研讨，抓住一个"盼"字——对朝廷收复失地、统一中原的期盼，对自己毕生所坚守的理想与信念的祷盼；教儿子"无忘"，恰恰表明作者自己的念念不忘。一"悲"一"盼"，令诗歌虽怀哀怨，但又不沉溺于伤痛，更以慷慨之气超拔之；既能入乎其内，又可出乎其外，故而既有生气，又具高致。因此，抓住一"悲"一"盼"这一明一暗两条线索，也就把握住了作者的写作思路及诗作的情感脉络。对于古诗教学来说，这正是小学生得以深入领会诗歌内涵及作者情感的有效"抓手"，亦是小学古诗教学方法之一"渔"。

二、学习活动设计

【学习目标】

1. 利用图片、对比等方式，正确认读和书写"祭""乃"两个生字；正确、流利、有感情地朗读、背诵诗歌，正确、规范地默写诗歌。

2. 运用多种方式查阅和搜集资料，了解诗歌的创作背景，感知诗人生平及其创作特点。

3. 借助对"悲""盼"诗眼的剖析，理解诗意，把握诗歌主题及情感脉络，理解诗人以及古代爱国诗篇中所蕴含的爱国情怀，形成正确的人生观、价值观。（教学重点、难点）

【预习要求】

运用多种方式查阅并搜集资料，了解陆游生平及其创作特点，了解宋朝"南渡"时代背景。

【学习过程】

板块一：谈话导入，揭题解题

1. 创设情境，谈话导入

在八百多年前的南宋，有一位85岁高龄的老人，即将到达生命的终点。他躺在病榻之上，自知时日无多，可仍有一事让他魂牵梦绕、抱恨终生。于是他把儿子叫到床前，面向北方，老泪纵横，然后用颤抖的手写下一首诗，既是作为自己的临终遗言，也是对儿子最后的嘱托。他就是南宋著名爱国诗人陆游，这首诗就是我们今天将要学习的《示儿》。

（板书：示儿　陆游）

2. 解题

"示"，是告诉、告知；"示儿"，就是给儿子看。

3. 设疑启思

陆游的诗有不少是专门写给儿孙辈的，比如"纸上得来终觉浅，绝知此事要躬行"，教导儿孙读书、做人的道理。而这首《示儿》诗，既是临终遗言，所提之事一定特别重要，应该是作者最关心、最挂念的。那么，诗人陆游在临终之际，最关心、最挂念的到底是什么呢？他究竟要告诉儿子什么呢？

板块二：初读感知，自学反馈

1. "三读"诗

一读，读准字音；二读，读流畅，把握节奏；三读，同桌互读检测，比比谁读得更好。

2. 巧识字

（出示生字"祭""乃"）这是本课的两个生字，大家有什么记忆或书写的小诀窍吗？

祭：会意字，左边是牲肉，右边是"又"（手），中间的"示"本义为祭桌。表示以手持肉祭祀神灵。后来演变为一种对已故之人表示追悼、敬意的仪式。

乃：与"及"字相区分，笔顺为先横折折折钩（乃），后撇（丿）。

3. 解诗意

结合书上注释，并运用四年级学习过的批注法，边默读诗歌边作批注，疏通诗歌大意，并与同桌说说你的理解。

点拨：读懂了诗意，大家应该已经知道，作者陆游在临终之际最关心、最挂念的是——（不见九州同）。

4. 设情境

同学们，我们每个人的生命都只有一次，它是如此美好而宝贵。那么，你有没有设想过，几十年后，当你的生命即将走到尽头的时候，你最牵挂的人和事会是什么呢？

预设：

孩子，希望他们好好读书，好好做人。

兄弟姐妹，希望他们好好生活，健康长寿。

朋友，希望他们还能记得我。

……

点拨：是啊，亲人、朋友、财富、名誉、荣耀……这些或许是咱们普通人最在意的。但是，诗人陆游最牵挂的却不是自己的孩子或兄弟姐妹过得好不好，最在意的也并不是家里的财产怎么分配或者自己的后事怎样安排。对此，我们需要更进一步地走近陆游，走近他所生活的那个年代。

5. 讲故事

请大家结合课前搜集整理的资料，讲一讲陆游以及宋朝"南渡"的故事。

PPT：陆游（1125—1210），字务观，号放翁，越州山阴（今浙江绍兴）人。南宋爱国诗人。存诗九千余首，风格雄浑豪放。梁启超评其诗歌："集中十九从军乐，亘古男儿一放翁。"

"靖康之变"后，大好河山落于金兵铁蹄之下。宋高宗赵构建立南宋，定都临安（今浙江杭州），苟且偷安，直到被元朝所灭，始终未能收复失地。

【设计意图】《示儿》一诗的鲜明特色在于，它作为南宋爱国诗人陆游的临终绝笔，其中所涌动的深沉的家国情怀以及作者对于收复失地、统一河山矢志不渝的信念。那么，如何让学生理解这种情怀、信念不是作者的一时冲动或惺惺作态，而是诗人毕生的坚守，是其心底最迫切、最真实的呐喊？这就需要通过创设情境，让学生身临其境地产生"共情"效应，从而感知陆游遗嘱的"与众不同"。然而，其之所以"与众不同"的根源，乃在于陆游其人的思想、经历及其所处的特殊时代背景，这又必须"知人论世"。而关于陆游其人、"南渡"其事的信息，可谓纷繁复杂。那么，如何在有限的课时中快速地搜集并筛选信息，把握有效线索？实际上，五年级学生已初步掌握了资料检索的一般方法，并且在当今信息时代环境下，信息的获取及甄别是个体发展的必备技能。因而，通过课前布置预习作业，让学生搜集相关资料，并在课堂上以"讲故事"的方式对所搜集的信息进行筛选与输出，既能节约课堂时间，深化学生对于陆游其人、"南渡"其事的了解，又能扩充学生的信息量，训练学生检索及筛选信息的能力。最后，通过 PPT 呈现跟本诗学习关联最密切的资料信息，以提升资料检索的效率以及课堂学习的效果。

板块三：把握诗眼，细读解意

1. 寻诗眼

诗歌前二句——"死去元知万事空，但悲不见九州同"，你认为其中哪个字词最关键，可以作为"诗眼"，表达作者的思想或情绪呢？（"悲"）

（板书：悲）

2. 绎诗意

小组合作，讨论作者因何而"悲"？

预设：

对生命即将终结的悲哀。

对未能亲眼看到祖国统一的悲痛。

对朝廷苟且偷安的悲愤。

对金兵铁蹄践踏下民生多艰的悲悯。

对无数仁人志士浴血奋战而壮志难酬的悲怆。

……

3. 感诗情

请带着你对诗人之"悲"的理解，再读诗歌前两句，感受诗人复杂而深沉的情感。

4. 再实践

诗歌后二句——"王师北定中原日，家祭无忘告乃翁"，你认为有没有哪个字词可以作为"诗眼"？（没有）

小组合作，在诗句字面之外寻找一个字词，来概括此二句中作者想要传达的思想或情感。（分组汇报，集体讨论，确定"盼"一词）

（板书：盼）

小组合作，讨论作者所"盼"为何。

预设：

对朝廷收复失地、统一中原的期盼。

对自己毕生所坚守的理想与信念的祷盼。

……

请带着你对诗人之"盼"的理解，再读诗歌后两句，感受诗人殷切而执着的信念。

【设计意图】一"悲"一"盼"，既是全诗的"诗眼"，又是诗作的行文脉络。而对"悲"与"盼"多角度、多层次的解析发掘恰是深入理解诗歌内涵、感知诗人情感的关键。在诗歌阅读教学活动中，应充分调动学生的情感体验，尊重学生的个性化解读，并借助诗歌朗诵检验并巩固其情感体验的成果。

板块四：群文拓展，品读悟情

1. 提炼主题

在这"悲"与"盼"中，我们感受到诗人陆游对国家、对人民、对故土执着而浓烈的情感。"为什么我的眼里常含泪水？因为我对这土地爱得深沉"，是啊，正是怀着对山河故土深沉而坚定的爱恋，陆游才会在临终之际，唯独对"不见九州同"而忧心忡忡，才会将"王师北定中原日"作为自己唯一的执念，用最后一股气力对儿孙谆谆嘱托。

2. 群文拓展

因此，《示儿》一诗既为陆游忧国忧民的一生画上了句号，又是作者漫漫人生历程贯穿始终的爱国情怀的浓缩。让我们一起读一读陆游不同时期爱国主义诗篇的代表：（PPT 展示）

"良时恐作他年恨，大散关头又一秋。"（《归次汉中境上》，47 岁）

"横槊赋诗非复昔，梦魂犹绕古梁州。"（《秋晚登城北门》，52 岁）

"遗民泪尽胡尘里，南望王师又一年。"（《秋夜将晓出篱门迎凉有感》，67 岁）

"夜阑卧听风吹雨，铁马冰河入梦来。"（《十一月四日风雨大作》，67 岁）

"万里关河孤枕梦，五更风雨四山秋。"（《枕上作》，75 岁）

陆游的一生真的是战斗的一生、忧国忧民的一生。怪不得我国近代思想家梁启超会评价陆游诗集中十之八九是"从军乐"，并称赞"亘古男儿一放翁"。实际上，梁启超的爱国情怀可以说是跟陆游一脉相承，所以他才会满怀憧憬与期盼写下了那篇著名的《少年中国说》："天戴其苍，地履其黄。纵有千古，横有八荒。前途似海，来日方长"，寄托了对祖国的无限热爱与期望。

3. 品读悟情

请带上你对这首诗的理解，加入作者执着而浓烈的爱国情思，朗读并背诵诗歌。

【设计意图】《义务教育语文课程标准（2022 年版）》明确指出，在教学过程中要注重阅读引导，培养学生的阅读兴趣，提高阅读品位。在实际教学过程中，群文阅读方式的引入可以有针对性地对教材单篇教学进行拓展补充，实现课内外资源的有效整合，体现出教学内容与方法的开放性、文本体验的鲜活性、学习的探究性等特点。就本课教学而言，陆游的爱国情怀绝非这一首诗歌可以涵盖，掌握"这一篇"也绝非语文学习最终的目标与指向。由"这一篇"而至"这一类"，由单文本走向多文本，是对陆游诗歌创作的立体化把握，也是对《示儿》一诗的审美内涵以及诗中所蕴含的爱国主义情操认识上的具化和深化。

板块五：迁移学法，拓展延伸

今天，我们结合课前搜集的资料学习了南宋爱国诗人陆游的《示儿》一诗，也借助陆游一生不同时期的诗歌创作了解了作者饱含爱国激情的一生。其实，"爱国"是古往今来无数仁人志士共有的情怀，爱国主义思想与主题也贯穿了人类诗歌创作的始终。

请大家课后收集二至三首表现爱国主题的诗歌，并探寻诗歌背后的故事。

【设计意图】爱国主义跨越古今，跨越国界，是人类发展历程中共通的优秀品质。然而爱国主义的内涵又是复杂而深邃的，小学生理解起来存在较大困难。诗歌，作为爱国主义精神的载体，具有内容与形式的双重美感，但仅仅关注字面则会流于单薄、僵化，甚至落入教条。只有理解了诗歌所植根的生活，理解了诗歌背后的故事以及由此注入字里行间的情感，文学作品才会变得血肉丰满，爱国主义才能真正融入学生的精神世界。

例4　《西江月·夜行黄沙道中》文本教学解读与学习活动设计

一、文本教学解读

《西江月·夜行黄沙道中》(以下简称《西江月》)是统编本小学语文教材六年级上册第一单元第3课《古诗词三首》中的末首，是南宋词人辛弃疾遭贬官赋闲江西时创作的一首吟咏山村景色的词作，也是以农村生活为题材的宋词代表作。该词融入视觉、听觉、嗅觉，乃至触觉之体验，描写了山野乡村恬淡和谐的夏夜风光，融情入景，所写景致动静结合，又以动衬静，以山路景致的静谧安闲来表现抒情主体内在情致的闲适超脱。本单元的人文主题是"触摸自然"，针对阅读教学的语文要素为：阅读时能从所读的内容想开去。因此，此次教学尝试采取"读进去—想开去—跳出来"的三步法策略。

(一)读进去：想象画面，读懂诗意

品读诗歌，首先要读懂诗意。该词所描写的是生活中平凡且常见的景物，语言不假雕饰，也没有使用一个典故，在宋词中可算得上是非常"接地气"的了，宛若娓娓道来，却又笔调灵活，语浅而味浓。统编本小学语文教材总共编入词作三首，《西江月》是最后一首。对于六年级学生来说，凭借之前积累的词体学习经验，并依托注释、插图、课后练习等助学系统，理解这首词的大意并非难事。

此词以景物描写取胜，动静结合，移步换景，画面感极强。因此在教学时，教师可让学生依托语言文字的描述，想象画面，建构形象。随着句式的推进，与诗句相对应的画面逐渐建构起来；当最终顺利地实现了整幅图画的建构时，对于词作大意的理解也就基本完成了。当然，学生的想象与建构是一种内隐的形式，其对诗意的把握是否恰当，还需要加以外化。此时教师可引导学生将想象的画面说出来，以检验学生想象与理解的成果。这样也方便教师进行反馈与指导。

学生通过想象画面，已经能够从整体上把握诗意，建构起属于自己的诗意图景。这时可以让学生将自己建构的图画跟教科书中的插图进行对比，探寻二者间的不同。经过对比，学生会发现自己依托诗句建构的图画甚至比插图更加立体、丰富、多元，因为蛙声蝉鸣、稻花香以及清风微雨是单纯诉诸视觉的插图所无法呈现的；此外，鹊惊逃遁的动态之美，茅店乍现的惊喜之感，丰收在望的愉悦心情，这些也是插图难以描摹的。此外，诗歌形式上押韵、对仗、平仄等所造成的和谐流畅，朗朗上口的音乐性特质，插图也并不具备。这其实已初步触及了诗画关系的探究。尽管古人云"诗中有画，画中有诗"，"诗是无形画，画是有形诗"，强调了诗画同源的紧密关系，但诗与画作为两种艺术门类，是有其各自的审美特质与内在规律的。经由这种比较，学生在无

形中获得了对于诗歌文体属性的初步感知，这对其今后的诗歌学习以及辩证思维能力的培养，是非常必要的。同时，对于《西江月》本身的学习而言，学生通过想象画面、对比思辨，也更为具体、深入地把握了这首词作自身的特点，即融入视觉、听觉、嗅觉、触觉多种感官之体验，以及动静结合、融情入景的创作手法，这既是对诗意的深度感悟，也为下一步领会诗情做好了铺垫。

（二）想开去：联系经验，领会诗情

品读诗歌，读懂字面之意并不难，关键在于领会作品所取之景、所造之境对于情感生发的作用。自然界中的景物是客观的存在，无论喜怒还是悲欢，甚至连所谓的美丑，都是审美主体情感的投射。因此，文学作品中的"自然"实际是经过审美主体想象、加工并融入了自我情思的"主观自然"或"人化自然"。那山林月色、风雨茅舍，原本自在、自为，恰由于词人走入其间，并带上了自己的见闻感受，才蓦然获得了生命的活力。一旦景中含情，意境也就应运而生了。诗歌中的"意境"，正是诗人的主观情思与客观景物相交融而产生的浑然一体的艺术境界。

《西江月》词中，所现景物皆很常见，有些更是古典诗歌常用的意象，比如"月""雨""蛙声""溪桥"等；所叙行旅之事也是古代文人墨客每每遭逢并频繁付诸笔端的。由于意象具有相对稳定的特质，人们在遇到一些常见意象时，往往容易生发类型化的联想。比如，"月"可能会让人产生"举头望明月，低头思故乡"的乡思，"雨"或许会融入"一叶叶，一声声，空阶滴到明"的孤寂，"蛙声"可以包含"雨余林外夕烟沉，忽有蛙声伴客吟"的客愁，"溪桥"似乎也带上了天涯游子眼中"枯藤老树昏鸦，小桥流水人家"的断肠愁绪。而羁旅途中，目的地的遥远、道路的艰难，更容易引发抒情主人公的惆怅与叹惋。这些都是在长期的诗歌鉴赏过程中所累积的经验。而面对新的作品，通常要从已有经验出发，或是对经验的验证与强化，或者就是打破经验，造成认知冲突，获得全新的情感体验。

《西江月》词中的意象虽多，但教学时不必面面俱到。鉴于学生的认知水平以及已有的经验积累，可以选择"月"意象以及有关行旅的经验。一方面，让学生辨析该词中的"月"跟以往诗歌中所出现的"月"有何不同，调动学生的已有经验，将之前所学诗歌以及课外阅读积累中涉及"月"意象的篇章进行回顾与提取，并整合出"月"意象的普遍性内涵——思念、孤独及愁绪，进而体会此词"月"的独特——那"月"因足够明亮，不仅照亮了山路，减轻了夜晚行旅的不便，而且扰乱了山鹊的作息规律，引得它们从横斜突兀的枝干上展翅飞离，反而为寂静的旅途增添了生趣。另一方面，引导学生从行旅体验出发，联系古诗以及自身的生活经验，体会旅途中因心情的不同造成的心理感受的反差：假如心情沉重、旅程枯燥，那么会感觉道路漫长，总也到不了目的地；相反，若是沿途景色宜人，且行路之人心情愉悦，则会在内心缩短了距离。而该词"旧时

茅店社林边，路转溪桥忽见"正是对应着后者的心理体验，从而让学生整体感知，这首《西江月》虽跟《宿建德江》一诗所写景致有相似之处，都是月夜旅途之所见，但却丝毫不见羁旅的孤独与哀愁，反而给人一种恬淡安适、怡然自得之感。如果说之前的"想象画面"主要是针对诗意的解读，那么，此时再让学生将自己代入画面进行二次建构，跟随作者的脚步一路走来，见作者之所见，闻作者之所闻，感作者之所感，以此达成"共情"，在理解诗意的基础上，领会作者的主观情思，感受作品情景交融、虚实相生的韵致以及活跃着生命律动的诗意空间。

(三)跳出来：质疑批判，探究发现

《义务教育语文课程标准（2022 年版）》在课程总目标中提出："乐于探索，勤于思考，初步掌握比较、分析、概括、推理等思维方法，辩证地思考问题，有理有据、负责任地表达自己的观点，养成实事求是、崇尚真知的态度。"[1]在语文学习中，通过阅读、比较、推断、质疑、讨论等方式，梳理观点、事实与材料及其关系，辨析态度与立场，保持好奇心和求知欲，培养理性思维和理性精神，这是构建"思辨性阅读与表达"学习任务群的目标及要求。[2]

统编本小学语文教材在对古诗的编选上，充分考量作者、时代以及题材的均衡配比，符合"课标"所提出的"文质兼美，具有典范性，富有文化内涵"以及"题材、体裁、风格要丰富多样，各种类别配置恰当"等要求，其优点显而易见。然而在词体的编选上，却值得商榷。首先，十二册教材共选入词作三首，分别是辛弃疾的《清平乐·村居》、纳兰性德的《长相思》以及辛弃疾的《西江月·夜行黄沙道中》，辛弃疾一人占据了三分之二的席位，作家配比明显失衡。其次，就词的文体属性而言，尽管人们习惯以"婉约"与"豪放"来区分词体风格，但实际上，词作为古典文学之一体，与诗源同而流异，故有"别是一家"之说，富有女性美、悲剧美的审美意蕴，故而人们通常视"婉约"为词体"本色"，"豪放"已是"别调"，而表现乡村生活、山野风光，更是词体题材类型的旁枝末节。如此说来，教材选入的三首词作，其中有两首对应的是田园生活或触摸自然的人文主题，也不大能凸显词体的文体属性及其审美风格。最后，教材选入的辛弃疾的两首词作都是以农村生活为题材，也无法让学生客观了解稼轩词的主体风格。辛弃疾既是震烁中华词坛的大词人，又是一位金戈铁马的抗金英雄。其词虽不拘一格，沉郁、婉约、明快兼而有之，却以豪放为主，形成豪壮苍凉、雄奇沉郁的"稼轩体"风格。历来"苏辛"并称，辛弃疾与苏轼共同成为豪放词派的代名词。故而，若论"稼轩

---

①　中华人民共和国教育部：《义务教育语文课程标准（2022 年版）》，6 页，北京，北京师范大学出版社，2022。

②　同上书，20 页。

体"词，或许如《破阵子·为陈同甫赋壮词以寄之》《永遇乐·京口北固亭怀古》《水龙吟·登建康赏心亭》等更具有代表性。当然，考虑到小学生的文学接受能力，《永遇乐》《水龙吟》作为长调慢词，且包含较多典故，不太适合在小学教材中出现，但像《破阵子》或者辛词的其他名篇如《青玉案·元夕》《丑奴儿·书博山道中壁》等，还是较为贴近小学生的阅读能力水平的。教材所选《清平乐·村居》与《西江月·夜行黄沙道中》，虽亦为辛词名篇，但选择其一作为辛弃疾农村生活题材词作的代表应该就足够了。因此，在教学《西江月·夜行黄沙道中》一词时，若是可以让学生在掌握这篇作品之余，结合课前预习以及现代信息技术的运用，拓宽语文学习的空间，或以项目学习为引领，质疑批判，探索发现，获得对于辛弃疾其人其词乃至词体文学的整体性认知，进而掌握比较、分析、概括、推理等思维方法，养成勤于思考、乐于探索的习惯，也不失为语文学习活动中一次有益的探索与尝试。

二、学习活动设计

【学习目标】

1. 正确认读和书写"鹊""蝉"两个生字；正确、流利、有感情地朗读课文，背诵课文；正确、规范地默写课文。

2. 借助注释、插图等，读懂词意；运用意象分析、想象画面等方法，感受词作意境，体会词中所表现的自然美，感悟作者热爱自然、关心人民的思想感情。（教学重点、难点）

3. 整体了解辛弃疾其人、其词，初步感知词体风格，培养批判意识和探究精神。

【预习要求】

运用多种方式搜集资料，了解辛弃疾生平及其词的创作。

【学习过程】

（一）复习回顾，引入新课

1. 导入

中国是一个诗歌的国度。在咱们的语文课本中就收录了许多脍炙人口的诗歌。除了古诗以外，还有一类比较特殊的诗歌，它就是——词。对于词，想必大家并不陌生，因为咱们之前就学习过——《清平乐·村居》和《长相思》，作者分别是——辛弃疾和纳兰性德。今天我们将要学习的是辛弃疾的另一首词作——《西江月·夜行黄沙道中》。

（板书：西江月·夜行黄沙道中 辛弃疾）

2. 梳理

经过之前的学习，我们对于词这种文体以及辛弃疾这位词人已经有所了解。请结合已有经验以及课前所查阅的资料，谈谈你的认识。

预设 1：词——词牌名、词题、上下阕、长短句等。

预设 2：辛弃疾——南宋词人、抗金将领、"苏辛"并称等。

3. 解题

读懂诗歌的题目有助于理解诗歌的内容。从这个标题中，你能了解到哪些信息？

点拨："西江月"，是词牌名；"夜行黄沙道中"，是词题；黄沙，指黄沙岭，在今江西省上饶市西面。时间：夜晚；地点：黄沙道；人物：作者；事件：行。这是辛弃疾罢官后闲居江西上饶带湖期间经过黄沙岭道写下的一首词作。

4. 过渡

那么，曾经带我们领略了"茅檐低小，溪上青青草"的大词人辛弃疾，今天又将带领我们欣赏怎样的风光呢？

【设计意图】《义务教育语文课程标准（2022 年版）》将语文实践活动分为"识字与写字""阅读与鉴赏""表达与交流""梳理与探究"四种类型，较之 2011 年版"课标"，"梳理与探究"无疑是一种新提法、新取向。"梳理与探究"就是实现知识的自主建构。对于六年级学生而言，经过前期学习，语文经验已有一定积累。因此，选择恰当的契机，引导学生运用已掌握的获取信息的方法对语文学习中某一类知识进行梳理，进而进行深度探究与自主建构，这既是语文学习的重要形式与内容，也是思维能力提升的有效途径。

(二)读进去：与文本对话，把握诗意

1."三读"词作

一读，读准字音；二读，读流畅，把握节奏；三读，同桌互读检测，比比谁读得更好。

2. 趣味识字

(出示生字"鹊""蝉")这是本课的两个生字，大家有什么记忆或书写的小诀窍吗？

3. 整体感知

结合注释，并运用四年级学过的批注法，边默读诗歌边作批注，疏通诗歌大意，并与同桌说说你的理解。

4. 想象画面

教师配乐朗诵诗歌，学生闭上眼睛想象画面。

5. 表达与交流

说说你想象到怎样的画面。

点拨："七八个星天外，两三点雨山前"倒装句式及其意思。

6. 比较与思辨

比较你想象的画面与插图，哪个更美？

预设 1：插图美——色彩鲜明，形象直观，富有层次感，一目了然……

预设 2：想象的画面美——音乐美、文字美；调动多种感官：视觉、听觉、嗅觉、触觉（插图只能诉诸视觉，而无法表现听觉、嗅觉、触觉）……

思考：词作描述的或者你想象的画面，哪些内容是插图无法表现的？

预设：

蛙声、蝉鸣，在插图中听不到；

稻花的香味，在插图中闻不到；

清风微雨，在插图中感觉不到；

鹊惊逃遁的动态之美、茅店乍现的惊喜之感、丰收在望的愉悦心情，插图无法呈现；

和谐流畅、朗朗上口的音乐性特征，插图无法表现。

……

点拨：人们常说"诗中有画，画中有诗"，但实际上，诗歌所具有的节奏感、韵律美是图画并不具备的。不仅如此，在这首词中，作者调动视觉、听觉、嗅觉、触觉所获得的丰富体验，以及注入其中的情感，也很难运用图画加以呈现。这就是诗歌的魅力、文学的魅力。再读作品，感受这首词的魅力。

（板书：视觉　听觉　嗅觉　触觉）

【设计意图】"把握诗意"绝不仅仅是对诗歌字面意思的疏解，更强调学生对文本个性化的解读与建构，以及对于"这一篇"作品独特意蕴与风格的把握。就《西江月》这篇作品而言，其作为词体的文体属性，以及融入视觉、听觉、嗅觉、触觉的创作手法，正是其"特点"之所在。插图，既是教材中重要的助学工具，又是让学生直观感知这些"特点"的有效媒介。学生通过对想象画面亦即词作文本与插图的比较，既能达成对词作内容深入且全面的理解，同时又能获得对于诗歌文体特征及其审美属性的初步把握。

（三）想开去：与作者对话，领会诗情

1. 关联比较，同中求异

在这首词中，作者调动视觉、听觉、嗅觉、触觉，为我们呈现了一幅更加立体、生动的月夜行旅图。

说到月夜，说到行旅，大家已经接触过不少这方面的古诗，比如咱们上节课学习的《宿建德江》，以及三年级的《夜书所见》、五年级的《枫桥夜泊》《长相思》，等等。请结合这些诗歌，以及大家课外积累的古诗，谈谈身处月夜或者旅途之中，通常会是一种怎样的感觉呢？

预设：

"移舟泊烟渚，日暮客愁新。野旷天低树，江清月近人"——忧愁、寂寞

"萧萧梧叶送寒声，江上秋风动客情"——思乡、怀亲

"月落乌啼霜满天，江枫渔火对愁眠"——孤独、忧愁

点拨：是啊！人在旅途，夜深人静之时，难免想家，难免感觉孤独寂寞，感觉前

路漫长，由此引发内心的愁绪。那么，在这首词中，所表达的情感是否有所不同呢？

2. 小组合作，交流讨论

从词人的描写中，你感觉到什么？（分组汇报）

预设：

"明月"，感觉夜间的山路也不是那么难走；

"清风"，散去白天的暑热，感觉很清爽；

"鸣蝉""蛙声"，声音此起彼伏，感觉很热闹；

"稻花香里说丰年"，丰收在即，感觉很高兴、很欣慰；

"七八个星天外，两三点雨山前"，感觉景色清幽淡雅；

"旧时茅店社林边，路转溪桥忽见"，感觉到意外之喜；

……

3. 创设情境，想象画面

盛暑本该燥热，却有凉雨清风；夜路或许崎岖，却有朗月疏星；蛙叫蝉鸣在别处不免聒噪，而置身于稻花飘香、鹊舞蹁跹的美妙月色之中，那吵闹喧嚣似乎已化作《丰收》乐曲的伴奏和鸣；本以为道路漫长，谁知转过溪桥，那家熟识的小店竟如变戏法般骤然映入眼帘。假如此刻你正陪伴在作者身边，置身这种环境，会是怎样的心情？（愉悦、轻松、欣慰）

请跟随作者的脚步，一边朗读诗歌，一边想象画面，体会作者此时此刻的心情。

4. 对话作者，体味情感

这首《西江月》跟之前学过的《宿建德江》都写了月夜旅途之所见，但却丝毫不显孤独与哀愁，反而给人一种恬淡安适、怡然自得之感。

看，你跟作者辛弃疾从月光挥洒的山路上一路走来，你们会聊些什么呢？你从这些话语中感觉作者是一个怎样的人？

预设 1：山间、田野之景多么美好——热爱自然。

预设 2：丰收在望，令人欣慰——关心人民。

（板书：热爱自然　关心人民）

请带着这种感情，朗读诗歌，背诵诗歌。

【设计意图】抓住典型意象，借助生活经验与阅读经验，通过对意象所包含的主观情思之差异性的对比，揭示《西江月》意象运用及情感表达的独特性；进而创设情境，代入角色，体会情感。

（四）跳出来：与教材编者对话，质疑探究

1. 走近作者，发现问题

今天，我们跟随大词人辛弃疾的脚步，漫步于月光皎洁的黄沙岭道中，欣赏了一派和谐幽美的山野风光。加上今天的相遇陪伴，辛弃疾也算得上是咱们的老朋友了，你对他的词有多少了解呢？

预设：豪放派代表，爱国思想和战斗精神，开拓词境，《稼轩长短句》……

［PPT：辛弃疾（1140—1207），字幼安，号稼轩。南宋词人、将领。与苏轼合称"苏辛"。其词风格多样，以豪放为主，形成豪壮苍凉、雄奇沉郁的"稼轩体"风格。］

辛弃疾是豪放派词人的代表，创作风格以豪放著称。然而，教材中选入的两首辛弃疾词，并不能代表"稼轩体"的典型风格。

2. 梳理与思辨

请结合课前预习，向全班同学推荐一首你所认为的最能代表辛弃疾水平的词作，并尝试说明推荐理由。

【设计意图】《义务教育语文课程标准（2022 年版）》在"课程理念"中强调"引导学生注重积累，勤于思考，乐于实践，勇于探索，养成良好的学习习惯"，同时提出"充分发挥现代信息技术的支持作用，拓展语文学习空间，提高语文学习能力"。① 六年级学生已初步具备了利用现代信息技术进行课前资料获取的能力，关键是要在课堂教学过程中将预习任务予以落实，这既是对预习成果的检验，又是对课堂容量的扩充。通过对已有经验的梳理、分析，发现问题，并辩证地思考问题，寻求合理的解决方案，养成实事求是、求真务实的态度，这对语文学习能力的提升也是十分必要的。

（五）拓展延伸：项目学习——《我的教材编写计划》

同学们都对辛弃疾的词提出了自己的看法。我们发现，其实教材也并非尽善尽美。课后，请大家结成学习小组，尝试担当教材主编，选择你们认为最恰当的三首适合编入小学语文教材的词作，并完成计划书。（见表 1-5）

表 1-5 　《我的教材编写计划》计划书

项目学习：《我的教材编写计划》		
任务要求：推荐三首适合编入小学语文教材的词作		
推荐 1	篇名及作者	
	推荐理由	
推荐 2	篇名及作者	
	推荐理由	
推荐 3	篇名及作者	
	推荐理由	

① 　中华人民共和国教育部：《义务教育语文课程标准（2022 年版）》，3 页，北京，北京师范大学出版社，2022。

【设计意图】六年级学生对词体已形成了模糊的感性印象，但若要上升到理性把握或整体认知，似乎为时过早，但这并不意味着学生只能被动地接受教材或教师所给予的内容，而是应当激发学生的好奇心和求知欲，培养其实事求是、崇尚真知、勇于探索创新的精神，提升思维的深刻性、独创性和批判性。结合《义务教育语文课程标准（2022 年版）》第三学段"梳理与探究"目标："策划简单的校园活动和社会活动，对所策划的主题进行讨论和分析，学写活动计划和活动总结"①，以及第三学段"学业质量描述"为"能发现不同类型文本的结构方式和语言特点，感受作品内容、表现形式上的不同，积极向他人推荐，并有条理地说明推荐理由"②，故而以项目学习的组织形式，让学生参与到对某一具体问题的探究中来，在培养学生自主学习能力的同时，拓宽语文学习的视野，深化对于词体文学的认识与积累。

【板书设计】（见图 1-4）

图 1-4　板书设计

章后练习

1. "以意逆志"和"还原意象"的具体内涵是什么？

2. 小学古诗学习活动设计策略有哪些？结合相关课例阐释。

3. 如何理解"文本主题的多义性解读"？《凉州词》一诗中又表现了怎样的主题？

---

① 中华人民共和国教育部：《义务教育语文课程标准（2022 年版）》，13 页，北京，北京师范大学出版社，2022。

② 同上书，41 页。

4. 选择白居易的《暮江吟》(四年级上册),进行文本教学解读和学习活动设计。

延伸阅读

1. 孙绍振:《月迷津渡——古典诗词个案微观分析》,上海,上海教育出版社,2012。

2. 周汝昌:《千秋一寸心:周汝昌讲唐诗宋词》,北京,中华书局,2016。

3. 谢琰:《课本里的古诗词》,北京,中信出版社,2019。

4. 王林波《晓出净慈寺送林子方》(二年级下册)教学实录。

5. 薛法根《四时田园杂兴》(四年级下册)教学实录。

6. 王崧舟《长相思》(五年级上册)教学实录。

第二章

文言文教学分析
与学习活动设计

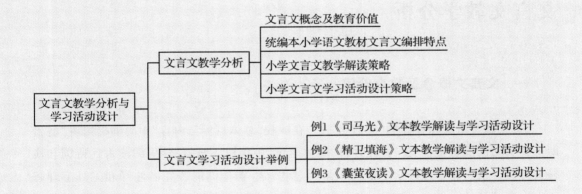

文言文教学分析与学习活动设计
├─ 文言文教学分析
│   ├─ 文言文概念及教育价值
│   ├─ 统编本小学语文教材文言文编排特点
│   ├─ 小学文言文教学解读策略
│   └─ 小学文言文学习活动设计策略
└─ 文言文学习活动设计举例
    ├─ 例1《司马光》文本教学解读与学习活动设计
    ├─ 例2《精卫填海》文本教学解读与学习活动设计
    └─ 例3《囊萤夜读》文本教学解读与学习活动设计

　　文言文是中国古代语言文化的精华，以简约凝练的语言传递着古人丰富的情感与深邃的思想，承载着中华民族的文化与历史底蕴。统编本小学语文教材文言文比例大幅度提升，共收录 14 篇，并呈现以下三大特点：编排学段提前，数量增多；选文时间跨度长，类型丰富；融于单元主题，服务整册教材。小学文言文教学解读时不仅要追求适切，以单元关系为准绳；而且要打通教材，精准把握学习要求。精简环节和多维建构是小学文言文学习活动设计的两大主要策略，前者包括"读"要扎实，读出韵味；"解"要落实，由扶到放；"想"要灵动，兼顾要素；后者包括及时补白，支架拓学；激活体验，思维成长；打破壁垒，触类旁通，从而让学生真正体会到古文中蕴含的情感与韵味。

第一节
文言文教学分析

一、文言文概念及教育价值

　　《义务教育语文课程标准（2011 年版）》在课程"总体目标与内容"中明确提出："能借助工具书阅读浅易文言文。"并在评价"具体建议"中指出："评价学生阅读古代诗词和浅易文言文，重点在于考查学生记诵积累的过程，考查他们能否凭借注释和工具书理解诗文大意。"可见，文言文教学是小学语文教学的重要组成部分。《现代汉语词典》（第七版）对文言文的阐释为："用文言写的文章。"著名语言学家王力先生在《古代汉语》中指出："文言是指以先秦口语为基础而形成的上古汉语书面语言以及后来历代作家仿古的作品中的语言。"

　　2019 年秋季，小学语文教学全面使用统编本教材。在此之前，文言文散见于各种地方版本的小学语文教材，数量较少，主要用于让学生初步感受文言文这一文本类型。统编本教材中文言文比重明显增加，且所选文本短小精悍，语言生动，多为名篇佳作。基于统编小学语文教材"整体规划，有机渗透"这一编写立意，总主编温儒敏教授强调："注意把那些能充分体现社会主义核心价值观，特别是两个'传统'（中华优秀传统文化和革命传统教育）融入教材的文章选篇、内容安排、导语和习题的设计等诸多方面。"①选篇在题材丰富的同时，也更能体现两个"传统"——中华优秀传统文化和革命传统教育——在小学阶段的传播和发扬。而文言文编入教材正体现了这一核心目标。

2022 年 4 月，《义务教育语文课程标准（2022 年版）》正式颁布。研读新课标，不难发现，课标明确了义务教育语文课程培养的核心素养，并将语文核心素养内涵界定为"文化自信""语言运用""思维能力""审美创造"四个方面。文言文作为中华优秀传统文化的载体，能够有效帮助学生感悟经典，体会古文的情感与韵味。统编本小学语文教材文言文篇目的增加，体现了对古典文学重视程度的不断提升，有效地促进了小学到初中文言文学习的衔接，有助于小学生形成一定的文化底蕴，增强对中华优秀传统文化的认同感与归属感。

二、统编本小学语文教材文言文编排特点

相较于之前的"人教版"而言，文言文收录篇目明显增多是统编本小学语文教材的一个显著变化。旧"人教版"教材收录了 4 篇文言文，即《杨氏之子》（五年级下册）、《伯牙绝弦》（六年级上册）、《学弈》（六年级下册）、《两小儿辩日》（六年级下册）；统编本小学语文教材目前总共收录文言文 14 篇，比例大幅度提升，其数量及分布情况见表 2-1。

表 2-1　统编本小学语文教材文言文数量及分布情况一览表

年级	篇数	教材	具体单元	篇目
三年级	2	三年级上册	第八单元	《司马光》
		三年级下册	第二单元	《守株待兔》
四年级	4	四年级上册	第四单元	《精卫填海》
			第八单元	《王戎不取道旁李》
		四年级下册	第六单元	《文言文二则》：《囊萤夜读》《铁杵成针》
五年级	4	五年级上册	第四单元	《少年中国说》（节选）
			第八单元	《古人谈读书》
		五年级下册	第六单元	《自相矛盾》
			第八单元	《杨氏之子》
六年级	4	六年级上册	第七单元	《文言文二则》：《伯牙鼓琴》《书戴嵩画牛》
		六年级下册	第五单元	《文言文二则》：《学弈》《两小儿辩日》

---

① 温儒敏：《"部编本"语文教材的编写理念、特色与使用建议》，载《课程·教材·教法》，2016(11)。

具体来看，统编本小学语文教材文言文的编排呈现三大主要特点：

一是编排学段提前，数量增多。文言文最初出现在统编教材中，是三年级下册的《司马光》，相较于旧人教版五年级下册出现的《杨氏之子》，学段提前，体现中华优秀传统文化越来越受到重视。统编本小学语文教材遵循小学生认知发展规律，随学段提升，逐步增加文言文篇数，中段总计6篇，高段总计8篇，分布较为平均。

二是选文时间跨度长，类型丰富。选文从战国时期《列子》的《两小儿辩日》到清末民初梁启超的《少年中国说》，上下纵横两千多年，体现了中华文化的源远流长、博大精深。且选文类型多样，涵盖神话、寓言、人物传记等，如表2-2所示，以故事类文本为主，符合小学生的身心发展规律，易于激发学生阅读文言文的兴趣。概言之，统编本小学语文教材中的文言选文从时间纵向与类型横向上丰富了教材的内涵，展现出文言文的魅力所在。

三是融于单元主题，服务整册教材。文言文在编排上，分布于教材多个单元，遵循统编教材的"双线组织单元结构"，即"宽泛的人文主题和螺旋上升的语文要素"。文言文在教材中既承担着文言文的学习任务，又承担着单元语文要素的学习任务，真正实现了文言文学习融于单元主题，服务整册教材。

表 2-2　统编本小学语文教材文言文选文类型一览表

题材类型	篇目
名人故事	《司马光》《王戎不取道旁李》《囊萤夜读》《铁杵成针》《杨氏之子》《书戴嵩画牛》《伯牙鼓琴》
寓言故事	《守株待兔》《自相矛盾》
神话传说	《精卫填海》
勤学勉励	《少年中国说》（节选）、《古人谈读书》、《学弈》
哲理思辨	《两小儿辩日》

三、小学文言文教学解读策略

文言文承载着古人丰富的情感与深邃的思想，以简约凝练的语言传递着中华民族的文化与历史底蕴。解读文言文不仅要准确理解与把握文本本身，而且要关注文言文在教材中所处的位置，考虑其与所处单元之间的关系，精准解读所处单元的人文主题与语文要素，同时结合文言文自身的语言教学体系及学生的学习规律进行教学解读。

（一）追求适切，以单元关系为准绳

统编本小学语文教材强调"宽泛的人文主题和螺旋上升的语文要素"相呼应，以双

线组织单元结构，单元成为最基本的教学单位。单元内的每一篇文章都切合单元主题，又承担着自身在单元内的学习任务，文言文亦是如此。因此，文言文教学既要以所在单元的人文主题与语文要素为导向，又要兼顾其自身的文体特点。教材是语文教学的第一手资料，深入研读单元人文主题与语文要素，进行系统分析，选择最优教学策略是真正提升小学生语文核心素养的必由之路。

首先，高度重视文言文与单元人文主题、语文要素之间的内在关联。在对文言文自身文本进行教学的基础上，关注语文要素的落实，挖掘文本深层次的人文主题。例如，五年级下册第六单元的人文主题是"思维的火花"，语文要素为："了解人物的思维过程，加深对课文内容的理解。"《自相矛盾》就高度契合这一人文主题与语文要素：楚人夸赞自己的盾与矛这一情节有助于学生体会人物"矛盾"的思维过程，从而点亮思维的火花。教学时，可以抓住"'其人弗能应也'的原因是什么"这一主线问题展开探究，从而落实本单元的人文主题和语文要素。

其次，准确把握文言文在单元篇目中的编排次序，明确文言文在单元中所应承担的教学任务。统编本小学语文教材的单元篇目编排具有整体性、序列性，每一篇课文及其课后习题，都紧紧围绕单元整体训练要素设计，且由易到难，层层递进。通览 14 篇文言文在单元中所处的位置，不难发现，其中有 10 篇是作为所在单元的第一篇课文。（见表 2-3）教材编写者为文言文本身的教学留出了较大的空间，并引导学生初步体会与学习单元语文要素，继而在后面课文的学习中不断加以运用或实践。

最后，切勿让语文要素成为文言文教学的"桎梏"。统编教材的语文要素为小学语文教学指明了方向，使课堂着力点更加清晰，重难点也更为突出。但在实际的教学过程中，不应过度拘泥于语文要素，为求面面俱到反而容易顾此失彼，忽略文章本身的特点，从而导致课堂的僵化。每一篇文本都是一个值得认真对话的主体，具有自身的语文学习价值。例如，三年级上册《司马光》一课，其所在单元的语文要素之一为："学习带着问题默读，理解课文的意思。"而《司马光》既是本单元的第一篇课文，又是小学生所接触的第一篇文言课文，显然，默读这一方法并不适用于本课的教学，而是应当指导学生通过大声朗读，读出语感，初步感知文言文的文体特征。因此，文言文教学应当追求适切性，从文本特点、单元主题、语文要素三个维度进行调适。

表 2-3　统编本小学语文教材文言文出处及语文要素一览表

教材	篇目	出处	语文要素
三年级上册	《司马光》	《史记》	理解课文的意思
三年级下册	《守株待兔》	《韩非子》	读寓言故事，明白其中的道理
四年级上册	《精卫填海》	《山海经》	感受神话中神奇的想象和鲜明的人物形象
	《王戎不取道旁李》	《世说新语》	了解故事情节，简要复述课文

续表

教材	篇目	出处	语文要素
四年级下册	《囊萤夜读》《铁杵成针》	《晋书》《方舆胜览》	从人物的语言、动作等描写中感受人物的品质
五年级上册	《少年中国说》（节选）	《少年中国说》	结合资料，体会课文表达的思想感情
	《古人谈读书》	《论语》《训学斋规》	根据要求梳理信息，把握内容要点
五年级下册	《自相矛盾》	《韩非子》	了解人物的思维过程，加深对课文内容的理解
	《杨氏之子》	《世说新语》	感受课文风趣的语言
六年级上册	《伯牙鼓琴》《书戴嵩画牛》	《吕氏春秋》《东坡志林》	借助语言文字展开想象，体会艺术之美
六年级下册	《学弈》《两小儿辩日》	《孟子》《列子》	体会用具体事例说明观点的方法

注：所标语文要素为相对适切的语文要素，非整单元所有语文要素。

（二）打通教材，精准把握学习要求

统编教材的文言文选文既契合单元主题，彼此之间又具有纵向联系。在解读文本时应当具有学段意识、整体意识以及学生发展意识。纵向通览小学中、高学段 14 篇文言文，可以发现它们在教学要求与自身难度上呈现螺旋上升的态势，这就要求教师在解读过程中能够打通教材，精准把握学习要求。

在这 14 篇文言文中，除五年级上册的《古人谈读书》外，均为故事性文本，可读性强，且学生耳熟能详，易于为学生所接受，便于激发学生阅读文言文的兴趣。从三年级上册《司马光》的约 30 字到六年级下册《两小儿辩日》的百余字，随着年级的升高，文本字数增多，故事内容变长，长句、难句以及虚词比例增加。这就要求教师在教学中应当把握学生文言文阅读的实际经验，不断提高适应学生发展规律的学习要求。通览 14 篇文言文的课后习题，其要求也随着年级的升高而逐渐提升。具体见表 2-4。

表 2-4　统编本小学语文教材文言文课后习题（部分）一览表

教材	篇目	字数	注释	课后习题
三年级上册	《司马光》	30	6	1. 跟着老师朗读课文，注意词句间的停顿。背诵课文。 2. 借助注释，用自己的话讲一讲这个故事。 3. 这篇课文的语言和其他课文有什么不同？和同学交流。

续表

教材	篇目	字数	注释	课后习题
四年级下册	《文言文二则》：《囊萤夜读》《铁杵成针》	78	9	1. 正确、流利地朗读课文。背诵《囊萤夜读》 2. 借助注释，理解课文中每句话的意思。 3. 照样子，根据课文内容填一填。（用这样的方法，我能更好地学习文言文）胤恭勤不倦。（疲倦）家贫不常得油。（　　） 世传李太白读书山中，未成，弃去。（　　）
五年级下册	《自相矛盾》	73	5	1. 正确、流利地朗读课文。背诵课文。 2. 联系上下文，猜测加点字的意思。 誉之曰。　其人弗能应也。　不可同世而立。 3. 想一想："其人弗能应也"的原因是什么？ 4. 用自己的话讲讲这个故事。
六年级上册	《文言文二则》：《伯牙鼓琴》《书戴嵩画牛》	176	19	1. 正确、流利地朗读课文。背诵《伯牙鼓琴》。 2."伯牙破琴绝弦，终身不复鼓琴，以为世无足复为鼓琴者。"说说这句话的意思，再结合"资料袋"和同学交流感受。 3. 用自己的话讲讲《书戴嵩画牛》的故事。

　　从三至六年级课本中分别抽取一课文言文进行课后习题解读，可以发现，课后习题的训练要求具有连续性和发展性，某些方面的要求随着学生文言文阅读经验的积累以及学习方法的习得一以贯之并且逐步提高。

　　首先，"正确、流利地朗读课文"和"背诵课文"。文言文学习重在朗读与积累。三年级上册《司马光》作为学生接触到的第一篇文言课文，要求是："跟着老师朗读课文，注意词句间的停顿。背诵课文。"这是文言文学习的起点。随后教师对学生逐渐由扶到放，让学生学习在理解意思的基础上将文言文读正确、读流利，从"跟着老师读"到"自主朗读"，不断增强学生阅读文言文的语感。

　　其次，"借助注释理解意思"。小学文言文教学强调注释的重要性，小学阶段关于注释的学习也呈现梯度变化，从三年级上册《司马光》的"借助注释，用自己的话讲一讲这个故事"，到四年级下册《文言文二则》要求"借助注释，理解课文中每句话的意思"，难度有所提升。同时也在课后习题中明确指向引导学生逐步学习运用多种方法了解词语意思或体会课文大意，如四年级下册《文言文二则》通过组词理解词语意思，五年级下册《自相矛盾》通过联系上下文猜测加点字的意思。

　　最后，逐步拓宽学生思路，从多个维度感悟文本。随着学生学段的提升，对于文本的理解也从中学段聚焦基础性文言知识的学习逐渐过渡到高学段富有思辨性的梳理与探究，从而不断唤醒学生的思维。文言文的教学价值不再仅仅停留于文字本身，而是深层次、多维度的理解、辨析、探究与拓展，例如，在六年级下册《两小儿辩日》教学中，注重引导学生厘清两个小孩的观点及说理论证的过程，落实"体会文中是怎样用具体事例说明观点"这一语文要素。

四、小学文言文学习活动设计策略

（一）精简环节，板块清晰

文言文学习活动设计往往涵盖多个方面，从文言文自身的朗读、释义，再到对齐课标、契合单元人文主题与语文要素。在学习活动的设计中务必要精简环节，切忌贪多，力求把每个环节做得更扎实，从关注教师的活动转向关注学生的活动，以此来构建整个板块，实现教学目标的有效落地。

1."读"要扎实，读出韵味

朗读是文言文教学的重要一环，要在反复的诵读中读准、读通、读懂、读出韵味。"正确、流利地朗读课文"几乎是每一篇文言文的学习要求。"读"亦分层次，而非让学生囫囵吞枣地读。

第一步，读正确，读准字音，关注通假字、生僻字的正确朗读。如《古人谈读书》一课中，"知之为知之，不知为不知，是知也"，三个"知"是学生的易错点，其中第三个"知"字应读第四声，通假字，同"智"，表智慧之意。

第二步，读出节奏，正确断句，关注文言文中的合理停顿。文言文相较于白话文，语言简约凝练，感知在何处停顿是培养学生文言文语感的重要一环。如《司马光》一课中，"光/持石/击瓮/破之"一句，教师可引导学生在反复诵读中初步感知主语后可稍作停顿的规律，从而为学生自主阅读其他文章时做到读准停顿打下基础。

第三步，读懂文章内容，读出韵味。在朗读的过程中，教师可以展现画面、播放配乐，让学生代入角色，甚至是摇头晃脑像小古人一样读起来。如《伯牙鼓琴》中的"善哉，峨峨兮若泰山！"读起来节奏铿锵，韵味悠长。

在朗读板块中，"读"要读得扎实、有效果；在后面的"释义""感悟"等教学板块中，更是要时刻回扣着"读"，进行多种形式的朗读，以读出自己的理解、读出情感为目标，从而让文言文的朗读真正落地生根。

2."解"要落实，由扶到放

文言文言简意赅，如何更好地理解文言文亦是小学文言文教学的关键一环。通览14篇文言文的课后要求，可以发现，文言文的基础性理解主要集中在两方面：一是理解关键字词的意思，二是借助注释了解课文的大意。在教学过程中，教师应当充分领会教材编写者的意图，给学生以自主理解与探究的空间，由"扶"到"放"，跳出"教师教文言文知识"的圈子，落到"学生学文言文"的层面，从而真正帮助学生理解文言文。

　　统编本小学语文教材的"泡泡提示语"往往起到导思、导学、导行的作用，是语文要素的重要体现形式之一。如在四年级下册《文言文二则》课后习题中就出现了"用这样的方法，我能更好地学习文言文"的"泡泡提示语"。细读题目，不难发现教材编写者举出"'倦'意为'疲倦'"的范例，引导学生运用组词的方法来理解课文中难理解的词语。教师就可以抓住这样一个提示，在教学过程中由扶到放，让学生自己试着用上组词的方法去理解词语。

　　文言文的"解"贵在落实。在活动设计中，教师可以采用适度开放的问题来鼓励学生自主学习，例如，"请你结合注释，再来读一读，看看读懂了哪些句子？又有哪些不理解的地方，做好标记"。适度开放的问题既有助于学生自我生成，建构理解，又会令课堂节奏明快，张弛有度。

　　3."想"要灵动，兼顾要素

　　语文课程是一门学习国家通用语言文字运用的综合性、实践性课程。文言文凭借其自身的语言文字特点给予学生充分的想象与领悟空间，往往一句话就是一幅生动的画面。在学习活动设计中，教师可以抓住文言文的关键字眼或语句，通过创设情境，引导学生激活思维，补白画面，实现文言文的创造性阅读。例如，《王戎不取道旁李》，短短 49 个字，却向我们生动地展现了少年王戎的敏锐观察力与聪明智慧。教师可以抓住"诸儿竞走"与"唯戎不动"这一对比之处，思考"诸小儿看到道旁这么多李子有怎样的反应，他们都会说些什么？做些什么呢？""王戎此时心里又在想什么呢？"，以此让学生展开想象，将文字与生动的画面相结合，自主建构故事情境。在灵动的想象中，既兼顾了所处单元的语文要素"了解故事情节，简要复述课文"，又令本课的教学目标有效落地。

　　由于小学语文教材中的文言课文以故事类文本为主，因而教学时应注重引导学生用自己的话讲好这个故事。教师可以设计"创编故事"环节，引领学生深入解读文本，并通过充分想象画面，为学生的创造性阅读打下坚实的基础。仍以《王戎不取道旁李》一课为例，"道旁李树""王戎""诸儿"等既可以是画面中的人或物，也可以作为故事的讲述者，引导学生站在不同的角度来讲述这个故事。如此，文言文教学也就变得更加生动，在兼顾课堂趣味性的同时，关注语用，让学生在言语实践中不断培养语感、运用语言、习得方法。

（二）多维建构，注重发展

　　文言文的学习活动设计既要体现文言文自身的文体特点、尊重教材编写者的意图，又要遵循学生的学习规律，以学生语文核心素养的发展为导向，实现语文"工具性"和"人文性"的统一。王崧舟老师在"文化自觉背景下小学文言文怎么教"讲座中便强调，要将文言文教学的落脚点定位于文化的理解与传承。因此文言文教学要强调多维建构，注重文言文的文学意蕴与教学意涵，找到学生与文言文对话的最有效途径。

1. 及时补白，支架拓学

文言文有其特定的时代背景，语用习惯也跟学生存在一定距离。在设计学习活动时，可以课文为本，适当拓展相关资料。导学部分，拓展激趣，例如，《司马光》教学时可拓展曹冲、王戎等古代聪明孩童故事；品读部分，比较辨析，例如，《王戎不取道旁李》教学时拓学许衡不取道旁李的故事，感悟王戎与许衡的人物形象；拓展部分，丰富体验，例如，《囊萤夜读》教学后拓展《凿壁偷光》《孙康映雪》等一系列古人刻苦读书的故事，从一篇到多篇，丰富学生的阅读体验，让文言文的学习变得生动而鲜活。

2. 激活体验，思维成长

文言文教学应当鼓励学生通过多种形式的活动激活体验，促进其思维发展与提升。《义务教育语文课程标准（2022年版）》鼓励学生"乐于探索，勤于思考，初步掌握比较、分析、概括、推理等思维方法，辩证地思考问题，有理有据、负责任地表达自己的观点"[①]。因此，在教学时，哲理思辨类的文言文可以让学生辩一辩，例如，《两小儿辩日》紧扣"辩"字，让学生代入角色进行现场辩论，从而层层递进地理解文章，感受"辩"字所蕴含的独立思考、不人云亦云的思维品质；名人故事类的文言文可以让学生讲一讲，站在不同人物的视角来讲述名人所经历的故事；寓言神话类的文言文可以让学生演一演，学生通过角色模拟，再现情境，凸显学生丰富的创造力与表现力。

3. 打破壁垒，触类旁通

文言文承载着中华优秀传统文化，彰显着中国古代人民独特的思维与审美方式。文言文虽然散见于小学各册教材的各个单元，但文言文本身自成体系，学习单篇文言文与整组文言文的方法有其共性，学习内容与学习方法之间相互关联。《义务教育语文课程标准（2022年版）》强调语文学习任务群的构建，可以从基础型学习任务群与发展型学习任务群两个维度进行设计，在建构语文学习活动时大胆地打破教材的壁垒，用整体性眼光审视教材中所选用的14篇文言文，并适当拓展适合小学生阅读的浅显易懂、生动有趣的文言文，将文言文按照不同的维度进行筛选、整合、重组。例如，可以将《司马光》《王戎不取道旁李》《囊萤夜读》三篇文章进行归类，以"古代那些别人家的孩子"为主题，构建文言文学习任务群。

---

① 中华人民共和国教育部：《义务教育语文课程标准（2022年版）》，6页，北京，北京师范大学出版社，2022。

第二节
文言文学习活动设计举例

为兼顾文言文在主题、类型、学段等方面的多样性，本节选取统编本小学语文教材三年级上册的人物故事《司马光》、四年级上册的神话传说《精卫填海》、四年级下册的励志故事《囊萤夜读》来进行文言文教学解读与学习活动设计。

例1　《司马光》文本教学解读与学习活动设计

一、文本教学解读

(一)明确编排意图，了解文章定位

《司马光》是统编本小学语文教材三年级上册的一篇文言文，也是学生小学阶段接触到的第一篇文言课文。本文讲述了少年司马光沉着冷静、机智勇敢地"破瓮"救出落水儿童的故事。对于这个故事，孩子们并不陌生，从人们耳熟能详的故事入手，能够很好地激发学生的学习兴趣，通过对比自己了解的故事与文言表达之间的差异，从而初步感知文言文的语言特点。因此，《司马光》作为文言文教学的开篇，其承担的主要教学任务应是引导学生初步感知文言文短小精练、言简意赅的语言特点，培养学生对文言文的兴趣，使其养成良好的阅读习惯，初步掌握借助注释、联系上下文、联系生活实际等理解文言文的方法，建立良好的"文言"意识。故而在教学过程中，教师应当构建适合的学习活动，重点关注文言文的诵读与理解，让文言文学习趣味与效率并行，以适应三年级学生的年龄特点和心理需求。

此外，除关注统编本小学语文教材中的文言文整体序列以外，还要关注《司马光》一文在单元教学体系中的地位。本单元的单元导语为"美好的品质，犹如温暖的阳光，带给我们希望和力量"，因此，《司马光》一课的教学在立足于文言文自身教学内容的基础上，还应当设置感知人物品质的环节，让学生在反复阅读的过程中走近司马光，感受那虽跨越时空但又历久弥新的品质的力量。

(二)对比古今语言，感知表达魅力

文言文较之现代文在表达方式和语言特点等方面的不同是文言文教学不容忽视的

关键问题。通过对比古今文的差异，能够引导学生更好地品读文言，感知文体。一方面，文言文表达相较于现代文，更具简洁性。例如，"群儿戏于庭"，用现代文表达就是"一群小孩子在庭院里玩耍嬉戏"，短短五个字就涵盖了"谁""在哪里""做什么"多个要素，简约凝练。教学时，可以让学生拓展想象"群儿戏于林""群儿歌于台"等情境，实现学习的横向迁移，感知"于"字的精妙之处。另一方面，文言文的字词表意具有模糊性，例如，"之"字既可用作人称代词、指示代词，又可用作助词或动词。在《司马光》一课的教学中，可以设计这样一个问题："你能找到课文中的第三个'瓮'藏在哪里吗?"引导学生发现"之"字可以指代瓮，用游戏的方式初步感知"之"字的用法，为以后系统学习"之"字用法做好铺垫。教学过程中，教师应当注意：在小学文言文教学的初始阶段，应更注重学生对于文言文学习的兴趣，能够初步感知和理解即可，不必将过多的语法或知识点生硬地搬入课堂，做过多、过深的解释，令小学的文言文教学变得复杂化、程式化、机械化，让学生产生畏难情绪，这是跟文言文教学的初衷背道而驰的。

(三)创设情境任务，点亮文言之灯

《义务教育语文课程标准(2022年版)》强调："从学生语文生活实际出发，创设丰富多样的学习情境，设计富有挑战性的学习任务，激发学生的好奇心、想象力、求知欲，促进学生自主、合作、探究学习。"①《司马光》故事主人公的年龄贴近儿童，易于引发学生的共鸣。在教学过程中，可以通过结合插图、创编故事等多种方式激发学生的想象，以"如何讲好这个故事"作为主线问题驱动，引导学生再现故事情境，丰富文本内涵。

1. 图文对照，点亮故事

统编本小学语文教材优选插图，既高度符合课文内容，又赋予插图丰富的人文性与审美性。在执教《司马光》一课的过程中，教师可以利用教材插图，进行图文对照，理解"瓮"就是"口小肚大的容器"，"水迸"意为"水涌出来"。此外，"司马光砸缸"作为耳熟能详的故事，教师也可以利用现代信息技术进行资料搜集，寻找与此有关的绘画、视频作品等，为语文教学服务。例如，教师在教学时可以积极发挥连环画的作用，通过"图片对对碰"的形式，让学生将图片与文字相互勾连，找到与图片相对应的句子，并相机解释较难理解的字词意思，帮助梳理故事的主要内容。当然，教师也可以借助创作连环画的形式，让学生发挥想象，进一步丰富文本内容。比如，可以设置这样一个问题：如果要你再画一幅画，你会画什么场景呢？可以从众人夸赞司马光、落水儿童感谢司马光的救命之恩，抑或是父母表扬司马光等角度进行点拨，顺势感知人物形

---

① 中华人民共和国教育部：《义务教育语文课程标准(2022年版)》，3页，北京，北京师范大学出版社，2022。

象，感悟文章主题，从而点亮这则故事，让人物在故事中闪闪发光。

2. 创编情境，丰富故事

深入解读统编本小学语文教材文言文选篇的课后习题，不难发现，讲好故事成为文言文教学的一大重点。《司马光》作为文言文教学的起步，其课后习题为："借助注释，用自己的话讲一讲这个故事。"这便是要求学生能够在理解文章大意的基础上用自己的语言讲述故事。讲故事是否等同于将文言文进行翻译呢？实际上绝非如此。古诗文教学强调想象画面的重要性，因此在《司马光》的教学过程中，教师可以引导学生初步尝试用自己的话讲故事，并设置任务梯度。当第一次讲故事的时候，教师可以在运用多种方法让学生理解文言文大意后，让学生尝试用讲故事的方式将文章大意较为完整流利地进行复述。当第二次讲故事的时候，教师可以在为学生创设情境、提供想象支架后，引导学生试着想象"群儿""光""一儿"的动作、语言、神态、心理等，从而将故事讲得生动、讲出趣味。而教师则发挥点拨、鼓励、引导的作用，让学生勇于在课堂上挑战讲故事，乐意分享自己创编的故事，从而从多维度、多层次深入培养学生的语文素养。

3. 阅读比较，感悟品质

《义务教育语文课程标准（2022年版）》指出："义务教育语文课程结构遵循学生身心发展规律和核心素养形成的内在逻辑，以生活为基础，与语文实践活动为主线，以学习主题为引领，以学习任务为载体，整合学习内容、情境、方法和资源等要素，设计语文学习任务群。"[1]语文学习任务群是新课标凸显的重要内容，它强调从根本上转变课堂结构形态，以任务为导向，引导学生在完成任务的过程中习得语言、培养素养。因此，教师不应将目光仅仅局限于单篇的文言文教学。尽管统编本小学语文教材所选文言文数量有限，但在中华文化宝库中拥有众多优秀经典的篇章，可以进行适度拓展，并在综合考量后构建语文学习任务群。例如，可以将"历史中的那个孩子"作为任务群主题，引导学生以"我是小小朗读家（读通读懂）→我是小小品读家（感受人物品质）→我是小小赏读家（我的发现、我的理解、我的启发）"作为任务驱动，通过比较阅读、辩证思考、讲读演绎等多种方式让学生在任务群的学习中感受趣味、加深体验。本课的学习活动设计考虑到学生初识文言文，作为单课时教学仅拓展了与司马光有关的另一篇文言文，让学生在对同一主人公的两篇文言文阅读中感受人物品质，以激活学生思维，让学生与古人对话，与古人互动，在层层递进的阅读过程中感受人物美好的品质。而三年级的语文学习任务群构建可以尝试将教学时间延长，通过多个课时来展开，舍得花时间、愿意花精力让学生慢慢读、细细品，在长期的阅读熏陶中，必将实现思维创

① 中华人民共和国教育部：《义务教育语文课程标准（2022年版）》，2页，北京，北京师范大学出版社，2022。

新、素养提升。

二、学习活动设计

【学习目标】

1. 能够正确认读本课生字，跟读课文，注意停顿并感受文言文的节奏与韵律，背诵课文。

2. 运用结合注释、联系上下文等方法理解课文内容，用自己的话讲一讲这个故事。

3. 初步感知文言文简约凝练的特点，激发学习文言文的兴趣，感受司马光沉着冷静、机智勇敢的品质。

【学习过程】

《司马光》是学生小学阶段接触到的第一篇文言课文，在学习活动设计中主要围绕"朗读""理解""想象""品质"四个板块展开，并在各环节中将对学生的朗读指导、理解文言文的方法指导、想象画面的灵动指导、人物优秀品质的感知指导落实到位，从而让学生初步掌握文言文学习的方法，感知文言文言简意赅、简约凝练的语言特点，感悟司马光沉着冷静、机智勇敢的美好品质。

板块一：初识文体，走近司马光

1. 走进文言文

美好的品质，犹如温暖的阳光，带给我们希望和力量。老师今天给大家带来了一幅画，你能猜出它表现了什么故事吗？（出示图画）——没错，"司马光砸缸"的故事家喻户晓，史书中对这个故事的最早记载是什么样的呢？大家请看。

（PPT：群儿戏于庭，一儿登瓮，足跌没水中。众皆弃去，光持石击瓮破之，水迸，儿得活。）

过渡：故事还是这个故事，但表达形式却不一样，这就是文言文。

出示文言文定义：文言文，是中国古代写文章时使用的语言。

今天就让我们一起走进文言文《司马光》，感受司马光的智慧以及文言文的魅力。

2. 板书课题

"司"字是半包围结构，写的时候注意半含半露。司马是复姓，这样的复姓还有上官、欧阳等。司马光复姓司马，而"光"字就是他的名。

【设计意图】《司马光》是统编本小学语文教材中出现的第一篇文言文，因此引导学生明确文言文的含义尤为必要。文言文是按照古人的语言表达方式行文，与今天的白话文存在较大差别，因此执教过程中需明晰文言文文体，激发学生学习文言文的兴趣，培养学生对于中国优秀传统文化的认同感与归属感。

板块二：读好文言文，把握文章大意

第一步　借助停顿，指导朗读

1. 出示学习要求

先自由地读一读，读准字音，读通句子，难读的地方多读两遍。

2. 抓住重难点句子，指导朗读

(1)这里有一句话特别难读，你能来试试看吗？

明确断句：光/持石/击瓮/破之

引导：同学们，你们听出来了吗？这位同学在这些地方停顿了，这种停顿在古文中就叫作"断句"。

(2)老师这里还有两句话，你们能试着来断断看吗？

明确断句：足跌/没水中　群儿/戏于庭

评价：真棒！读文言文和读古诗一样，不仅要读正确、读流利，而且要读出节奏和韵味。

范读：下面，就让我们竖起耳朵，听老师朗读课文。听的时候拿好笔，边听边画停顿。

群儿/戏于庭，一儿/登瓮，足跌/没水中。众/皆弃去，光/持石/击瓮/破之，水迸，儿/得活。

再读：现在请同学们结合断句，再来试着读一读这篇文章吧。

过渡：读好断句是学习文言文的第一步。读准了断句，我们还要将文言文读明白，而这就要从理解关键词语开始。

第二步　抓住关键词，学习理解文言文的方法

1. 厘清文中涉及的人物

(1)课文中都有哪些人呢？请同学们默读课文，用横线画出来。

(PPT："群儿""一儿""众""光""儿")

(2)这里的"光"不难理解，就是司马光。那么"一儿""儿"又是谁呢？——"一儿"和"儿"是同一个人，都是指那个登瓮的孩子。

以上词语中哪些表示人多？——没错，"群儿""众"就是指一群孩子。

2. 理解"群儿戏于庭"

思考：这群孩子在做什么呢？试着在原文中找出对应的语句。

点拨：哪个字可以看出他们在玩游戏？他们又在哪里玩游戏呢？

小结：同学们，文言文中有些难理解的字，编者为了方便我们理解，在课文下方给出了注释，学习文言文最常用的方法就是结合注释来理解词语和句子的意思。

3. 学习"于"的用法

像这样，一群孩子在庭院里玩耍嬉戏，用文言文的方式表达便是"群儿戏于庭"。

那么：

①一群孩子在森林里玩游戏，就叫作？——群儿戏于林

②一群孩子在舞台上唱歌，就叫作？——群儿歌于台

小结：文言文的语言表达十分简洁，同时它又有自身的表达规律，掌握了这些规律，我们学起来就更有趣了。

4. 学习"之"的用法

(1)理解"瓮"字：注释中的"瓮"字在文中出现了两次。什么是"瓮"呢？（出示插图）——瞧，这就是"瓮"，一种口小肚大的陶器，难怪落水的孩子很难自己爬上来。

(2)引导发现第三个"瓮"：其实在课文中还藏着一个"瓮"呢，谁能火眼金睛发现它！

预设："光持石击瓮破之"中的"之"也是指瓮，司马光用石头击打的便是瓮。

小结："之"是一个代词，就指代前面的"瓮"。同学们，有些字虽然注释中没有，但咱们可以联系上下文来猜一猜，这也是学习文言文的好方法。

第三步　学会表达，尝试复述文章大意

1. 过渡：理解了这些关键字词的意思后，再读课文，你能用自己的话讲一讲这个故事吗？

2. 图文对照，理解故事

我们来玩个"图文对对碰"的游戏。你能根据图片说出对应的句子吗？（见图2-1）

图 2-1

①"群儿戏于庭"

思考：看图片，这是故事里的一幅图，对应的是文中的哪句话呢？——"群儿戏于庭"。

②"一儿登瓮"

思考：仔细观察图片，结合文本，现在你知道"登"的意思了吗？

点拨：没错，"登"就是爬的意思。谁再来完整地说说这句话的意思。

③"足跌没水中"

思考：再看一幅图，这是？——"足跌没水中"。

点拨："没"在这里读 mò，表示淹没的意思，不读 méi。根据意思推断读音是值得我们学习的好方法。

点拨：哪个字表示"摔倒"呢？——"跌"。"跌"字"足"字旁，右边是个"失"，失足摔倒就是"跌"。瓮中的水深不深？这句话的意思是说：小孩不小心掉进了瓮里，被水淹没了。

④"众皆弃去，光持石击瓮破之"

思考：看到这样的情景，孩子们吓坏了，他们做了什么呢？——"众皆弃去"。

对比：老师这里有两种解释："别的孩子都跑了"，或者"大家都跑了"。你觉得哪种翻译更好？

预设：第一种翻译更好，因为在这样危险紧急的情况下，司马光并没有离开，而是留了下来，救出了孩子，所以第一种翻译更为准确。

点拨：在翻译文言文的时候，我们也要注意语言的准确性。像"众皆弃去"，我们就能借助下文得知司马光并没有离开，从而帮助我们准确地把握这句话的意思。所以这里翻译成"别的孩子"更好。

⑤"水迸，儿得活"

这剩下的最后一幅图画对应的是？——"水迸，儿得活"。

3. 小结

看来理解文言文的方法多种多样，图片、注释、字形、上下文都是我们的好帮手。现在聪明的你们再来试着用自己的话说说《司马光》这篇文章的意思吧！

【设计意图】《司马光》作为小学生接触的第一篇文言课文，在教学上具有一定难度，应以指导朗读以及运用多种方法理解文章大意为主要抓手。因此教学时，可以借助停顿符号，引导学生在反复诵读的过程中读正确、读流利、读出文言文的韵味，感受文言文的语言特点。同时，文言文因与现代文语用习惯不同，有其自身的特点，如古今异义、一词多义、代词的用法等，这些都是需要学生在长期的学习过程中慢慢学习和积累的文言知识。但应注意的是，作为第一篇文言教学，不能生硬地进行逐字逐句的翻译，令学生产生畏难情绪，而是应当紧扣课后第二题，运用游戏的方式，鼓励学生借助注释讲一讲这个故事，提升文言文教学的趣味性。

板块三：展开想象，体会人物品质

1. 思考：除了司马光外，其他的孩子们面对这样的情况，都十分慌乱，他们会有什么样的表现？又会做些什么、说些什么呢？

2. 提供想象支架：试着用"群儿戏于庭，一儿登瓮，足跌没水中。众皆弃去，一儿

（　　　），一儿（　　　），一儿（　　　）"的句式来说说看。

预设1：群儿戏于庭，一儿登瓮，足跌没水中。众皆弃去，一儿号啕大哭，一儿惊慌失措，一儿奔跑离开。

预设2：群儿戏于庭，一儿登瓮，足跌没水中。众皆弃去，一儿赶忙跑去找大人，一儿吓得大哭起来，一儿呆愣在原地不知所措。

3. 体会文言文语言特点

同学们，你们太会想象了！简单的文字蕴藏着许多丰富的画面，课文仅仅用"众皆弃去"四个字就把慌乱的场景交代清楚，真是简洁凝练！

4. 指导朗读

现在，你能试着将这慌乱的场景读好吗？

群儿/戏于庭，一儿/登瓮，足跌/没水中。众/皆弃去（紧促慌乱），光/持石/击瓮/破之，水迸，儿/得活。

5. 对比阅读

（1）点拨：相较于"众"的慌乱，司马光做了什么呢？"光持石击瓮破之"，这里有三个动词，你能圈出来吗？

（2）聚焦动词：第一个动词是"持"，这是一个左右结构的字，写的时候注意左窄右宽。部首是提手旁，你能猜到它和什么有关吗？持，就是拿的意思。我们拿着书本，就是持书；下雨天手里拿着伞就是持伞；老太太走路，手里拿着拐杖，就是持杖。其他两个动词是"击"和"破"，你能试着做做这两个动作吗？

（3）小结：司马光拿起一块大石头把瓮砸破了，故事的结局如何呢？是呀，水迸，儿得活！

6. 展开想象，再次讲好故事

展开想象的翅膀，试着让画面鲜活起来。可以为故事中的人物加上表情、动作、语言，抓住群儿如何在庭院里玩耍，一儿落水后大家的反应，以及司马光如何帮助这个孩子得救等几方面来丰富这个故事。

7. 感受人物品质

你觉得司马光是一个怎样的孩子？

预设：别的孩子都十分慌乱，但司马光十分镇定，还能想出用石头击破瓮来救出同伴的方法。我觉得司马光是一个遇事沉着冷静、机智勇敢的孩子。

小结：面对危险，小小年纪的司马光却能够沉着冷静、机智果敢，持石击瓮破之，救出同伴，实在令人佩服。让我们一起再来读一读这篇课文吧。

【设计意图】文言文教学应当鼓励学生通过多种形式的活动激活体验，促进其思维发展与创新。在教学过程中，教师通过引导学生抓住关键词想象画面，使《司马光》的故事生动鲜活起来，通过对比"众"与"光"反应的不同，体会人物美好的品质。教师可以积极利用猜读、趣读、表演、想象、讲故事等形式调动学生的积极性，在反复诵读的过程中逐渐引导学生走入文言文的世界，培养学生对文言文的兴趣。

板块四：熟读成诵，拓展阅读

1. 熟读成诵

过渡：结合注释，抓住关键词句，我们就能把握文章的主要内容，体会人物形象。现在谁来尝试背一背？

①老师出示图片，你能背出相应的句子来吗？试一试。

②加大难度，同时出示五幅图画，谁能连起来背一背？

③难度更大了，五幅图全部消失，谁能想象画面尝试背诵课文？

小结：就这样读着、想着、理解着，我们就学会背这篇课文了，老师为你们点赞！

2. 古今文对比，感受文言文特点

这是现代文《司马光》，你能发现二者的不同吗？

预设 1：现代文篇幅长，字数多；而文言文字数少，句子较短。

预设 2：文言文和现代文的表达方式不太一样，文言文较难理解。

小结：如此扣人心弦、紧张刺激的救人故事，课文仅用了 30 字就将故事交代得一清二楚。文言文短小简洁，表达的意思却完整、丰富。这样的特点我们称为简约凝练、言简义丰。

3. 拓展阅读，加深理解

拓展：像这样言简义丰的小古文还有很多。老师今天就为大家带来了另一则关于司马光的文言文小故事。结合注释，用你们学会的方法读一读，看看读明白了什么。

光/生/七岁，凛然/如成人，闻讲/《左氏春秋》，爱之，退/为家人讲，即/了其大旨。自是/手不释书，至/不知饥渴寒暑。

注释：①生：长，长到。②凛然：稳重的样子。③闻：听到。④了：了解。⑤释：放下。⑥至：至于，到达。

思考：

①两篇文章让你认识了一个怎样的司马光？

②你从两篇文章中懂得了什么道理？

总结：

是啊！正是勤奋刻苦、沉着冷静、机智勇敢等伟大的品质，让我们感受到力量和温暖。今天这节课，我们运用"读通顺""会理解""有趣味""悟品质"等方法感受到了司马光美好的品质。在接下来的文言文阅读中，我们可以用上今天的方法学习更多的文章，感悟文言文无穷的魅力！

【设计意图】学生初学文言文，应当初步感知文言文言简义丰的语言特点，培养文言文的审美情趣。同时，教材中的文言文多为短小精悍的名家名篇，而中国传统文化宝库还有着许多值得孩子们去阅读的文章。可以通过对比、类比等方式，选择相关的文言作品，引导学生进行比较阅读与拓展阅读，学以致用，运用已经学过的方法了解文章大意，深入理解人物特征。恰如拓展关于司马光的另一则故事，可以帮助学生更深入地了解到，正是如司马光一般勤奋刻苦、机智勇敢等美好的品质，给予后人以力量和温暖，从而丰富认知，深化思维。

【板书设计】(见图 2-2)

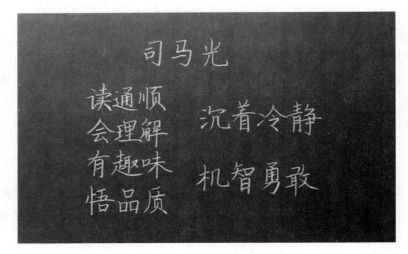

图 2-2　板书设计

例 2　《精卫填海》文本教学解读与学习活动设计

一、文本教学解读

《精卫填海》是统编本小学语文教材四年级上册第四单元的一则文言神话故事，选自《山海经》。全文仅 35 字，以凝练的笔触讲述了炎帝的女儿女娃去东海游玩时不幸溺水，化作精卫鸟，衔来西山木石填塞东海的故事，全文字里行间充满着神奇的想象。

(一)初读文本，把握课堂教学必要点

教师初读文本，把握课堂教学的必要点是进行文本解读的第一步，也是关键一步。翻开课本初读课文，教师可以从以下维度明晰教学的整体方向。

1. 以单元主题为纲把握课文

统编教材四年级上册第四单元总共编排了《盘古开天地》《精卫填海》《普罗米修斯》《女娲补天》四篇课文，单元主题是"神话故事"，语文要素为："了解故事的起因、经

过、结果，学习把握文章的主要内容"；"感受神话中神奇的想象和鲜明的人物形象"。关注整个单元的编排，可以看出，学生通过这一单元的学习，能够深刻感知神话故事的特点，感受鲜明的神话人物形象，大胆想象神话故事的情节，同时也为"快乐读书吧"阅读《中国古代神话故事》做好铺垫。

2. 以课后习题为锚定位课文

细读课后习题，不难发现，三道题目分别从文本朗读与背诵、文本理解、人物形象赏析三个维度出发指导教师进行课堂建构。因此，在实际的课堂教学中，教师首先应当关注对学生的朗读指导，实现熟读成诵，培养文言语感。同时还要引导学生在运用多种方式理解文言文的基础上，展开自己的想象，进行言语实践，讲好神话故事。此外还要关注精卫这一人物形象，感悟人物精神，拓展实际生活中拥有这般品质的人或彰显这般品质的事例。

（二）再读文本，捕捉学生素养生长点

《精卫填海》选自《山海经·北山经》。全文简约凝练，仅用 35 字就将这个传奇的神话故事讲述清楚，塑造了意志坚定、坚韧不拔的精卫形象。

从学生学情来看，学生已有《司马光》的学习基础，因此利用多种方法理解文章大意并不困难。在教学过程中，可以将重心放在拓展想象以及人物品质的感知方面。《精卫填海》的神话体裁值得关注。中国古代神话起源于人类对自然的思考与探索，寄托着人类早期的幻想，是民族文化的缩影，其生动的情节与丰富的幻想可对学生的精神审美产生重要影响。纵观统编本小学语文教材，不难看出，从三年级的童话故事，到四年级的神话故事，再到五年级的民间故事，旨在引导学生走进各类文体的大门，发现并探索文学之美。因此在执教本课时，教师可以引导学生初步感受神话的神奇，感受中华传统文化的精神内涵。

从文本内容来看，文章脉络清晰，虽仅两句话，但清楚地交代了精卫的身份信息和故事的起因、经过，学生能够较快地把握文章的主要内容。在故事的讲述上，精卫填海的故事有一些特别，似乎缺少了故事的结果，至"以湮于东海"处就戛然而止，给人留下丰富的想象空间与艺术空白。那么，精卫究竟能否填平东海呢？值得师生共同思考与想象。

从人物形象来看，精卫鸟不远万里从西山衔来木石努力填塞东海的行为背后体现了其持之以恒、坚韧不拔的品质。面对巨大的困难与挑战，精卫没有选择放弃，而是迎难而上，敢于斗天斗地，这也是中国古代神话的重要主题之一，体现了古代人民的无畏与坚持，是中华民族精神与性格的彰显。但是，面对如此强大的自然力量——东海，精卫真的可以将其填平吗？通过对这一问题的想象与探讨，学生能够产生更深层次的思考，从感性与理性的角度反复研读文本，表达自己的见解。在教学过程中，教

师也可以进行适当拓展，结合中国千百年来敢于战天斗地的英雄人物以及当下时事热点或"抗疫斗争"中的逆行者这些人物形象，引发学生心灵的共振，从而跳脱出单篇的文本，引发其对生命更深层次的思考。

二、学习活动设计

【学习目标】

1. 正确认读"帝"等 6 个生字；正确读写"曰"等 5 个生字；正确、流利地朗读课文，背诵课文。

2. 借助组词、结合注释、情境演绎等方式理解重难点词语，读懂文言文，了解故事大意。

3. 感知精卫的人物形象，感受神话故事的特点，体会"精卫精神"的传承性，打开阅读中国古代神话的大门。

【学习过程】

板块一：初识《山海经》，走入文本

1. 激趣

同学们读过神话故事吗？看图猜故事。

（课件依次出示女娲补天、夸父追日、嫦娥奔月、后羿射日、精卫填海等的场景图片）

2. 介绍《山海经》

神话故事呀，是远古时代的人们表现对自然及文化现象的理解与想象的故事。这些故事都出自同一本书——《山海经》。谁来读一读关于它的介绍？

（PPT：《山海经》是"上古三大奇书"之一，保留了大量远古时期的史料，是保存中国神话故事最多、最原始的古籍。）

3. 点题

今天我们要学习的《精卫填海》也出自这本书。我们一起读好课题。（板书课题）

4. 认识精卫

精卫是谁呢？你能在课文中找找关于她的信息吗？

①点拨：炎帝之少女，名曰女娃。

②质疑：精卫原本叫女娃，后来又是怎么变成精卫的呢？就让我们一起走进课文来感受这个故事吧！

【设计意图】神话故事是小学生喜爱的文体类型，夸父追日、女娲补天、后羿射日等都耳熟能详。从学生熟悉的知识入手，利用看图猜故事的方式，调动学生已有的阅读经验，激发学生的学习兴趣，进而引出《山海经》，插入《精卫填海》故事的主体人物——精卫。

板块二：诵读文言文，读出韵味

1. 读正确、读通顺

先自由朗读课文，读准字音，读通句子，难读的地方多读几遍。（生自由读、指名读）

相机指导生字与易错字的读音：少　溺　衔　堙

2. 读出停顿

(1)过渡：仅仅读准字音、读通句子还不够，我们还要注意停顿。这句话谁能来试一试？

出示：常衔西山之木石，以堙于东海。

点评：常衔/西山之木石，以/堙于东海。

(2)点拨：三年级的时候我们学习过《司马光》一文，知道了要读好文言文，就一定要特别注意句子中间的停顿。有了恰当的停顿，不仅能把文章的意思读清楚，而且能读出古文的节奏和韵味。

谁也能像他这样，再来读一读？（开火车依次练读）

(3)反复练读：注意适当的停顿。

（PPT：炎帝/之少女，名曰/女娃。女娃/游于东海，溺/而不返，故为/精卫，常衔/西山之木石，以/堙于东海。）

3. 竖排版朗读

同学们，古人写的文章和今天可不一样。瞧，他们喜欢——从上到下，从右往左。是呀，《山海经》是先秦时期的古籍，那时候人们写书都是从上到下、从右往左排列的。这样排版，你们还会读吗？

4. 去掉标点读

古人写文章是没有标点符号的。瞧，标点消失啦！你们还会读吗？

点评：能把几千年前的古文读下来，你们可真了不起！我们一起再来试着读一读吧！

【设计意图】诵读是学习文言文的重要方法，通过反复诵读，才能落实课后习题的诵读要求，培养学生文言语感，实现文言素养的内化。文言文的诵读应当注重层次性。一读强调读正确，教师相机正音，指导读准有难度的字音；二读强调读出停顿，借助节奏小棒读出文言文的节奏与韵律；三读强调读出韵味，通过诵读古籍中竖版的以及无标点的《精卫填海》版本，拉近学生与中国传统文化之间的距离，培养学生对文言文的熟悉感与亲切感。学生在一次又一次的诵读活动中逐渐实现自我能力的提升，静止的文字才会变得生动而鲜活。

板块三：化身精卫鸟，疏通文章大意

第一步　认识精卫

1. 解读信息

同学们，其实精卫一开始并不叫精卫，她是——"炎帝之少女，名曰女娃"。你从中读出了哪些信息？

预设1：精卫是炎帝的孩子。

点拨：炎帝何许人也？炎帝是中国上古部落的首领。

预设2：精卫是炎帝的小女儿。

点拨："少女"古今意思有所不同。

预设3：精卫本名叫女娃。

过渡：简单的一句话，就让我们了解到这么多有关精卫的信息，这就是文言文的言简义丰。你也能试着用上这样的方式来介绍自己吗？

2. 语言运用

____之____，名曰_____。

预设1：陈家之长子，名曰致廷。

预设2：刘家之独女，名曰赵予。

小结：同学们，用上这样的方式介绍自己，多有意思呀！我们再来一起认识一下精卫吧。

齐读："炎帝之少女，名曰女娃。"

3. 生字讲解

"曰"字很调皮，像日不是日，书写要扁宽，短横藏中间。

第二步　化身精卫

1. 过渡

神话充满神奇的想象。现在就让我们化身为故事的主人公——精卫，回忆一下自己都经历了什么吧！

2. 指读

"女娃游于东海，溺而不返，故为精卫，常衔西山之木石，以堙于东海。"

3. 理解"女娃游于东海，溺而不返，故为精卫"

(1)提问：女娃，女娃，你做了一件什么事呀？

点拨1：游——游玩。看来，用上组词的方法，可以帮助我们理解词语的意思。

拓展：你还能用这样的方法，试着为课文中的一些词语做注释吗？

预设：溺——溺水　返——返回　常——经常

点拨2：于——在。联系先前学过的《司马光》中的"戏于庭"，可以帮助我们更快地把握句子结构。

点拨 3："女娲游于东海"，可翻译为"女娃在东海游玩"。翻译时可以适当调整表达顺序，使表达更流畅、清晰。

（2）质疑：能把"故为精卫"改成"故曰精卫"吗？

点拨："为"是"成为"的意思，而"曰"是"叫作"或"说"的意思，不符合语境。文言文的语言也强调用词准确。

4. 理解"常衔西山之木石，以堙于东海"

过渡：女娃，女娃，你化身成了精卫鸟，后来又发生了什么呢？

点拨 1：衔——叼着；之——的。勾连旧知"光持石击瓮破之"，可以帮助我们认识调皮的"之"，不同的语境有不同的意思。

点拨 2：以——用来；堙——填塞。遇到难理解的词，书中的注释是我们的好帮手！

第三步　疏通全文

1. 同桌合作

精卫鸟原来有着这样的人生！现在我们试着来疏通全文，同桌两人合作，一人读古文，一人试着翻译，开始吧！

2. 讲故事

请两位同学用自己的话完整地说说这个故事。

第四步　齐读课文

带着对文章的理解再次齐读课文。

【设计意图】疏通大意是文言文教学的重要一环，而在实际教学过程中，教师容易将这个环节拘泥于枯燥的讲解，从而让文言文的学习机械化、程式化。小学阶段的文言文大多是有趣的故事，其本身的趣味性与情境性可以帮助学生更好地理解文章的大意。在教学时，以"认识精卫""化身精卫"两个驱动任务为导向，引导学生自己在字里行间搜索信息、理解文言字词，并相机进行重难点词语意思的点拨，分享学习文言文的方法，并通过"用上句式，自我介绍""我为课文写注释"等活动，让学生在学中用，在用中学，从而让文言文的理解变得自然而生动。

板块四：聚焦结局，感悟精卫精神

第一步　故事演绎，多种角色体验

1. 反复朗读，升华情感

精卫，小小一只鸟；东海，大大一片海。精卫和东海的故事，要用几千年来记录……

引读 1：从西山到东海，千里迢迢，精卫却依旧——"常衔西山之木石，以堙于东海"。

引读 2：东海波涛汹涌，巨浪滔天，精卫却仍是——"常衔西山之木石，以堙于东海"。

2. 发现故事潜藏的角色

文言文简约凝练，短短 35 字却记录了这一波三折的故事，也记录了精卫的坚持与信念。神话最大的特点便是充满着神奇的想象，里面的人物各有各的鲜明特点。其实，这个故事里可不止精卫一个人物哦，你发现了吗？

预设：炎帝、东海之神、西山之神……

小结：中国神话蕴藏着无穷无尽的奥秘，原来短短的故事里竟还藏着这么多的人物。而这需要我们积极开动脑筋去探索、去发现。

3. 转换角色，激活思维

(1)过渡：如果你是炎帝、东海之神或者西山之神……看到精卫这样一次又一次地往来于东海与西山之间，你会和精卫说些什么呢？

(2)角色体验：同桌两人一人扮演精卫，另一人扮演炎帝、东海之神、西山之神中的一个人物，进行故事演绎。

预设 1：

炎帝：我的小女儿啊，你不要再往来于西山与东海之间了。路途遥远，你这样一趟又一趟，父亲我心疼啊！

精卫：父亲您不用担心我，这东海伤害了我的性命，如果我不将它填平，以后一定会有更多的人受害，我要坚持将这件事情做下去。

预设 2：

西山之神：精卫鸟，你来我这儿很多次了，你也看到了，我这里只有树枝和小石头，你想要填平东海实在是希望渺茫啊！

精卫：谢谢西山之神！我相信只要坚持下去，不断努力，总有一天定能将这东海填平。

预设 3：

东海之神：小小精卫鸟，竟敢不自量力，试图填平我东海，简直是异想天开！

精卫：东海之神，你休要嚣张！你这东海索人性命，我定将你填平！

(3)小结：大海一次又一次地翻起巨浪，腾起在空中，向弱小的精卫显示他的强大。精卫却无所畏惧，她无休止地往来飞翔于西山与东海之间，从不停歇。无论炎帝与西山之神如何劝阻，东海之神如何嘲笑，我们的精卫鸟却依旧——"常衔西山之木石，以埋于东海"。

第二步　预测结局，体会人物精神

1. 启发

想一想，这小小的精卫鸟有可能将这波澜壮阔的东海填平吗？

预设 1：可能。因为精卫有着超强的信念，只要坚持到底，就有理想实现的那一天。

预设2：不可能。因为东海十分宽广，怎么会被小树枝与小石子填平呢？这不符合实际。

点拨：可以从任一角度表达自己的观点，言之有理即可。

2. 体会

读到这儿，你觉得这是一只怎样的精卫鸟？

预设：坚持不懈、奋不顾身、勇敢执着……

3. 拓展

偌大的东海，只见小小的精卫鸟往来于此，多"傻"呀！而在我们的神话故事中，却有着许多这样的"傻"人。

①盘古开天地，为了让天与地不合在一起，就站在天地当中，一撑就是几万年，用自己的整个身体创造了美丽的世界。

②夸父追日，喝干了黄河、渭水，在奔于大泽路途中渴死，权杖化为桃林。

③大禹治水，为国家，为百姓，三过家门而不入。

4. 启发

他们何尝不是一只小小的精卫鸟呢？开天、追日、治水、填海，充满着奇特的想象，虽然在实际生活中或许很难实现，但这样的故事流传了千百年，真正流传的是什么呢？

点拨：神话的精神、人们对于美好世界的向往、人定胜天的信心……

5. 小结

精卫填海的故事流传至今，而精卫填海的精神也在代代传承，这就是中国古代神话的神奇魅力。中国古代神话的精神一直在影响、激励着万千中华儿女克服重重困难，创造一个又一个奇迹。

让我们再来一起读读精卫填海的故事。（配乐朗读）

【设计意图】语文教学应当具有一定的深度与广度。教师首先要以更宽广的视角看待文本，通过构建诵读、理解、想象、思辨等一连串活动，引导学生逐渐亲近课文的主人公，感其所感，想其所想；学生可以在"角色扮演"与"结局预测"的活动中将自己代入中国古代神话，成为神话故事中的某一个角色，体会神话人物的悲与喜，从而自然而然地感知人物形象，体会人物精神，与古人跨越时空产生情感的互通与精神的共鸣，进而将故事读厚、读透、读深，不断碰撞出思维的火花。

板块五：联系生活，拓展延伸

在我们的现实生活中，也有这样的精卫鸟——"杂交水稻之父"袁隆平爷爷一生追求两个梦：一是"禾下乘凉梦"，二是"覆盖全球梦"；钟南山爷爷在抗疫阻击战中化作"最美逆行者"，与病毒搏斗，换国家平安。网友戏称他俩是"医食无忧"组合，是他们让我们的世界更加美好、幸福……

设想你仍是那只"衔西山之木石，以堙于东海"的精卫鸟，你想对今天的"精卫"们说些什么呢？请写下你的想法，或者是创作新老"精卫鸟"之间的对话。

【设计意图】《精卫填海》的教学不仅仅承担着文言文的教学任务，还担负着引领学生走进中国古代神话人物、传承古代神话精神、打开古代神话阅读之门的重任。通过拓展古代与现代的"精卫鸟"，将对文本的理解与品读推向高潮，努力让优秀传统文化的种子在学生的心田悄然生根发芽。

【板书设计】（见图2-3）

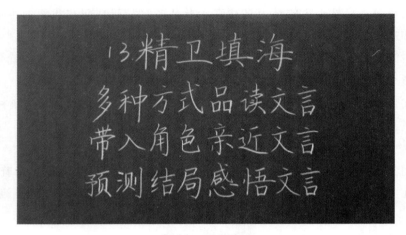

图 2-3　板书设计

例 3　《囊萤夜读》文本教学解读与学习活动设计

一、文本教学解读

(一)瞄准单元主题，厘清文本价值取向

《囊萤夜读》是统编本小学语文教材四年级下册第七单元第 22 课《文言文二则》中的第一篇，选自《晋书·车胤传》。它跟《铁杵成针》构成一组课文，表现了只有坚持不懈地勤奋学习才能取得成就的道理；又跟之前的《古诗三首》(《芙蓉楼送辛渐》《塞下曲》《墨梅》)、之后的《"诺曼底号"遇难记》以及略读课文《黄继光》构成整个单元，共同指向"人物品质"这一单元人文主题。单元导语页引用了法国作家罗曼·罗兰的经典语录："没有伟大的品格，就没有伟大的人，甚至也没有伟大的艺术家，伟大的行动者。"本篇文言文讲述了车胤自幼聪颖好学，由于家境贫寒，夜晚没有油点灯，夏夜就捕捉萤火虫放入囊中，用以照明，自此学识与日俱增，功成名就，以此赞扬以车胤为代表的励

志读书、勤奋好学的人物品质，为小学生树立了良好的榜样。

(二)紧抓语文要素，精准把握教学目标

《囊萤夜读》以及下一篇《铁杵成针》是两则脍炙人口的人物小故事，很多学生对此并不陌生。再加上四年级学生已经学过《司马光》《精卫填海》《王戎不取道旁李》等文言课文，积累了一定的文言文学习方法和经验，具备了文言文阅读的基本能力。因此，本课的教学目标应在巩固已有的学习经验的基础上，紧扣本单元语文要素的训练点，制定既符合四年级学生文言文学习水平，又有助于促进学生语文学科核心素养整体提升的教学目标。本单元的语文要素，一是从人物的语言、动作等描写中感受人物的品质；二是学习用多种方法写出人物的特点。根据教材编排，车胤的穷且益坚、勤奋好学是人物品格的具体体现，教学时可以通过结合注释、扩词、联系上下文等方法读懂文言文，体会通过具体事例凸显人物优秀品质的写法。文言文具有短小精悍、言简意赅的特点，为此，在理解人物品质这一方面，除了文中已有的动作描写等写作手法之外，还要引导学生通过合理的想象扩充车胤在夜晚读书时的模样、动作、神态，可能有的语言，以及抓到萤火虫后可以照明读书的心理等。此外，教材配有一幅插图：练囊悬中，发出微弱的光芒；地上、书案上堆放着很多竹简，一个贫穷的书生坐在地上，手捧竹简，正在全神贯注地阅读。插图有助于学生图文对照理解课文内容，感受车胤勤奋好学的精神品质。

二、学习活动设计

【学习目标】

1. 认识"恭""勤""焉"3 个生字，会写"囊""萤"等 7 个生字。

2. 正确、流利地朗读课文；能借助注释，并通过扩词、联系上下文等方式理解课文中每句话的意思。

3. 联系生活，发挥想象，感受车胤发愤图强、勤勉学习的品质；领悟只有坚持不懈地勤奋学习，才能取得成就的道理。

【学习过程】

板块一：导入激趣，指导生字

1. 看图猜成语

同学们，课前我们先来玩一个游戏——看图猜成语，赶紧来挑战一下吧。

（PPT 出示：程门立雪、凿壁借光、悬梁刺股、囊萤夜读等故事配图）

2. 导入课题

《囊萤夜读》正是今天我们所要学习的一则名人小故事。跟着老师一起来板书课题。

（板书课题：囊萤夜读）

点拨："囊"这个字笔画比较多，所以我们要写得紧凑些，"萤"下面加的是昆虫的虫。

指生读，齐读。

3. 解题

这是一篇文言文，谁来说说，课题是什么意思？

预设：用口袋装着萤火虫在夜晚读书。

点拨："萤"是指萤火虫；而这个"囊"字，就是用口袋装的意思，看看是不是很形象？（见图 2-4）

图 2-4 "囊"字的演变

4. 引出主人公

那么，是谁用口袋装着萤火虫在夜晚读书呢？

板书：车胤。（指生读）

（PPT 出示：车胤，东晋名臣，自幼聪颖好学，因家境贫寒，曾捕捉萤火虫装囊中用以照明，自此学识与日俱增。人们将他这种刻苦读书的精神用"囊萤夜读"来概括。《三字经》"如囊萤，如映雪，家虽贫，学不辍"，其中的"如囊萤"便是指车胤。）

过渡：这节课就让我们来学习他的故事。

板块二：读通课文，整体感知

1. 提出学习要求

打开书本，自由读课文。注意把句子读通顺，把字音读准确；还要注意断句。（生自由练读）

过渡：谁要来试一试。（指生读）

2. 解决字词障碍，关注多音字

点拨：老师注意到你们都读准了文中的两个多音字。一起来读："盛数十萤火"。（指生读）你能把词语放到文言文中再来读一读吗？试一试。（PPT 出示句子；生再读）

3. 范读课文

看到同学们认真读书的模样，老师也忍不住要来读一读。（师范读）请你现在也做个小小点评家，说说听完老师朗读之后的感受。

预设：有节奏，有感情，慢一些，声断气连。

4．读好节奏

点拨：是的，想要读好文言文，正确的停顿很重要。（出示停顿符）请你自己根据停顿符号，试着读一读。（指生读，齐读）

5．声断气连

点拨：除了读好节奏外，还要注意声断气连。（师范读，生练读；请生读，齐读）

6．小结

瞧，读文言文不能着急，要稍微慢一点，有时候还可以把某些音稍微拖长一点，注意要声断气连，这样就更能读出古文的味道了。

板块三：运用方法，理解文意

过渡：你读懂这个故事了吗？这是一篇文言文，虽然很短，仅有 33 字，但意蕴却十分深刻。

1．出示学习要求

读一读：轻声读读课文；

看一看：边读边对照文下的注释；

顺一顺：试着讲讲这则故事。

按照学习要求，请你再来读一读、说一说。

2．解读第一句

大家来看第一句。（PPT 出示：胤恭勤不倦，博学多通。）谁愿意来读一读。请你说一说这句话是什么意思。

预设：车胤这个人谦逊有礼，学习不知疲倦，博学多才，通晓很多道理。

(1)回顾我们之前学习文言文、古诗词的时候，遇到不理解的字词，有哪些好方法？

预设：参考注释。

点拨：刚才这位同学也是借助注释进行理解的。一起来看一看注释——"恭"：谦逊有礼；"通"：通晓，明白。（板书：借助注释）

(2)但有一些字注释中没有解释，这可怎么办呢？

预设：查字典，请教别人，联系上下文……

点拨：同学们都很聪明，想到了这么多好方法！如果说最简便的，当属"联系上下文"，其实也就是给这个字组词，用"扩词"的方法来理解。瞧，这里的"倦"，可以组词为——疲倦、厌倦；"勤"在这里还能联系上下文组词为"勤奋"。（板书：扩词、联系上下文）

(3)理解了重点字词之后，相信你更能明白这句话的意思了。谁再来说一说。（请生答）

(4)小结。

现在我们知道了，学习文言文，借助注释、扩词、联系上下文都是很有效的学习方法。请大家以四人小组为单位，试着用这些方法来讨论、理解课文中最长的那句话——也就是第二句话，可以把重点字词的意思批注在书本上。

3. 小组合作，解读第二句

（PPT 出示：家贫不常得油，夏月则练囊盛数十萤火以照书，以夜继日焉。）请你采用这样的方法，把重点字词的意思在旁边进行批注。

（1）先来请一个小组读一读，再来说一说你已经明白了哪些字词的意思呢。

预设："练囊"，注释中解释为"白色薄绢做的口袋"。

点拨："练"这个字我们可不陌生。瞧，这里的诗句。（PPT 出示："水如一匹练，此地即平天"——李白《秋浦歌》；"余霞散成绮，澄江静如练"——谢朓《晚登三山还望京邑》。）这里的"练"，就是"白色的布"，那么"囊"就是"口袋"。

比较：刚才课题中的"囊"大家还记得是什么意思吗？——"用布袋装"，在这里为动词。那么，此处的"囊"也是这个意思吗？（再看看注释）这里应该是作名词，"口袋"的意思。

点拨：瞧，我们又学到了一点。在文言文中，同一个字，放在不同的位置，它的词性和意思可能就是不同的。

（2）继续交流，"家贫不常得油"的"贫"是什么意思？

预设：贫穷。

点拨：看，用扩词的方法就一目了然了。车胤家贫，连晚上读书用的油灯都点不起，所以他只能做一个白色的袋子装上萤火虫来照亮读书。所以这里的"以"就是——"用，拿"的意思。可能有同学会发现，后面的"以夜继日焉"，"以夜继日"这个词语好像不常见，我们经常使用一个跟它很像的成语——"夜以继日"或者"日以继夜"，这就是文言文与我们现代用法不同的地方。那么，他究竟装了多少只萤火虫呀？——数十只。

（3）理解"数十"。

点拨："数十"就是十以上、一百以下的整十；数十只就是几十只。比如我说"数十年如一日"，就是几十年都在坚持干同样一件事情。

几十只萤火虫看似很多，但实际上，萤火虫发出的光很微弱，所以才有一个词叫作"微若萤火"。虽然这萤火之光很微弱，但车胤看书却十分专注。我们来看课文插图，瞧！他多认真啊，甚至不知疲倦。如果用课文中的一个词来形容他看书的时间之久，那就是——"以夜继日"。

（4）现在请你用上恰当的关联词来说一说这句话的意思。

预设：虽然车胤的家里十分贫穷，用不起照明用的清油灯，但是他会在夏天的夜晚用白色薄绢做成的口袋装着几十只萤火虫来照明，夜以继日地读书。（也可用"即使……也……""因为……所以……"等）

板块四：代入角色，感悟品质

1. 创设情境，感受人物

现在，你就是车胤，老师来扮演你的妈妈。妈妈说："已经是晚上 11 点了，赶快睡吧！"你会怎么说？

预设：还早着呢！让我再看一会儿吧！

"时间过得飞快，已经是凌晨 1 点了，你还在看书！别看了，别看了，都这么晚了，还要继续吗？"

预设：这部书还没看完呢，让我再多看一会儿吧！

"凌晨 3 点了，所有人都睡觉了。看，还有蚊子叮你呢，赶紧睡吧！"

预设：比起能看书，有蚊子叮算什么！

"都快天亮了，我看你上眼皮和下眼皮都开始打架了，上床睡觉去吧！"

预设：这一夜我看了不少书，汲取了很多营养，再累再困都值得！

点拨：现在大家明白车胤为什么能"博学多通"了吧。虽然他家里穷得连油灯都点不起，但由于他"恭勤不倦""以夜继日"地发愤读书，所以才能学识与日俱增，最终功成名就，成为一个"博学多通"的人。

2. 同桌互动，充实内涵

同桌相互配合，发挥想象，一人扮演车胤，一人扮演车胤的母亲(或朋友、老师)，演一演。注意说话时的语气，也可以加上恰当的动作、神态。

3. 理解人物，升华课题

(1)通过课文的学习以及刚才的表演，你觉得车胤是一个怎样的人呢？(生交流)(板书：勤奋好学、刻苦读书)难怪作者一开篇就说车胤——(PPT 出示："胤恭勤不倦，博学多通。")谦逊有礼，学习不知疲倦，十分博学！作者在文章开篇指出车胤的勤奋，后面借助具体事例表现了他是如何勤奋的。这种写法特别好，值得我们学习！

(2)课文学到这里，你知道"囊萤夜读"是什么意思了吗？

预设 1：是说车胤用口袋装着萤火虫在夜晚读书。

预设 2：一方面是说车胤用口袋装着萤火虫在夜晚读书的这个故事，另一方面也是指像车胤这样勤奋读书、学习的精神。

点拨：是啊，"囊萤夜读"既是一个有趣的故事，也体现了一种勤奋好学、坚持不懈的品质。正像法国作家罗曼·罗兰所说："没有伟大的品格，就没有伟大的人。"正是由于车胤具有了勤奋好学、坚持不懈的品质，才最终引领他走向成功。所以，无论环境多么恶劣，只要勤奋好学，理想距离我们都会越来越近。

板块五：拓展阅读，巩固方法

1. 过渡

除了"囊萤夜读"外，你还知道哪些关于古人发奋读书的小故事？(悬梁刺股、孙康映雪、牛角挂书……）

2. 拓展

老师这里还有一个小故事也很有趣，一起来看看。（PPT出示：《凿壁借光》）

（1）提出学习要求，回顾方法。

请同学们自由阅读这则小故事，用我们之前学习的理解文言文的方法，尝试读懂故事的大意。（生读，并交流）

（2）点拨。

结合注释理解"逮""不逮""乃""穿壁"等字词；运用扩词法理解"烛""引""映"等字词。

（3）小结。

洞在哪里，光就在哪里；光在哪里，人就在哪里。匡衡只能靠在墙角，借着微弱的光来读书，很辛苦，但是他始终没有放弃。无论是匡衡还是车胤，都值得我们去学习。课后，同学们还可以再去读一读《孙康映雪》《牛角挂书》等相关小故事，相信定会有更深的感悟。

【板书设计】（见图2-5）

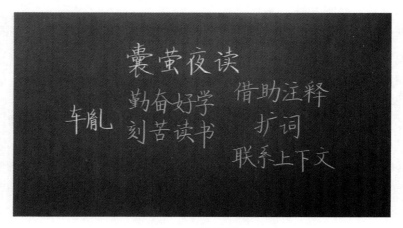

图2-5 板书设计

章后练习

1. 统编本小学语文教材中文言文的课后习题呈现怎样的特点，对教学有何启示？

2. 在小学文言文教学中，如何设计朗读环节并落实朗读要求？

3. 在《司马光》一课中，如何设计情境任务，以此帮助学生理解文言文？

4. 选择《王戎不取道旁李》(四年级上册)，进行文本教学解读及学习活动设计。

延伸阅读

1. 王荣生，童志斌：《文言文阅读教学设计》，载《语文教学通讯》，2012(29)。

2. 顾振彪：《文言文教学的问题与对策》，载《课程・教材・教法》，2016，36(05)。

3. 欧阳汝林：《小古文教学中语文要素的落实》，载《教学与管理》，2020(08)。

4. 何捷《守株待兔》(三年级下册)教学实录。

5. 于永正《杨氏之子》(五年级下册)教学实录。

6. 王崧舟《两小儿辩日》(六年级下册)教学实录。

第三章

儿童诗歌教学分析
与学习活动设计

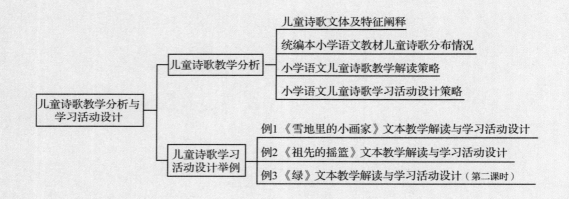

儿童诗歌教学分析与学习活动设计

儿童诗歌教学分析
　　儿童诗歌文体及特征阐释
　　统编本小学语文教材儿童诗歌分布情况
　　小学语文儿童诗歌教学解读策略
　　小学语文儿童诗歌学习活动设计策略

儿童诗歌学习活动设计举例
　　例1《雪地里的小画家》文本教学解读与学习活动设计
　　例2《祖先的摇篮》文本教学解读与学习活动设计
　　例3《绿》文本教学解读与学习活动设计（第二课时）

章前导语

　　儿童诗歌不仅具有诗的外在形式和内在节奏，而且以优美简洁的语言表现儿童生活与情感，具有独特的价值。统编本小学语文教材共选入 78 篇儿童诗歌，分为儿歌和儿童诗两种基本类型。小学语文儿童诗歌教学解读可以从表达艺术和主题意蕴两大方面着手，前者包含体会音韵美的表达、观照构型美的价值、抓取新鲜感的词句；后者包括明确主题、把握基调，挖掘伏笔、补足留白，超越文本、升华内涵。儿童诗歌学习活动可以从以下三个维度来设计：丰富多重诵读体验，感受诗韵；架构自由想象空间，渐入诗境；渗透文本价值取向，涵泳诗情，从而让学生成长为具有诗情诗性的"小诗人"。

第一节
儿童诗歌教学分析

一、儿童诗歌文体及特征阐释

　　诗歌，是用高度凝练的语言，生动形象地表达作者的丰富情感，集中反映社会生活并具有一定节奏和韵律的文学体裁，它与小说、散文、戏剧并称"四大文学体裁"。小学语文教材中的诗歌涉及古诗和现代诗歌两类，其中的现代诗歌，由于其读者对象是小学生，适合小学生听赏、吟诵、阅读，符合儿童的心理和审美特点，因而基本可以纳入儿童诗歌的范畴。

　　儿童诗歌是诗歌的一个分支，是具有诗的外在形式和内在节奏，以优美简洁的语言表现儿童生活，抒写儿童情感的充满童趣、洋溢真情、张扬童心的儿童文学体裁。由于受到特定读者对象的年龄与审美心理的制约，其所反映的生活内容、所进行的艺术构思、所展开的联想和想象、所运用的文学语言等，都必须符合儿童的年龄特征，必须是儿童所喜闻乐见的。儿童诗歌在涵养儿童良好的道德品质、思想情操，激发儿童的想象力，提高思维能力等方面，尤其是在培养儿童健康的审美意识和艺术鉴赏力上，发挥着自身独特的价值与作用。

　　儿童诗歌又可分为儿歌与儿童诗两种基本类型。

　　儿歌是采用韵语形式、适合低幼孩子聆听吟唱的简短的"歌谣体"诗歌。在我国古代，儿歌通常被称作"童谣"，某些文献所载的"婴儿谣""小儿语""儿童谣""孺子歌"等，也都属于儿歌的范畴。它们最初是在民间口头流传的歌谣，后来，这些歌谣被人们收集整理，才有了文字的记载。儿歌的欣赏者是低幼儿童，流传方式是以口耳相传为主，是活在孩子口头上的文学。作为一种独立的儿童文学体裁，儿歌在其自身发展的过程中，形成了固有的特征，主要表现为：第一，形式短小、单一，内容易懂、易记；第二，重视音韵节奏，具有音乐美；第三，歌戏互补，富于情趣。就其艺术形式而言，统编本小学语文教材中的儿歌大致可以分为以下几类：一是数数歌，如二年级上册《拍手歌》；二是绕口令，如一年级下册《妞妞赶牛》；三是问答歌，如一年级上册《比尾巴》；四是谜语歌，如一年级下册《猜字谜》；五是连锁调，如一年级下册《孙悟空打妖怪》；六是节序歌，如二年级上册《田家四季歌》；七是物象歌，如一年级上册《小书包》。

儿童诗是为儿童创作的，切合儿童的心理特点，适合他们阅读、吟诵，为他们所理解、欣赏、喜爱的诗歌。儿童诗表现儿童的情感、性灵和体验，是以儿童为本位的、体现儿童心理与意识的诗。儿童诗所透出的儿童活泼的天性、不受束缚的幻想及其成长过程中的各种情绪，与成人诗歌复杂、深沉、隐藏、朦胧的特点有着明显的区别。它于清浅之中寄寓遥深，于朴拙之中蕴藏睿智和机趣，无怪乎中国台湾地区儿童诗人林良曾把儿童诗称为"浅语的艺术"。儿童诗的内容涵盖广泛，统编本小学语文教材中选入的儿童诗大致可以分为以下几类：一是生活诗，如一年级下册《怎么都快乐》；二是童话诗，如一年级上册《雪地里的小画家》；三是散文诗，如二年级下册《祖先的摇篮》；四是科学诗，如二年级上册《植物妈妈有办法》；五是寓言诗，如三年级下册《池子与河流》。

儿歌与儿童诗兼具诗歌的特质，而又有各自的特征。从表现形式来看，儿歌是"歌"，而儿童诗是"诗"；儿歌主要用于念唱，儿童诗主要用于吟诵。从接受对象来看，儿歌以低幼儿童为主要读者对象，在小学教材中，也主要出现在低学段；儿童诗则以中、高学段学生为主要接受对象。从内容表现来看，儿歌一般直白、浅显，而儿童诗则更为含蓄、复杂。

二、统编本小学语文教材儿童诗歌分布情况

总体而论，儿童诗歌（包括现代诗、蒙学经典）在统编本小学语文教材中总共选入77篇，主要集中在低、中学段，各册教材选入篇数见表3-1。一年级儿童诗歌篇目占比较大，二年级较一年级有大幅度减少。随着学段的升高，儿童诗歌的总量逐渐减少。

表 3-1　统编本小学语文教材儿童诗歌分布情况一览表

	一年级	二年级	三年级	四年级	五年级	六年级
上册	29	8	2	3	0	2
下册	16	9	2	6	0	0
总计	45	17	4	9	0	2

　　具体来看，如表 3-2 所示，学生从一年级一入学就开始学习儿歌。在两个拼音单元中，每课都配有一首儿歌或儿童诗。二年级上册有一整个识字单元都是以儿歌形式呈现的。同时，低学段教材中的语文园地、快乐读书吧等板块，也引导或鼓励学生开展儿童诗歌阅读。随着学生认知水平的提升和思维方式的不断发展，教材中儿歌数量逐渐减少，儿童诗与现代诗数量逐渐增多。四年级下册第三单元是"现代诗"单元，整个单元编排了四篇中外现代诗歌课文（含诗歌作品 6 首），单元导语为："诗歌，让我们用美丽的眼睛看世界。"语文要素为："初步了解现代诗的一些特点，体会诗歌的情感；根据需要收集资料，初步学习整理资料的方法；合作编小诗集，举办诗歌朗诵会。"本单元安排的综合性学习主题是《轻叩诗歌大门》，依托现代诗歌展开，从启动阶段的收集诗歌，到推进阶段的试写诗歌，再到展示阶段的成果发布，引导学生进一步把握诗歌特点与内涵。

表 3-2　统编本小学语文教材儿童诗歌统计表

教材	位置	体裁	篇名
一年级上册	我上学了	儿歌	《上学歌》
	第一单元	儿歌	《金木水火土》
		儿歌	《对韵歌》
	语文园地一	儿歌	《小兔子乖乖》
	第二单元	儿歌	《轻轻跳》
		儿歌	《说话》
		儿歌	《在一起》
		儿歌	《过桥》
		儿歌	《绕口令》
	语文园地二	儿歌	《剪窗花》
	第三单元	儿歌	《小白兔》
		儿歌	《欢迎台湾小朋友》
		儿歌	《月儿弯弯》
		儿童诗	《家》
		儿歌	《两只羊》

续表

教材	位置	体裁	篇名
一年级上册	第四单元	儿童诗	《小小的船》
		儿童诗	《四季》
	第五单元	儿歌	《大小多少》
		儿歌	《小书包》
		儿歌	《日月明》
		儿歌	《升国旗》
	第六单元	儿歌	《影子》
		儿歌	《比尾巴》
		儿童诗	《青蛙写诗》
	语文园地六	儿歌	《前后左右 东南西北》
		儿歌	《谁会飞》
	第七单元	儿童诗	《明天要远足》
	第八单元	儿歌	《雪地里的小画家》
	语文园地八	儿歌	《春节童谣》
一年级下册	第一单元	儿歌	《姓氏歌》
		儿歌	《小青蛙》
		儿歌	《猜字谜》
	语文园地一	儿童诗	《祖国多么广大》
		儿童诗	《谁和谁好》
	快乐读书吧	儿歌	《摇摇船》
		儿歌	《小刺猬理发》
	第三单元	儿童诗	《怎么都快乐》
	第四单元	儿童诗	《夜色》
	语文园地四	儿歌	《妞妞赶牛》
	第五单元	儿歌	《动物儿歌》
		儿歌	《古对今》
		儿歌	《操场上》
		蒙学经典	《人之初》
	第六单元	儿童诗	《荷叶圆圆》
	语文园地七	儿歌	《孙悟空打妖怪》

续表

教材	位置	体裁	篇名
二年级上册	第一单元	儿童诗	《植物妈妈有办法》
	第二单元	儿歌	《场景歌》
		儿歌	《树之歌》
		儿歌	《拍手歌》
		儿歌	《田家四季歌》
	语文园地二	儿歌	《十二月花名歌》
	语文园地七	儿歌	《数九歌》
		儿歌	《分不清是鸭还是霞》
二年级下册	第二单元	儿童诗	《雷锋叔叔，你在哪里》
	语文园地二	儿童诗	《一株紫丁香》
	第三单元	儿歌	《神州谣》
		儿歌	《传统节日》
	第四单元	儿童诗	《彩色的梦》
	语文园地五	蒙学经典	《弟子规》
	第六单元	儿童诗	《要是你在野外迷了路》
	语文园地七	儿歌	《二十四节气歌》
	第八单元	儿童诗	《祖先的摇篮》
三年级上册	第一单元	散文诗	《花的学校》
	第二单元	儿童诗*	《听听，秋的声音》
三年级下册	第二单元	儿童诗	《池子与河流》
	第六单元	儿童诗	《童年的水墨画》
四年级上册	第一单元	现代诗*	《现代诗二首》
	第七单元	现代诗	《延安，我把你追寻》
四年级下册	第三单元	现代诗	《短诗三首》
		现代诗	《绿》
		现代诗	《白桦》
		现代诗*	《在晴天了的时候》
六年级上册	第六单元	现代诗*	《三黑和土地》
	第八单元	现代诗*	《有的人——纪念鲁迅有感》

三、小学语文儿童诗歌教学解读策略

（一）表达艺术解读

诗歌是语言的艺术。在对儿童诗歌进行表达艺术解读时，可以从以下三个方面着手：

一是体会音韵美的表达。诗句语音的强弱、长短的变化以及押韵、停顿等都是构成诗歌音韵节奏的重要因素。儿歌较之儿童诗更强调音乐性和节奏感，例如，一年级下册《动物儿歌》"蚂蚁合作运食粮"句，改常用词"粮食"为"食粮"，使得全诗韵尾相似，读起来节奏明快，朗朗上口。诗歌句式灵活多变，押韵形式多样。句句押韵，流畅顺滑；隔句押韵，落音有致；中途换韵，灵动和谐；一节一韵，韵随情生。现代诗歌更为自由，虽不刻意追求韵脚和字数、行数等，但运用有规律的排比等手法营造一种变化中的统一。解读时要重在体会诗歌语言的音乐美和韵律感。

二是观照构型美的价值。分行分节排列是诗歌区别于其他文本的最基本的外在特征。长短句有规律的组合体现着外形结构上的匀齐之美、参差之美，同时承载着使前后紧密联系、诗歌脉络互相贯通的功能。如，三年级上册略读课文《听听，秋的声音》中，第一至第五小节分述，最后一小节总结全诗；二年级下册《要是你在野外迷了路》中，第六小节不仅与第一小节前后照应，而且揭示主题，激发学生探究大自然奥秘的兴趣。解读时不可忽略诗歌长短交替、错落有致、丰富多变的句段构型的功能价值。

三是抓取富有新鲜感的词句。诗歌语言凝练集中、想象奇特，把抽象事物形象化、生活化，充满童趣。例如，一年级上册《影子》中，"影子常常跟着我，就像一条小黑狗"，把影子当作可爱的小宠物来写，鲜活生动；二年级上册《树之歌》中，"松柏四季披绿装"，文白相间的类古文语句精练质朴、生动形象；二年级上册《田家四季歌》中，"早起勤耕作，归来戴月光"，充满奇特想象，生趣盎然；三年级上册《花的学校》中，"在地下的学校里上学"，构思新奇，贴合学生的思维与生活。教师应敏锐抓取可能令学生产生新鲜感的词句，引导其感受诗歌语言表达的多样性，激发学生的阅读兴趣，丰富学生的语言积累。

（二）主题意蕴解读

1. 明确主题，把握基调

统编本小学语文教材中的儿童诗歌数量充足，分布合理，内容全面，浸润着优秀的中华文化，凸显着独特的美学追求。有经典名家名篇，如叶圣陶的《小小的船》、任溶溶的《怎么都快乐》、泰戈尔的《花的学校》等；有体现民俗文化的，如《春节童谣》《传统节日《剪窗花》等；有规范行为习惯的，如《口耳目》《小书包》《弟子规》等；有着重语言训练的，如《绕口令》《大还是小》《场景歌》等；有表现和谐自然的，如《树之歌》《动物儿歌》《数九歌》等；有颂扬精神品质的，如《雷锋叔叔，你在哪里》《神州谣》等。这些儿童诗歌主题千差万别，但都高度凝练地表现了儿童生活及其内心世界，且有利于小学语文教学中德育、智育、美育的实现。儿童诗歌能通过简洁明了、节奏明快的语言向儿童传达良好的道德规范和行为习惯，比如社交礼仪、文明语言等，培养儿童尊敬父母、团结互助、诚实善良、和善宽容等个性品质。[1] 解读诗歌时，必须站在儿童立场，明确主基调，把握诗歌的内容意蕴与形式特点。

2. 挖掘伏笔，补足留白

儿童诗歌语言生动凝练，想象丰富奇特，若能在思想延伸时留给学生想象和再创造的空间，则会令作品意蕴更显深远。进行文本解读时，应以慧眼挖掘留白伏笔，引导学生补白想象，走进富有创造性的对话空间，从而获得独特而深刻的阅读及审美体验。显性留白手法明显。以教学一年级下册《夜色》为例，可根据"可我一看窗外心就乱跳……"中的省略号设计问题：我会看到什么？听到什么？想到什么？引导学生根据诗歌内容做出简单推断，发挥联想填补空白，进行语言表达训练。隐性留白则含蓄地向读者提供可解读、可伸缩的思维空间。以一年级上册《四季》为例，全诗选取草芽、荷叶、谷穗、雪人这四个具有代表性的意象表达了对四季的喜爱与赞美。春季生机勃勃，夏季热闹非凡，秋季硕果累累，冬季银装素裹。教师可以充分挖掘留白空间，联系生活经验，抓住四季特征，引发学生的观察与思考，在此基础上仿照诗歌格式说一说："（　）（　），他对（　）说：我是（　）天。"引导学生感受四季流转之美。以留白作为教学的突破口，可以促进学生思维的提升，达到言有尽而意无穷、含不尽之意于言外的艺术效果。

3. 超越文本，升华内涵

超越文本的本质是对诗歌文本意义进行创造性的建构与敞开式的延展，以不断完善学生的知识结构，丰富阅读体验，进一步开拓自主感悟的新空间，推进思维品质和语文素养的提升。以教学二年级上册《田家四季歌》第四小节为例，学生在教师引导下以"农家人的幸福是奋斗出来的"为发散点进行超越文本的创造性研讨。结合前文田家人春季采桑养蚕、缫丝制衣，联想他们亲手种了棉花填充在新衣服里，难怪"新制棉衣暖又轻"；春天种下麦苗，除虫施肥，收获了麦子磨成粉就能和面做饺子；继续发散联想田家人种植蔬果、畜牧养殖，丰衣足食，所以"大家笑盈盈"。当学生畅想着农家人用勤劳的双手创造出幸福美好的生活时，心中早已对田家人的四季生活充满了向往。联系前后文，抓住因果关联，突破思维局限，学生联想与发散的思维之链已把流转的

---

[1]　王华杰：《儿童文学论》，32 页，湘潭，湘潭大学出版社，2009。

四季串联起来，春的生机勃勃、夏的忙碌艰辛、秋的身累心喜、冬的喜悦期盼，都在语言文字的流淌和思维的积极发散中得到升华，成就了一曲精彩的"田家四季歌"。超越文本的建构不是直线形思维的递进式问答，而是思维点的网状辐射与发散，由点到面，由此及彼，由表及里，突破时间和对象固有形态的限制，自由扩展到其他事物，实现文本意义与内涵的升华。

四、小学语文儿童诗歌学习活动设计策略

《义务教育语文课程标准（2022 年版）》关于"阅读与鉴赏"，第一学段要求："诵读儿歌、儿童诗和浅近的古诗，展开想象，获得初步的情感体验，感受语言的优美。"第二学段要求："诵读优秀诗文，注意在诵读过程中体验情感，展开想象，领悟诗文大意。"第三学段要求："阅读诗歌，大体把握诗意，想象诗歌描述的情境，体会作品的情感。"对照课标，儿童诗歌学习活动可以从以下三个维度进行设计。

（一）丰富多重诵读体验，感受诗韵

朗读是学生学习诗歌最有效的方法之一，朗读指导应贯穿于诗歌教学的全过程。初读环节，朗读教学的目标是读准字音，正确停顿。教师可以通过范读或借助朗读音频等，激发学生的朗读兴趣。在组织学生自由朗读之后，可开展个别赛读、生生接读、同桌互读、小组齐读、配乐诵读等多种形式的朗读展示，并在学生互相评价、教师相机提示的过程中关注变音、分行、停顿等。例如，"啊"字的变音是学生朗读的易错点，需要联系语境进行变音。在二年级下册《祖先的摇篮》第一小节"这是多大的摇篮啊"句中，"啊"变音时，要将前一个字"篮"韵母中的最后一个字母"n"变为声母，与"a"相拼，读成"na"；四年级下册《短诗三首》中，"大海啊"句中的"啊"变音成"ya"。再如，教学一年级下册《动物儿歌》，"蜻蜓/半空/展翅飞，蝴蝶/花间/捉迷藏"，句子停顿与节奏的朗读指导可帮助学生理解"谁/在哪里/干什么"的逻辑关系，并在反复朗读的基础上，引导学生整体感知诗歌韵律与内涵。精读环节，朗读的目标是结合意象，体会情感，读出韵味。例如，教学二年级下册《彩色的梦》时，基于第二小节中"草坪、野花、天空"意象，结合整齐的排比句式，应读出明快跳跃之感，并向破折号所传达的强调与延长转变，表达对"蓝天"的赞美；第四小节，结合想象中无限的"彩色梦境"意象，适当延长并减弱"流动"一词的读音，并向省略号所传达的轻柔缱绻、永不停息的意味转变。意象与情感相融通，通过联想、表演等方式赏读，形成"结合意象明诗意——明晰诗意悟诗情——领悟诗情解意象"的环形思路。

(二)架构自由想象空间，渐入诗境

统编教材中富有童心童趣的儿童诗歌将现实和奇妙的想象不着痕迹地融合在一起，贴近儿童的情感世界和想象世界。小学阶段特别是低中学段的学生，认知和思维都处于形象思维向抽象思维过渡的半逻辑状态，因此在教学中需要联系生活丰富感觉表象，架构自由想象的空间，在尊重儿童个性解读的基础上，搭建思维阶梯，将学生引入形象直观、具象可感的诗歌情境中，将阅读期待转化为情感和思维发展的推动力。创设外部诗境，能使学生触景生情、有感而发。例如，教学一年级下册《雪地里的小画家》时，营造冰天雪地、大雪纷飞的冬日氛围，图文对照，音形兼顾，引导学生体会诗中画面的动静交替，体会小动物们雪地作画的愉悦之情。建构内部诗境，能使学生与诗歌意象产生共鸣，获得深度的情感体验。例如，教学一年级下册《荷叶圆圆》时，通过角色代入，演绎"展开、蹲、游来游去、捧起"等动作，体会小水珠和小动物们的快乐心情。结合文本，充分调动多种感官，设计游戏化、趣味性的言语实践活动，实现文字与表象互转，并引导学生将此类学习方法举一反三地迁移运用于今后的诗歌赏读与表达实践中。

(三)渗透文本价值取向，涵泳诗情

统编教材中的儿童诗歌流淌着儿童生活特有的趣味和情调，彰显着外在言语智慧与内在价值取向的互融互渗。在组织教学时，需要引导学生在积累运用及内化感悟的过程中与诗歌共情，涵泳诗歌的语言美、意境美、情感美。《姓氏歌》《人之初》等能激起学生探索中华优秀传统文化的兴趣；《祖国多么广大》《神州谣》等可激发学生爱国之情与民族自信；《怎么都快乐》等宣扬积极乐观的生活态度；《小青蛙》《拍手歌》等渗透保护动物的意识；《要是你在野外迷了路》《植物妈妈有办法》等培养学生敬畏自然、追求科学的情操。"情动于中而形于言"，在渗透文本价值取向的同时，当教师为学生打开创编大门时，学生就能将涵泳诗情时的真实情感、美好情愫宣泄出来。儿童是天生的创作家，想象力丰富，可塑性强，且模仿学习在小学生语言习得中仍发挥着不可低估的作用。因此，在教学中，教师需要引导学生结合阅读感悟或日常体验充分想象和创造，从说到写进行创编。灵动的儿童智慧与稚拙的童真言语，是学生对课文内涵深度理解的集中体现，是创新性、综合性思维的延伸与发展，更是对生活与艺术的凝练与升华。

第二节
儿童诗歌学习活动设计举例

为兼顾儿童诗歌在题材、类型、学段等方面的多样性，本节选取一年级上册的科普儿歌《雪地里的小画家》、二年级下册的散文诗《祖先的摇篮》以及四年级下册的现代诗《绿》来进行儿童诗歌文本教学解读与学习活动设计。

例1 《雪地里的小画家》文本教学解读与学习活动设计

一、文本教学解读

《雪地里的小画家》是统编本小学语文教材一年级上册第八单元的一首科普儿歌。全诗生动活泼，浅显易懂，既充满了儿童情趣，又蕴含着科学知识。在文本解读与教学过程中，有两个问题值得特别关注。

(一)关注文本表达，推进以读促悟

正确朗读课文是本课的教学重点之一。教师应关注诗歌文本表达与其他文本的不同之处，着力针对朗读进行指导，以读促学，以读促悟。可围绕以下三个方面开展朗读指导：

一是押韵。押韵是诗歌的基本特征之一。这首诗歌句尾"啦""家""花"等字以"a"作为韵尾，节奏鲜明和谐，读来朗朗上口，便于学生在富有美感的韵律中识记诗歌内容。在指导朗读时，教师应引导学生不读破句、不唱读，感受诗歌的音韵和谐之美。

二是感叹。首句中，"下雪啦"重复出现，营造了大雪纷飞的冬日景象，小动物们的兴奋与喜悦之情溢于言表。在指导朗读时，应引导学生关注感叹号，读出语气的强弱变化，并触发合理想象，入情入境地表达出喜悦兴奋之情。

三是疑问。诗歌末两句自问自答，语调变化突出。设问的形式不仅巧妙地融入了青蛙冬眠的科学知识，而且开启了广阔的想象空间。在指导如何读好问句时，可引导学生关注标点符号，通过强调"为什么"、尾字"加"语调上扬等，读好疑问语气，感受诗歌情趣。

低学段学生善于模仿、乐于表达，教师应尽量避免朗读技巧的抽象指导，利用范读、引读、赛读、对读等多种形式，引导学生进行情境朗读、表演朗读，在熟读的基

础上进行拍手合作朗读，并尝试背诵。学生在欢快的音韵中感受诗歌的节奏律动和语气变化，体会小动物们雪地作画的快乐与自由。

(二)确立核心内容，习得关键能力

本单元围绕"观察"这个主题编排了《雪地里的小画家》《乌鸦喝水》《小蜗牛》三篇课文。这些课文都以动物为主人公，充满了童真和童趣，能激发学生的阅读兴趣。通过学习本单元课文，学生可以体会到，只要留心观察，生活中处处都有学问。本单元的教学重点是初步培养学生寻找明显信息的能力，引导学生借助圈一圈、画一画的方法，从课文中提取相关信息，再和大家交流。本单元的另一个教学重点是借助图画阅读课文。教师应利用好插图引导学生提问，并借助图画理解课文内容。结合课后习题"雪地里来了哪些小画家？他们画了什么？"两个问题，确立本课的核心学习内容：引导学生圈出小画家的名字，画出小画家画的图案，并能图文对照地说一说。

诗歌第二、第三、第四句采用拟人手法，运用形象的比喻，准确而生动地描绘了小鸡、小狗、小鸭、小马四种小动物的足迹印在雪地上的不同形状，"小画家"雪地作画的场景跃然纸上。习得关键能力必须以具体的言语实践活动为支撑。低学段学生正处于以直观形象思维为主的阶段，情境化的言语实践活动更能增强学生的参与意愿，改变传统"讲课文"效率低、学生学习被动的状态，使每一个学生都全身心地投入其中，耳听之，目观之，口念之，心思之，体验之。同时，言语实践活动强调学习工具的辅助运用，如思维导图、表格、学习单等，使方法看得见、思维有载体、学习过程有记录。依照这样的理念，在核心内容的学习环节可以设置三步骤：( )的图案是( )画的，因为( )——我来贴一贴——请大家跟我读。鼓励学生人人做"小老师"，公开发布学习成果。言语实践活动可以说是"具身"参与式的学习，而不是仅仅"发生在脖子以上"的静坐听记式的学习。在言语实践活动中，知识与生活、儿童与学习是紧密连接起来的，此时言语实践活动必能让儿童乐在其中。

二、学习活动设计

【学习目标】

1. 认识"群""竹"等 10 个生字，读准多音字"着"的读音；会写"马""竹""几"3 个生字和"横折钩"1 个笔画。

2. 结合插图，知道小动物脚印的不同形状，了解青蛙冬眠的特点。

3. 正确、流利地朗读课文，背诵课文。体会"小画家"雪地作画的快乐之情，感受儿童诗歌简洁明快、朗朗上口的形式之美。

【学习过程】

板块一：情境导入

1. 猜谜："像盐不咸，像糖不甜，北风吹来把花开，飘呀飘呀满地白。"

2. 互动：(出示动画)瞧！下大雪了，你会在雪地里干什么呢？

过渡：下雪啦，可真让人高兴！快把这个好消息告诉小伙伴吧！

3. 引读：(出示第一句)"下雪啦，下雪啦！"

点拨：关注标点符号，指导读出激动与兴奋。

4. 揭题：一群小画家兴高采烈地来到雪地上。今天，我们就一起来学习一篇有趣的课文(板书课题)。齐读课题。

5. 质疑：什么是画家？

点拨：专门从事绘画工作而且水平很高的人称作"画家"。

6. 拓展：你还知道"什么家"？

预设：科学家、音乐家、舞蹈家、作家、摄影家……

【设计意图】课堂导入是一节课的开端，重在吸引学生的注意力，调动学生的学习兴趣，激发学生的学习动机，为课堂教学奠定基础。由学生喜欢的猜谜引出雪花，借助多媒体营造冬日雪景氛围，把学生带入大雪纷飞的冰雪世界，让学生仿佛身临其境，想到雪地里去打雪仗、堆雪人、滑雪……顺势引出诗歌首句"下雪啦，下雪啦！"，指导学生读出喜悦、激动、兴奋的感情。创设情境与生活链接，轻松快乐的氛围引起学生情感的共鸣，激发了学生学习的兴趣。揭题后再来理解课题中的"画家"，拓展生活中的"家"：科学家、文学家、作家、艺术家……再读诗题，让学生对"小画家"建立初步的印象，感受这些小动物被称为"小画家"所体现的作者对他们的喜爱。

板块二：初读感知

1. 初读

雪地里来了哪些小画家，画了些什么？自读课文，出示自读要求。

2. 检查

活动1：同桌学生抽读生字卡片。

活动2：教师抽读生字卡片。

活动3：教师指名领读词语，相机正音。

第一组：竹叶 月牙 梅花 枫叶

第二组：不用 几步 参加 睡着

3. 再读

词语都读正确了。把它们送进课文里读一读。同桌互读课文。

板块三：精读品味

环节一：圈画人物

问题：雪地里来了哪些小画家？请小朋友们用"○"圈出他们的名字。

1. 引出人物：(出示词卡)谁来叫出小画家们的名字？指名读、齐读。(板贴词卡)

2. 连词成句

连词成句：连起来，谁会说？

①雪地里的小画家有＿＿＿＿、＿＿＿＿、＿＿＿＿、＿＿＿＿。

点拨：把最后一个顿号改成"和"，谁会连起来说？

②雪地里的小画家有＿＿＿＿、＿＿＿＿、＿＿＿＿和＿＿＿＿。

3. 随文识字

随文识字：马。

引导：听见我们小朋友都在叫他的名字，一个很古老、很古老的字跑出来了，他是小画家中的谁呢？你怎么猜到的？(哪里像？)

梳理：古人造字就是这样，先是照着样子画下来，后来就慢慢演变成了现在的"马"字(见图 3-1)。

图 3-1　"马"字的演变

马头就是——横折，马身就是——竖折折钩，马腿就是——横。(师范写，生书空)

环节二：对应"脚印"

提问：小画家们分别画了什么？请小朋友们用"＿"画出来。(板贴词卡)

齐读：＿＿＿＿画＿＿＿＿。

1. 引导

快来看看小画家们的作品吧！它们分别是谁的作品呢？说说理由。

学生分三步分享阅读成果，并用规范的语言表达：

①这是(　)画的，因为……所以……

预设 1：这是小鸡画的。因为小鸡的脚趾细细的，像竹叶一样，所以"小鸡画竹叶"。

预设 2：这是小狗画的。因为小狗的脚掌上有肉垫，脚印像梅花，所以"小狗画梅花"。

预设 3：这是小鸭画的。因为小鸭的脚扁扁的，脚趾间有蹼，脚印像枫叶，所以"小鸭画枫叶"。

预设 4：这是小马画的。因为小马的脚掌上有蹄铁，弯弯的，脚印像月牙，所以

"小马画月牙"。

　　②我来贴一贴。（点名生将动物脚掌图案与雪地脚印图案联系起来贴在黑板上）

　　③请大家跟我读。（某生领读）

　　2. 引读

　　引读："小鸡画竹叶，小狗画梅花，小鸭画枫叶，小马画月牙。"

　　3. 背诵

　　背诵：你肯定记住他们分别画的是什么了！谁能看着板贴说一说？（指名背诵、齐背）

　　4. 质疑：小画家们的作品为什么不一样呢？

　　预设：因为他们脚掌的形状不一样。

　　点拨：原来小画家们的画就是他们在雪地里留下的脚印呀！

　　5. 畅想：（出示脚印图片，见图 3-2）瞧，长颈鹿、大白鹅、小花猪、小猫咪也被吸引来了。

图 3-2　脚印图片

　　他们画了什么？谁来做小诗人说一说？（指名交流：＿＿＿＿画＿＿＿＿）

　　预设：白鹅画——帆船（铁锚）　　长颈鹿画——瓢虫（脑袋）

　　小猪画——钳子（牙齿）　　小猫画——梅花

　　还有谁也来到了雪地里？画了什么？（指名交流：＿＿＿＿画＿＿＿＿）

　　6. 引读

　　"不用颜料不用笔，几步就成一幅画。"教师指导朗读，读出夸赞的语气。

　　【设计意图】在言语实践活动的设计与组织上，要充分考虑学情特点，活泼有趣的活动对学生更具吸引力。用"找一找""贴一贴"的方式代替对四种小动物的逐个分析讲解，突破图案与脚印形状相关联的理解难点，鼓励学生自由地思考、充分地想象、尽情地言说。围绕"还有哪些动物也会来雪地里画画""还有哪些动物也要冬眠"等问题，教师通常会进行仿说环节的设计。若把这个环节放在学完全文、落实背诵之后进行通篇仿说，是有一定难度的，且与前面核心学习内容"谁的脚印像什么、谁在雪地里画什么"割裂开了。把畅想仿说环节安排在核心学习内容（不同的小动物对应不同的图案）之后，立马进行拓展延伸与仿说练习，更顺应学生思维，内容也会更显集中，避免拓展泛化。

环节三：我是科学小达人

提问：雪地里这么热闹，谁没来呢？

1. 谁来问一问？出示：青蛙为什么没参加？

指导朗读：强调"为什么"；"加"字语调稍稍上扬。

2. 青蛙为什么没有来呢？

出示：他在洞里睡着啦。（指名读）

3. 问答句互动。（师问，生答；一学生问，全班答；男生问，女生答）

4. 青蛙为什么大白天"在洞里睡着啦"？

学生交流有关动物冬眠的知识，教师相机补充。（播放科学老师介绍冬眠知识的视频）

5. 小动物们要睡到什么时候呢？

小结：小动物们要睡一整个冬天，所以叫——冬眠。

6. 还有哪些动物要冬眠呢？

环节四：熟读成诵

师生合作，拍手诵读诗歌。出示填空形式诗歌，尝试背诵。（配乐）

_____，_____！

雪地里_____。

小鸡画_____，_____画_____，

_____画_____，_____画_____。

不用_____不用_____，

_____就成_____。

青蛙_____？

他_____。

板块四：识写生字

1. 识记"竹"

引导观察："两片竹叶"哪里不一样？（师范写，生书空）

口诀：一撇一横加一竖，就像一片小竹叶，左边低来右边高，最后竖钩要注意。

2. 识记"几"

认识新笔画"横折弯钩"。（师范写，生书空；齐读）

口诀：横稍稍往上倾斜，折竖直，弯圆，底平，勾往上。

3. 生描红、书写

提醒书写姿势：写字垫垫板，一拳一尺又一寸。头正、肩平、背直、足安。

4. 反馈评价

位置正确★   书写美观★★   干净整洁★★★

板块五：拓展延伸

1. 推荐阅读《海底小画家》。

小小乌贼娃，　　　颜料随身带，

海底小画家。　　　涂出幅幅画。

天天出门游，　　　什么画？

喜欢学画画。　　　你看看，一幅一幅水墨画。

2. 课后，请小朋友们去找一找大自然中的小画家，了解他们的作品是怎样的，相信你们一定会有更多惊奇的发现！

【设计意图】推荐阅读《海底小画家》，并开展以"观察"为主题的项目化阅读实践。学生通过拓展阅读、资料搜集等去发现大自然中的"小画家"，用画笔描绘"小画家"的特点和"作品"。绘画作品完成后，班级进行"小画家介绍会"，学生通过展示绘画作品与大家分享自己喜爱的"小画家"。选取低年段学生喜爱的活动方式，不仅能激发学生阅读和交流的兴趣，提升学生的语言表达能力和实践运用能力，而且能让学生体会到"观察"的重要性，引导学生留心观察、爱上观察。

【板书设计】(见图 3-3)

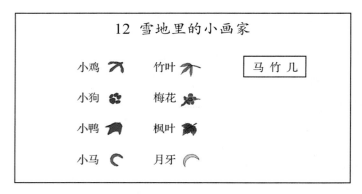

图 3-3　板书设计

例 2　《祖先的摇篮》文本教学解读与学习活动设计

一、文本教学解读

《祖先的摇篮》是统编本小学语文教材二年级下册第八单元的一首儿童诗。本诗以儿童的视角推想祖先在原始森林里质朴、自由的生活场景，把读者的思绪引向遥远而神秘的远古时代。课文配有渲染原始森林郁郁葱葱、生机盎然景象的插图，为学生提供了无限想象的空间。诗歌语言凝练优美，又不失童真童趣，读来令人回味。

(一)观照单元整体，明确学习重点

本单元围绕"世界之初"这一主题编排了三篇课文，想象丰富，富有童趣，极易调动学生的阅读兴趣。在统编本小学语文教材中，自三年级开始，每一单元的开篇导语就作为整个单元的人文主题，与本单元的语文要素息息相关。一二年级虽没有明确的单元页及单元导语，但根据课后习题能归纳总结出学习重点。本课课后练习要求学生想象在祖先的摇篮里，人们还会做什么，并仿照课文说一说。观照单元整体，可以确定本单元的教学重点是"根据课文内容展开想象"，是基于本册第二单元"读句子，想画面"训练的发展和提升。因此，在教学中，要充分利用文本中蕴含的想象素材，拓宽学生的想象空间，激发学生的创新思维，提升学生的表达能力。

(二)关注文本特点，体会表达艺术

诗歌共有四小节，"综述—想象—总结"的结构清晰明朗。第一小节描绘了一个天真的孩子在听爷爷讲故事的情境。由爷爷的话引出"那原始森林是我们祖先的摇篮"，点明诗歌题目，把"原始森林"比喻成"摇篮"，生动形象地表现了祖先曾在这个"摇篮"里度过了一段漫长的岁月，同时描写了森林广阔无边、绿荫蔽日的特点。第二、第三小节以儿童视角具体想象祖先在原始森林里摘野果、掏鹊蛋、逗小松鼠、采野蔷薇、捉红蜻蜓、逮绿蝈蝈等丰富多彩的生活场景，勾勒出人与自然和谐相处的画面。第四小节与第一小节首尾呼应，强调辽阔丰茂的原始森林是祖先赖以生存的摇篮，抒发了对大自然真挚而热烈的情感。

这首儿童诗语言生动活泼，充满童趣，生动地描绘出想象中祖先生活的场景，极具画面感。四个疑问句尽显儿童天真好奇和富于想象的个性；三个感叹句表达了儿童发自内心的赞叹与感慨。"摘""掏""逗""采""捉""逮"等词语的运用，准确形象地表现出儿童的天真淘气，也为学生的精准表达提供了范例。

(三)关联生活场景，畅想远古秘境

第二小节中，作者想象我们的祖先在大树上摘野果、掏鹊蛋，在草地上和野兔赛跑、看蘑菇打伞。原始森林物产丰富，为祖先们的生存提供了必不可少的食物，是提供"乳汁"、哺育生命的"摇篮"。不难看出，远古人类靠采摘野果、掏食鹊蛋果腹，靠追捕野兔、采摘蘑菇充饥。在启发学生想象仿说时，教师可以引导学生先想一想祖先为生存所需，会在哪些地方做什么。比如，口渴了，祖先会怎么做？于是畅想"在小溪边捧水喝、捕鱼虾"；生病了，怎么办？于是畅想"在树上掏鸟蛋、采草药"……从而让学生在创设的生活场景中大胆想象，自由表达。

第三小节中，作者想象远古时代的孩子们在原始森林里逗小松鼠、采野蔷薇、捉

红蜻蜓、逮绿蝈蝈。原始森林美妙绮丽，俨然成了孩子们的超级游乐园，那是提供娱乐场地、带来生活乐趣的"摇篮"。在进行仿说练习时，教师可以引导学生想象祖先还会在原始森林里怎样快乐自由地生活。草地上，孩子们追蝴蝶、看蚂蚁；树林里，孩子们爬大树、荡秋千；洞穴中，孩子们画壁画、捉萤火虫；池塘边，孩子们逗青蛙、摘荷叶、采莲蓬；夜晚，孩子们数星星、赏明月……原始森林自然会成为学生们向往的远古秘境。

二、学习活动设计

【学习目标】

1. 正确认读"祖""掏"等 7 个生字，会写"祖""掏""摘"等 9 个生字。认读含有"摘""采"等动词的词组，体会动词的恰当使用。

2. 正确、流利地朗读课文，能读好第二、第三小节中的问句。

3. 展开想象，仿照第二、第三小节说出人们还会在祖先的摇篮里做些什么。

4. 懂得"祖先的摇篮"的含义，培养热爱大自然、热爱生活的美好情感。

【学习过程】

板块一：谈话导入，初读感知

1. 导入

小朋友们，你们知道什么是摇篮吗？（出示"摇篮"图片）

点拨：摇篮是孩子最初的生活天地。

今天我们要来学习一首诗歌。（指名读诗题）

2. 随文识字

祖。①生观察识记；②师范写；③生组词运用。

根据组词，相机理解"祖先"。

点拨：祖先是指我们很久很久以前的先辈。

3. 过渡

（出示远古人类图片）在远古时代，我们的祖先过着最原始的简单生活，生存条件非常艰苦，吃的住的都来自大自然。

4. 初读课文

同桌互相抽读生字卡片，评价并正音。

指名分小节读诗歌，互相评价。注意：第一小节中"啊"的读音发生变化，读成"na"。

5. 提问

"祖先的摇篮"指什么？默读课文，快速找一找，相关句子用直线画出来。

预设1：那原始森林/是我们祖先的摇篮。

预设2：苍苍茫茫的原始森林，我们祖先的摇篮！

点拨：这两句话告诉我们，祖先的摇篮指的是——原始森林。（板书：原始森林）

6. 朗读指导

注意读好感叹句，读出语气的变化。

【设计意图】首先，教师以"摇篮"为切入口谈话导入，启发学生对"摇篮"的认知；其次，学生通过观察图片，建立原始森林与"摇篮"之间的联系；最后，学生通过默读课文，提取与课文主旨相关的句子。学生在层层递进的学习链条中不断加深对诗题的理解。

板块二：深入森林，感受广袤

1. 提问

"原始森林"是怎样的？

预设1：原始森林是"一望无边"的。（板书：一望无边）

预设2：原始森林很大，大到"遮住了蓝天"。

预设3：原始森林是"苍苍茫茫"的。（板书：苍苍茫茫）

点拨：相机理解词义，指导朗读。

2. 小结

（出示原始森林图片）原始森林一望无边，浓绿的树荫遮蔽了蓝天，郁郁葱葱，一片生机。

3. 诵读入境

诵读第一、第四小节，感受原始森林的广袤。

【设计意图】第一小节是对原始森林的综述，第四小节是对回忆式想象的总结，前后彼此照应。将两者放在同一环节内教学，有利于学生把握诗歌的结构特点，感悟诗歌表达的独特韵味。围绕"原始森林是怎样的"这一问题，学生最直接的感受是"大"，继而追问"从哪里可以看出森林很大"。教师引导学生联系诗歌内容，抓住"遮住了蓝天"，想象原始森林绿荫蔽日的特点，品读"一望无边""苍苍茫茫"，感受原始森林的广袤。学生在读诗句、想画面的过程中，对"祖先的摇篮"又有了更直观具体的了解。

板块三：品读质疑，诵读体会

1. 过渡

我们的祖先就生活在这样广袤的原始森林里。他们在这里会怎样生活呢？指名读第二、第三小节。

2. 讨论

这些文字，描述的是祖先真实的生活吗？你是怎么知道的？

预设1："我想"说明是作者想象出来的。

点拨：这里有个破折号，下面都表示猜测的内容。此处可以延长声音，读得慢一些。

预设 2：从"?"可以看出作者是有疑惑的。

点拨：一共有几个问号？数数看。（4 个）

预设 3："吗"是疑问词，也表示有疑惑。

预设 4："可曾"代表是否曾经做过什么事，表示猜测。

点拨：老师来问问小朋友们，你们可曾去过动物园？你们可曾读过《西游记》？

运用：你们也能用上"可曾"来问问老师吗？

3. 小结

原来这些都是作者的猜测。那就要读好"猜测"的语气（语调上扬）。

你会读哪一句？指名读、齐读。

【设计意图】第二、第三小节是对祖先在原始森林里生活情景的想象与猜测。在教学时，教师抛出质疑真实性的问题助推学生主动阅读文本，鼓励学生寻找证据"自圆其说"，激发学生表达的欲望、探究的兴趣。第二小节中的"可曾"一词是理解难点，教学中教师要通过联系生活实际、创设语用情境帮助学生揣摩体会。还要引导学生关注疑问词、语气词、标点符号等信息，通过语音延长、语调上扬等方法，指导学生读出猜想、思索、好奇的意味，提升学生的朗读能力，强化学生对祖先生活情景的不确定的猜测。

板块四：表演动作，体验快乐

1. 圈画

在想象中，祖先们做了哪些事？请你快速圈一圈。（相机板贴、校对）

摘野果 掏鹊蛋 和野兔赛跑 看蘑菇打伞 逗小松鼠 采野蔷薇 捉红蜻蜓 逮绿蝈蝈

2. 随文识字

①出示生字卡片"掏"。观察识记。

点拨：老师的口袋里藏了一样宝贝，谁来掏一掏？瞧，像这样把手伸到里面把东西拿出来就叫"掏"。

②出示生字卡片"逗""逮"。观察识记。

点拨："走之"加"奴隶"的"隶"就是"逮"，古时候追捕逃亡的奴隶就叫"逮"。

3. 表演

祖先们做了这么多有趣的事，你们也想试试看吗？

师趣味读词，生动作表演。

4. 师生对话

多开心呀！你最喜欢做什么？

预设：

摘野果　　　　评：野果好吃吗？

掏鹊蛋　　　　评：小心，可别把鹊蛋碰碎啦！

和野兔赛跑　　评：谁赢了？

看蘑菇打伞　　评：好有趣的画面！

逗小松鼠　　　评：你怎么逗的？好有趣啊！

采野蔷薇　　　评：（出示图片及词语）看，这就是蔷薇花，多美的植物，难怪这两个字都带有"草"字头。谁来美美地读一读？

捉红蜻蜓　　　评：多快乐啊！

逮绿蝈蝈　　　评：蝈蝈的歌声可好听啦！

点拨：这么多有趣的事！再来一起读一读。

5. 梳理

梳理：读着这些词，你有什么发现？

预设：这些词都是动词＋事物的名称。

点拨：出示"和野兔赛跑""看蘑菇打伞"，这两个短语不太一样，一起读一读。

6. 改换句式：你能用上精准的动词，改一改吗？〔板贴：（　）野兔　（　）蘑菇〕

预设：

（追）野兔　（逮）野兔

（看）蘑菇　（观）蘑菇　（赏）蘑菇

7. 比较

把改换的句子放进课文中，读读看，你更喜欢哪一种？为什么？

点拨：作者把野兔和蘑菇当作人来写，这种写法更有趣，也更富有变化。一起快乐地读一读。

【设计意图】第二、第三小节是对祖先在原始森林中生活场景的想象。教学时，教师先让学生自读诗歌，圈画出祖先做了哪些事，整体感知文本内容；再通过与学生轻松愉快的访谈对话，仿佛把学生引入那遥远而又广袤的原始森林。学生自主代入角色、参与动作表演，入情入境地畅想祖先在原始森林里的生活，自由表达所思所感。在反复的朗读、体验中，短小的诗句幻化为鲜活而生动的画面。学生在具体的语境中品悟作者用词的精准，提升了根据文本内容想象画面的能力。

板块五：想象生活，迁移运用

1. 想象

祖先们在这里生活得好有趣。想象一下，他们还会在哪里、做些什么呢？

仿说练习一：学着第二小节的样子说一说。可以像示例1左边这样说，简洁明了；也可以像右边这样说，有趣生动。先小组讨论，再集体交流。

示例1：我们的祖先，　　　　　　　我们的祖先，

可曾在（那片树林里）　　　　可曾在（那条小溪边）

（挖野菜），　　　　　　　　（和鱼虾嬉戏），

（逮野猪）？　　　　　　　　（看荷花随风舞蹈）？

仿说练习二：学着第三小节来说一说。

示例 2：那时候，　　　　　　那时候，

孩子们也在这里　　　　　　孩子们也在这里

追蝴蝶，　　　　　　　　　爬大树，

捉蚂蚁吗？　　　　　　　　荡秋千吗？

也在这里　　　　　　　　　也在这里

逗青蛙，　　　　　　　　　画壁画，

采荷叶吗？　　　　　　　　捉萤火虫吗？

点拨：在我们的想象中，祖先们的生活好快乐啊！一起再来读这两节。

2. 点题

现在你知道为什么说原始森林是我们祖先的摇篮了吗？

预设 1：原始森林物产丰富，给祖先们提供了生存所必需的食物，原始森林是祖先们赖以生存的地方。

预设 2：原始森林像一个超级大乐园，给祖先带来无限的乐趣。

3. 配乐朗诵诗歌

【设计意图】原始森林遥远而神秘，对于学生来说只存在于脑海中；而祖先们简单的原始生活，更是脱离了现代学生的实际生活经验。面对想象中的原始森林，教师在让学生模仿"动词＋事物的名称"这种句式精准表达之前，可以引导学生展开丰富而合理的想象，说说祖先还会在哪里做些什么。有了想象的素材，减小了直接模仿的难度，学生就可以"扶着梯子往上走"了。让学生学到这里，再回扣诗题，教师提问"为什么说原始森林是祖先的摇篮"，让学生们能够理解"原始森林是祖先赖以生存的地方，也是祖先获取快乐的精神乐园"，自然而然，水到渠成。

板块六：识写生字 拓展阅读

1. 识写生字

"摘""掏"。（师范写，生描临帖；巡视评价）

观察字形：左窄右宽，左右等高。

强调要点："摘"里面是个"古"，要写匀称。"掏"右边是半包围结构，里面的"缶"要写得半藏半露。

2. 推荐阅读

《原始人的一天》系列绘本

【板书设计】(见图 3-4)

23.祖先的摇篮		摘野果	逗小松鼠	祖 摘 掏
一望无边		掏鹊蛋	采野蔷薇	
原始森林	苍苍茫茫	和野兔赛跑	捉红蜻蜓	（ ）野兔
		看蘑菇打伞	逮绿蝈蝈	（ ）蘑菇

图 3-4　板书设计

例 3　《绿》文本教学解读与学习活动设计(第二课时)

一、文本教学解读

《绿》是统编本小学语文教材四年级下册第三单元的第二篇精读课文。诗人艾青笔下的绿，深浅浓淡，层次丰富，虚实结合，有动有静。作者运用富有感染力的文字，描绘了一幅春回大地、绿意盎然、万物都充满生机的美好画面。

本课所在单元的人文主题是“现代诗”。现代诗在教材中并非第一次出现，但却是首次以单元整组编排的形式呈现。本单元编排了四篇不同风格、不同国度的现代诗歌课文，分别是冰心的《短诗三首》、艾青的《绿》、苏联叶赛宁的《白桦》、戴望舒的《在天晴了的时候》，前三篇为精读课文，最后一篇为略读课文。课文之后安排了“综合性学习：轻叩诗歌大门”，围绕“合作编小诗集”和“举办诗歌朗诵会”两项任务展开。单元之后的“语文园地”也基本是结合“诗歌”相关内容进行设计。本单元的导语为：“诗歌，让我们用美丽的眼睛看世界。”跟阅读教学关系最直接的语文要素是：“初步了解现代诗的一些特点，体会诗歌表达的情感。”可见，本单元重在指导学生正式认识现代诗这一文体，体会诗歌的情感，并引导学生悦纳世界，发现诗歌之美、世界的美。

本课教学应在更好地落实单元教学目标的前提下，重点关注本课文本的特点，制定既具有阶梯性、渐进性，又能展现本文特色的教学策略。结合课后习题二“这首诗表现的‘绿’，是大自然的景象，更是诗人的感觉。说说‘所有的绿就整齐地按着节拍飘动在一起’带给你怎样的感受”，以及习题三“艾青笔下的‘绿’给我们留下了很多想象的空间，宗璞笔下的‘绿’，又带给你怎样的感受？结合‘阅读链接’说一说”，本课教学拟从以下三个角度重点展开。

（一）走近作者，为教学定调

《绿》这首诗歌的作者艾青（原名蒋海澄）是中国现代文学史上独具特色的、有着丰富绘画经验与丰厚艺术修养的现代抒情诗人，包括《绿》在内的现代诗创作，实践着他"朴素、单纯、集中、明快"的诗歌美学主张。色彩是艾青诗歌艺术表达的重要元素。在《绿》一诗中，他将色彩这一直指人心的视觉艺术与语言艺术相结合，使诗歌具有丰富而独特的审美内涵，为读者留下了广阔的想象空间。因此，在进行文本解读与教学时，教师不可忽视"色彩"这一重要的表达元素，应该为学生创设情境，融入视频、图片等，使朗读、想象、欣赏结合起来，引发学生内心对自然之美的感叹，帮助学生更好地理解"诗人的感觉"。

不仅如此，艾青的诗歌还带有饱满的进取精神和丰富的生活经验，善于通过对印象、感觉的捕捉来表达浓烈的情思。"为什么我的眼里常含泪水？因为我对这土地爱得深沉"，"人间没有永恒的夜晚，世界没有永恒的冬天"，这些都是艾青诗歌的经典名句。不难看出，在诗人的灵魂中，有着对光明、理想、美好生活热烈的、不懈的追求，也有着对祖国山河大地最深沉的爱。了解了作者，再来看《绿》，我们对文本主题的挖掘就有了大方向："绿"是大自然的景象，更是诗人的感觉。而这种感觉，是生机，是活力，是希望，是作者对美好世界的热爱与赞美。

（二）从"感觉"到"感受"，品味独特语言

《绿》这首诗的特征，在某种程度上决定了教学的走向。本课的教学重点应是感受丰富的想象和语言表达的独特，课后练习二正是紧扣了这一教学重点。学生在品读诗歌的过程中，有"感觉"很容易，但"感觉"往往是笼统抽象的，是对于某些事物的初步印象；而"感受"却是接触外界事物后所获得的影响、体会，更为清晰且深刻。"好像绿色的墨水瓶倒翻了，到处是绿的……""所有的绿集中起来，挤在一起，重叠在一起，静静地交叉在一起""所有的绿就整齐地按着节拍飘动在一起……"，这些诗句都没有刻意描写某一物象，而是在写作者的感觉，但是却能够给我们留下深刻的印象，给内心以强烈的冲击。因而教学中要努力带领学生由"感觉"走向"感受"，乃至于"感悟"，使其获得真实而丰富的审美体验。

课堂上，可以从课后习题二入手，设计这样一个问题：请同学们发挥想象，诗人到底看到了什么样的场景？究竟是什么在风中飘动？学生联系生活经验，也许会想到连绵起伏的山、苍茫碧绿的草、繁茂葱郁的树，或许会说："这样的绿色给我一种生机勃勃、万物复苏、充满希望的感觉。"通过想象并说出自己的感受，学生就能够理解这里的"绿"代表的不仅仅是绿色这一色彩本身。教师进而应当鼓励每位学生说出属于自己的独特感受。比如，学生从深深浅浅、层次丰富的绿色中感受到了美丽；从无处不

在、四下流淌的绿色中，感受到了舒适和快乐；从绿意盎然的自然美景中，感受到了生命的律动、勃发与希望……

(三)比较阅读，关注文体特点

现代诗的特点鲜明而突出，它想象丰富，感情真挚，语言自由随性、富有节奏感。利用课后的"阅读链接"，可以引领学生进行比较阅读，从而感受现代诗的文体特点。

通过品鉴两篇文本，既可以探求二者之间的不同，也可以深化对《绿》的理解。比如，当学生总结出《绿》给人留下了许多想象的空间，而《西湖漫笔》主要运用细描手法展现了真实细致的景致时，教师可以进行引导：哪部分留给了你想象的空间呢？接着可以就三个省略号的内容展开联想：有哪些地方是绿色的呢？除了文中说到的这些绿色外，还有其他种类的绿色吗？绿到底指什么呢？言有尽而意无穷，不知不觉，每个人的思绪都被吸进了这一片肆意的绿中。

二、学习活动设计

【学习目标】

1. 通过自由读、合作读、示范读等多种阅读方法，有感情地朗读课文，背诵课文。

2. 借助关键词句想象画面，理解"绿"所表现的是自然的景象，更是诗人的感觉；体会诗歌所表达的情感。（学习重点）

3. 通过比较阅读，感受诗歌语言的特点，激发对现代诗的阅读兴趣。（学习难点）

【学习过程】

板块一：承前启后，导入新课

1. 回顾

上一节课，我们初读了《绿》这首现代诗。作者用奇妙的文字，把我们带入一个绿色的世界之中。我们知道了，原来诗中表现的"绿"不仅仅是一种颜色，它还是——大自然的景象。

2. 提问

学完了第一、第二小节，你有怎样的感受呢？

预设：大自然中绿色的种类很多，深深浅浅、层次丰富，让我觉得特别美丽。（板书：丰富、美丽）

3. 衔接

诗中的"绿"，除了代表一种颜色、代表大自然中绿色的景物外，是否还有其他意味呢？今天这节课，就让我们继续走进《绿》。（板书：绿）

板块二：品味语言，感受"绿"的意象

第一步　导读第三小节：神奇、梦幻之绿

1. 提问

风、雨、水、阳光真的是绿色的吗？作者为什么要这样写呢？

预设：这是作者的想象。

点拨：他为什么会有这样的想象呢？

预设1：春风、春雨所到之处，都是一派绿意盎然的景象，作者就觉得风和雨都是绿的。

预设2：湖面清澈，能够清晰地看到底下的青苔，作者就觉得流淌着的水是绿莹莹的。

预设3：阳光照耀在大片的草地上，小草绿得发光，作者就觉得阳光也是绿的。

2. 朗读

原来，作者想表现的"绿"，不一定是真实的，而是他的某种"感觉"，你能根据自己的想象，读一读第三小节吗？（板书：感觉）

点拨1：风、雨、水、阳光都是绿的，你读出了神奇的"绿"。

点拨2：一切都是绿的，好像一个童话世界！你读出了梦幻的"绿"。

（板书：神奇、梦幻）

3. 小结

看，这样自由自在、天马行空的想象，能够给同学们带来独特的感受。

【设计意图】旨在借助学生的想象，增强诗歌的感染力，从而引导学生入情入境。诗歌的语言没有严密的逻辑性，而是自由自在、天马行空，在这个环节，应该更加注重学生的感受，不做过度解读。

第二步　自学第四、第五小节：生机、希望之绿

1. 提问

请同学们自由朗读第四、第五小节，说说"绿"又给你带来了怎样的感受呢？同桌之间讨论交流。

2. 全班交流

预设1：我读第四小节，仿佛感受到所有的绿聚拢起来，好像有一片原始森林出现在我的面前。

这样挨挨挤挤、安安静静的绿，你能为大家读一读吗？（点名读）

（板书：安静、密集）

点拨：节奏缓慢，读出了浓浓的绿意。

预设2：我读第五小节，仿佛看见一阵风吹过来，叶子们同时摇摆，非常富有节奏感。

这样生机勃勃、随风舞动的绿，你能为大家读一读吗？（点名读）

点拨：读出节奏感，读出省略号的余韵。

3. 描述情境

请大家闭上眼睛，根据老师的描述想象画面："所有的绿集中起来，挤在一起，重叠在一起，静静地交叉在一起。"刚才，绿是恬淡安静的。现在，"突然一阵风，好像舞蹈教练在指挥，所有的绿就整齐地按着节拍飘动在一起……"春风吹过绿油油的麦田，翻起阵阵绿色的波浪；又吹过绵延的竹海，碧绿的竹子立即肆意生长；清澈的溪水中藻荇交错，远远望去，就像一条青绿色的绸带随风轻扬……

4. 播放视频

（播放相关视频）

同学们，你们发现了吗？如果说，第四小节的绿，像一幅安静的图画，那么第五小节的绿，就是一段精彩的动画。看着视频，你又感受到了怎样的绿？

预设1：我看到了晃动的麦苗，不停生长的竹子，感受到了生机勃勃、充满希望的绿。

预设2：我看到了苍翠的古柏，向上蔓延的爬山虎，感受到了富有生机和力量的绿。

点拨：是啊，绿色象征着生机，象征着希望，象征着青春、成长和生命。看到绿色，我们总会感到宁静舒适、心旷神怡。

（板书：生机、希望）

5. 朗读

生机、力量、希望，这样的感觉你能用朗读体现吗？我们一起来。（教师引读"突然一阵风"——）

（板书：动感、富有生机）

点拨：音量逐渐变大，读出气势，读出激情澎湃的感觉。

【设计意图】第五小节是本课的重点内容，教师运用情境教学法，通过语言的渲染和视觉的辅助，深化学生的感受，将学生完全带入这一片动起来的"绿"中，感受它勃发的生机与希望，为后面体会作者情感做铺垫。

板块三：了解作者，品读悟情

1. 走近作者，知人体情

（PPT出示艾青的作家卡片）艾青曾说过："诗是人类向未来寄发的信息，诗给人类以朝向理想的勇气。"如果你读过艾青的其他诗歌作品，一定会发现，在他的诗歌里充满着对理想、美好、光明的追求，比如"为什么我的眼里常含泪水？因为我对这土地爱得深沉""人间没有永恒的夜晚，世界没有永恒的冬天"（PPT出示），这些都是艾青诗歌的经典名句。《绿》也是这样。了解了作者，我们再来朗读这首诗，看看你是否能读出更多不同的感受。

2. 小组合作，品读悟情

小组合作朗读整首诗歌；选取一个小组上台展示，并说说你们为何这么读。

预设1：《绿》也许代表了诗人对大自然的喜爱。所以要读出这种喜爱。

预设2：《绿》也许代表了诗人对祖国绿水青山的眷恋与赞美。因此要读得深情，读出眷恋与赞美。

3. 配乐齐读，背诵诗歌

4. 总结全诗，升华课题

这首诗歌的题目是"绿"。我们再回到上课之初的那个问题：诗中的"绿"，除了代表一种颜色、代表大自然中绿色的景物外，是否还有其他意味呢？

点拨："绿"是大自然的景象，更是诗人的感觉。而这种感觉，是生机，是活力，是希望，是作者对美好世界的热爱与赞美。

【设计意图】这个环节实际上是对本课教学内容的拓展与升华，要让学生明白，诗歌不仅能给我们带来丰富的感受，而且还是诗人表达情感的一种方式，看似隐晦朦胧，可当我们完全理解以后，却能够体会到源源不断的希望和力量。

板块四：比较阅读，感受文体特点

1. 衔接

古往今来，喜欢这一抹"绿"的作家，可真不少。还有一位作家宗璞在他的《西湖漫笔》中写到了绿。

2. 提问

请同学们默读课文后的"阅读链接"，说一说，宗璞笔下的"绿"带给了你怎样的感受。

预设1：《西湖漫笔》和《绿》一样，都能够带来一种绿意环绕的美好感受。

预设2：《西湖漫笔》和《绿》一样，都写出了绿色的丰富。

3. 比较不同

同学们刚才说到的都是《绿》和《西湖漫笔》的相同点，那么这两位作家的文字有什么不同呢？请你再次仔细默读这两篇文章，小组内讨论。

4. 交流

引导学生从文体、内容、语言表达几个方面来回答。

预设1：我认为两篇文章的内容不相同，《西湖漫笔》主要写了作者雨中去访灵隐时看到的真实的景致，而《绿》主要在写作者的一种想象和感觉。

预设2：形式也不一样，《西湖漫笔》是整段文字，而《绿》是一行一行的。

点拨：这其实是文体的不同，《西湖漫笔》是一篇散文，读起来婉转悠长；而《绿》是现代诗歌，读起来特别有韵律和节奏感。

预设 3：《西湖漫笔》的文字非常优美，让人有画面感，而《绿》的文字能够带给我们非常多的想象空间。

点拨：《绿》给你带来了怎样的想象空间呢？可以和大家分享一下。

预设 4：读第一小节，我会想到瓶子里的墨水有这么多吗？为什么墨水瓶倒翻了，便到处都是绿了呢？

预设 5：读第二小节，我会想到除了作者写到的这些绿色外，还会有哪些别的绿色呢？我猜有苔绿、果绿、翡翠绿……

点拨：是啊，诗歌总是以有限的文字表达无限丰富的内容，让人浮想联翩，又令人回味无穷。这也就是人们所说的"言有尽而意无穷"。我们也曾学过不少古诗，那么，现代诗跟古诗又有怎样的异同呢？

5. 小结

无论是现代诗还是古诗，同属诗歌，都是用高度凝练的语言，生动形象地表达作者丰富的情感，给人想象空间，富有节奏和韵律。但现代诗打破了古诗的格律束缚，形式更加自由灵活，这就是现代诗的特点。

【设计意图】这两篇文本都是写绿，但在写法、内容、语言等方面有很大不同。通过比较阅读，能够让学生进一步感受诗歌的特点。同时，又对古诗与现代诗的异同稍作提及，从而让学生能对现代诗具有更加直观、鲜明的印象。但在这个环节需注意，不必进行太过专业化、学术化的讲解，让学生感受到现代诗的自由灵活、富有想象空间即可。

板块五：总结所学，推荐阅读

1. 总结

今天，我们通过驰骋的想象、反复的朗读，感受了如梦似幻、时静时动、集希望与力量于一身的"绿"；又通过比较阅读，发现了现代诗的特别之处。（PPT 出示：单元页图片）单元导语是这么说的，我们一起读：诗歌，让我们用美丽的眼睛看世界。

2. 作业：推荐阅读

《绿》让我们爱上自然，让我们用善于发现美的眼睛去观察我们生活的这个美好的世界。其实，这样的现代诗还有很多，老师给大家推荐一些有名的现代诗人以及他们的代表性作品，课后你们可以选取一篇喜欢的作品，有感情地读一读。

推荐：徐志摩《再别康桥》《偶然》，闻一多《死水》《七子之歌》，舒婷《致橡树》《祖国啊，我亲爱的祖国》，顾城《一代人》

【板书设计】（见图 3-5）

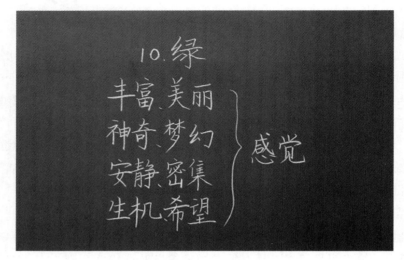

图 3-5　板书设计

章后练习

1. 诗歌是语言的艺术，在对儿童诗歌进行表达艺术解读时，可以从哪些方面着手？

2. 小学语文儿童诗歌学习活动设计策略有哪些？结合相关课例阐释。

3. 在《雪地里的小画家》一课中，可以围绕哪些方面开展朗读指导？

4. 选择《田家四季歌》（二年级上册），进行文本教学解读和学习活动设计。

延伸阅读

1. 王华杰：《儿童文学论》，湘潭，湘潭大学出版社，2009。

2. 彭永帆，孙杨帆：《例谈小学高年级儿童诗的有效教学》，载《教学与管理》，2015(23)。

3. 马建明：《在大单元教学中轻叩诗歌大门——统编教材四年级下册综合性学习单元设计与思考》，载《语文建设》，2020(8)。

4. 曹海棠《日月明》（一年级上册）教学实录。

5. 许嫣娜《荷叶圆圆》（一年级下册）教学实录。

6. 丁伟《童年的水墨画》（三年级下册）教学实录。

第四章

散文文体教学分析
与学习活动设计

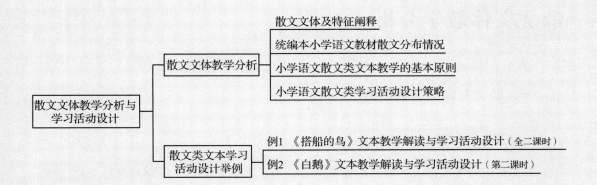

散文文体教学分析与
学习活动设计

散文文体教学分析
- 散文文体及特征阐释
- 统编本小学语文教材散文分布情况
- 小学语文散文类文本教学的基本原则
- 小学语文散文类学习活动设计策略

散文类文本学习
活动设计举例
- 例1 《搭船的鸟》文本教学解读与学习活动设计（全二课时）
- 例2 《白鹅》文本教学解读与学习活动设计（第二课时）

章前导语

　　散文素有"美文"之称，是中小学阅读教学的主导文类，具有形散神聚、意境深邃、语言优美等特点。散文教学不仅有助于培养儿童的语感和阅读能力，同时益于提升儿童的审美素养。统编本小学语文教材共选入 77 篇散文，在中、高年级较为集中。通过分析整合，可将散文类课文的人文主题大致划分为三大类型，即自然与世界、生活与万物、情感与发现。小学语文散文类文本教学解读可以运用寻美入境式、点面结合式、问题主线式这三大教学策略。小学语文散文学习活动策略主要包含以下六大方面：巧用朗读，入情入境；紧扣文本，提升鉴赏；把握角色，深入体验；小组讨论，合作研究；读写结合，学以致用；拓展阅读，分析比较，从而让学生走进作者描绘的独特"世界"，领略散文独特的"美"。

第一节
散文文体教学分析

一、散文文体及特征阐释

(一)散文的定义

　　散文是一种古老的文体形式，自古至今，其概念也一直处于不断的发展变化之中。在中国古代，散文与"韵文"或"骈文"相对，凡不押韵、不重排偶的散体文章统称"散文"。新文化运动以来的现代文学一般把散文作为和诗歌、小说、戏剧并行的一种文学体裁。散文在中国文学史上具有非常重要的地位。但稍显遗憾的是，关于散文的界定从古至今一直比较模糊、笼统，其内涵和外延始终缺少明确的界说。

　　童庆炳教授认为："散文有广义的散文与狭义的散文。广义的散文既包括诗歌以外的一切文学作品，也包括一般科学著作、论文、应用文章。狭义的散文即文学意义上的散文，是指与诗歌、小说、剧本等并列的一种文学样式，包括抒情散文、叙事散文、杂文、游记等。"[①]通常情况下，散文一般指的就是狭义的文学散文，是一种题材广泛、

---

　　① 童庆炳：《文学理论教程》，176 页，北京，高等教育出版社，2008。

结构灵活、形散神聚，注重抒写真实感受、境遇的文学体裁。本章主要探讨小学阶段的散文教学，观照对象是统编本小学语文教材中的抒情散文、叙事散文、游记等文学意义上的散文。

统编本小学语文教材中的散文选材，多为篇目短小精悍、文质兼美的作品，在各学段甚至还选入了部分散文诗，它们是自由之态、情感之态、真实之态、个性之态以及审美之态的统合体。因而统编教材中的"散文"可以界定为：通过叙事、议论、描述等方法，对文中主体内在情思进行充分表达的一类散性文体，亦即接近于狭义散文的范畴。且由于本书已将"文言文"单列一章，故而本章所谓"散文"，主要是就现当代文学而论。

(二)散文的分类

散文从表达方式的角度，大体可分为三种类型，即记叙散文、抒情散文和议论散文。

记叙散文，以记叙为主，写人叙事情节不求完整，但很集中，同时表现作者的认识和感受，带有浓厚的抒情成分。此类散文根据内容的侧重点不同，又可分为记事散文和写人散文。

抒情散文，指以写景、状物、叙事、说理为媒介，或直接地抒发作者对现实生活的感受、激情和意愿，带有强烈抒情性的散文。

议论散文，是以发表议论为主的散文。它又不同于一般议论文用事实和逻辑来说理，而主要用文学形象来说话，是一种文艺性的议论文。

根据所写内容的不同，散文又可分为写景散文、状物散文、叙事散文、说理散文等基本类型。

(三)散文的特点

1. 形散神聚

"形散"既指题材广泛、写法多样，又指结构自由、不拘一格；"神聚"既指中心集中，又指有贯穿全文的线索。散文所要表达的主题必须明确而集中，无论散文的内容多么广泛，表现手法多么灵活，都是为更好地表达主题服务。

2. 意境深邃

散文作者借助想象与联想，由此及彼、由浅入深、由实而虚地依次写来，可以融情于景、寄情于事、寓情于物、托物言志，表达作者的真情实感，实现物与我的统一，营造出情景交融、虚实相生、活跃着生命律动的韵味无穷的诗意空间。

3. 语言优美

散文素有"美文"之称，其语言清新明丽，生动活泼，富于音乐感。学生经常读一些好的散文，不仅可以丰富知识、开阔眼界，陶冶高尚的思想情操，而且可以从中学习选材立意、谋篇布局和遣词造句的技巧，提高自己的语言表达能力。

(四)散文及散文教学的作用

散文是意蕴丰厚、益智陶情的一种文体，在统编本小学语文教材中占有较大的比重。散文能够陶冶学生的情操，丰盈学生的思想，让学生在文本赏读的过程中体会散文语言的自然美、含蓄美和意境美，提高学生品析语言的能力。

散文教学对于学生的语文学习及语文素养的培育具有重要意义。在小学阶段进行散文教学，既可以培养学生的语感和美感，也可以提高学生的阅读理解能力和写作能力。小学阶段的散文教学，还应着眼于提升学生主动关注语言文字、感悟语言文字魅力并体悟作者美好情思的能力。

1. 培养儿童的语感

散文意境深邃，结构灵活，语言清新明丽，生动活泼，富于音乐感，不仅能够为学生营造形象优美的语言氛围，而且能陶冶学生的性情，促进学生健康向上的心理状态的养成。散文文质兼美的特点与学生的日常生活紧密相连。品读这些语言纯美、结构精巧的作品，能够有效地培养学生的语感。

2. 提升儿童的审美素养

教育家蔡元培曾提出美育的教育方针，审美教育也是语文教学的题中应有之义。在语文教学中渗透美育，已逐渐成为语文教育工作者的共识。语文课要调动学生全部的生活经验去关注作品、感悟生命，寻求充满诗意的艺术化人生，引导学生将语文与自身生活融为一体，在真实的生命体验中向往生命的美丽、灿烂与纯真。诚然，每个人都应拥有一双发现美的眼睛，但对于小学生尤其是低年级小学生而言，只有向他们展示美的存在，并善加引导，才能充分开启那一双双眼睛去寻找美、发现美，并以敏感细腻的心灵去真切地感受美。

就教材而言，散文以其优美的语言、精妙的构思，足以激发学生内在的发现美与感悟美的潜质。优美的语言文字直观有力地冲击着学生的视觉，给学生一种想接触并思考的冲动。有思考就有感悟，有感悟就有心得，这样一步步地使他们接触美、发现美、感悟美，逐步提高其审美感悟能力。因此，散文教学应注重激发学生欣赏、感悟的欲望，引导学生完成从被动欣赏到主动欣赏再到审美感悟力提升的蜕变过程。

3. 提高儿童的阅读能力

散文，尤其是儿童散文，因服务于儿童这一特定的群体，故而以儿童为本位，感情细腻，语言童趣逼真。对于这种适合儿童阅读且专为儿童量身定制的散文，如果进行长期的鉴赏训练，不但可以激发儿童学习散文的兴趣，而且还能不断丰富其语言积累与生活感悟，从而提高他们的语言感悟力及阅读理解力。在小学阶段，教师尤其要注意提高散文课堂教学的效率，培养学生学习散文的兴趣，让他们在学习品味散文的过程中，不断提高自身的阅读理解能力，进而不断提高语文素养。

4. 培养儿童的情感态度价值观

散文作为小学语文教材中一种重要的文体形式，它语言优美，情感真挚，表现手法独特，为小学生营造了真实、个性、清新的美妙体验，丰富了小学生的精神世界，为他们提供了成长的养料，对小学生的思维发展、个性成长具有积极的促进作用。处于小学阶段的儿童，他们的认知和情感水平尚有待提升，对待事情、处理问题的能力还很欠缺。而且，他们往往情感体验较少，感情较单一，难以合理地调控自身的情绪。散文文质兼美，情思细腻，结构精巧，浓缩了作者无尽的遐思与真实的情感。它既包含了积极明朗的情思、天真活泼的童趣、公正合理的态度，也包含了作者紧张激烈的情绪。这些情感体验，通过儿童的阅读与感悟，能够有效地弥补他们因经验缺乏而造成的情感空洞，充分丰富他们美好细腻的情感，让他们逐步形成健全的人格和积极向上的人生态度。这些对于儿童日后的生活与学习都会是极其珍贵的情感体验，无疑对于儿童健康人生观的形成具有重要意义。

二、统编本小学语文教材散文分布情况

为了更直观地把握统编本小学语文教材散文类课文的选文情况，我们首先对教材中的散文类课文及其作者、主题、国别等进行梳理，具体见表 4-1。

表 4-1　统编本小学语文教材散文类课文一览表

教材	篇名	作者	主题	国别
一上	《秋天》	王宜振	四季	中国
一下	《四个太阳》	夏辇生	心愿	中国
	《端午粽》	屠再华	家人	中国
二上	《妈妈睡了》	张秋生	儿童生活	中国
	《黄山奇石》		大自然的秘密	中国
	《日月潭》	吴壮达	大自然的秘密	中国
	《葡萄沟》	权宽浮	大自然的秘密	中国
二下	《找春天》	经绍珍	春天	中国
	《枫树上的喜鹊》	郭风	童心	中国
	《我是一只小虫子》	张月	童心	中国

教材	篇名	作者	主题	国别
三上	《大青树下的小学》	吴然	学校生活	中国
	《花的学校》	泰戈尔	学校生活	印度
	《铺满金色巴掌的水泥道》	张秋生	金秋时节	中国
	《秋天的雨》	陶金鸿	金秋时节	中国
	《搭船的鸟》	郭风	观察	中国
	《金色的草地》	普里什文	观察	苏联
	《富饶的西沙群岛》	褚娇娜	祖国河山	中国
	《海滨小城》	林遐	祖国河山	中国
	《美丽的小兴安岭》	董玲秋	祖国河山	中国
	《大自然的声音》		我与自然	
	《父亲、树林和鸟》	牛汉	我与自然	中国
三下	《燕子》	郑振铎	可爱的生灵	中国
	《荷花》	叶圣陶	可爱的生灵	中国
	《小虾》	菁莽	观察与发现	中国
	《肥皂泡》	冰心	多彩的童年	中国
	《我们奇妙的世界》	彼得·西摩	奇妙的世界	美国
	《海底世界》	石友	奇妙的世界	中国
	《火烧云》	萧红	奇妙的世界	中国
四上	《观潮》	赵宗成、朱明元	自然之美	中国
	《走月亮》	吴然	自然之美	中国
	《繁星》	巴金	自然之美	中国
	《蝴蝶的家》	燕志俊	提问	中国
	《麻雀》	屠格涅夫	把一件事写清楚	俄国
	《陀螺》	高洪波	童年生活	中国
四下	《乡下人家》	陈醉云	田园生活	中国
	《天窗》	茅盾	田园生活	中国
	《三月桃花水》	刘湛秋	田园生活	中国
	《猫》	老舍	动物朋友	中国
	《母鸡》	老舍	动物朋友	中国
	《白鹅》	丰子恺	动物朋友	中国
	《海上日出》	巴金	景物游览	中国

教材	篇名	作者	主题	国别
五上	《白鹭》	郭沫若	万物有灵	中国
	《落花生》	许地山	万物有灵	中国
	《桂花雨》	琦君	万物有灵	中国
	《珍珠鸟》	冯骥才	万物有灵	中国
	《搭石》	刘章	美好情感	中国
	《父爱之舟》	吴冠中	舐犊之情	中国
	《四季之美》	清少纳言	四季之美	日本
	《鸟的天堂》	巴金	四季之美	中国
	《月迹》	贾平凹	四季之美	中国
	《忆读书》	冰心	读书明智	中国
	《我的"长生果"》	叶文玲	读书明智	中国
五下	《月是故乡明》	季羡林	童年往事	中国
	《梅花魂》	陈慧瑛	童年往事	中国
	《清贫》	方志敏	家国情怀	中国
	《威尼斯的小艇》	马克·吐温	异域风情	美国
	《牧场之国》	卡雷尔·恰佩克	异域风情	捷克
	《金字塔》《金字塔夕照》	穆青	异域风情	中国
	《手指》	丰子恺	幽默和风趣	中国
	《童年的发现》	费奥多罗夫	幽默和风趣	苏联
六上	《草原》	老舍	触摸自然	中国
	《丁香结》	宗璞	触摸自然	中国
	《花之歌》	纪伯伦	触摸自然	黎巴嫩
	《灯光》	王愿坚	革命岁月	中国
	《竹节人》	范锡林	儿时记忆	中国
	《夏天里的成长》	梁容若	万物生长	中国
	《青山不老》	梁衡	保护环境	中国
	《京剧趣谈》	徐城北	艺术之美	中国
	《好的故事》	鲁迅	儿时情谊	中国
	《我的伯父鲁迅先生》	周晔	儿时情谊	中国
	《北京的春节》	老舍	民风民俗	中国
	《藏戏》	马晨明	民风民俗	中国

续表

教材	篇名	作者	主题	国别
六下	《匆匆》	朱自清	真情实感	中国
	《十六年前的回忆》	李星华	志向与心愿	中国
	《表里的生物》	冯至	科学精神	中国

首先，从散文类课文数量及所占比重方面进行考量。统编教材自一年级上册即编入散文篇目，此后各册教材均有或多或少的采录，但各年级教材收录散文课文的数量并不均衡，具体情况见表4-2。

表 4-2 统编本小学语文教材散文数量及比例统计表

教材年级	散文数量	课文总数	所占比例
一年级	3	34	8.8%
二年级	7	49	14.3%
三年级	18	55	32.7%
四年级	13	55	23.6%
五年级	19	50	38.0%
六年级	15	45	33.3%
总计	75	288	26.0%

由表4-2可知，统编本小学语文十二册教科书中共有课文288篇，其中散文有75篇，占26.0%。在低年级教材中，散文篇目较少。这个学段的学生年纪尚小，思维通常需要依靠具体形象的工具作为支撑，大量的散文篇章学习不适合此阶段儿童的身心发展规律。从三年级开始，教材中散文类课文的数量大幅攀升，所占比重明显增大。尤其是五、六年级，教材中散文篇目在全部课文中所占比例均达到三分之一。此时学生已有了一定的学习经验，听说读写能力也有了一定程度上的提高，感受能力、思维能力也在逐步增强。在这一阶段，散文篇目的增加可以更好地作为工具促进学生的认知发展，提高其学习能力。总而言之，统编本小学语文教材中散文类课文数量可观，其学段分布也较为科学、合理。可见，深入研究散文教学也是小学语文教学研究的重要内容。

其次，从散文类课文的作者及其国别的角度进行分析。统编本小学语文教科书中的散文选文，大体都属于现当代文学的范畴。当然，这跟我们对"散文"概念的界定有关。其实如《守株待兔》《精卫填海》《王戎不取道旁李》《两小儿辩日》等文言文乃属古代"散文"的范畴，由于本书已作专章讨论，故而将这些文言文排除在本章"散文"的范围之外。统编本小学语文教材所选77篇散文，大部分出自中国作家之手，国外篇目较少，仅有 9 篇，其作者分别为印度的泰戈尔、苏联的普里什文、美国的彼得·西摩、俄国的屠格涅夫、日本的清少纳言、美国的马克·吐温、捷克的卡雷尔·恰佩克、苏联的费奥多罗夫、黎巴嫩的纪伯伦，基本都是名家名篇。就教材所选中国散文作品而言，多数出自名家的创作，它们基本保存着自身别具一格的个性和美感，在提升审美观、树立正确的价值观、提高写作能力等方面有很重要的教学价值。另有一些散文篇目，尽管作者未必出名，但因作品本身文质兼美、反映儿童的世界、适合儿童的学习特点而被教材选入，如褚娇娜的《富饶的西沙群岛》，全文层次分明，语言生动优美，通过语言文字带领儿童进入并见识西沙群岛这个"美丽可爱"的地方。再如张月的《我是一只小虫子》，从小虫子的视角出发，以第一人称来描述小虫子眼中的世界，语言亲切自然，贴近儿童，小虫子随心所欲的畅想正是儿童心中美好的向往，故而极易引发情感的共鸣。

再次，从散文类课文的主题角度进行观察。通过分析整合，可将统编本小学语文教材中散文类课文的人文主题大致划分为三大类：自然与世界、生活与万物、情感与发现。由表 4-1 可知，统编本小学语文教材中，自然与世界主题的散文所占比重最大，由此可以看出，散文文本注重对美丽风景、多彩世界的描写与刻画，侧重于让儿童领略散文的内容之美、语言之美。这跟散文本身的特点不谋而合，说明编者充分考虑了散文文本的特点。加之这些作品主题简单，符合儿童身心发展阶段认知，满足了儿童的好奇心，对儿童的审美观有很好的锻炼作用。此外，生活与万物主题以及情感与发现主题亦各自占不小的比重，说明教材中的散文作品能贴合儿童生活，从儿童实际出发，利于儿童对散文的理解和感受。这样的设置不仅可以锻炼思维、发展语言，而且能很好地调动儿童自主学习的欲望与能力。

最后，对散文类课文所表现的主体形象加以分析。统编本小学语文教材中的散文作品所展示的形象丰富多样，既有贴近儿童生活的，也有对于儿童来说相对新鲜陌生的。根据选文中主要形象的直观表象，可将散文类课文所表现的主体形象大致分为动物、植物、人物、景物、名物、天象、季节七类。在统编本小学语文各册教材散文文本主体形象的选择上，动物和名物类型占比最多，其他各类形象占比相对均衡。可见，教材多选择贴近儿童实际生活且比较具象化的动物或事物形象，关注儿童的认知特点，贴近儿童生活，利于激发儿童的兴趣，有助于儿童对文本的理解和感受，也更易引发儿童的情感共鸣。整体上说，小学阶段的儿童思维处于具体运算阶段，思维活动需要具体内容的支持。教材中的散文文本选择儿童熟悉且容易理解的形象，体现了儿童本位视角。儿童读起来更接近自己真实的生活，从而更易于在散文学习的过程中，走进作者描绘的独特"世界"，领略散文独特的"美"，在不断提高自身精神境界、审美能力的同时，促进语文素养的全面提升。

三、小学语文散文类文本教学的基本原则

(一)研读新课标，把握散文教学新理念

《义务教育语文课程标准(2022 年版)》强调："感受语言文字的美，感悟作品的思想内涵和艺术价值，能结合自己的经验，理解、欣赏和初步评价语言文字作品，丰富自己的情感体验和精神世界。"[①]新课标要求学生掌握的阅读能力是能够在阅读中主动参与，获得独特的情感体验，形成自身的态度与情感。这就要求教师在教学散文时，切不可道德说教或一味灌输，而是应该创设情境，让学生自主感悟文章，领略文本主题意蕴之深厚、语言文字之优美、结构情节之巧妙，切实培养学生的主动性与创造力。此外，《义务教育语文课程标准(2022 年版)》还要求学生："积极观察、感知生活，发展联想和想象，激发创造潜能，丰富语言经验，培养语言直觉，提高语言表现力和创造力，提高形象思维能力。"[②]这就要求教师在进行散文教学时不能仅仅关注文章的语言层面，单纯注重作品的语言形式之美，而是应当在品味散文语言之美、结构之巧，从而让学生积累语言、提升语言素养的同时，关注散文文本促进学生审美、思维、文化素养全方位提升的教学价值。

《义务教育语文课程标准(2022 年版)》就是方向标，它给教师日常教学指引了目标与路径。所谓"万变不离其宗"，不管散文教学内容是怎样的千差万别，学生是怎样的参差不齐，唯有认真研读新课标，把握散文教学新理念，才能从容应对小学语文散文教学的新形势、新问题。

(二)选择恰当的教学内容

教学内容是教学的根基，合适的教学内容是有效教学的重要因素。散文文本在小学语文教材中所占的比重很大，如何选择合适的教学内容对于教师来说无疑是一个必然要面对的问题。

首先，根据散文的语体特征来确定散文教学的内容。

散文语体不同于日常谈话语体，也不同于政论语体、事务语体等实用语体。它属于艺术语体的一种，审美和抒情是其核心的语体特征。从创作主体看，散文的创作目的是抒发作者对于审美客体所形成的丰富情思，同时也希冀能感染读者获得其情感上的共鸣。故而散文的教学内容应该体现作者的情感和思想，让学生在散文优美的语言

文字里感悟真情。简言之，散文教学的课堂要有"情"。由于小学生自身的情感感悟能力较弱，社会经验较为匮乏，所以教师更应该在小学语文课堂上注重引导小学生对作者情思的感悟。

其次，字词句的品悟也是散文教学极其重要的内容。

古代散文理论的一条主线是形神合一。何谓形神合一？简单地说，就是文章的形式与内容要相辅相成。可见，除了情感内容外，散文的形式美也是很重要的。散文的形式包括字词句的运用，以及文本结构的组织。因此，在确定散文的教学内容时，就不能忽视散文中字词句和结构的分析、解读。

例如，六年级上册老舍的《草原》：

在天底下，一碧千里，而并不茫茫。四面都有小丘，平地是绿的，小丘也是绿的。羊群一会儿上了小丘，一会儿又下来，走在哪里都像给无边的绿毯绣上了白色的大花。那些小丘的线条是那么柔美，就像只用绿色渲染，不用墨线勾勒的中国画那样，到处翠色欲流，轻轻流入云际。这种境界，既使人惊叹，又叫人舒服，既愿久立四望，又想坐下低吟一首奇丽的小诗。

读罢这段文字，你一定会被作者优美的语言吸引，一定会被那翠色欲滴的绿所吸引。教学中就可以抓住其中的关键词——"绿"，让学生自己找出描写"绿"的句子，自己感悟这些语句的妙处，让语言充当激发学生共鸣的催化剂。

最后，确定散文教学内容还要考虑学生的需求。

现代教学观认为一切的教学活动都要以学生为主体，满足学生的需求。众多学者都明确表示关注学生需求的重要性。散文教学同样需要关注学生的认知需求，同样需要实现学生自我阅读意识的培养。并且，关注学生的需要在小学阶段的散文教学中显得尤为重要。小学生字句感悟能力尚弱，社会生活阅历也不够丰富，自主而全面地品读散文难度是比较大的。就小学不同阶段而言，学生的心理特点和接受能力也并不相同。低年级学生观察事物，常常只能看到其表面明显的特点，而看不到事物之间的联系，更不善于透过现象发现本质及规律。因此，低年级散文教学应尽量发掘生动形象、接近生活的儿童化语言。

瑞士心理学家皮亚杰认为，10岁左右是儿童具体思维向抽象思维转化的关键期。三四年级的小学生正处于这个阶段，因此，散文教学内容的选择应从注重事物表面特征的描写逐渐转变成对于事物内在情感与寓意的反思，以期学生与作者产生共鸣。通常认为，在小学阶段，学生最初是书面言语落后于口头言语，约从三年级起，书面言语的发展就会逐渐超过口头言语的水平。基于此，在语文教学中，教师必须耐心地引导学生自觉地以言语作为学习的对象，学会善于使用和组织词、句子来表达思想，力求使自己的言语能成为作者的心声，成为自己的传话筒。其实，这也是一个不断提高书面言语的过程。因此，三四年级散文教学的内容，应注重丰富学生的情感，引导学生自主感悟情思，获得心灵的洗礼。如三年级下册叶圣陶《荷花》一文，介绍了"我"到公园里看荷花，荷花开得很美，一池荷花千姿百态，娇艳欲滴！"我"被这美丽的荷花所吸引，产生了一系列感悟，从而抒发了作者美好的情思。

这是一篇优美的写景抒情散文。"我"闻到清香，来到荷花池边，直接描写荷花。乍看荷花，有的初放，有的盛开，有的含苞欲放。仔细观看，那亭亭玉立的荷花姿势各不相同。之后，借助"一大幅活的画"的想象，转入对荷花动态的描绘，表现了想象中的荷花的美丽。作者触景生情，以情观景，情景交融，不仅写出了荷花的风姿，而且写出了荷花的神韵，让读者赏心悦目，仿佛身临其境。教师带领学生从观察荷花的形态到感悟对荷花的喜爱之情，不但化具体为抽象，而且不断丰富了学生的语言积累，使学生感悟到作者的情思。而小学高年级的散文教学内容，仍要关注学生抽象思维的发展，在品读优美语句的同时，不断引导学生结合自身的生活经验，生发联想，获得情思，与作者产生共鸣。

总之，教师在选择散文教学内容时，要充分关注学生的学情，考虑学生学习能力的个体差异性、学生已有的生活经验与情感体验、学生不同的知识基础与个性气质等，满足不同层次学生的需求，根据不同的学段特点，选择恰当的教学内容。

(三)细读文本，"因地制宜"制定教学策略

良好的教学策略是课堂教学取得成功的重要保障。教学策略的制定取决于多种因素，例如，文本特点、学生特点、教师教学风格等。教育工作者必须要充分考虑这些因素，制定符合学情、富有实效的散文教学策略。

1. 寻美入境式教学策略

散文被誉为"美文"，因而教学中如何引导学生发现美、感受美、传达美就显得尤为重要。语文教育专家毛洪其老师说过，散文阅读教学应当界定为一种审美阅读，而不是着眼于信息筛选和处理的信息式阅读。因此，散文教学作为一种审美教学，即要求教师要引导学生寻美入境，激发学生与作者的情感共鸣，把握文章的神，让学生在审美体验中感悟文章的形式之美、内涵之美，进而去感悟生活之美、人生之美。小学生对于"美"的发现与感悟能力还比较低，所以在小学阶段，教师更要关注如何去引导小学生发现美，进而去感悟美。在小学散文教学中，教师可以通过创设情境的方式，让小学生在具体的生活情境中去发现美，并逐步引导其品析词句，去欣赏文章的形式美，尔后在建构师生对话中，层层启发小学生感悟作者的情感美。

仍以叶圣陶《荷花》一课为例，教学时即可由"寻美"而"入境"。教师可以先设境——"你看过的荷花是什么样的?"，再欣赏——"自由读课文，找出描写荷花的词语和句子"，最后悟情——"让咱们再次仔细观赏这美丽迷人的荷花。一边看一边想，你会用什么样的语言来赞颂这美丽的、迷人的荷花呢?"。

2. 点面结合式教学策略

散文不但语言美、形式美，而且表达的情感也是美好且丰富的。散文教学应从整体上多层次地进行，可以采用点面结合式的教学策略。

考虑到小学生的认知情况，小学生不可能在初读课文时就很容易地品读出文章的微妙之处以及细腻的情思。因此，教师可以先从个别的字词句入手，由对多个"点"的品析，升华到结构巧妙、感悟情思等大的"面"上，这样点面结合，有助于小学生对于散文的全面把握。

3. 问题主线式教学策略

散文问题主线式教学策略，是关注学生在散文教学中的主动性，通过设置一系列的问题，让学生在回答问题、想象情境等实际训练中提高审美力和感悟力。用几个主问题来引导学生深入文本，这样能有层次地加深对文章的品味。但在利用主问题设计教学时，不能忽视学生对于文本的诵读。尤其是小学生，更需要反复诵读散文，以加深对文本的品悟。

当然，在具体设计散文教学时，也并非严格局限于某种教学策略，应根据实际情况而定。同时，教学策略的综合性、渗透性也是很重要的。在小学阶段进行散文教学，既要注重培养学生的语感，提高其审美感悟力，又要关注学生阅读理解能力以及写作能力的不断提升。

四、小学语文散文类学习活动设计策略

（一）巧用朗读，入情入境

小学生对语文材料的反应往往是多元的，教师应重视朗读的熏陶感染作用，尊重小学生在朗读活动中的独特体验。让小学生掌握多种阅读方法，可以有效地促进小学生进入文本的情境中，更深切地感受文本、理解文本。朗读对小学语文教学有着重要的意义和作用，亦是散文教学的一项重要策略。

朗读的形式可以是多种多样的，个别朗读、集体齐读、分小组读，教师范读、学生范读，等等。教师需在其间加以指导、点评。通过朗读，学生不仅提升了朗读能力，感受到朗读的趣味性，而且也加深了对文本的理解。运用好朗读策略，对散文教学意义重大。

1. 示范朗读，进入情境

示范朗读，既可以是教师范读，也可以是学生范读。教师或学生通过动情朗读，可以把散文的味道读出来，把散文的意境和氛围渲染出来，从而将课堂带入散文所描绘的情境，引入作者独特的笔墨所营造的意境之中。意境是作者所营造的个性天地。

教师通过配乐朗读、学生范读等多种方式，带领学生进入散文作者的心灵空间，让学生更直观地触摸到散文作品的情与意。

2. 指导朗读，激发情感

教师指导学生朗读散文，应注重情感的激发。在指导学生朗读时，学生因理解的差异，朗读出来的感情、节奏也会有所不同。关注朗读时的差异，让学生说出这种差异背后的情感理解，可以引导学生更好地体会和把握文章的情感，在学生学会如何朗读的同时完成对文本思想情感的理解。当然，这个过程需要循序渐进地展开。

(1)读得流畅

要让学生读好散文，首要的目标是读准字音、读通句子。课堂上，应给予学生一些时间，或自由朗读，或集体朗读，把字音读准、句子读通。教师巡视过程中，发现字音难读的或易读错的，或句子难读的，及时进行个别指导，或者在全班面前示范。

(2)读懂意思

有些难懂的或关键的句子，教师要让学生运用多种方式反复朗读，不仅要朗读，而且要比较朗读的节奏、语调等，要在指导学生朗读的时候，让学生感受、体会、思考为什么要这么读。在此过程中，学生就要读懂、读透那些值得品味的关键句子、难懂句子。学生读懂了这些句子，才能更好地朗读散文。

(3)读出情感

一切景语皆情语。散文注重表现作者的生活感受，抒情性强，情感真挚。然而，散文的情感又有显性与隐性之分。有的散文直抒胸臆，情感的表达比较显豁，学生很容易把握该用怎样的感情去朗读；有的散文则比较含蓄，文字表面并不会直接显现作者想要表达的情感，学生朗读时如若把握不准，就很难将文字背后的情感读出来。因而教师在教学散文时，应指导学生如何读出文字背后的情感，进而体认作者的思想感情，激发学生自我的情感体验。例如，六年级下册朱自清的散文《匆匆》，小学生要理解课文所说的"时间一去不复返"容易，而要上升到"生命易逝"的哲思则比较困难。教师需要运用多种形式的反复朗读指导，让学生读出对生命易逝的感喟，以及对生命的敬畏。

(二)紧扣文本，提升鉴赏

散文，又称"美文"，美在其语言与文字，美在其与众不同的精神与境界。同样的景，同样的物，同样的境遇，散文的文字或清新隽永，或自然流畅，或凝练生动，有着与一般文章不同的文学性。散文的文字是有层次的，有表面的意思，也有潜隐的内涵，需要通过阅读与鉴赏活动，去发现并揭示文字潜在的意蕴。阅读与鉴赏活动是学生的思维活动，需要在教师的引导下，学生有步骤地、主动地完成。

1. 推敲词句

抓标题、抓关键词是阅读鉴赏文本的重要方法。散文也有文眼，有时可能是题目，有时可以是一个词或一句话。教学散文时，可以通过抓文眼来加深对文章所表达的思想与情感的理解。例如，教学三年级下册《荷花》一课，教师可引导学生仔细推敲那个"冒"字。学生刚开始或许无法理解，但经过反复推敲、回味以及替换词语比较后发觉，"冒"是非常快地长出来，而不是缓慢地长，带有一种急切的心情。学生从一个"冒"字中咀嚼出了荷花的急切、激动、争先恐后、迫不及待、心花怒放，进而感受到作者面对荷花时内心的愉悦，这也就抓住了这部分景物描写的神韵。此外，学生还可以去捕捉文章的线索。线索既可能是人、事、物，也可能是一种情绪、心情。探寻文章的线索，学生更容易理清作者的写作思路以及情感表达的路径。

2. 品读形象

阅读与鉴赏活动，必然离不开对作品形象的品读，既包括作品中"我"的形象，也可以是作品中的人物或事物的形象。散文与小说不同，散文大多是以第一人称"我"的叙述视角组织文本，且作品中的"我"往往就是作者自己。品味"我"的形象，或者文中的某个言说对象，是解读文本的重要途径。教师可以首先引发学生对该形象的兴趣，然后引导学生到文中去寻找相关的语句，通过朗读、品味，最后概括、提炼出该形象的特点。例如，五年级上册《珍珠鸟》一课中的"我"，课文并没有直接写出"我"是怎样的人，但是通过"我"对待珍珠鸟态度、行为的语句，学生可以概括出"我"对珍珠鸟的细心呵护、用心关怀。窦桂梅老师在教学这篇课文时，就曾带着学生们品读体会"我"的形象：首先，指导学生紧扣文本，读课文，找具体句子，或者用自己的话说说"我"赢得小鸟信任的过程。然后，结合学生读到的句子，引导学生品味句子背后的"我"的形象。比如当学生读到"我便用吊兰长长的、串生着小绿叶的垂蔓蒙盖在鸟笼上"时，立刻启发学生思考"我"为什么要这样做。学生发现，"我"用吊兰来打扮笼子，实际是用一颗真心在对待小鸟。作者"用心"的形象经过几句关键语句的分析点拨立马清晰起来，学生也就很容易品味到作者"用心"的形象。而这个过程，是在老师引导下，学生水到渠成地找到关键句、朗读句子、分析句子、品读"我"的形象的自主学习过程。

3. 品味语言

散文的语言是学生需要学习的重点之一。散文题材广泛，写法多样，结构灵活，不拘一格。每篇散文都各具特色，而这种特色很大程度上体现在语言层面。同一主题之下，不同作家的语言风格是不同的；不同主题之下，同一作家的言语方式也可能有所不同。要学习散文的语言，就要让学生回到文本中去，从文本的字、词、句中去感受语言文字所编织起来的瑰丽的文学世界。

散文文本对词语的锤炼与选择，展现出散文的语言之美；散文作品中大量修辞手法的运用，也显示了散文语言形式上的美感。第二学段的学生主要以感受文字为主；

第三学段则要在此基础上学习评价。因此在教学过程中，探讨修辞手法的形式之美应是随文进行的，实际探讨的也是具体句段的语言之美。例如，三年级上册的《秋天的雨》，比喻句是本文语言的一大特点，教师可以抓住这个语言点展开教学。首先，有感情地朗读比喻句：秋天的雨有一盒五彩缤纷的颜料，你看，它把黄色给了银杏树，谁愿意接着往下读？（PPT 出示：黄黄的叶子像一把把小扇子，扇哪扇哪，扇走了夏天的炎热。）然后，进行迁移朗读："秋天的雨有一盒五彩缤纷的颜料，它把红色给了枫树。"（PPT 出示：红红的枫叶像一枚枚邮票，飘哇飘哇，邮来了秋天的凉爽。）最后，说一说：这几个句子有什么特点，给你什么样的感受？课文中的这两个句子都采用了比喻的修辞手法，写得生动传神。学生在品读的过程中，既积累了语言、提升了表达技巧，又能更深入地领会文本的语言及形式特点。

4. 体认情感

情感是散文的精华，也是文中不散的"神"。由于学生的社会阅历以及生活环境等方面同作者相比存在一定的差异，故而难免跟文本中呈现的内容有一定的距离，在理解作者的情感时也会遇到某些障碍。教师要视情况及时缩小差距、消除障碍，比如补充作品的创作背景、作者的生平经历等，做到"知人论世"。同时，教师应当引导学生从文字中去品味作者的情感。作者的情感不是空洞的教条，而有些教师习惯从概念化的道理开始，直接呈现结论，再让学生去文中找对应的语句，这样的推演，学生很难从内心信服。教师要让学生真切体认作者的情感，就必须结合学生的生活经验进行引导，让学生从文本的字里行间去发现、去感受，只有这样，学生才能真正地走近作者、走进文本。

（三）把握角色，深入体验

角色体验可以让学生设身处地地感受作品中的角色，让学生与作品的距离更接近。通过角色体验，学生不仅仅是在阅读，也是在感受角色的情感、状态，从而更深入地理解作品与文字。

教学中，可着重关注以下两个方面：一是引导性的语言。要想让学生更好地体验角色，教师就需要使用一些引导性的语言以及恰当的语调，把学生带入角色之中，比如用"假如你是"，"你一定愿意"，"牢记，此时此刻，你是"等话语来引导学生进行角色体验。二是想象情境。要想让学生进行角色体验，除了用引导性的语言之外，还要让学生静下心来，感受作者独特的笔墨所营造的艺术空间。散文的情，散文的景，散文的意境，都可以通过想象去感受。教师可以在一些需要想象景色、意境的地方，让学生闭上眼睛，去想象文章中各种意象构成的景色或者意境，以及这背后的情感与思想，从而让学生感到自己就是在某个氛围里的角色。

(四)小组讨论，合作探究

1. 提出高质量的问题

要提高散文教学的质量，教师就要提出高质量的问题，围绕一个或几个高质量的问题，学生进行讨论、探究，超越最近发展区。小学散文教学中，高质量的问题需要以学生的认知起点为出发点，围绕文本解读，发现学生在解读文本时存在的困惑，再围绕这个高质量的问题进行讨论。一般可以去挖掘作者写了什么，有哪些有价值的语言，作者为什么要这么写而不是那么写，作者隐藏在文字背后的情感是什么，等等。例如，教学五年级上册《珍珠鸟》一课，教师可以设计这样的问题：珍珠鸟是一种怕人的鸟吗？这个问题学生往往无法直接回答，而是要从课文中找到细节才能陈述清楚。学生通过讨论这个有层次的问题，不仅能对散文内容更加了解，而且会加深对小鸟由"怕人到不怕人"从而凸显"人与动物之间信赖的美好情感"的体会。

2. 合作补充，有效评价

有了高质量的问题，下一步要做的就是分工合作、交流探讨。通常一个复杂一些的问题可能会有几个方面，可以让学生据此分别组成小组进行讨论，既避免重复，又互相补充。在完成小组内部的交流后，再分组汇报结果。要把结果记录下来，同时，也要对结果进行评价，让小组交流的成果得以保留。

(五)读写结合，学以致用

1. 发现结构

情感的表达离不开文本的内容与形式。读散文，除了关注文章的内容外，还需特别留意其文本结构。散文教学中，教师要引导学生关注作者是如何安排写作内容的，是以怎样的文本结构来呈现的。教师可以先让学生概括主要内容，再引导学生思考：作者为何这样安排内容？学生理清了作者如此安排的原因，也就发现了作者的写作思路与创作技巧。

例如，五年级下册《威尼斯的小艇》一课，教师可从文本结构的角度来设计课堂。首先，引导学生通过对各个段落的概括，发现作者写了威尼斯小艇的样子、地位、内部结构、用处等。教师范读最后两段，重点引导学生思考作者为什么要写这看似无关紧要的最后两段。引导学生思考作者又用了哪些人做例子。学生通过圈画，发现男女老少，无论工作、生活、休闲、祷告都要用到小艇，所有这一切都是在白天。再引导学生思考：为什么白天写好了，还要写晚上。学生发现无论白天还是晚上，威尼斯都与小艇密不可分。通过分析文本的结构安排，学生也就领会了作者的写作思路以及高超的写作技巧。

2. 写作训练

语文课程应致力于培养学生的语言文字运用能力，而散文正是由读到写、训练写作技能的好媒介。要让学生在阅读散文之后，学习作者的写法，进行写作练习。可以缩写、扩写、仿写，学以致用。让学生将散文学习的经验移植到写作，不仅能够提升学生的写作能力，而且也能检验阅读成效、提高学生的阅读兴趣。阅读课有了更高的目标，学生对散文阅读就会更投入、更感兴趣。

(六)拓展阅读，分析比较

1. 同一主题不同作者散文作品的比较

在学习散文文本的基础上，为加深学生对文本的理解，教师还可以指导学生对同一主题不同作者的散文作品进行比较。这种比较需要有一定的基准，需要教师进行指导，让学生通过比较，发现散文文体的共性以及不同散文作家的独特风格。

2. 同一作者不同主题散文作品的比较

教师在教学时应充分考量散文的文体特点，而散文的文体特点不能仅仅以"形散神聚"来笼统概括。散文文体自由灵活，形式多样，不同作家的作品风格各异，即使同一作家创作的不同作品亦是同中有异、姿态万千，因此可以通过比较同一作者不同主题的散文作品来感知作者的创作风格以及某一篇作品的文本个性。例如，统编本小学语文教材四年级下册第四单元编排了《猫》《母鸡》《白鹅》三篇课文，其中《猫》和《母鸡》是同一作家老舍先生的创作。教学时，可设计将《猫》和《母鸡》进行比较阅读，来感知作家笔下的动物，并拓展阅读老舍的其他散文作品，如《养花》《林海》等，确定"语言特色"和"写作手法"这两个比较点，并交流"印象最深"的内容，从而让学生对老舍先生的散文创作有整体性感知，同时又能对《猫》和《母鸡》两篇课文做出更深入的解读（见表 4-3）。

表 4-3　同一作者不同主题散文作品拓展阅读示例

拓展阅读——老舍			
篇目	语言特色	写作手法	你印象最深的是
《猫》			
《母鸡》			
《养花》			
《林海》			

第二节
散文类文本学习活动设计举例

　　为兼顾散文类文本在学段、主题、形式、教材编排意图等方面的多样性，本节选取统编本小学语文教材三年级上册习作单元精读课文、我国现代散文家郭风的叙事散文《搭船的鸟》，以及四年级下册阅读单元精读课文、中国现代漫画事业的先驱、散文家丰子恺的状物散文《白鹅》，作为散文类文本教学解读与学习活动设计的具体案例。

例1 《搭船的鸟》文本教学解读与学习活动设计（全二课时）

一、文本教学解读

（一）瞄准单元定位，厘清价值意义

　　《搭船的鸟》是统编本小学语文教材三年级上册习作单元的第一篇精读课文。本单元以"留心观察"为主题，包含《搭船的鸟》《金色的草地》两篇精读课文和《我家的小狗》《我爱故乡的杨梅》两篇习作例文，课文内容贴近儿童生活，以日常生活中的动物、植物和场景为描写对象，表现周围世界的五彩缤纷，利于让学生体会表达上的特点；同时设有"交流平台""初试身手""习作：我们眼中的缤纷世界"等板块。本单元是统编本小学语文教材中第一次出现的习作单元，在以往各个版本的教材中也未见先例，此为统编本小学语文教材的一大特色。这种单元自成体系：课文分精读课文、习作例文两类。各个板块及功能如下："导语"明晰要素——"精读课文"习得方法——"交流平台"梳理方法——"初试身手"试写实践——"习作例文"借鉴仿写——"单元习作"形成习作成果。由此观之，这是一个相对完整的习作结构，所以在深入解读文本之前，教师首先要具有整体统筹的视角，不能只关注课文本身，而是需要熟悉习作单元的整体设计，梳理习作单元各板块的教学功能，以此瞄准单元定位，厘清习作单元的价值意义，为接下来的文本解读奠定坚实的基础。

（二）紧抓语文要素，精准教学目标

　　本单元语文要素为："体会作者是怎样留心观察周围事物的；仔细观察，把观察所得写下来。"在本单元的各个板块中，"观察"这条线贯穿始终，由此紧抓语文要素梳理

出本单元教学目标的渐进框架：唤醒观察意识——体会细致观察的好处——尝试观察实践——记录观察所得——运用观察于生活。具言之，两篇精读课文的教学要着重引导学生体会作者观察的细致、注重观察事物的变化以及留心观察的好处；"交流平台""初试身手"的教学要引导学生回顾本单元精读课文的学习收获，在此基础上通过"初试身手"了解可以调动多种感官进行观察，再结合生活经验，初步试写自己的观察所得；"习作例文"和"习作"的教学要引导学生借助旁批和课后习题，了解作者丰富的观察所得，体会作者观察的细致，梳理总结方法，写出自己观察到的"我们眼中的缤纷世界"。由此循序渐进，环环相扣，学法之后来用法，让语文要素真正浸入学生心田，转变为学生的语文素养。

(三)依托三大角度，突出文本特点

在瞄准本单元的定位以及语文要素之后，接下来让我们深入解析《搭船的鸟》这一文本本身。《搭船的鸟》是我国现代散文家郭风的一篇叙事散文，描写了"我"和母亲去乡下探亲途中观察并认识翠鸟的过程。本文以儿童的口吻，记叙了"我"通过留心观察，认识了会"搭船"的翠鸟；继而细致观察，发现了翠鸟美丽的外形和敏捷的动作。课文配有一幅插图，描绘了翠鸟停在船头的情形，有助于直观感受翠鸟美丽的外形。回到本文的文体，散文结构自由、语言独特等特点给教师的教学设计带来了些许困难，教学时也容易抓不住重点、突破不了难点，从而使课堂教学陷入细碎的一问一答之中，导致整体教学目标与环节"形散神也散"。因此，针对《搭船的鸟》这篇叙事散文，我们可以从以下三个角度切入：

1. 梳理结构，各有侧重

本文篇幅短小，语言精练，共有五个自然段，教学时可以首先依托课后习题一帮助学生梳理文章的结构，即"作者对哪些事物作了细致观察"。第一自然段观察了雨点与船夫，第二自然段观察了翠鸟美丽的外形("翠绿的"羽毛，"带着一些蓝色"的翅膀，还有一张"红色的长嘴")，第四自然段观察了翠鸟捕鱼的动作("冲""飞""衔""站""吞")。在引导学生通过抓住关键词梳理全文结构后，再深入解析文本，五大自然段应有所侧重，有详有略，不能每一段的教学都平均用力，如此会导致教学的重难点不突出。研读文本后，确定将第二、第四自然段作为本课的教学重点。

2. 品味语言，自然和谐

本文作者郭风是著名儿童文学作家，中国散文诗学会会长。他的作品写景绘物都使人如临其境，时时以独特的审美视角，抒发自我感知，留下心灵的轨迹，语言质朴清新、饶有天趣，贮满诗情画意。因此，教学时要着意引导学生品味散文优美而朴素的语言，在作者所营造的雨后的天空、清新的空气、平缓的流水的情境中品读文本，感受充溢于字里行间的清新自然与童真童趣，感悟作者赋予鸟儿的人性和灵性，以及

人和动物相处的融洽与和谐。

3．提炼主旨，细致观察

本文是作者观察所得，也是学习观察之法的绝佳文本，所以在深入品读文本时，教师要时刻把"观察"二字放在心上，将"细致观察"渗透给学生，让学生学有所获，学有所进。教学时可重点品析课文第二、第三、第四自然段。这三个自然段从三个不同的角度展开，而写作策略亦各不相同：第二自然段从静态角度描写翠鸟的色彩之美；第三自然段以四个连续的问句述说作者的遐想，充满无限童趣；第四自然段则从动态角度描写翠鸟捕鱼，突出动作之快，连续动作的描写体现出作者细致入微的观察能力和扎实的写作功底。特别是第二、第四自然段，静态与动态的结合，听觉与视觉的互动，更能让学生体会到作者观察的细致与写法的精妙。

二、学习活动设计

【学习目标】

1．认识"父""鹦"等 4 个生字，读准多音字"啦"，正确书写"搭""亲"等 13 个字。

2．正确、流利、有感情地朗读课文，能通过抓关键词等方法梳理作者观察的事物，理解课文大意。

3．重点品读第二、第四自然段，理解作者对翠鸟的外貌、动作所作的观察，感受作者观察的细致入微。

4．感受人与动物和谐共处的美好境界，培养亲近自然、热爱自然的美好情感。

【学习过程】

（第一课时）

板块一：名言导入，单元入手

1．导入单元

同学们，今天我们便要开始新单元的学习了。本单元的开篇有这样一句话，是一位大师所说的名言，我们一起来朗读："生活中不缺少美，只是缺少发现美的眼睛。"

2．导入课文

是啊，生活中，美的事物无处不在，一定离不开发现美的眼睛。就让我们一起走进第五单元，看看作者是怎样留心观察周围事物、发现生活之美的。今天，我们先来看看作者郭风乘船偶遇的那只——《搭船的鸟》。

3．板书课题

小手指伸出来和老师一起书写课题。（板书：搭船的鸟）"搭"是本课的生字，左右结构，左窄右宽，右边的"撇"穿插到左边的"提"下面，字形才紧凑，书写才美观。你看，只要留心观察，学习中处处有收获。

【设计意图】1. 从单元导语页的名言切入，不仅能让学生直接、明确地把握到本单元的重点，做到心中有数；而且能在名言中深入体会，在心中种下一颗"观察"的种子，学会观察，学会发现生活中的美，做到心中有悟。2. 书写课题这一简单的教学环节，稍加注意，适当提示，亦可成为教学的契机。写字先观字，观字需细致，书写"搭"字也要细心观察，这就暗含了本节课的主题。一个小小的动作，一句短短的话语，将"观察细致"潜移默化地渗透给学生。

板块二：多种活动，解决生字

1. 范读

在细细品读课文之前，让我们先来扫清字词这个拦路虎。检查一下大家预习的情况。这些字词你们都会读吗？先跟着老师来读一读。

2. 领读

谁来当小老师，带着大家再来读一遍？

点拨：小老师要自信又大方，读得声音要响亮。

3. 强调

"船舱"的"舱"，"船篷"的"篷"，"鹦鹉"的"鹦"，都是后鼻音；"长嘴"的"嘴"，"翠鸟"的"翠"，都是平舌音。

4. 抽读

老师想来考考你们，去掉拼音，你们还会读吗？

5. 书写

哪些字你们觉得难写或容易写错？

点拨：

"翠"——上面是"羽"。有何不同？没有钩，是横折；下面是"卒"，第二横写得最长。

"嘴"——三部分，口此角，左右结构，左窄右宽。"口"要窄小，底部在横中线上；"此"要宽扁；"角"要写得窄长一点点。笔画较多，相互之间要做到谦让紧凑。

"吞"——笔画不多，写好可不容易。上面是"天"，撇捺一定要舒展；下面是"口"，是嘴巴，也代指喉咙。造字本意就是敞开喉咙，不嚼而咽就是"吞"。

【设计意图】1. 识字教学，可以先字音后字形。字音教学时先范读（教师范读＋学生领读），为学生确立正确的读音，然后让学生自读，最后去掉拼音再读。三大环节的设计由易到难，符合学生认知规律。2. 写字教学不应成为教师的独角戏，不应只由教师一人指出需注重的问题。教师的视角与观点并不完全代表学生，不能剥离学生在写字教学中的主体性地位。可以通过适时提问，结合学生的回答，来丰富学生对于生字的认识。

板块三：初读课文，整体感知

1. 自由朗读

首先，请同学们自由朗读课文。有两个要求：一是读准字音，读通句子；二是想想作者对哪些事物做了细致的观察，用"○"将它圈出来。你是从哪里看出来的？用"＿＿"画出来。

2. 强化习惯

读得非常认真！××同学能圈点勾画，做好阅读批注，老师要给他点赞。

3. 师生共读

读完就坐端正。我们说"好文要百读"！为了更好地整体感知，我们再来读一遍课文，但这次老师和同学们一起来读。我读一句，你们读一句。我们一起读好，读正确，读流利，大家有信心吗？

4. 追问

回到刚开始的问题：作者对哪些事物做了细致的观察？你是从哪里看出来的？谁来说一说。

5. 总结

第一自然段：雨点、船夫；第二自然段：翠鸟的外形；第四自然段：翠鸟的动作。

【设计意图】1. 引导学生运用圈画关键词句的方法，并明确要求，进行批注阅读，不仅是注重"批注阅读"这一良好阅读习惯的养成，而且能帮助学生梳理文章结构，理解文章大意。2. 本文篇幅短小，段落分明，语言优美，句句凝练。在学生初读完课文之后，可以通过师生共读这一教学环节，帮助学生"正确、流利、有感情地朗读课文"，在教师的引领下，进入文本。

板块四：细细品读，听雨观船

第一步　听雨有声

1. 提问

老师想问，"沙啦沙啦"是什么词，谁知道？——表示声音的叫拟声词。你觉得"沙啦沙啦"用得好不好？好在哪里？你能感受到什么？

2. 点拨

"沙啦"是雨点打在船篷上的声音，我们仿佛也能听到，感受到了下雨的情景。

3. 总结

你看作者啊，不仅是用眼睛看了，而且还善于用耳朵听。他是调动了自己的各种感官去观察周围的场景，所以他的描写才能有声有色。

4. 再读

来，翻开课本，让我们再来读一读这句话，感受一下这场景的有声有色。

（齐读后请学生来读，注重朗读的指导）

第二步　观船入微

1. 提问

同学们读得真好！接下来让我们来看看作者眼中的船夫。课文中哪里写到了船夫？老师想问问，你们知道蓑衣、橹以及第一自然段中出现的船舱、船篷是什么吗？有谁见到过吗？

2. 观图

（PPT呈现船夫摇橹图片）同学们看，这就是船舱，这就是船篷。这位船夫，作者不止看到了他，还观察到他穿着什么、在做什么以及怎么摇橹。

3. 引导

作者对船夫观察得细致不细致呀？从船舱到——船篷，从蓑衣到——橹，还有船夫的动作，甚至连动作的力度都统统观察到了，这就叫"细致入微"。

【设计意图】第一课时在梳理文章结构之后，可以带着学生先来品读第一自然段的内容。短短四句的第一自然段里面却大有乾坤：一、二两句交代了文章的背景，可通过简单朗读，知晓意思。三、四两句设计了两个板块，即"听雨有声"和"观船入微"。前者通过拟声词切入，让学生明晰，观察时视听结合方能"有声有色"；后者通过明晰作者观察到的船夫的穿着、动作乃至动作的力度，来体会观察的细致，回环教学目标。

板块五：小结点理，铺垫引趣

1. 总结

同学们，今天这节课我们了解到作者细致观察了四个方面：雨点、船夫、翠鸟的外形、翠鸟的动作，而且还深入品读了描写雨点和船夫的部分，体会到留心观察的重要性。

2. 激趣

后来，雨停了，小船飘摇。就在这百无聊赖的时刻，一只美丽的鸟儿突然出现在船头，顿时吸引了作者的注意力。作者盯着翠鸟，浮想联翩。他又会观察到什么呢？我们下节课会深入地走进课文，再来细细品读《搭船的鸟》。

【设计意图】课堂的结尾是点睛之笔，既不可潦草带过，也不能画蛇添足，教师应当有所设计，为本节课画上一个完满的句号。第一课时的结尾设计了总结和铺垫两大环节，不仅可以帮助学生梳理本课学习所得，实现"学有所获"，而且能激发学生学习的积极性，为第二课时做好铺垫，达成"学有所趣"。

（第二课时）

板块一：图片引路，畅所欲言

1. 群鸟共舞，体会特征

导入：大千世界，一花一草、一鸟一兽都能吸引我们的眼球，牵住我们的思绪。今天，老师给大家带来了几位鸟朋友，让我们走进它们的世界，去感受这群小精灵的

美丽与可爱。(PPT 展示：群鸟图片)

提问：从大家亮晶晶的眼睛中，老师感受到了你们对鸟儿的喜爱。老师想问，哪只鸟给你们留下的印象最深刻？

预设 1：老鹰(要点：翱翔展翅高飞)

预设 2：燕子(要点：剪刀似的尾巴)

预设 3：翠鸟(要点：鲜艳的羽毛)

2. 画面再现，引导表达

在总结学生交流成果的基础上，PPT 出示翠鸟图片，指导学生看图，说说翠鸟的特点，并填上合适的词语，将翠鸟的特点说具体。

提示：(　　)的羽毛　(　　)的翅膀　(　　)的嘴巴

用一段话向同学们介绍翠鸟，要求用上述短语。

3. 图文对照，回到文本

过渡：让我们回到课文，看看作者是怎样写的。

(PPT 展示：课文第二自然段)请大家放声读一读。

朗读：指名读第二自然段，其他学生画出表示颜色的词语。教师相机板书。

追问：为什么要写"比鹦鹉还漂亮"？你感受到了什么？

预设：运用了对比手法，更能突出翠鸟的美。

延展：你能仿照课文中的例句，运用对比的写法，描写一种小动物吗？

预设：小狗洗过澡后的毛很白，比北极熊还要白一些。

总结：观察动物的外形时，可以按照顺序从上往下或从前往后地有序观察，要抓住它最与众不同的地方，细致地描写；同时还可以运用对比的写法，与其他事物进行比较。

【设计意图】通过群鸟的图片导入本节课，容易激发学生的兴趣，也能在不同鸟类的对比中，体会不同鸟的特征，随之过渡到本文的主角翠鸟上。在具体教学翠鸟外形时，注重环节的步步深入。建议在接触文本之前，通过对翠鸟图像的观察，让学生从直观上感受其色彩之美，并试着用自己的语言加以描述，训练学生的表达能力，再对照原文，发现文本描写的精妙。

板块二：触发想象，说我所想

1. 创设情境，触发想象

大雨初停，小船飘摇。就在这百无聊赖的时刻，一只美丽的鸟儿突然出现在船头，顿时吸引了作者的注意力。作者盯着翠鸟，浮想联翩。假如换作是你，那么你会想到什么呢？

2. 小组合作，说我所想

四人组成一个学习小组，交流讨论，将各自的问题集中起来，写成一段通顺的话。

提示：问题可多可少，但不能重复。

预设：这只翠鸟是什么时候飞来的呢？它是来避雨的吗？它什么时候飞走呢？它还有家人吗？

3．课文对照，读中入境

引导：俗话说，美丽的心灵总是相通的。你与作者是否心有灵犀呢？让我们走进课文，面对突如其来的一只翠鸟，作者的内心会产生怎样的波澜呢？

朗读：学生自由朗读课文第三自然段。指名朗读第三自然段。

点拨：本段朗读时要注重将疑问的语气读出来，同时注意三个问句的连贯性与递进性。

【设计意图】首先需明晰第三自然段在全文的定位。其实它是第二自然段翠鸟的外形和第四自然段翠鸟的动作之间的衔接段、过渡段，但不应以朗读一遍潦草带过，要充分发挥此段的最大效用。教学时，教师不是直接让学生进入作者的疑问，而是引导学生代入角色展开遐想，进入情境之中，说出自己当时的疑问，并用一两句话完整地表达出来，再将几个学生的遐想连起来组成一段完整的话，以体会连续问句带来的冲击力与语言表达效果。如此正是以学生为本位，尊重学生独特的阅读感悟与想象。

板块三：光影再现，体会写法

1．言语引导，视频激趣

就在作者浮想联翩的时候，一件有趣的事情发生了，你看——（播放翠鸟捕鱼视频）

2．交流概括，感悟表达

提问：如果让你用一个词来形容翠鸟捕鱼的过程，你会选择什么词语呢？

学生讨论交流，教师重点向"快""迅速""敏捷"引导。

3．紧扣动作，体会写法

指名读课文第四自然段。

提问：作者是怎样将翠鸟捕鱼、吃鱼的过程写得细致传神的呢？

学生圈画并交流表示动作的词语。（板书：冲—飞—衔—站—吞）

追问：是否可以将"冲"换成"跳"、"衔"换成"叼"、"吞"换成"吃"呢？

点拨："冲"表现迅猛，"衔"表现悠闲，"吞"体现了翠鸟吃鱼的速度很快，皆体现翠鸟动作的敏捷。你们看作者厉害吧，就是通过这一系列的动作描写，将翠鸟捕鱼的过程写得细致又传神，富有画面感。

复述：你们能用上这些词语将翠鸟捕鱼的过程完整地说一说吗？还可以加上一定的手势呦！（学生用上五个动词复述内容）

拓展：我们身边的事物，很多都是运动变化着的。如何把这样复杂多变而又转瞬即逝的连续动作描述清楚呢？作者给我们做出了示范。你们知道作者是怎么做到的吗？

　　总结：在细致观察的基础上，用"动作分解法"来描述，就是把连续的几个动作一一分解开来，把每一个动作写清楚，然后再将分解的动作连接起来。

　　4. 观察描述，迁移运用

　　练笔：运用动作描写，写一写你放学进家门的样子吧！

　　示例：我背着书包，飞奔回家，坐电梯到十二楼，电梯门开了，我一个箭步蹿出去，到 1201 号房门前——使劲拍门。不一会儿，妈妈便把门打开了。

　　【设计意图】第四自然段是本节课教学的重中之重，教师需要思考如何让学生体会到作者观察翠鸟动作的细致，并且学习动作描写这一写作手法。首先以翠鸟捕鱼的微视频切入，用动态的视频再现文本，符合学生直观形象思维的特点；然后回到文本，将视频与文本结合，鼓励学生说出对翠鸟捕鱼最直接的感受；进而思考作者是如何写出的，重点讲述动作描写；最后结合学生生活中常见的场景，将所学的写法进行迁移运用。四个步骤的设计循序渐进，逐层深入。

　　板块四：观察日记，延展生活

　　1. 打开话题，激发兴趣

　　学完了本课，虽然我们知道这原本只是一次普通的探亲之旅，但在作者的笔下，可以如此有声有色、细致入微。晴天也好，雨天也罢，只要你处处留心，仔细观察，哪里都是风景，哪里都是美好景象。

　　2. 任务驱动，走进生活

　　出示多种形式的空白"观察记录单"，为学生做好自己的观察记录提供范例，打开思路。（见表 4-4）

表 4-4　观察记录单示例

观察对象	
观察时间	
观察地点	
观察所得	

　　引导：走进生活，留心观察，仔细观察，用"观察记录单"记录你的发现。

　　请同学们每天观察身边的一种动物或植物，在"观察记录单"上记录观察所得，然后再简单写一个片段，完成你的"观察日记"。

　　示范：出示他人完成的优秀的、多种形式的观察记录单或观察日记。（可以图文结合，可以是照片、故事、视频等形式）

　　【设计意图】设计"观察记录单"这一任务，实现课堂所学与课外生活的联结，让观察走出文本，走向生活，使学生真正得以内化于心、导之以行。在对观察对象的选择上，教师可以出示学生熟悉的动植物、生活场景等图片，在尊重学生兴趣的同时，拓展其观察的范围。此外，提供"观察记录单"这一支架，并示范多种参考样式，既让学生学有所依，又兼具一定的开放性与创造性。

例 2 《白鹅》文本教学解读与学习活动设计（第二课时）

一、文本教学解读

（一）初识白鹅，见其趣味

《白鹅》是统编本小学语文教材四年级下册第四单元的一篇状物散文，改编自丰子恺先生的同题散文。课文从白鹅刚被抱回家的姿态入笔，通过描写白鹅的"叫声""步态"和"吃相"，重点刻画白鹅高傲的性格，字里行间潜藏着作者对白鹅的欣赏与喜爱之情。

文本解读强调"素读"，即以读者的视角走进文本，挖掘文本中能够打动读者的点，品味潜藏在字里行间的层层情感。以读者视角观《白鹅》，其趣味性定当留下深刻的印象。白鹅初到作者院子里便"伸长了头颈，左顾右盼"，丝毫没有在新环境中的陌生感。"我们的鹅是吃冷饭的，一日三餐。它需要三样东西下饭：一样是水，一样是泥，一样是草。"特别的饮食和特别的吃法让读者忍俊不禁。"鹅便昂首大叫，似乎责备人们供养不周。这时我们便替它添饭，并且站着侍候"，更让人感到疑惑：作者怎么侍候起一只鹅来了呢？徜徉于文本的字里行间，白鹅的高傲与趣味跃然纸上，一幅幅生动有趣的画面在作者的笔下活灵活现，仿佛读者眼前就显现出那只伸长了头颈、左顾右盼的大白鹅。白鹅在丰子恺先生的笔下早已不是一只普通的白鹅，而更像是一个天真高傲的孩童，为生活平添了许多乐趣。丰子恺先生用自己的笔墨记录了这只白鹅的"趣"，同时也写下了自己对于白鹅的宠溺与喜爱。《义务教育语文课程标准（2022 年版）》对第二学段"阅读与鉴赏"提出要求："能初步把握文章的主要内容，体会文章表达的思想感情"；"初步感受作品中生动的形象和优美的语言，关心作品中人物的命运和喜怒哀乐，与他人交流自己的阅读感受"。① 解读《白鹅》，重在品味作品之三"趣"：一"趣"在白鹅本身之趣，步态、吃相等惹人发笑；二"趣"乃作者生活有情趣，善于发现，善于描写，善于记录生活中的点滴美好；三"趣"在语言之趣，幽默的笔触将白鹅高傲的个性展现得淋漓尽致。因此，教师在课堂教学之前，首先要读懂文本，与文本背后的作者对话；在课堂教学过程中，也要鼓励学生与文本以及文本背后的作者对话，从而使学生真正具备品读语言、赏析文本的阅读能力。

---

① 中华人民共和国教育部：《义务教育语文课程标准（2022 年版）》，10 页，北京，北京师范大学出版社，2022。

(二)再识白鹅，品其写法

《白鹅》所在的单元紧扣"动物朋友"这一人文主题，编排了《猫》《母鸡》《白鹅》三篇精读课文，又以"阅读链接"的形式补充了夏丏尊和周而复的《猫》以及俄国叶·诺索夫的《白公鹅》，单元习作主题是《我的动物朋友》。单元导语为："奔跑，飞舞；驻足，凝望。可爱的动物，我们的好朋友。"语文要素是："体会作家是如何表达对动物的感情的；写自己喜欢的动物，试着写出特点。"教材编写者意在鼓励学生通过深入阅读文本感受人与动物和谐相处的美妙，进而体会作者是如何通过文字表达对动物的感情的，并逐渐内化为自身的语言表达能力。

《白鹅》是本单元第三篇精读课文。学生经由前面两篇课文的学习，已对单元的人文主题逐渐加深了理解，并对"作家是如何表达对动物的感情的"这一问题积累了一定的学习经验。纵观本课助学系统(见表 4-5)，以及整个单元的编排体系，不难发现，学习并内化《白鹅》的写作方法应是本课教学的重点。

表 4-5　《白鹅》助学系统的任务要求及目标指向一览表

出现位置	任务要求	指向写作
泡泡提示语	这个自然段在文中有什么作用呢？	品读"鹅的高傲，更表现在它的叫声、步态和吃相中"一段，体会其承上启下的作用，学习谋篇布局。
课后习题	把鹅和鸭的步调进行比较，这样写有什么好处？	体会对比手法对凸显白鹅步态高傲的作用。
课后习题	把鹅称作"鹅老爷"，你从中体会到了什么？	体会"鹅老爷"拟人手法的表达效果及其反语的幽默之处，体会作者的思想感情。
阅读链接	读一读"阅读链接"，和课文《白鹅》比一比，说说两位作家笔下的白鹅有什么共同点，再体会两篇文章表达上的相似之处。	比较阅读《白鹅》与《白公鹅》，体会两篇文章表达的相似之处，学习共同的写作手法。

以"反语"为例。深入把握文本，"傲慢""不胜其烦""架子十足"等词语看似带有作者对白鹅的批评与谴责，但实际上，作者的表现却是"不厌其烦"地在"侍弄"白鹅，看似批评的每一处词句其实都潜藏着作者对白鹅的喜爱与宠溺。在品读文字的过程中，教师更应引导学生准确把握文字背后蕴含的情感，并尝试将这种幽默诙谐的笔法以及描写抒情的技法加以运用。

(三)走近白鹅，趣语藏情

本课改编自丰子恺先生的同题散文名篇《白鹅》(又名《沙坪小屋的鹅》)，1946 年夏写于重庆，所节选出来作为课文的部分，重在表现白鹅的"高傲"。表面上，作者对于白鹅的"高傲""不胜其烦"，实则文章采用"似贬实褒"的表现手法，字里行间充溢着作者的喜爱之情。本单元的语文要素是"体会作家是如何表达对动物的感情的"，强调教师不仅要引导学生关注作者的情感，而且要关注作者是如何表达这种感情的。纵观全文，作者的情感藏在每一句充满趣味的句子里。"我抱着这雪白的'大鸟'回家，放在院子里。"一个"抱"字，一个亲昵的称呼，都是满满的温柔。"因此鹅吃饭时，非有一个人侍候不可，真是架子十足！"看似表达对白鹅的谴责，实则满是宠溺。"侍候"一词情景毕现，令人忍俊不禁。丰子恺先生照顾白鹅，就像在照顾一个孩子。他将白鹅孩童化、人格化，白鹅也仿佛渐渐成了家庭中的一员。作者用饱蘸感情的笔墨描画了他心中的这位"鹅老爷"。潜心阅读文本，趣语处处藏情。课堂上，教师应当鼓励学生在反复品读文字的过程中深入体会作者真挚的情感。

二、学习活动设计

【学习目标】

1. 通过对比朗读，抓住关键语句，品析白鹅吃相的高傲，理解对比与反语手法的意义，体会作品之"趣"。

2. 理解并体会作者对白鹅的欣赏与喜爱之情，感受人与动物和谐相处的美妙。

3. 体会并学习作者是如何表现白鹅的特点以及对白鹅的欣赏与喜爱之情的。

【设计思路】

白鹅的"高傲"与作者运用"反语"所体现的喜爱之情，是《白鹅》这篇课文执教的重要落脚点。因而教学围绕白鹅的形象展开，从"识白鹅"到"品白鹅"再到比较阅读，通过层层递进的文字赏析，与学生共同徜徉于丰子恺先生幽默风趣的语言之中，逐步体会潜藏在文本字里行间的浓浓情意。

【学习过程】

板块一：复习巩固，再识白鹅

1."鹅"字导入

同学们，这个字认识吗？（出示字卡）以前的"鹅"字，人站在鸟上；现在的"鹅"字，我们和鸟站在了一起，人和动物之间平等。这节课我们继续学习《白鹅》。齐读课题。（板书课题）

2. 回顾白鹅"高傲"的特点

（1）这是一篇状物类散文。写动物就要抓住它的特点。回顾一下，白鹅最大的特点是——高傲。

（2）（PPT呈现：它伸长了头颈，左顾右盼，我一看这姿态，想道："好一个高傲的动物!")丰子恺先生初见白鹅就留下了这样的印象。齐读这段话。

指导朗读:"好一个高傲的动物!"(板书:高傲)

(3)通过上节课的学习,我们了解到,作者从哪些方面具体描写了鹅的高傲?

预设:叫声、步态和吃相。

齐读:"鹅的高傲,更表现在它的叫声、步态和吃相中。"

3. 词语分类

(1)读词语:这些词语都体现了鹅的高傲,谁来读一读?

(PPT呈现:架子十足、毫不相让、三眼一板、严肃郑重、步调从容、厉声叫嚣、大模大样、一丝不苟、引吭大叫)

(2)分类:这些词语描写了鹅的不同方面,请同学们在学习单上尝试给词语分类。

叫声:严肃郑重、厉声叫嚣、引吭大叫

步态:步调从容、大模大样、毫不相让

吃相:三眼一板、一丝不苟、架子十足

4. 总结与过渡

读了这些词语,这只高傲的鹅仿佛就活灵活现地出现在了我们眼前,课文正是从叫声、步态、吃相三个方面向我们介绍了这只高傲的大白鹅。上节课我们品读了鹅的叫声和步态,这节课就让我们一起走进鹅的吃相。

【设计意图】第二课时的教学应当基于第一课时的学习,课堂前五分钟做到承第一课时、启第二课时。统观教材,课后习题二为:"课文里有许多表现鹅高傲的词语,如'引吭大叫''傲然''架子十足'。找一找,分类抄下来,再体会作者是如何把'高傲'写清楚的。"这道习题指向学生的信息提取与分类能力。在第一课时已由学生自主圈画表现白鹅高傲的词语的基础上,本课伊始可以通过词语排序的方式引导学生回顾白鹅多个方面的特点,为具体品读白鹅吃相的高傲做好铺垫。

板块二:感知作者,初品高傲

1."侍候"切入,读好三句话

(1)指导朗读"侍候",并相机点拨词意——侍候:伺候,照料。多用于对待长辈或者社会地位较高的人,有明显的尊敬色彩。

(2)学生创设情境,角色扮演,演绎"侍候"的含义。

(3)定位"侍候"出现的三句话,指导朗读。

这样从容不迫地吃饭,必须有一个人在旁侍候,像饭馆里的堂倌一样。

鹅便昂首大叫,似乎责备人们供养不周。这时我们便替它添饭,并且站着侍候。

因此鹅吃饭时,非有一个人侍候不可,真是架子十足!

点拨:人竟然给鹅当起了服务员。那么,究竟是谁在侍候谁呢?

2. 走近作者，启发质疑

(1)通过先前的学习，我们知道丰子恺老先生精通音乐，擅长书画，还是著名散文家，如今他居然侍候起鹅来。对此，你有什么感觉？

预设：不可思议；鹅真厉害；到底是为什么呢？

(2)看来，这只鹅不简单！居然让这么厉害的人物侍候它吃饭，而且侍候得心甘情愿。怪不得作者说它是"好一个高傲的动物！"。联系刚才对于"侍候"一词的演绎，你觉得大名鼎鼎的丰子恺先生为什么会心甘情愿地侍候一只鹅呢？

预设：对白鹅的喜爱、宠溺。

点拨：是啊，看看上面包含"侍候"的三句话中，作者表现得多么毕恭毕敬。当然，这种毕恭毕敬并非因为晚辈对待长辈，更不是地位低的人对待地位更高的人，而是因为作者对白鹅是发自内心的宠溺与喜爱。（板书：喜爱）

3. 自读文本，感知趣味

学习任务：请同学们默读第五到第七自然段，把你们觉得有趣的地方用线画出来，在小组内朗读并交流，汇报你们认为最有趣的场景。

预设1：鹅的食物和吃法，真是太有趣了。（三眼一板）

预设2：鹅狗争食，好热闹！（鹅狗争食）

预设3：丰子恺照料着白鹅，白鹅竟然还要怪丰子恺！

【设计意图】1."侍候"一词的含义并不复杂，但其间所包含的感情色彩却是细腻而微妙的，理解了该词的表面意思与隐含意味，作者对白鹅的喜爱、宠溺之情也就更容易被学生感知与领悟。2.体会作品之"趣"是本课的目标之一，引导学生通过默读课文，找出自己认为最有趣的场景，既是对文本趣味性的初步感知，也为下一环节教学"三眼一板"与"鹅狗争食"这两个重要画面做好铺垫。

板块三：精读文本，再品高傲

过渡：这么多有趣的画面啊！大家认为鹅的吃相很有趣，这就首先要从鹅吃的东西说起。谁来读一读这个自然段？（学生朗读第五自然段）

1. 品读画面一：三眼一板

(1)关注吃食和吃法。

预设1：鹅吃冷饭、水、泥、草。

预设2：先吃一口冷饭，再喝一口水，然后再到别处去吃一口泥和草。

(2)再现情境，展开想象。

在院子里，它怎么吃？如果有人把它的水盆拿走，放到远处，它会怎样？

不管什么情况下，它都是——先吃一口冷饭，再喝一口水，然后再到别处去吃一口泥和草。多么有趣啊！请大家闭上眼睛，想象一下白鹅这种奇特的吃法。

课文中是怎样形容这种吃法的呢？

预设：这些食材并不奢侈；但它的吃法，三眼一板，一丝不苟。

（3）体会"三眼一板"。

讲解："三眼一板"是什么意思呢？它原来是戏曲里音乐的节拍，相当于4/4拍（教师打节奏）。原来，鹅吃饭还这么有节奏呢！（学生跟打节奏）

（4）小结：就这样吃饭，喝水，吃泥，吃草，回过头来再——吃饭，喝水，吃泥，吃草。这只白鹅吃饭可真是一日三餐、三眼一板、一丝不苟。

2. 画面二：鹅狗争食

过渡：正因为鹅吃饭时三眼一板、一丝不苟，连附近的狗都知道它的脾气。接下来发生了什么呢？谁来读一读课文第六自然段？

（1）对比"白鹅"与"鹅老爷"的不同称呼。

作者把白鹅称为"鹅老爷"。"白鹅"和"鹅老爷"一样吗？

点拨："鹅老爷"，多有派头呀！丰子恺先生可真风趣！

（2）对比阅读鹅狗吃饭的不同样子。

现在就让我们走进这幅画面。狗是怎么偷食的，鹅老爷又是怎么做的呢？请同桌两个人试着分角色读一读。

分角色朗读：

因为附近的狗，都知道我们这位鹅老爷的脾气，每逢它吃饭的时候，狗就躲在篱边窥伺。等它吃过一口饭，踏着方步去喝水、吃泥、吃草的当儿，狗就敏捷地跑过来，努力地吃它的饭。鹅老爷偶然早归，伸颈去咬狗，并且厉声叫骂，狗立刻逃往篱边，蹲着静候；看它再吃了一口饭，再走开去喝水、吃泥、吃草的时候，狗又敏捷地跑上来，把它的饭吃完，扬长而去。等到鹅再来吃饭的时候，饭罐已经空空如也。鹅便昂首大叫，似乎责备人们供养不周。

①步骤一：再现情境，指导学生朗读

指导1：（对朗读狗吃饭样子的孩子说）你躲在篱边干什么呢？也就是——偷看。那么"窥伺"这个词语读起来可不能太大声，不然要被发现喽。请你再读一读。

指导2：（对朗读白鹅的孩子说）当你发现饭罐空空如也的时候，心情如何？带着这种心情读好这句话。

鹅便昂首大叫，似乎责备人们供养不周。

②步骤二：关注动词，教师范读

同学们，你们发现了吗？关注动词，我们就能更好地体会两只小动物的心理。老师也想来试着读一读。（教师范读）

多精彩的鹅狗大战啊！带上动作，我相信你们会读得更精彩。（学生再次练习朗读，并上台展示）

③步骤三：品味经过，一波三折

思考：狗是怎么偷食的？鹅又是怎么做的？

(PPT 相机出示：狗窥伺　鹅吃饭　狗偷食　鹅厉声叫骂　狗蹲着静候　鹅再去吃饭　狗再偷食　饭罐空空如也)

点拨：真是鹅进狗退，鹅追狗跑。一鹅方去，一狗又来。真是热闹非凡！

(3)小结：狗的偷偷摸摸与鹅老爷的派头十足构成鲜明的对比。不论这狗如何，这鹅都是三眼一板、一丝不苟地吃饭。

3. 质疑思考，体会对比妙用

思考：明明是写鹅的吃相，为什么又要重点写狗是怎么抢食的呢？

预设：将狗与鹅作对比，凸显鹅的高傲。(板书：对比)

4. 体会反语，再添喜爱

(1)想象画面。

看到空空如也的饭罐，鹅是什么表现？它可能会说什么呢？

点拨：怪不得，我们的作者说——好一个高傲的动物！

(2)体会反语的妙处。

①面对这样的情形，作者是怎么做的？再读一读开始时的这三句话：

这样从容不迫地吃饭，必须有一个人在旁侍候，像饭馆里的堂倌一样。

鹅便昂首大叫，似乎责备人们供养不周。这时我们便替它添饭，并且站着侍候。

因此鹅吃饭时，非有一个人侍候不可，真是架子十足！

②思考：读到这儿，你觉得作者对这鹅怎么样？

预设：作者很喜欢这只白鹅，哪怕白鹅很高傲，也依旧愿意侍候白鹅。

③质疑：这就奇怪了，喜欢又不直说，却说它"高傲"，你发现作者的写作秘密了吗？

点拨：是的，这就是"反语"(板书：反语)，明贬实褒不但能表达情感，而且很幽默风趣呢。找找看，课文中还有这样的地方吗？

预设 1：表面上说鹅架子十足——实际上是想说鹅很威风。

预设 2：表面上说鹅傲慢——实际上是想说鹅步调从容，大模大样。

预设 3：嘴上说着烦——行动上还是在给它添饭。

预设 4：一声"鹅老爷"，满满都是喜欢。

点拨：这就是作者写法的奥妙。表面上是对白鹅的嫌弃、不耐、贬损、批判，而实际上处处透露着作者对白鹅的赞美与喜爱。这种反语的写作手法，让作者的情感暴露无遗，也让文章充满了趣味性。

【设计意图】这一环节的设计针对的是文本的精读板块，为课堂之重中之重，围绕"三眼一板"的吃法与"鹅狗争食"的场景这两个重要画面展开，并在此基础上引导学生体会反语，感受作者潜藏在字里行间的喜爱之情。在设计中重点关注三个维度：一是学生心理，通过再现情境、角色扮演的方式调动学生参与课堂、揣摩动物心理的积极性，将情境表演与课文朗诵融合，使静态的文字变成有动感、有温度、有趣味的形象，将课堂氛围引向高潮；二是前后勾连，通过再现与"侍候"有关的三句话，学生不难发现，白鹅虽然高傲无比，但作者依旧愿意为它添饭侍候，喜爱之情不言而喻，使教学线索清晰，形成闭合的一个环；三是启发质疑，通过在恰当的时机启发学生思考为什么作者喜欢白鹅却不直说，非要说白鹅高傲，自然而然地引出反语的手法，让学生在体会作者情感的同时，感受作品的趣味性。

板块四：角色扮演，感受喜爱

1. 角色扮演，介绍大白鹅

(1)设置情境。

同学们，假如这只大白鹅就是你家的。现在你要出去一段时间。临走前，你想把它寄养在一个朋友家里，但你的朋友不了解这只鹅的生活习性，更不了解它高傲的特点。学完这篇课文，你能从叫声、步态、吃相中，任选一个方面向你的朋友介绍一下吗？介绍的时候，可以用上黑板上的词语与句式。

词语：

叫声：严肃郑重、厉声叫嚣、引吭大叫

步态：步调从容、大模大样、毫不相让

吃相：三眼一板、一丝不苟、架子十足

句式：我家"鹅老爷"很高傲，它_____。

(2)角色扮演。

现在老师就是你的朋友，你能试着向我介绍这只大白鹅吗？

点拨1：鹅都吃什么呀？

点拨2：我一定好好准备鹅的食物，不能委屈了我们鹅老爷。

点拨3：这步态如此与众不同，那我在家里一定让它先走。

点拨4：我一定好好侍候"鹅老爷"，鹅老爷有请吧。

(3)小结。

同学们，感谢你们为我送来了这只高傲可爱的大白鹅，我可太喜欢了！

2. 知人论世，再品喜爱之情

过渡：这么有趣、令人喜爱的小家伙，谁能把它忘了呢？

勾连原文：然而，后来，这只鹅真的被送走了。丰子恺在原文中曾这样写道："我的小屋易主的前几天，我把这鹅送给住在小龙坎的朋友人家。送出之后的几天内，颇有异样的感觉。这感觉与诀别一个人的时候所发生的感觉完全相同，不过分量较为轻微而已。原来一切众生，本是同根，凡属血气，皆有共感。所以这禽鸟比这房屋更是牵惹人情，更能使人留恋。现在我写这篇短文，就好比为一个永诀的朋友立传、写照。"《白鹅》这篇文章就是丰子恺特地为他心中那只高傲、惹人喜爱的鹅老爷写的。

朗读：好像又回到了他们第一次见面的时候。齐读第一自然段。

沉浸：再见了，这位高傲的朋友，这位鹅老爷。

【设计意图】苏霍姆林斯基曾说："情趣是认识的前提，教学过程离不开良好的情感的参与，否则不会取得好的教学效果。"《白鹅》一课所在的单元人文主题为"动物朋友"，需要在阅读与鉴赏的基础上为习作教学牵线搭桥，引导学生尝试运用恰当的语言和写法描写动物。学生以自己喜爱的方式介绍大白鹅，充分激活学生的语言储备，巧妙地借助师生的互动让学生生动地讲好、演好白鹅的高傲，课堂充满趣味。学生以高度饱满的热情置身于情境之中，实现语言表达的训练，并在欢声笑语中再次感受字里行间的喜爱之情。当喜爱之情到达顶点，再拓展丰子恺《白鹅》原文中对白鹅后来故事的交代，让学生再次走进作者的世界：原来喜爱的背后，更有浓浓的怀念。以此充分调动学生的情感，激发学生愿意学习丰子恺的做法，去为自己喜爱的动物进行创作。

板块五：比较阅读，感悟写法

学习素材：比较阅读《白鹅》和《白公鹅》

1. 拓展

可爱的动物，永远是我们的好朋友。俄国儿童文学作家叶·诺索夫笔下也有一只白鹅，就在课文之后的"阅读链接"中。

2. 明确学习要求

对比阅读《白鹅》和《白公鹅》。

要求：1. 思考两位作家笔下的鹅有什么共同点。先圈关键词，再填一填。2. 小组合作，交流讨论两篇文章表达上的相似之处。完成学习单。

预设1：两只鹅都有一个有趣的名字，白鹅是"鹅老爷"，白公鹅则是"海军上将"，体现了两只鹅都十分高傲，作者都十分喜欢它们。（鹅的特点）

预设2：两只鹅走路的样子都很有趣。白鹅是架子十足，白公鹅是慢条斯理，"就是狗在身后追赶，这只鹅也决不举步奔跑"。两只鹅都十分高傲，面对狗都丝毫不惧。（鹅的特点）

预设3：两只鹅的吃相都很有特点。白鹅是三眼一板、一丝不苟，白公鹅是从从容容、不紧不慢。（鹅的特点）

预设4：两篇文章都运用了拟人手法，把鹅当作人来写，使鹅的形象更加生动鲜活、跃然纸上。此外，都运用了反语的手法，例如，"鹅老爷""耀武扬威"等，表现出作者的喜爱之情。（写作手法）

预设5：两篇文章的语言都十分幽默有趣，可读性强，言语中透露着两位作者对白鹅深深的喜爱之情。（语言风格）

3. 小结

同学们，我们从鹅的特点、写作手法、语言风格等多个方面比较阅读了《白鹅》与《白公鹅》，相信这两只有趣的大鹅一定给你们留下了深刻的印象。在生活中我们也可以用上今天所学的方法来描写自己喜欢的动物。

【设计意图】"教材无非是个例子"，四年级的学生抽象思维开始萌芽，思维逐渐灵活，语感增强。在实现学生"思维能力"核心素养的培育上，阅读链接补充的《白公鹅》很好地点拨了教学方向，通过一篇文本带动多篇文本，将《白鹅》和《白公鹅》进行对比阅读，点拨学生从鹅的特点、写作手法、语言风格等多个维度展开对照，给学生充分的时间阅读与比较，激活思维，通过自己的梳理、整合、联系、比较，实现在多文本的阅读中逐渐落实单元语文要素"体会作家是如何表达对动物的感情的"，并实现阅读能力的提升。

【板书设计】(见图 4-1)

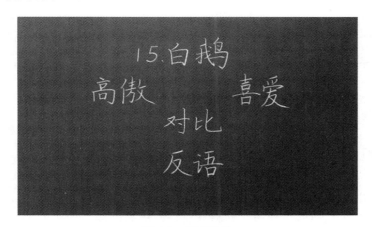

图 4-1　板书设计

附：《白鹅》学习单

1. 根据鹅的特点，给下列词语分类：

架子十足、毫不相让、三眼一板、严肃郑重、步调从容、厉声叫嚣、大模大样、一丝不苟、引吭大叫

叫声：_____

步态：_____

吃相：_____

2. 对比阅读《白鹅》和《白公鹅》，思考两位作者笔下的鹅有什么共同点。先圈关键词，再填一填。体会两篇文章表达上的相似之处。完成表 4-6。

表 4-6　学习单

	《白鹅》	《白公鹅》
称呼	鹅老爷	
叫声		大声叫唤
步态	步调从容、大模大样、毫不相让	
吃相		从从容容、不紧不慢

我发现两篇文章的相似之处有：

例：两只鹅都有一个有趣的名字，白鹅的名字是鹅老爷，白公鹅则是（　　　　　），体现了（　　　　　）。

_____

_____

_____

_____

_____

_____

章后练习

1. 散文有什么特点？散文教学对小学生有什么价值与作用？

2. 散文素有"美文"之称，教学时如何设计学习活动，从而让学生在散文学习中接触美、发现美、感悟美、创造美？结合相关课例阐释。

3. 在《白鹅》一课中，教师是通过怎样的设计，让学生体会到作者对白鹅的喜爱之情的？

4. 尝试对《四季之美》(五年级上册)进行文本教学解读及学习活动设计。

延伸阅读

1. 王先霈：《文学文本细读讲演录》，桂林，广西师范大学出版社，2006。

2. 孙绍振：《孙绍振解读经典散文》，北京，中华书局，2015。

3. 王荣生：《中小学散文教学的问题及对策》，载《课程·教材·教法》，2011(9)。

4. 窦桂梅《葡萄沟》(二年级上册)教学实录。

5. 薛法根《珍珠鸟》(五年级上册)教学实录。

6. 何捷《匆匆》(六年级下册)教学实录。

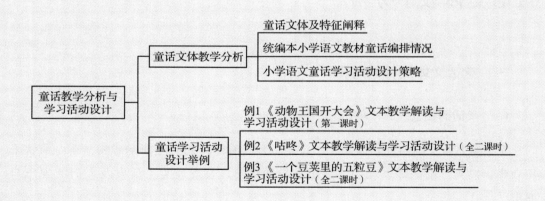

章前导语

　　童话是最富有幻想性、趣味性的儿童文学体裁，是儿童的天然精神食粮。童话种类繁多，依据人物形象类型，可分为常人体童话、拟人体童话和超人体童话。童话的特征主要表现为：情节曲折连贯，形象生动鲜明；幻想丰富奇特，夸张强烈动人；语言简洁活泼，表现手法多样。统编本小学语文教材共选入 30 篇童话，主要集中于低、中年级，并在三年级上册和四年级下册专设了童话主题单元。小学语文童话学习活动策略主要包含以下六大方面：紧扣习题，合理设定童话教学目标；品读词句，感悟童话的语言特点；创设情境，把握童话的故事情节；借助表演，感知童话的人物之美；基于单元框架，积极实施童话创编实践；依托教材插图，自主展开童话想象翅膀。

第一节
童话文体教学分析

一、童话文体及特征阐释

（一）童话的概念

　　童话是儿童文学的重要体裁之一，是一种具有浓厚幻想色彩的虚构故事，通常采用夸张、拟人、象征等表现手法编织奇异的情节，表现现实生活以及人们的理想与愿望。

　　《中华儿童百科全书》对童话作如下解释："童话就是写给小孩子看的故事，不过这故事并不是普通的故事，也不是真的故事。这故事是想出来的最可爱的故事。这故事把天底下所有的东西都当做人来看待，让所有的东西互相交朋友，让好的愿望能实现，让一切有趣的事情都能发生。"

　　童话主要描绘虚幻的事物和境界，所表现的"人物"，是并非真有的假想形象，所讲述的故事，也是不可能发生的。但童话中的种种幻想都植根于现实，是生活的一束光芒。

　　童话创作一般运用夸张和拟人的手法，并遵循一定的事理逻辑去展开离奇的想象，营造浓郁的幻想氛围以及超越时空制约、亦虚亦实、似幻犹真的艺术境界。此外，它也常常采用象征手法塑造幻想形象，以影射现实中的人事关系。

童话因其夸张的想象、曲折的情节、通俗易懂的语言，深受小学生的喜爱。童话不但能够激发学生的阅读兴趣，而且有助于发展学生的想象力。

(二)童话的类别

童话的种类繁多，根据不同标准可以划分出不同的类别。

1. 依据作品来源，可以分为民间童话和文学童话

(1)民间童话

民间童话是指带有浓厚幻想色彩的民间故事，属于民间文学的一部分，由人民群众集体创作，世代口耳相传，带有明显的民族、地方色彩。例如，德国的《格林童话》，中国古代的《田螺姑娘》《狼外婆》等。

(2)文学童话

文学童话又称现代童话、创作童话、艺术童话，是指成人自觉为儿童创作的童话作品，是作家文学的一部分，具有作家文学的基本特征：书面创作，有独特的艺术风格，创作方法灵活多样。

2. 依据人物形象类型，可分为常人体童话、拟人体童话和超人体童话

(1)常人体童话

常人体童话：童话人物是普通的人，描述普通人的生活，但这些人的性格、行动、遭遇都特别离奇夸张。如《皇帝的新装》《有劳先生的乡下之行》等。

(2)拟人体童话

拟人体童话：童话人物多是人类以外各种人格化的有生命或无生命的事物，通过拟人化的手法让其具有人的思想、感情和性格行为。如《木偶奇遇记》《舒克和贝塔》等。

(3)超人体童话

超人体童话：描写超自然的人物及其活动，多见于民间童话，借助超越常人与自然力的神仙、妖魔或宝物来展开神奇怪诞的情节，如《神笔马良》等。

3. 依据童话体裁，可分为散文体童话、童话诗、童话剧和科学童话

(1)散文体童话

散文体童话是童话与散文的结合，它借助童话的意境、童话的想象与幻想，用散文的形式来描写拟人化的童话形象。

(2)童话诗

童话诗也称诗体童话，是以诗歌的形式写就的童话。

(3)童话剧

童话剧是以剧本的形式表现童话故事。

（4）科学童话

科学童话是儿童科学文艺的一种，是以科学知识为主要题材内容的童话作品，其特征为幻想在科学的基础上展开。

（三）童话的特征

幻想是童话的基本特征，也是童话反映生活的特殊艺术手段。具体而言，童话的特征主要表现为：

1. 情节曲折连贯，形象生动鲜明

童话故事情节离奇曲折、引人入胜，同时又紧凑连贯、生动浅显；主人公特点鲜明，富有浓厚的趣味性，往往采用拟人化的象征手法，让动物、植物等披上人的外衣，赋予它们人的思想和意识。总之，无论是情节还是形象，童话都非常符合儿童的阅读兴趣和认知水平。

2. 幻想丰富奇特，夸张强烈动人

童话人物的行为虽然可以不依据自然的法则或科学的规律，任由作者想象力的驰骋，但它又在曲折地反映着现实生活的本质。例如，安徒生童话《丑小鸭》，通过丑小鸭的不幸遭遇，既表现了人生中的挫折和痛苦不可避免，又反映了人们对于摆脱歧视和冷遇的渴望。

3. 语言简洁活泼，表现手法多样

童话在充分展示语言多样性的同时，又力求简洁生动，选取明朗并富有表现力的语词和句式，使语言丰富多样而又简洁明快。同时，在结构模式和叙事方法上，现代童话很少沿用传统童话既有的程式，而是创建个性化、多样化的文本形式，具有不可复制的特点。

二、统编本小学语文教材童话编排情况

总体而言，童话在统编本小学语文教材中总共选入 30 篇，各册教材分布情况见表5-1。童话类课文主要集中在低、中年级，在高年级数量骤减。

表 5-1　统编本小学语文教材童话类课文分布数量表

	一年级	二年级	三年级	四年级	五年级	六年级
上册	2	5	7	1	0	0
下册	6	5	0	3	0	1
总计	8	10	7	4	0	1

　　具体来看，如表 5-2 所示，统编本小学语文教材中的第一篇童话课文是一年级上册第六单元的《雨点儿》，此时学生刚刚完成拼音单元及两个识字单元的学习，识字量和阅读能力有了一定的累积，具备了阅读童话故事的基本能力，所以教材中编选了童话课文，但是数量并不多。随着学生认知水平的不断发展，课本中童话课文数量不断增多，三年级上册、四年级下册教材中甚至专门设置了童话主题单元，旨在通过童话的专题性阅读，提升学生相应的语文素养。进入三年级，统编本小学语文教材中的课文有了精读和略读的区别，加" ＊ "的童话课文通常仅要求学生带着相应的问题去读，读完故事能尝试说出问题的答案即可。如三年级上册第四单元的两篇略读课文《胡萝卜先生的长胡子》和《小狗学叫》，学生学习的重点就落在通过读懂故事情节的反复性去对故事的结局进行合理的推测，这是以往的教材并没有出现过的。

表 5-2　统编本小学语文教材童话课文具体分布情况

年级册数	具体单元	课文名称
一年级上册	第六单元	8《雨点儿》
	第八单元	14《小蜗牛》
一年级下册	第六单元	14《要下雨了》
	第七单元	17《动物王国开大会》；18《小猴子下山》
	第八单元	19《棉花姑娘》；20《咕咚》；21《小壁虎借尾巴》
二年级上册	第一单元	1《小蝌蚪找妈妈》
	第七单元	20《雾在哪里》；21《雪孩子》
	第八单元	23《纸船与风筝》；24《风娃娃》
二年级下册	第一单元	3《开满鲜花的小路》
	第五单元	14《小马过河》
	第七单元	19《大象的耳朵》；20《蜘蛛开店》；21《青蛙卖泥塘》
三年级上册	第三单元	8《卖火柴的小女孩》；9 ＊《那一定会很好》；10《在牛肚子里旅行》；11 ＊《一块奶酪》
	第四单元	12《总也倒不了的老屋》；13 ＊《胡萝卜先生的长胡子》；14 ＊《小狗学叫》
四年级上册	第二单元	5《一个豆荚里的五粒豆》
四年级下册	第八单元	26《宝葫芦的秘密》；27《巨人的花园》；28 ＊《海的女儿》
六年级下册	第二单元	6 ＊《骑鹅旅行记》

三、小学语文童话学习活动设计策略

(一)紧扣习题，合理设定童话教学目标

课后习题是教材编者精心研制编写的，是学生语文学习的重要资源，更是教师教学设计的抓手。这些习题既体现着本篇文本独特的教学价值，同时又紧扣单元训练的核心目标，揭示了学生学习过程的语言生长点。因此，童话教学要从课后习题中提炼出与童话内容相关的元素，综合制定童话教学目标，为学生语文核心素养的发展奠定基础。

例如，三年级上册《在牛肚子里旅行》课后习题一要求学生"分角色朗读课文，体会青头和红头对话时的心情，读出相应的语气"。这是结合童话类文本故事性强的特点，关注人物在不同情境中心情的变化，引导学生理解人物的思想情感。在朗读中，学生不仅能体悟人物的形象特点，而且语言的理解、表达能力也能得到更有效的提升。课后习题二与前一题有紧密的联系，要求学生在朗读的基础上进行理解，依托文本走进青头和红头的内心世界，体会为什么二者是"非常要好的朋友"。这样的习题有助于学生在读写实践中获取丰富的言语价值和意义。

鉴于此，在教学这篇童话时，除了常规性的目标之外，教师还应将"感受人物内心活动，体会青头和红头的友情"作为本课教学的核心目标。这一核心目标的设定源自教师对课后习题内容的精准解读，既体现了童话文体的基本特征，同时也观照了这篇课文独特的教学价值，更为学生的具体学习提供了方法和策略支撑。

(二)品读词句，感悟童话的语言特点

编入统编本小学语文教材中的童话，大都具有生动的情节和鲜明的形象，并不需要教师过多地进行讲解，而是需要学生积极参与到阅读实践活动之中。因此，教学时，教师要组织学生对童话文本进行反复阅读和揣摩，可开展讲故事活动，以品读童话特有的语言风格，体会童话故事所蕴含的意义。

例如，在教学二年级上册《小蝌蚪找妈妈》一课时，为了激发学生的学习兴趣，就需要教师抓住小蝌蚪找妈妈过程中身体特征的变化，引导学生学习与蝌蚪、青蛙相关的知识。与此同时，教师应带领学生反复朗读课文，寻找课文中描述从蝌蚪转变为青蛙的关键语句，并揣摩这些关键语句背后的深意。在引导学生找到"过了几天，长出了两条后腿""过了几天，长出了两条前腿""过了几天，尾巴变短了""不知什么时候，小青蛙的尾巴已经不见了"等关键句之后，教师再带领学生结合这些句子，梳理小蝌蚪所经历的整个过程，感受小蝌蚪不断发生的变化，并尝试用"首先……然后……再然后……最后……"的句式进行表达。通过揣摩关键词语和关键语句，学生顺利地抓住了

童话故事的主线，不但能够理解童话语言的特点，而且培养了语言表达能力。

童话的内容活泼有趣，语言生动形象，教师只有充分把握童话的语言特点，引导学生品读关键句子，才能让学生通过反复诵读和揣摩，获得丰富的语言体验，在愉悦的童话阅读中锻炼语言能力，发展语文核心素养。

(三)创设情境，把握童话的故事情节

童话有着生动有趣的故事情节，深受小学生欢迎，这就为童话教学打下了良好的基础。教师可以以此为切入口，利用童话的故事情节创设教学情境，吸引学生在特定的语境中自然而然地进入文本，进而从整体上梳理和把握童话的内容和意蕴。

1. 创设形象化的情境

低年级学生的注意力维持时间较短，以直观形象思维为主。因此，在童话教学时，教师要利用多媒体为学生创设形象化的教学情境，使学生在有动画和音乐的学习氛围中快速进入童话情境之中。例如，在教学一年级下册《小壁虎借尾巴》一课时，为了让学生对壁虎有所了解，教师可以借助网络搜集一些跟壁虎相关的视频，充分展示壁虎的生活习性，包括壁虎的身体特征，尤其是尾巴的特点。播放视频之后，教师再顺势让学生梳理童话故事的情节，找出小壁虎分别到了哪儿，去找了谁(哪个动物)借尾巴，借尾巴时对方说了什么，小壁虎又是怎么想、怎么做的。

2. 创设悬念化的情境

童话富于幻想，充满奇幻色彩，因而语言及情节往往具有跳跃性，这就给学生的想象留下了充足的空间。教师可以利用童话的这一典型特征，积极为学生创设悬念化的教学情境，引导学生进行想象，让学生快速融入童话情境，对故事内容产生兴趣并获得阅读的快感。例如，二年级下册《小马过河》一课，说的是小马在过河的时候遇到了松鼠和老牛，松鼠说河水很深，老牛说河水很浅，这让小马对河水的深浅产生了困惑，在不知所措的情况下跑回家去问妈妈。这个故事情节给学生提供了广阔的思维空间。在教学时，教师可以设置一些悬念让学生进行猜测和补充：老牛说河水很浅，小马听了之后心里怎么想？松鼠说河水很深，小马听了之后又会怎么想呢？如果小马不听老牛和松鼠的话，自己该怎么做？最后小马又是怎么做的呢？这些问题激活了学生的思维，使学生在好奇心的驱动下兴致勃勃地讨论自己设想的结局。通过对文本结局的想象及表达，学生不但能够理解童话所蕴含的道理，而且还能在交流的过程中获得个性化的理解与体验。

(四)借助表演，感知童话的人物之美

童话大多都是通过虚幻的情节来反映现实生活，塑造生动典型的人物形象。因此，在童话教学中，教师要充分利用小学生活泼好动的天性，组织小学生将童话故事表演

出来。为了让表演更加到位，学生就必须仔细揣摩人物的言行、体会人物的特点、思考人物行为及特点背后的原因、理解人物身上所具有的闪光点等，在获得真实体验的同时，感受童话故事中童话人物的艺术之美。例如，二年级上册《雪孩子》一课就是通过精彩的故事情节塑造了一个具有牺牲精神的雪孩子的形象。为了让学生更好地理解雪孩子美好的心灵，教师可以组织学生进行小组表演活动，让学生尝试通过表演感悟人物形象。在组织学生进行表演之前，要启发学生分析和思考：雪孩子为什么要献出自己的生命去拯救小白兔呢？学生认为，雪孩子是把小白兔当成了自己的好朋友，为了好朋友宁愿献出自己的生命。紧接着引导：那么小白兔为雪孩子曾经付出过什么呢？学生认为，小白兔曾经给雪孩子唱歌、跳舞，带来了快乐。教师继续追问：那么你认为小白兔和雪孩子谁付出得更多？你从中体会到什么？学生认为，雪孩子付出的是生命，而小白兔的付出和雪孩子的付出是不一样的，二者无法相比。由此，学生深刻体会到，雪孩子的心地十分善良，他的付出是无私的；在帮助小白兔的时候，他并没有考虑这种付出是否对等、是否值得。经过分析和思考，学生在表演的时候就能够更好地把握雪孩子纯真、善良、无私的特点，进而感受雪孩子的心灵之美。由于这样的感悟不是教师一味灌输的，而是学生自己在表演中体会到的，因而学习印象也会更加深刻。

（五）基于单元框架，积极实施童话创编实践

统编本小学语文教材从三年级开始，每学年设置了一个专题性阅读策略单元。例如，三年级上册第四单元的阅读策略是"预测"，本单元的三篇课文都是童话故事。教学时，教师要基于单元整体，利用童话的丰富想象和情节变化，引导学生尝试运用预测的方式进行阅读，掌握并积累基本的预测方法，为后续的续编、创作童话奠定基础。如教学《总也倒不了的老屋》时，教师可以借助文本旁边的批注，让学生明白，预测并不是天马行空地胡思乱想，而是要有一定的依据。在教学《胡萝卜先生的长胡子》时，可以运用预测的方法来阅读，让学生习得方法、提升能力。《小狗学叫》这篇课文有着极强的故事性，情节跌宕起伏，结尾看似出乎意外，又在情理之中。教学时，教师可以利用该童话文本的故事情节，鼓励学生进行大胆的猜测，并与课后习题提供的多种结局进行对比，形成思维的碰撞。最后的习作板块，编者的目的就是将预测的阅读方法进行实践运用。如此教学，虽是循教材设置之"规"，但并没有蹈死板僵硬之"矩"，而是给予学生广阔的预测和想象的空间。这样的教学，就不是局限在某一篇课文的教学之中，而是基于整个单元的认知框架所进行的整体性考量，从而让童话文本的教学在科学严谨的教学体系中绽放出别样的精彩。

（六）依托教材插图，自主展开童话想象翅膀

统编教材在插图的绘制和选用上可谓是匠心独运，不仅有着鲜明的色彩和强烈的美感，而且与文本表达的主题、情感形成相得益彰的效果，是教材内容不可或缺的重要组成部分。童话本身就具有鲜明的想象特质。仍以三年级上册第四单元为例，从单元导语页开始，教材对插图的选用就与学生的认知特点高度匹配。本单元中，每篇课文的插图都是那么清新、优美，给学生的阅读注入了活力。在初读文本时，教师可引导学生关注教材的插图，让学生的想象不断奔涌而出；在深入阅读时，教师要巧妙地穿插插图，让学生将自己想象的闸门完全打开，充分利用教材插图与文本内容之间的关联性，沉入作品鲜活而具体的情境中，令学生的身心意识全部浸润于色彩斑斓、立体动态的童话世界之中。例如，《总也倒不了的老屋》一文，编者在课题处批注："老屋总也倒不了，是被施了魔法吗？"这是一个充满幻想与神奇色彩的提示。教学时，教师可以利用这一页的插图，引导学生进行观察，激活学生的想象，从幽暗的天空、长着一副老人面孔的房屋以及青褐色的小草等具有朦胧之感的画面中，猜测这座老屋之所以不倒，可能是被施了什么魔法。画面的观察与浸润的最大价值就是激活了学生的内在思维，激发了他们阅读童话类文本的情感，这样展开的想象和猜测才会既合情合理，又充满神奇的幻想色彩。

在教学中，教师不应将童话阅读局限在僵硬的文字符号上，而是要抓住童话文本、编者提示与插图之间的内在联系，利用插图直观性、形象性的视觉冲击，激发学生的阅读动力，赋予学生想象的翅膀，让学生与作者、与童话中的人物一起沉浸在奇幻美妙的童话艺术世界中。

第二节
童话学习活动设计举例

为兼顾童话在主题、形式、民族、时代等方面的多样性，本节选取我国现代儿童文学作家嵇鸿创作的童话《动物王国开大会》（一年级下册），根据民间故事改编的童话《咕咚》（一年级下册），以及丹麦童话作家、"现代童话之父"安徒生创作的经典童话《一个豆荚里的五粒豆》（四年级上册）来进行童话类文本教学解读与学习活动设计。

例1 《动物王国开大会》文本教学解读与学习活动设计（第一课时）

一、文本教学解读

（一）单元整体解读

《动物王国开大会》是统编本小学语文一年级下册第七单元的一篇课文。本单元围绕"习惯"这个主题编排了《文具的家》《一分钟》《动物王国开大会》《小猴子下山》四篇课文。这四篇课文都渗透着责任意识和良好习惯的养成：《文具的家》是让学生学会管理自己的文具；《一分钟》是时间意识的渗透，让学生逐步学会管理时间；《动物王国开大会》让学生明白要把重要的内容说清楚、说完整；《小猴子下山》则强调做事情要有目标意识。本单元课文贴近学生的生活，故事幽默，充满童趣，语言明白易懂，插图形象生动，能激发学生的阅读兴趣。

"根据课文信息作简单推断"是本单元的学习重点。这是在延续一年级上册和下册第二单元"找出课文中的信息"要求的基础上，在阅读理解方面的进一步深化，在本单元的教学中，要循序渐进，体现学习的层次性。本单元的另一个学习重点是"读好疑问句和祈使句的语气"。在课文《动物王国开大会》中，出现了较多疑问句和祈使句，要让学生在分清角色的基础上，体会角色心理，读出祈使句所带有的号召、命令的语气，读出疑问句思考的语气。此外，本单元还要关注长课文的教学。

（二）文本独特解读

《动物王国开大会》是学生接触到的第一篇篇幅较长的课文，一共有18个自然段，配有5幅插图。课文围绕如何准确发布通知展开，讲的是动物王国要开大会，老虎让狗熊通知，狗熊在狐狸、大灰狼、梅花鹿的提醒下，一次又一次地增加内容，最终才发出了一个准确、清晰的通知。由此让学生明白，发布通知时要把重要的内容说清楚、说完整。

本文由四段相似的情节构成整个故事，充分体现了童话情节反复性的特点。这种内容与形式的反复，不是简单的重复，而是层层深入，在反复中体现出变化和发展，造成回环曲折的艺术效果，不仅符合一年级学生的心理特点与阅读习惯，而且有助于学生根据读到的情节对后续内容做出合理的推断，从而形成信息完整性的意识，为后面进行逻辑思维训练以及真正读懂与内化课文起到重要的支撑作用。

课文中，随着通知的发布，问题相继出现，故事逐步推进，一个个可爱的动物相继进入阅读视野。主要人物狗熊的形象非常丰满，他"伸了伸舌头，做了个鬼脸"，相当呆萌，人物形象呼之欲出。次要人物的形象也比较鲜明：狐狸、大灰狼、梅花鹿听到狗熊的通知，认为他说得不够清楚，或"奔来"或"跑来"提醒狗熊，善良与热忱显露无遗。可爱的动物们围绕通知的准确度，先后有多次对话，课文巧妙地融入了诸多问号与感叹号，这些标点符号在不同语境中的作用也各不相同。

本课可用 2 课时，在此主要针对第一课时进行学习活动设计。

二、学习活动设计

【学习目标】

1. 认识"物""虎""熊"等 13 个生字，认识"牛字旁"，会写"要""百"等 6 个生字。

2. 正确、流利地朗读课文，初步练习分角色朗读。

3. 理解课文大意，了解发布通知时要把时间、地点说清楚。（重难点）

【学习过程】

板块一：创设情境，识记生字

1. 开门见山，直入课题

(1)今天我们一起来学习一篇有趣的童话故事。（板书课题）指名读、齐读课题。

(2)学习"物"字和"牛"字旁。

2. 创设情境，认识"虎""熊"

小朋友们，想进入动物王国，咱们得要先来认识"虎大王"和"熊助手"。

(1)依次出示字词卡："虎""老虎""大老虎"。指名读、齐读。

(2)介绍"虎"字的演变过程。（见图 5-1）

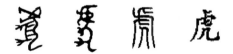

图 5-1　"虎"字的演变过程

(3)出示"熊"字。提问：你准备怎么记住"熊"字？

3. 借助游戏，集中识字

小朋友们，咱们已经来到动物王国的大门口啦！但是只认识了"虎大王"和"熊助手"还不够，我们还要拿到动物王国的"特别通行证"，并且顺利"过河"才行。

(1)抢拿苹果，借助拼音识字。

(2)齐摘苹果，去掉拼音识字。

(3)小鹿过河，组成词语识字。

【设计意图】识字是一年级语文教学的重点，只有在良好的识字教学的基础上，学生才能通读全文，理解文本。《义务教育语文课程标准（2022 年版）》指出：语文课程应

"创设丰富多样的学习情境，设计富有挑战性的学习任务，激发学生的好奇心、想象力、求知欲"。因此，识记生字这个环节精心创设了进入动物王国要认识"虎大王""熊助手"，要有"特别通行证"，要"过河"等有趣的情境，运用形象直观的教学手段，调动学生已有的经验，帮助学生识字、解意，提高学生自我识字的能力以及分析、归纳、总结的能力。

板块二："三读"课文，学习"通知"

1. 初读课文，读通读顺

(1)自由朗读课文，借助拼音读准字音，读通句子。

(2)数数课文一共有几个自然段，并用序号标出。

(生自由朗读课文，师巡视)

2. 再读课文，理顺内容

(1)圈画人物。

再读课文，用"○"圈出动物的名字，再用"＿＿＿"画出他们所说的话，好好地读一读。

(2)分角色朗读。

五名学生分别朗读狗熊、老虎、狐狸、大灰狼和梅花鹿的话语。重点关注人物说话时的语气。

(3)思考。

故事中出现了哪些动物？他们在干什么？

(学生回答，练习说话)(板书："通知")

3. 三读课文，对比发现

(1)朗读第一自然段中狗熊播报的通知。提问：你们会有什么疑问吗？

预设：动物王国在什么时候开会？在哪里开会？

(板书："时间""地点")

(2)提问。

在故事中，狗熊一共播报了几次通知呢？(四次)引导学生在文中找出狗熊播报的四次通知。

(3)小组合作。

对比狗熊播报的四次通知，看看有什么发现。

(生交流反馈)

点拨：狗熊的四次通知一次比一次更清楚、更具体，特别是最后一次通知，时间和地点都说清楚了。

(板书："明天上午八点""森林广场")

(4)对比阅读课文第一自然段和倒数第二自然段，大声朗读狗熊第一次播报和第四次播报，感受两次播报之间的差异。

点拨：狗熊说清了开会时间和地点，所以大家都准时参加大会了。这样看来把时间和地点说清楚很重要。

【设计意图】统编本小学语文教材强调"一课一得"。为了突破"了解发布通知时要把时间、地点说清楚"这一教学重点，教师首先让学生朗读生字比较集中的第一自然段，在读正确的基础上，引导学生自主发现和质疑。其次，让学生找出狗熊播报的四次通知，理清故事情节脉络。再次，抓住狗熊播报的最后一次通知，重点指导学生朗读，并让学生了解发布通知时要把时间、地点等要素说清楚。最后，初步练习分角色朗读，读出不同角色说话时的语气，为下节课进一步指导分角色朗读和"演一演"做好铺垫。

板块三：识写生字，关注"长横"

1. 引导学生观察田字格中的"要"字：你发现了什么？

学生之间交流。

点拨："要"字上半部"西"的撇和竖弯都变成了竖。下半部"女"字中的第一笔写的时候要做到撇短点长。它有一个长长的横，就像小朋友伸出的手臂，又长又直。长横是这个字的主笔，写的时候要舒展开来。

2. 师示范，学生书空

3. 提示书写习惯

生描红临摹，师巡视。

4. 点评写字

生点评，师小结。

点拨："百""舌"字也有长横，也是主笔，写的时候也要舒展开来。

【设计意图】书写是小学生必备的一项基本能力，也是本节课的一项教学任务。在指导写字时，需着力培养学生自主观察的能力与书写能力，塑造良好的写字习惯；针对本节课的写字教学，应着重关注长横的写法。

【板书设计】（见图 5-2）

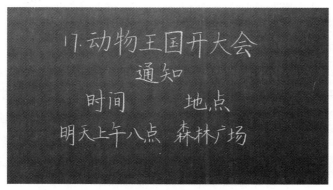

图 5-2　板书设计

例 2 《咕咚》文本教学解读与学习活动设计(全二课时)

一、文本教学解读

(一)单元整体解读

《咕咚》是统编本小学语文教材一年级下册第八单元中的第二篇课文。本单元是小学生遇到的第一个童话单元,围绕"科普知识"这个主题安排了《棉花姑娘》《咕咚》《小壁虎借尾巴》三篇课文。课文融科学知识、生活常识于精彩的故事情节之中,既有教育性,又富有童趣。

本单元的学习重点是借助图画阅读课文。其中的《咕咚》和《小壁虎借尾巴》两篇课文是继一年级上册课文《小蜗牛》之后,再一次出现的没有全文注音的连环画课文。教学时,要在一年级上学期借助图画猜字、认字、读懂课文的基础上,继续发展学生独立识字和阅读的能力。《咕咚》一课的教学要巩固、运用《小蜗牛》的学习方法开展识字、阅读教学,并运用形声字特点,联系上下文猜字、认字;《小壁虎借尾巴》要在此基础上能借助偏旁表义的特点了解字义,并通过交流"是怎么猜出来的",提炼猜读的几种方法。这两篇课文都可以根据图文对应的特点理解内容,有能力的学生还可以借助图画复述课文或进行角色表演。这样,训练层层递进,要求逐步提高,学生才能在实践中更好地掌握"借助图画阅读"的方法。

本单元的另一个学习重点是分角色读好课文。单元中的三篇童话作品情节生动曲折,人物个性鲜明,活灵活现,且都运用了大量的语言描写来塑造人物形象。因而教学时应引导学生通过读好人物语言揣摩人物的心理和性格,在让学生习得文本阅读鉴赏基本方法的同时,感受童话驰骋的想象以及阅读的快乐。

(二)文本独特解读

《咕咚》写的是一个木瓜熟了,掉进湖里。兔子听见"咕咚"一声,吓得边跑边叫,许多小动物也跟着逃跑,最后野牛拦住他们,弄明白了事情的真相。这是一篇根据中国民间故事改编的童话,情节曲折,童趣盎然,旨在告诉我们,听到或遇到任何事情,一定要想想或去实地看看,不要盲目跟从。全文共有七个自然段,并配有四幅插图。第一幅插图对应第一、第二自然段,木瓜掉进湖里,兔子很惊慌地逃跑;第二幅插图对应第三、第四自然段,小动物都惊慌地跟着跑了起来;第三幅插图对应第五自然段,野牛问大伙儿"咕咚"是什么;第四幅插图对应最后两个自然段,大家明白了真相,兔子很难为情地扭过脸,其他动物都笑了。教学时,应引导学生运用形声字知识、结合生活经验、联系上下文以及借助图画等多种方法猜字、识字，这也是学生课外阅读经常会用到的一些识字方法，因而要扎实培养。

本课课后习题二为："说说动物们为什么跟着兔子一起跑，野牛是怎么做的。"这个问题既是对学生提取文字信息能力的一种训练，又是推动学生感悟主题的一个练习，是教学的重点和难点，因而教师可安排在学生图文结合了解课文内容后再进行教学，这样更有助于学生对这一问题认识的深化。

本文作为一篇童话作品，想象丰富，情节曲折，语言夸张。尤其是对兔子、小猴子、大象、野牛等人物的语言描写，既符合人物的性格特点，又声情并茂，极富立体感、画面感。教学时，可采用分角色朗读的方式，引导学生在模仿人物声音、口吻，读好对话的过程中，体会人物心理及其个性特征。甚至可以采用童话剧演出的形式，让学生将童话故事演出来，从而更直观地感受童话的魅力以及语文课堂的趣味。

二、学习活动设计

【学习目标】

1. 认识"咕""咚"等 13 个生字。学习借助图画、形声字与象形字特点，做动作等多种方法猜字、识字。会写"吓""怕"等 8 个生字。

2. 正确、流利、有感情地朗读课文。分角色读好课文，体会人物心理及其个性特征。

3. 结合插图，读懂故事内容。懂得"遇事要学会思考，不盲目跟从"的道理。

【学习重难点】

1. 借助图画、形声字、象形字特点，做动作等方式猜字、认字。（重点）

2. 懂得"遇事要学会思考，不盲目跟从"的道理。（难点）

【学习过程】

（第一课时）

板块一：声音造境，导入课题

1. 声音造境

同学们，大自然里充满了很多美妙的声音。认真听，你们听到了什么？

预设：海鸥在空中鸣叫；下大雨的声音；布谷鸟在唱歌。

这一次，你们又听到了什么声音？——"咕咚"。

2. 导入课题

这个声音就是今天我们要学习的课文的课题。（板书课文题目）齐读课文题目！

3. 过渡

那这"咕咚"声到底是什么呢？就让我们一起走进课文吧！

【设计意图】通过倾听不同的声音，引发学生的"共鸣"，并对"咕咚"的声音初步有所感知，理解"咕咚"作为拟声词的特点，为学习下文做好铺垫。

板块二：学习生字，探究方法

1. 借助拼音读准生字词

运用小老师带读、开火车读、去拼音读等多种形式。

2. 识记象形字"羊""象""鹿"

(1)这些生字中还藏着几个小动物呢！请你仔细观察，看图猜字。(出示图片，见图 5-3)

图 5-3　生字图片

(2)谁能说说你是怎么猜出来的？

点拨："羊""象""鹿"都是象形字，它们最早出现在 3000 多年前，人们根据动物的外形创造了相应的文字。这些文字一直在发展变化，逐渐成了今天的样子。(见图 5-4、图 5-5)

图 5-4　"羊"字的演变　　　　　　　图 5-5　"象"字的演变

(3)我们一起记住它们吧。

请你组个词。

3. 识记形声字"咕""咚""吓""拦""领"

(1)同学们看，这是什么？

——"冬"字。

(打开字卡：咚)现在它读什么？我们一起读。

再来看看这个"咚"字，说说你发现了什么。

点拨：汉字中，有一部分表示这个字的读音，这就叫"声旁表音"。"咚"是用口发声，所以口字旁就是这个字的意义，这就是"形旁表义"。

(2)像这样声旁表音、形旁表义的字就是形声字。课文中像这样的形声字还有哪些呢？仔细读，认真找。

(3)(出示字卡：咚、吓、拦、领)这些都是同学们找到的形声字，再读一读，认一认。

点拨：我们就是用形声字的方法会读会认这些字的。

4. 做动作猜字"掉""逃""拦"

(1)这里还有三个生字，我们就用"我来表演你来猜"的游戏记住它们。

(黑板上贴字卡：掉、逃、拦)这三个生字跑到黑板上了。我要请三位同学上台表演，大家一起来猜。

(2)三个学生各选一个字。做动作。举起这个字卡领着大家读一读。

5. 生字组词

还想玩吗？这些生字找到了好朋友！我们来爬楼梯夺红旗，需要"声音从小到大"地爬。读得太棒了！胜利的红旗属于你们。

【设计意图】识字写字是一年级语文课堂学习的重点任务。本环节旨在引导学生学会运用图片、象形字及形声字的特点，做动作，组词等方法来猜字、认字，通过形象直观的教学方式，提升识字教学的趣味性与有效性。

板块三：结合插图，整体感知

1. 初读课文，思考

这篇课文跟之前学习的课文有点不同，你能发现吗？遇到不认识的字怎么办呢？

点拨：上学期《小蜗牛》一课我们就学过，可以利用形声字的特点或者文中的插图来猜字、认字。

用这样的方法自己读一读课文。汇报学习成果。

2. 图文手拉手

再读课文，给四幅插图找到它们各自对应的"文字朋友"。

汇报学习成果。

【设计意图】本课是继一年级上册《小蜗牛》之后，再次出现的没有全文注音的连环画课文。教学时，要在之前借助图画猜字、认字、读懂课文的基础上，继续发展学生独立识字和阅读的能力，巩固识字教学的成果。图画书是幼儿的主要读物，而对于刚从幼儿阶段步入儿童阶段的一年级小学生而言，文学作品中的插图是他们从图画阅读过渡到文字阅读的重要"桥梁"。因而教学时以插图为媒介，引导学生把插图和文字对应起来，以读懂故事内容。

板块四：细致观察，学写生字

课文读完了。下面要动动笔了，有没有信心成为写字小明星？

1. 学写"家"字

(1)我们来看一下本课要写的生字。

(出示"家")这是什么字啊？这个字的笔画可真多！我们先来看看它的笔顺，认真看。(出示"家"的笔顺)谁记住"家"字的笔顺了？说一说。其他同学伸出小手一起书空。

(2)想要写好，先要观察。

哪位小小书法家来说一说，怎么写好这个字？

点拨：老师现在把"家"送到田字格里，认真观察。宝盖头，第一笔撇往左撇，弯钩弯到竖虚线，前两撇末端基本对齐，第三笔撇最长，三撇间距匀称。最后一笔捺要舒展。

(3)打开语文书 108 页，"家"这个字描一个写两个，注意执笔姿势。同时做到"头正，肩平，背直，足安"。(师巡视，生交流展示)

2. 学写"象"字

观察"象"字，它跟哪个字很像？——"家"。说说你的书写小窍门。

3. 学习"吓""跟""羊""都""怕"

每个字在书上田字格中描一个写两个。

【设计意图】"家"字不好写，笔画很多，引导学生厘清笔顺，并了解三撇的关系、领会弯钩写好重心，以及最后一笔捺写舒展的要领。写好了"家"字，"象"字就可以举一反三。

(第二课时)

板块一：复习回顾，理顺脉络

1. 导入

同学们，上节课我们一起阅读了一篇有趣的童话故事《咕咚》，扫清了字词"拦路虎"，并用"图文手拉手"的方式，为每一幅插图找到了它的文字朋友。我们先来复习一下。

2. 复习字词

开火车，读准下面的字词。

熟　掉　吓　领　家　跟着　可怕　咕咚　逃命　山羊　大象　小鹿　拦住
野牛

3. 方法回顾

我们在读书的时候，遇到不认识的字该怎么办呢？(鼓励学生发言)

点拨：猜字、识字的方法有很多，比如借助图画，利用形声字或象形字的特点，做动作，生字组词，等等。

4. 理顺脉络

在《咕咚》这篇课文中，我们遇到了一群有趣的小动物。大家还记得它们吗？你们能把下面这段话补充完整吗？

一个_____熟了，掉进湖里。_____听见"咕咚"一声，吓得边跑边叫，_____、_____、_____、_____以及_____也跟着逃跑，最后_____拦住他们，弄明白了事情的真相。

5. 过渡

这群小动物真可爱！那么，动物们为什么要跟着兔子一起跑呢？让我们带着问题重新走进课文。

【设计意图】借助图画、形声字、象形字，做动作等方式猜字、认字是本课的学习重点，需要不断加以强化。采用填空的方式回顾课文内容，既降低了难度，又让学生通过回忆故事中的人物与主要情节，理顺了文章脉络，并为新课的学习做好铺垫。

板块二：入情入境，深入课文

1. 学习第一自然段，感知故事背景

我们先来看第一幅图。（PPT 出示：第一幅插图）你看到了什么？这"咕咚"声是从哪儿来的呀？

预设：一个木瓜从高高的树上掉进湖里，发出"咕咚"的声音！

点拨：这句话告诉了我们"咕咚"的来历。

试着读一读这句话。指导读出停顿以及感叹号所表示的意味。

【设计意图】通过指导关键处停顿和感叹号的读法，引导学生读好长句子，使学生在头脑中形成画面感，感知故事背景。

2. 学习第二、第三、第四自然段，体会人物心理

（1）朗读体会，感受小动物们的害怕。

①听到了"咕咚"的声音，小动物们都说了什么？自己读读第二、第三、第四自然段，用横线把小动物们说的话画出来。

②分角色读一读，体会小动物们的心情。

③这句话不好读，怎样才能读好这句话？（PPT 出示：兔子一边跑一边叫）

点拨：同学们，这叫作"提示语"。读好提示语才能真正读好人物的语言。我们再来一起读一读。

④关注提示语，再读小猴子的话。

点拨：注意提示语"大叫"，声音再大点。两个"不好啦"，表示太害怕了。

⑤关注提示语，再读"大伙"的话。

让我们一起表达害怕的感觉吧！大家起立读：狐狸呀，山羊啊，小鹿哇，一个跟着一个跑起来。大伙一边跑一边叫——（生读）

【设计意图】引导学生关注提示语，体会人物心情，读好兔子、小猴子和大伙听到"咕咚"来了以后一边跑一边叫的话，走进它们"害怕"的内心世界。

（2）读思结合，体会小动物们越来越害怕的心理变化。

①（PPT 出示：兔子、小猴子和大伙一边跑一边叫的三句话）同学们，让我们再来看看这三句话，你们还有什么发现？

预设 1：有相同之处，也有不同。

预设 2：从不同之处能看出小动物们越来越害怕了。

点拨：既能看出小动物们的害怕程度不断加深，又能看出对"咕咚"的描述越来越"添油加醋"。

②我们一起来体会小动物们越来越害怕的感觉！红色字是小兔子的话，女生读；蓝色字是小猴子的话，男生读；黑色字是大伙儿的话，我们一起读。

③教师渲染情境，引读：一个木瓜从高高的树上掉进湖里，"咕咚"！兔子吓了一跳，拔腿就跑。……兔子一边跑一边叫——（生读）。小猴子一听，就跟着跑起来。他一边跑一边大叫——（生读）。这一下可热闹了。狐狸呀，山羊啊，小鹿哇，一个跟着一个跑起来。大伙一边跑一边叫——（生读）。

【设计意图】在之前体会了兔子、小猴子和大伙害怕的心理并分角色朗读的基础上，这时候就需要引导学生静下心来再读读这三句话背后的意味，发现小动物们越来越害怕的心理状态，为理解小动物们无心思考、看见别人跑就跟着跑的盲从行为做铺垫。

（3）着眼"跟着"，理解"盲从"

①（PPT 出示：插图二以及三句带有"跟着"的句子）看图，再来看看这三段开头的话，读一读，你发现这三个句子有什么相同之处吗？（PPT 出示：凸显三个"跟着""跑起来"）

点拨：小朋友们真是火眼金睛！三句话都有"跟着"和"跑起来"。（板书：跟着）

②小动物们都跟着跑起来。从这三个"跟着"之中，除了"害怕"外，你还有什么感受？小动物们为什么要"跟着"兔子一起跑呢？

小组合作；交流汇报。

点拨：看见别人跑就跟着跑，没有一个人问，也没有一个人亲眼去看看"咕咚"是什么。这样不经思考，跟着别人去做就叫"盲从"。（板书：盲从，并注音）

【设计意图】借助插图，抓住关键词"跟着"，引导学生自己去发现，并结合课后问题找出相关信息进行推断，理解"盲从"的意思。

3. 学习第五自然段，感受野牛的形象

（1）（PPT 出示：第三幅插图，隐藏野牛）就在这时候，野牛来了。你想把野牛放在哪里？（指学生上台放）我来问问你：为什么放这里？（板书：拦住）

（2）小组合作：小组内分角色演一演这一幕情景吧！

（3）同桌讨论：小动物们跟着兔子跑，野牛却拦住大家，他们谁做得好？为什么？

点拨：这真是一头冷静、勇敢、聪明、会思考的野牛。（板书：会思考）

【设计意图】通过放置野牛的位置，引导学生关注关键词"拦住"，感受野牛的行为不同于他人，从而树立野牛冷静、勇敢、聪明、会思考的形象，懂得遇事"要学会思考，不盲目跟从"的道理。

4. 揭示谜团，提升主题

（1）让我们继续跟随作者走进故事。现在，谜底即将揭晓："咕咚"到底是什么呢？请同学们认真看，用心听。（PPT 出示：插图四＋画外音）

（2）"咕咚"是什么呀？——成熟的木瓜掉到湖里发出的声音。

（3）谜团解开了，大伙都笑了。同学们，大伙是在笑谁呢？说说理由。

预设 1：大伙是在笑兔子。

预设 2：大伙也是在笑自己。

点拨：是啊！兔子大惊小怪，闹了笑话；而小猴子、狐狸、山羊、小鹿、大象则盲目跟从，让误解变得越来越深。生活中，小朋友们要学会像野牛一样，善于思考，而不是盲目地跟从别人。

【设计意图】揭示谜底，在讨论"笑什么"这一问题的过程中，再次引导学生理解主题并升华主题。

板块三：总结强化，作业拓展

这节课我们跟随一群小动物了解了"咕咚"的真相，今后我们听到或遇到任何事情，一定要动脑想想或去实地看看，不要盲目跟从，这样，就不会闹出故事中的笑话来了。

作业一：回家后将《咕咚》的故事讲给爸爸妈妈听。

作业二：八人为一组，演一演这个故事。（可专门留出课时进行童话剧演出，评选"最佳演出组"和"最佳演员"）

【设计意图】这篇课文充分体现了童话文体情节曲折连贯、形象生动鲜明等特征。借助"讲故事"或"童话剧演出"的形式，既可以锻炼学生的叙事能力、语言表达能力以及文本解读能力，又是教师对阅读教学成果的巩固、对课文理解的深化。

【板书设计】（见图 5-6）

图 5-6　板书设计

例3 《一个豆荚里的五粒豆》文本教学解读与学习活动设计(全二课时)

一、文本教学解读

(一)单元整体解读

《一个豆荚里的五粒豆》是统编本小学语文教材四年级上册第二单元的一篇精读课文。本课所在的单元属于策略单元,围绕如何学会在阅读时运用"提问"策略帮助自己更好地理解文章进行编排,是继三年级"预测"单元后的第二个阅读策略单元。

本单元围绕"提问"策略的学习和运用安排了一系列相关联、有层次的教学资源:单元导语页中的"人文主题"是宋哲学家、教育家陆九渊的一句名言:"为学患无疑,疑则有进。"人文主题的选择以及背景插图的设计,旨在引导学生了解提问的重要性,激发他们学习的主动性。"语文要素"指出:"阅读时尝试从不同角度去思考,提出自己的问题。"三篇精读课文《一个豆荚里的五粒豆》《夜间飞行的秘密》《呼风唤雨的世纪》,为培养学生的问题意识、学习提问策略提供了具体方法和路径;一篇略读课文《蝴蝶的家》,为学生迁移运用所学策略提供了方法巩固和自我评价的实践机会。语文园地之"交流平台"旨在引导学生善于归纳总结提问的方法和技巧,养成敢于提问、善于提问的阅读习惯。

综上所述,本单元内容的编排旨在引导学生掌握提问的方法,培养学生的问题意识,提高学生的阅读能力。

(二)文本独特解读

《一个豆荚里的五粒豆》这篇课文改编自丹麦童话作家、"现代童话之父"安徒生创作的同名童话。本文讲述了这样一个故事:一个成熟了的豆荚裂开了,里面的五粒豌豆都在坚强地追寻好的去处。它们有的骄傲自大,有的自吹自擂,有的随遇而安。而其中的第五粒豌豆虽然掉进了"一个长满了青苔的裂缝里",被青苔裹得如同一个"囚犯",但它从来没有因为环境而放弃成长,而是坚强地发芽、开花,给窗子里躺着的一个生病的小女孩带来了勇气和生机。这个故事告诉我们:生命是可贵的,但是能够创造价值的生命更可贵。安徒生由物及人,表现了心灵对于自然的唱和与呼应。那枝渺小柔弱的豌豆花不但是眼前的美景,而且是生命的重要启示。

本课所在的单元是"提问"策略单元,而提问策略又是在语文教材中首次出现。作为本单元的首篇课文,激发学生的提问兴趣当为重中之重。本课教学应以鼓励为主,引导学生对提问策略进行学习。首先,鼓励学生尽情地、自由地提出问题,提高学生提问的积极性；其次，采用小组合作的形式，并仿照课后习题二所列问题清单，梳理问题，将问题共享，让学生共同感受提问的乐趣；最后，引导学生在发现中学会提问，提升提问的品质。每个板块任务明确，层层推进，让学生在兴趣的激发下乐于提问、学会提问。由此，为本单元后面三篇课文的学习做好铺垫。

此外，本文是一篇童话，因而教学时还应从童话的体裁属性出发，引导学生体会童话的幻想色彩，品味安徒生童话生动、优美且富有诗意的个性化语言表达，感受童话的魅力以及安徒生童话所特有的隽永主题。

二、学习活动设计

【学习目标】

1. 认识"豌""按""僵"等 9 个生字，会写"豌""按""舒"等 14 个生字，会写并理解"豌豆""按照"等 16 个词语。

2. 阅读时能积极思考，乐于提出问题。能针对课文局部和整体对所提出的问题进行简单的梳理。（教学重点）

3. 通过质疑、解疑，理解课文内容，体会"生命"与"价值"的主题。（教学难点）

4. 品味安徒生童话生动、优美且富有诗意的个性化语言，感受童话的魅力及其幻想色彩。

【学习过程】

（第一课时）

板块一：借助导读，揭示课题

1. 导读启思，引入主题

（PPT 出示：单元导读页的问号图）同学们，看到这幅图，你有什么疑问？宋哲学家、教育家陆九渊曾说："为学患无疑，疑则有进。"大家知道这句话的意思吗？

点拨：对，读书就怕发现不了问题，只有带着问题学习，收获才多，进步才大。

今天，我们一起跟着问号老师走进第二单元，试着用提问的方法学习课文。

2. 揭示课题，初识作者

（1）板书课题。指名读课题，齐读课题。

（2）（PPT 出示：豆荚的图片）请看，这就是豌豆荚的图片。谁能描述一下？

借助图片理解词语：豌豆、豆荚。

（3）指导书写"豌"，注意左窄右宽。

（4）走近作者。

这篇课文是根据安徒生童话改编的。安徒生，想必大家一定不陌生！他是丹麦童话作家，被誉为"现代童话之父"。他创作了很多家喻户晓的童话作品，你能说出几个来吗？

预设：《海的女儿》《丑小鸭》《皇帝的新衣》《卖火柴的小女孩》《坚定的锡兵》等。

(5)引导质疑。

读了课题，你想知道什么？

预设：这个豆荚里的五粒豆经历了什么？最后怎样？

(6)过渡。

同学们很会学习，抓住了题目中的关键信息提问！在童话作家安徒生笔下，五粒豆发生了怎样有趣的故事呢？让我们随着安徒生的笔触一起去体验一下豌豆们的生活，看看它们别样的人生吧！

【设计意图】通过出示单元导读页，引导学生明确本单元的学习任务，做好借助提问学习课文的准备。出示豆荚的图片，有利于学生了解豌豆，为课文的学习做好铺垫。读课题并引导质疑，紧扣单元目标——"提问策略"。

板块二：检查预习，整体感知

1. 初读课文，寻找答案

学习始于提问。下面就请大家带着刚才对课题产生的疑问，默读课文，想一想，你知道了什么，还有什么不明白的地方，用问号标记下来。

2. 检查字词学习情况

生字词都认识了吗？请看——(PPT 出示)

按照　　僵硬　　预感　　揭晓　　青苔　　囚犯　　窗框

洋溢　　舒适　　恐怕　　愉快　　耐心　　玩具枪　　探出头

(1)教师指名读。

(2)以"开火车"的形式让学生读易错词。

(3)齐读。

3. 同桌交流，完成表格

豌豆	理想	结果
第一粒	飞到广阔的世界	被鸽子吃掉
第二粒	飞进太阳里	掉进水沟，涨得大大的
第三、第四粒	到哪儿就在哪儿住下来	被鸽子吃掉
第五粒	该怎么样就怎么样	长大开花

4. 对照表格，梳理内容

预设：豆荚成熟后，五粒豌豆被一个小男孩当作玩具枪的子弹。在被射出去之前，它们各自憧憬未来；飞出去之后，经历了不同的生活。

点拨：同学们，你们太棒了！仅仅只是对课文题目进行提问，就将这么长的一篇课文的主要内容概括了出来，太了不起了。难怪人们常说："提问，是一切学习的开始。"

【设计意图】这一环节主要检查学生的预习情况，对预习内容进行指导，发挥学生自主学习的能力和教师的指导作用。通过初读课文，学生既明确了可以解决的问题，又一边读一边思考，画出自己不明白的地方，批注标识，这都是在有意识地培养学生在阅读中思考、大胆提问的习惯与能力，并为后面小组整理问题、形成问题清单做好铺垫。

板块三：深入质疑，学会提问

1. 组内交流，整理问题

(1)默读课文。

想一想：之前所提的问题，有哪些已经找到了答案？还有哪些问题仍然是你心中的困惑？请写在自己的"问题本"上。

(2)合并重复问题。

小组成员汇总"问题本"，你有什么发现吗？

预设：有些问题是重复的或相似的。

(3)汇总问题，形成小组问题清单。（见表5-3）

表5-3　小组问题清单

小组问题清单一
1.   2.   3. ……

2. 紧扣习题，明确方法

(1)引导。

同学们，提问的方法还有很多。今天老师给大家请来了可爱的问号老师，他要告诉你们一些提问的秘诀，想不想听一听？

(教师扮演)问号老师：(变换声音)同学们好！我是问号老师。同学们在阅读中会针对课题或自己不理解的地方提出问题，这是很好的提问方法。除此之外，我们还要注意把前后内容联系起来，你会发现课文中有些内容似乎有些矛盾。比如，课文前面提道："青苔把它裹起来，它躺在那儿真可以说成了一个囚犯。"后面却说："窗子打开了，她面前是一朵盛开的、紫色的豌豆花。"这样一读，是不是有点前后矛盾呢？读到这样前后矛盾的地方，我们就可以提出这样一个问题（PPT 出示问题）。

①课文说，被青苔包裹的豌豆像"一个囚犯"，但它却长得很好，为什么？

课文中母亲竟然把一株豌豆苗称为"一个小花园"，多么有趣啊！遇到这样有趣的地方，我们也可以提出问题（PPT 出示问题）。

②母亲为什么要把一株豌豆苗称为"一个小花园"呢？

读完课文，我们知道了五粒豌豆的结局各不相同。那么，当我们读到掉进水沟里的那粒豌豆说的话时，联系五粒豌豆的不同结局，我们还可以提出问题（PPT 出示问题）。

③掉到水沟里的那粒豌豆真的是最了不起的吗？

点拨：看，问号老师教给我们的提问秘诀就是——既可以针对文章内容的矛盾之处提问，也可以根据课文有趣的地方或者故事的结局提问。其实，提问的秘诀可不止这些呢！

（2）（PPT 出示课后习题二的小组问题清单）引导：你们有什么发现吗？

点拨：这些问题都是针对课文内容提出的。但其中有的是针对部分内容提问的（①和②），有的是针对全文提问的（③）。

3. 全班交流，分享方法

教师梳理，小结方法。（板书：提出问题　部分内容、全文内容）

【设计意图】在阅读中思考并提出问题后，学生通过自主阅读解决一些问题，继而达到初步感知课文内容的目的。教师进行角色转换，扮演"问号老师"，以加深学生对于"提问方法"这一学习重点的印象。

板块四：问题分类，整理清单

1. 小组合作，二次提问并整理问题清单

（1）研讨本组汇总合并之后的问题，看看哪些问题是针对课文某一部分内容提出的，请在后面画上"⟨"；哪些问题是针对全文提出的，请在后面画上"○"。

（2）组内交流讨论，删除交流讨论后已解决的问题。

（3）理出组内尚未解决的问题，整理问题清单。（见表 5-4）

表 5-4　小组问题清单二

小组问题清单二	
针对部分内容提问	针对全文提问
1.	1.
2.	2.
3.	3.
……	……

2. 交流小组问题清单

(1)小组代表展示问题清单，其他小组认真倾听。

(2)简要说说自己所在小组是怎样进一步梳理小组问题清单的。

(3)评选"提问优胜小组"。

【设计意图】通过小组成员之间的合作与交流，学生间分享自己所提的问题，能相互启发，有效解决部分问题，从而促进深入提问，提高提问水平。在小组合作的基础上，最终形成小组问题清单。评选"提问优胜小组"，提高了学生的积极性，也为学生养成提问习惯打下坚实的基础。

板块五：指导书写，完成作业

1. 指导书写"僵""曾"和"恐"

(1)引导观察：书写这3个字分别要注意什么呢？

(2)教师范写。

点拨："僵"左窄右宽，右边有两个"田"，书写时注意左松右紧。"曾"是上中下结构，注意上半部分要写得扁平；"恐"是上下结构，"工"的末笔横改提，下面的心字底要写得扁平。

(3)学生练写。

（第二课时）

板块一：复习回顾，导入新课

1. 回顾提问方法：通过上节课的学习，我们知道了哪些提出问题的方法？

点拨：问号老师教给我们一些提问的秘诀，比如针对文章内容的矛盾之处提问，从课文有趣的地方提问，依据故事的结局提问。课后习题的提示语还教会了我们，既可以针对课文的部分内容提问，也可以针对全文提问。

2. 过渡：上节课，我们通过初读课文知道了这五粒豌豆各自不同的理想和最终的结局。课堂上，每个小组还经过小组成员之间的充分研讨，提出了这样一些问题（PPT出示：各小组的问题清单二）。那么，咱们全班同学能不能集思广益，选择一些最有价值的问题，形成咱们的班级问题清单呢？

板块二：集体研讨，形成班级问题清单

1. 去粗取精，形成初表

全班集体商议，归并、舍去、补充问题，完成班级问题清单。（见表5-5）

表 5-5　班级问题清单

班级问题清单	
针对部分内容提问	针对全文提问
1. 五粒豌豆为什么一会儿以为世界是绿色的，一会儿以为世界是黄色的？	1. 掉到水沟里的那粒豌豆真的是最了不起的吗？
2. 课文说被青苔包裹的豌豆像"一个囚犯"，但它却长得很好，为什么？	2. 谁是最了不起的豌豆？
3. 母亲为什么要把一株豌豆苗称为"一个小花园"呢？	3.
4. 为什么说小女孩吻豌豆叶的那一天，简直像一个节日？	……

2. 突破难点，学会针对全文提问

(1)(PPT 出示：课后第三题)伴随着豌豆苗的成长，为什么小女孩的病就慢慢好了呢？和同学交流你的想法。

思考：这个问题是针对部分内容还是针对全文提出的？

点拨：我们可以抓住故事中情节的变化，提出针对全文的问题。(将该问题补充进班级问题清单之"针对全文提问：3")

(2)要想提出针对全文的问题，还有哪些好方法？

①针对全文内容提问：这个故事主要讲了什么内容？（板书：内容）

②针对收获提问：这个故事想要告诉我们什么道理？（板书：道理）

3. 二次提问，强化技能

(1)请你用上刚才的方法，再次快速默读课文，尝试提出几个针对全文的问题，把问题写在提问条上，再贴到问题清单上。

预设 1：根据故事结尾提问——小女孩为什么会注视着豌豆花，快乐地微笑？

预设 2：根据题目和故事之间的差异提问——题目是"一个豆荚里的五粒豆"，为什么故事内容主要写的是第五粒豌豆和小女孩的故事呢？

(2)交流提出的问题，再次明确怎样的问题才是针对全文内容提出的问题。

4. 确定班级问题清单

经过集思广益，我们最终选择了一些大家最感兴趣或者认为最有价值的问题，确定了这份班级问题清单(见表 5-6)。(PPT 呈现：班级问题清单)（板书：整理问题）

表 5-6

班级问题清单	
针对部分内容提问	针对全文提问
1. 课文说被青苔包裹的豌豆像"一个囚犯"，但它却长得很好，为什么？	1. 谁是最了不起的豌豆？是那粒掉到水沟里的豌豆吗？
2. 为什么说小女孩吻豌豆叶的那一天，简直像一个节日？	2. 伴随着豌豆苗的成长，为什么小女孩的病就慢慢好了呢？

　　【设计意图】通过"二次提问"的形式，进一步突破教学重难点，强化学生针对全文提问方法的习得，提高提问水平。由"小组问题清单"再到"班级问题清单"，是对所提出问题的进一步筛选，从而使学生明确什么样的问题才是最有价值的，以及如何更有效地提问。以"集思广益"民主讨论的方式确定班级问题清单，既体现了学生的主体地位，提升了学生课堂学习的积极性，同时也为后续有针对性地解决问题做好了铺垫。

　　板块三：聚焦问题，理解课文

　　1. 聚焦清单，解决问题

　　现在我们已经确定了班级问题清单。实际上，仅仅提出问题是不够的，我们还要想办法解决问题。（板书：解决问题）

　　(1)请大家带着问题默读课文，找到相应的语句画出来，写下批注。

　　(2)小组合作学习，选择最感兴趣的问题或最难解决的问题，尝试解决问题。

　　(3)全班汇报，交流问题。

　　①解决问题：课文说虽然被青苔包裹的豌豆像"一个囚犯"，但它却长得很好，为什么？

　　画出相应的句子：它被射到空中，落到顶楼窗子下面的一块旧板子上，正好钻进一个长满了青苔的裂缝里。青苔把它裹起来，它躺在那儿真可以说成了一个囚犯。

　　点拨：可以通过换词法、删词法引导学生从"钻""裂缝""裹""囚犯"等字词中感受安徒生童话语言的精妙，体会第五粒豌豆生长环境之恶劣，感受它顽强拼搏的精神；还可以引导学生想象豌豆在长满青苔的裂缝里是怎样克服困难、努力生长的。

　　②解决问题：谁是最了不起的豌豆？是那粒掉到水沟里的豌豆吗？

　　a. 分角色朗读五粒豌豆说的话，体会语气。

　　b. 讨论：你觉得谁是最了不起的豌豆？（第五粒豌豆）为什么？

　　预设：因为第五粒豌豆鼓励了小女孩，实现了自己更大的价值。

　　点拨：是啊，虽然其他四粒豌豆也都有各自的传奇，尤其是最狂傲、最自命不凡的第二粒豆，甚至认为自己"胖得够美了""是五粒豌豆中最了不起的一粒"，但实际上，只有那第五粒豌豆顽强拼搏，努力生长，不仅绽放出自己生命的光彩，而且给别人带来了希望和快乐，实现了自己的人生价值。它才是最了不起的豌豆。

③解决问题：伴随着豌豆苗的成长，为什么小女孩的病就慢慢好了呢？

默读课文第十三至第二十一自然段，完成下面的表格。（见表5-7）

表 5-7

第五粒豌豆的生长变化	小女孩的变化

点拨：豌豆生长变化的过程给小女孩带来了无限愉悦、生机与活力。她从豌豆的顽强生长中获得了战胜疾病的信心和勇气，所以她的病就慢慢好了起来。

④解决问题：为什么说小女孩吻豌豆叶的那一天，简直像一个节日？

（引导学生联系生活实际，说说自己过节时的心情；再结合小女孩的经历，猜测她此时的心情）

点拨：原来，之所以说那一天简直像一个节日，实际上表达了作者为小女孩恢复了健康、为生命的美好而感到无比高兴的心情。这是作者对生命顽强生长的赞美呀！（指导有感情地朗读句段，体会安徒生童话诗意化的语言）

2. 总结全文，拓展延伸

(1)引导想象。

此时，看着这粒给自己带来希望和勇气的豌豆，小女孩会对它说些什么呢？

(2)读了这篇童话，你又有什么启发或收获呢？

预设1：从童话文体或安徒生童话文本特征等方面谈。

点拨：诗意的美、奇异大胆的想象以及诙谐而又柔和的文笔是安徒生童话的艺术特色。

预设2：从本课的主题意蕴方面谈。

点拨：生命是可贵的，但是能够创造价值的生命更可贵。那枝渺小柔弱的豌豆花不但是眼前的美景，更是生命的重要启示。生活中，希望我们每一位同学都能像第五粒豌豆一样，遇到困难不气馁、不放弃，做一个积极向上、顽强拼搏的人。

【设计意图】提问只是阅读的一种方法、手段，最终还是为阅读理解服务的，本环节充分体现了这一点。课堂上，帮助学生从众多问题中选取核心问题，通过研读文本，在解决核心问题的过程中，其余问题也就迎刃而解了。这样环环相扣，既解决了问题，了解了童话中的人物形象，体会了童话表达的主题，又能拓展想象，训练表达，进一步理解课文主旨，引导学生深入思考。

板块四：拓展阅读，巩固方法

1. 引导学生交流：如何用提问的方法来阅读？你有怎样的学习感受？

点拨：提问的角度可以是整体的，也可以是局部的；带着问题阅读有助于我们更好地理解课文。希望同学们在阅读中熟练运用这种方法，学中有疑，思中有进！

　　2. 推荐阅读：安徒生童话《海的女儿》《丑小鸭》。

【板书设计】(见图 5-7)

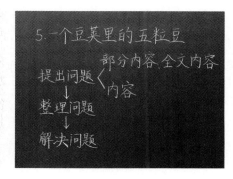

图 5-7　板书设计

章后练习

　　1. 童话具有什么特征？试结合具体例子说明。

　　2. 小学语文童话学习活动设计包含哪些策略？

　　3. 在《一个豆荚里的五粒豆》一课中，如何引导学生品味安徒生童话的独特魅力？

　　4. 尝试对《巨人的花园》(四年级下册)进行文本教学解读和学习活动设计。

延伸阅读

　　1. 姚颖，许晓芝：《三十年小学语文童话教学研究述论》，载《教育学报》，2011(5)。

　　2. 崔秀花：《童话教学要有"童话味"》，载《教学与管理》，2018(14)。

　　3. 肖云霖：《把握文体特点，领略童话之美——以三年级上册第三单元为例》，载《语文建设》，2021(16)。

　　4. 冯栎钧《青蛙卖泥塘》(二年级下册)教学实录。

　　5. 王林波《蜘蛛开店》(二年级下册)教学实录。

　　6. 蒋军晶《总也倒不了的老屋》(三年级上册)教学实录。

第六章

故事文体教学分析
与学习活动设计

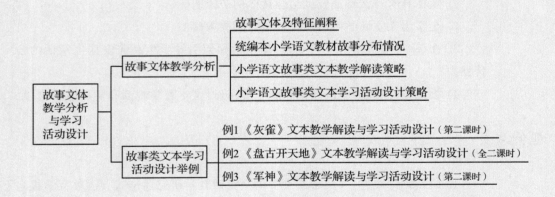

故事文体教学分析与学习活动设计

故事文体教学分析
- 故事文体及特征阐释
- 统编本小学语文教材故事分布情况
- 小学语文故事类文本教学解读策略
- 小学语文故事类文本学习活动设计策略

故事类文本学习活动设计举例
- 例1《灰雀》文本教学解读与学习活动设计（第二课时）
- 例2《盘古开天地》文本教学解读与学习活动设计（全二课时）
- 例3《军神》文本教学解读与学习活动设计（第二课时）

故事，情节丰富，人物生动，语言富有吸引力，深受小学生的喜爱。革命传统类故事、历史名人故事、神话传统类故事不仅拥有故事类文体的共性特征，而且各具特点。统编本小学语文教材共选入 40 多篇故事类文本，涵盖所有年级，并以主题单元的形式集中编排了神话单元和民间传说单元。小学语文故事类文本教学解读时可以运用以下四大策略：品词析句，关注详略，领悟剪裁匠心；把握人物形象；整体把握，理清叙述线索；聚焦语言，品析表达秘妙。在充分解读好文本的基础上，小学语文故事类课文学习活动设计可以围绕以下四大方面展开：重视复述，提升表达素养；品词析句，落实立德树人；植入背景，降低阅读难度；古今对比，促进深度理解，从而让学生在故事类文体的学习中乘兴而来，载趣而归。

第一节
故事文体教学分析

一、故事文体及特征阐释

故事，是文学体裁的一种，侧重于事件过程的描述，强调情节的生动性和连贯性，较适合于口头讲述。本章所谓"故事"，主要包含革命传统、历史名人、神话传说等主题故事文本。这几类主题的故事拥有故事类文本的共性特征，同时又具有各自的个性特点。

革命传统类故事，承载着为学生植入红色基因、传承革命文化、弘扬社会主义核心价值观的独特价值。这一类故事大多发生于革命战争时期，表现的对象往往是伟人、英雄或其他模范人物。因此，无论是时代、人物还是事件，都跟今天的学生有较大的距离。但是，故事中人物的优秀品质、伟大精神却能给予学生以深深的感召和震撼。

历史名人类故事，主要指以历史人物或历史事件为题材的故事。这一类故事在忠实于历史事实，不篡改、不杜撰历史的基础上，存在一定的艺术化倾向，在细节上有想象和虚构的成分。它往往集中表现某一个历史人物，或者记叙某一历史事件，情节曲折，具有可读性。阅读这一类文本，学生可以从中汲取经验和教训，感受历史人物的智识与担当，学习他们的优秀品质或思维方式，进而感受优秀传统文化的博大精深。

神话传说类故事，主要包括神话故事和民间传说。其中，神话故事偏重表现先民对自然、对宇宙的认识，以及征服自然的理想和愿望，富有浪漫主义色彩，如《盘古开天地》《精卫填海》《普罗米修斯》等。民间传说是由劳动人民基于生活本身创作并传播的、具有虚构内容的口头文学作品，是题材广泛、充满幻想的叙事体故事，如《猎人海力布》《牛郎织女》等。这两种故事往往包含超自然的成分，情节夸张，想象神奇，并且通过口头传播的方式，在代代相传中寄予人们美好的理想与愿望。

二、统编本小学语文教材故事分布情况

统编本小学语文教材的课文中，编选了故事类文本50余篇，其中，革命传统故事21篇，历史名人故事10篇，神话传说11篇。此外，还有其他类型的故事11篇。其具体分布情况见表6-1。

从一年级下册开始，教材开始编排革命传统故事，每一册都编排了几篇革命传统故事，近三年修订的教材中，先后增加了《八角楼上》《刘胡兰》《一个粗瓷大碗》等革命传统故事。由此可见，统编本小学语文教材十分重视通过革命先烈的经典故事，对学生开展浸润式的革命传统教育和爱国主义教育，从而潜移默化地影响学生的世界观、人生观和价值观，增强学生的民族自豪感和爱国情感。

在10篇历史名人故事中，《司马光》《王戎不取道旁李》《杨氏之子》三篇课文为文言文，《曹冲称象》《西门豹治邺》《将相和》《田忌赛马》《扁鹊治病》《纪昌学射》六篇课文则是由古典文学改写而成的。这些课文大多通过人物故事展现人物智慧，或传递人物的美好品质。学习此类课文，一方面，可以通过分析人物在特殊情况下的言行举止，点燃学生的思维；另一方面，也可以让学生在品词析句中感受语言表达的奥秘，习得语言表达范式。

教材自二年级上册开始编选神话故事，二年级下册选编了《羿射九日》和《黄帝的传说》，四年级上册和五年级上册则以主题单元的形式集中编排了一个神话故事单元和一个民间传说单元。神话故事想象奇特，充分展现了人们为争取生存、提高生产能力而产生的认识自然、支配自然的积极要求；在集体生产中涌现出来的技艺超群、勇敢刚强的人物，受到全体成员的崇敬，被赋予神奇的能力而成为神。在他们身上，寄托了早期人类征服自然的愿望。而民间传说往往具有传奇的特色，其故事情节既合乎生活的内在逻辑，同时，又常常通过偶然、巧合、夸张等表现手法使真实情景和奇情异事达到有机的统一，既富于生活气息，又离奇动人；它以丰富的想象，表达了先人对美好生活的向往。

表 6-1　统编本小学语文教材故事类课文编排情况一览表

	革命传统	历史名人	神话传说	其他故事
一年级上册				
一年级下册	《吃水不忘挖井人》			
二年级上册	《八角楼上》《朱德的扁担》《难忘的泼水节》《刘胡兰》	《曹冲称象》		
二年级下册	《邓小平爷爷植树》		《羿射九日》《黄帝的传说》	
三年级上册	《不懂就要问》《手术台就是阵地》《一个粗瓷大碗》	《司马光》《灰雀》		
三年级下册	《我不能失信》		《漏》《枣核》	《慢性子裁缝和急性子顾客》《方帽子店》
四年级上册	《为中华之崛起而读书》《梅兰芳蓄须》	《王戎不取道旁李》《西门豹治邺》《故事二则》(《扁鹊治病》《纪昌学射》)	《盘古开天地》《精卫填海》《普罗米修斯》《女娲补天》	《爬天都峰》《牛和鹅》《一只窝囊的大老虎》《陀螺》
四年级下册	《小英雄雨来》《芦花鞋》《黄继光》			《我们家的男子汉》
五年级上册	《冀中的地道战》	《将相和》	《猎人海力布》《牛郎织女(一)(二)》	《"精彩极了"和"糟糕透了"》
五年级下册	《军神》	《田忌赛马》《杨氏之子》		《梅花魂》
六年级上册	《狼牙山五壮士》《灯光》《我的战友邱少云》《金色的鱼钩》			《青山不老》
六年级下册	《董存瑞舍身炸暗堡》			《表里的生物》

三、小学语文故事类文本教学解读策略

(一)品词析句，把握人物形象

解读故事类文本，不仅要关注故事本身，而且要通过故事中人物的言行举止，走

进人物内心，感受人物的个性和品质，这样才能真正地理解故事的核心价值。

比如《梅兰芳蓄须》，不仅要整体把握梅兰芳拒绝播音、拒绝登台、避港拒演、卖房度日、蓄须明志、自伤身体六件事，还要通过对这六件事的进一步品读，品词析句，挖掘细节，引导学生进一步走近梅兰芳，感受梅兰芳的美好品质。例如，在日本侵略者"不断纠缠"的情况下，梅兰芳"关紧门窗"，"拉上特制的厚窗帘"，"细声吟唱"，从中既可以读出梅兰芳高尚的人格，也可以感受到他对京剧的热爱、对艺术的不懈追求。在梅兰芳不得不卖房度日、戏园子老板劝他登台时，"无论""全部""宁可""决不"，这些词语虽然没有实在意义，但将梅兰芳高尚的爱国主义精神和民族气节展现在读者的面前。

（二）整体把握，厘清叙述线索

"作者思有路，遵路识斯真"，一篇文章的思路，其实就是文本的叙述线索。线索有明有暗，抓住线索解读文本，也就抓住了文本的"纲"，为深度理解文本做好了铺垫。

比如《为中华之崛起而读书》一文，以倒叙的方式先写周恩来以"为中华之崛起而读书"来回答魏校长"你们为什么而读书"的提问；紧接着介绍周恩来十二岁那年，伯父告诉他"中华不振"，他虽不能完全明白，但难以忘怀；最后写周恩来在租界看到中国巡警帮衬肇事的洋人欺负中国人，真正体会到"中华不振"。这是课文的明线；而暗藏在明线之下的，则是周恩来内心的成长，亦即他对"中华不振"的理解越来越深刻，并逐渐萌生出要为中华之崛起而读书的远大抱负。

（三）关注详略，领悟剪裁匠心

详和略，是故事中对立统一的两个面。如何安排一篇故事的详略，取决于故事传递的核心意图。能直接表达核心意图的部分，需要放开笔墨，充分地写；而与核心意图有关但关联较弱的部分，就应当收敛笔墨，简要地写。辨别一则故事的详与略很简单，但是详略安排背后的意义支持系统，则需要深入探究。

比如《灯光》一文，围绕灯光，课文写了三部分内容：一是天安门广场的璀璨灯光（略写）；二是郝副营长旧书插图里的灯光（略写）；三是郝副营长为了孩子们能在灯光下学习而点燃旧书牺牲生命（详写）。三个部分密不可分，有着千丝万缕的关联。详写第三部分，意在表明，这篇文章主要表达的是对以郝副营长为代表的革命烈士的崇高敬意和赞美之情。从这个角度来审视一、二两部分，可以发现，写天安门广场的灯光，意在表现如今的美好生活是一代代革命先烈用生命换来的；写插图里的灯光，则为郝副营长英勇牺牲的壮举埋下伏笔，他用自己点燃的光照亮了部队前行的路，也照亮了子孙后代和平、安宁的幸福生活。

（四）聚焦语言，品析表达秘妙

如果说线索、详略是一篇文章的骨架，那么"语言"就是一篇文章的血肉。聚焦语言表达，有助于我们理解故事内涵、感受人物形象，也有助于教学时引领学生步入语言丛林，走进故事内核。

比如《小英雄雨来》一文主要有两处环境描写，值得反复咀嚼。第一处："芦花开的时候，远远望去……这村就叫芦花村。十二岁的雨来就是这村的。"开篇介绍还乡河的风景，一是为交代雨来出生、生长的环境，二是为后文介绍雨来游泳技术高超、得以从敌人的枪口下逃生埋下伏笔。第二处："太阳已经落下去。蓝蓝的天上飘着的浮云像一块一块红绸子……在上面飘飘悠悠地飞着。"夕阳西下，浮云有如红绸子一般，仿佛暗示雨来已经牺牲，读来令人不由地悲从中来。同时，这段穿插于故事之中的环境描写，也推进了故事情节的发展，使故事展开的节奏张弛有度。两处环境描写，营造了截然不同的故事氛围，却都有助于塑造人物形象，推动故事发展。

四、小学语文故事类文本学习活动设计策略

(一)重视复述，提升表达素养

"复述"是贯穿于统编本小学语文教材的一项重要训练要素，并且随着学段的上升，复述要求层层递进，不断将学生的复述能力推向新台阶。二年级是复述故事的起步阶段，为了降低学生复述的难度，提升复述兴趣，可以为学生提供形式多样的复述支架，比如提供连环画、示意图或相关词句等，只要求学生能够抓住关键的故事信息即可，不宜过度要求细节上的周全。到了三年级，教材开始安排专门的复述单元，如三年级下册第八单元明确提出"了解故事的主要内容，复述故事"的语文要素。我们可以通过《慢性子裁缝和急性子顾客》一课，引导学生借助表格复述故事。通过《漏》，引导学生借助示意图和文字提示来复述故事，从而鼓励学生养成有意识复述故事的良好习惯。四年级上册第八单元明确提出"了解故事情节，简要复述课文"的语文要素，通过这一单元的学习，要引导学生按照故事发展顺序、抓住关键内容来简要复述。五年级上册第三单元要求"了解课文内容，创造性地复述故事"，复述的要求更进一步提高。教学时，可以引导学生运用变换叙述角色、展开合理想象、变换叙述顺序等方式对故事进行创造性的复述。

(二)品词析句，落实立德树人

革命传统类故事文本，有着独特的教学价值和育人价值，在学习语言文字运用的同时，还需要注重思想的启迪和渗透。当然，对文本思想意蕴的渗透不是强加给学生的，而是需要从文本出发，引导学生抓住人物在故事中的细节表现，如语言、动作、神态、心理等，反复研读、深入揣摩，探究人物一言一行背后的意蕴，从而走进人物内心，受到人物品质的感染。例如，《朱德的扁担》一文，在战士们将朱德的扁担藏起

来后，朱德很着急，又找来一根扁担。原文中接连运用了"破""削""刮""锯""刻"等一系列动词。改写后的课文尽管删掉了朱德做扁担的过程，但教学时可以抓住这一系列动词，引导学生想象朱德做扁担时的画面，从而感受动词使用的准确，同时体会朱德吃苦耐劳、以身作则、与战士们同甘共苦的伟大形象。这样一来，语言文字的学习和思想道德的熏陶便相辅相成，融为一体；"立德树人"的根本任务才能真正落到实处。

（三）植入背景，降低阅读难度

无论是革命传统故事，还是历史人物故事，其时代背景都跟当下存在较大的距离。生活背景的差异往往成为学生理解故事的挡路石。因此，教师需要提前做好相关资料的收集与梳理工作，也可以让学生预习时查找相关资料，了解相关背景。教学时，应该选择适当的时机嵌入相关背景资料，帮助学生更好地理解故事以及人物的言行。比如，《军神》一课中，刘伯承为什么对洛克医生隐瞒自己的真实身份呢？教学中，这个问题经常是阻碍学生感受刘伯承人物形象的一个"疙瘩"。这就需要提供当时的背景资料：当年军阀混战，刘伯承在一次战斗中受伤，而重庆是敌人控制的区域，如果他暴露了自己的身份，很可能会招致杀身之祸。学生一旦了解了这一背景，也就顺理成章地理解了刘伯承的"谎言"，进而体会到他的谨慎，对刘伯承便多了一份崇敬之情。当然，教师还可以适当拓展课外阅读，如让学生阅读《悼伯承》一文，帮助学生进一步感受刘伯承的精神品质。

（四）古今对比，促进深度理解

教材选取的历史名人和神话传说类故事，大多依据古文版本改写而成。比如，《曹冲称象》改写自《三国志·魏书·邓哀王冲传》，《田忌赛马》改写自《史记·孙子吴起列传》，《将相和》改写自《史记·廉颇蔺相如列传》。改写后的课文以现代文形式叙述，往往内容更丰富，也更符合学生的阅读习惯，有助于学生理解故事的发展脉络和人物形象。但是，文言文却具有短小精悍、言简义丰的文本特色。教学时，我们可以将文言文版本的故事作为一种教学资源，适时嵌入课堂，使其与现代文相得益彰。比如，教学《盘古开天地》一课，可以引入东汉末年徐整著《三五历纪》中的相关记述："天地浑沌如鸡子，盘古生其中。万八千岁，天地开辟。阳清为天，阴浊为地。盘古在其中，一日九变，神于天，圣于地。天日高一丈，地日厚一丈，盘古日长一丈，如此万八千岁。天数极高，地数极深，盘古极长。"文言文与课文内容对照阅读，教师读"万八千岁，天地开辟。阳清为天，阴浊为地"，学生读课文中的对应语句，从而发现文言文和现代文的特点：文言文更简洁，现代文则想象更丰富，细节更具体。紧接着，引导学生根据文言文，展开创意想象：你还能想象到盘古当时是怎样开天地的吗？最后，经由文言文与现代文的比较，不仅能让学生感受神话的神奇，深化阅读的感受与理解，而且能引导学生领会文言文的语言特色，体会中华优秀传统文化的无穷魅力。

第二节
故事类文本学习活动设计举例

　　为兼顾故事类文本在学段、主题、类型、民族、时代等方面的多样性，本节选取苏联作家阿列克谢耶夫的名人故事《灰雀》（三年级上册）、中国古代神话故事《盘古开天地》（四年级上册），以及我国当代电影编剧毕必成创作的革命传统故事《军神》（五年级下册）来进行故事类文本教学解读与学习活动设计。

例1　《灰雀》文本教学解读与学习活动设计（第二课时）

一、文本教学解读

　　《灰雀》是统编本小学语文教材三年级上册第八单元的一篇精读课文，讲述了一个小男孩因私心捉走灰雀，却被列宁的爱鸟之情感染，最后放鸟归林的故事，充满童趣又耐人寻味。单元导语用"美好的品质，犹如温暖的阳光，带给我们希望和力量"这句话概括了本单元的人文主题——"美好品质"。本单元的语文要素是："学习带着问题默读，理解课文的意思"，以及"学写一件简单的事"。

　　围绕教学目标，课后设置了三道练习题：（1）分角色朗读课文，读出对话的语气。（2）默读课文，想一想，列宁和小男孩在对话的时候，他们各自心里想的是什么？（3）从哪里能看出列宁和小男孩喜爱灰雀？找出相关的语句读一读，然后和同学交流。

　　不难看出，课后习题非常注重对人物心理的补白以及对文本内容的理解。为了在把握文本的基础上，更好地达成教学目标，文本教学解读时应当特别关注以下三个方面。

（一）聚焦语文要素，分步理清文意

　　《义务教育语文课程标准（2022年版）》第二学段"阅读与鉴赏"对"默读"做出要求："初步学会默读，做到不出声，不指读。"默读是语文教学中训练阅读能力的重要方法，既能提升阅读的速度，又便于集中地思考、理解所读的内容。带着问题默读是中、高学段语文学习主体性阅读方式，而三年级是学习和掌握默读方法的关键时期。本课教学围绕"学习带着问题默读，理解课文的意思"这一语文要素，可以分步设置三个问题，并让学生带着问题默读、思考：

　　问题一：列宁和男孩对灰雀的喜爱一样吗？

问题二：从哪里可以看出是男孩抓走了灰雀？

问题三：列宁到底是个怎样的人？

这篇文章的内涵并不是一望可知的。假如从叙述六要素的层面进行概括，则本文写的主要内容是："有一年冬天，列宁在公园散步时发现灰雀不见了，可一个小男孩却说它一定会回来的；第二天，灰雀果真回来了。"然而这样的概括根本无法体现故事的内容与精髓。学生通过初读课文，能够初步感知故事中三个角色的隐藏关系，揭晓第一个问题的答案：列宁和男孩对灰雀的喜爱有所区别——列宁对灰雀的喜爱十分纯粹，而男孩却因为自私抓走了灰雀。但这只是最基本的，这层理解还远远没有触碰到文本的核心。由此，第二个问题随即提出，为的就是聚焦人物对话，感受男孩复杂的心理变化，读懂他的愧疚与坚定，明白他是受到了列宁的影响才决定放鸟归林。阅读达到此种程度，才算真正读懂了课文。

(二)依托对话之趣，体会表达艺术

在《灰雀》一文中，我们能感受到人物间的对话很有意思，两个人像在打哑谜，又像是一种博弈。每一次对话，都不是直白的，各自都有一些弯弯绕绕的"小心思"，尤其是列宁，既要保护灰雀，又要保护男孩，所以总是看破不说破。比如，列宁明知是男孩抓走了灰雀，却偏偏说灰雀"一定是飞走了或者是冻死了"。他的语言，有一种"苦心经营的随意"，因此更值得我们细细推敲。这便顺理成章地带出了第三个问题：列宁到底是个怎样的人呢？对这个问题的回答具有很大的发挥空间，学生能够从多个层面去理解列宁：有人能从他对灰雀的保护中感受到他的善良与博爱，有人会从他善意的谎言中读到他的精明与睿智，也有人能领会到他善解人意、循循善诱的一面。

在感受人物形象的过程中，有一个环节必不可少，那就是揣测人物的内心世界，完成对话的补白。在此过程中，对人物情感的体会、品质的把握才能水到渠成。分角色朗读的方式更像是对学生理解程度的一种检验与深化，学生能够分角色朗读好列宁和小男孩的对话，能用声音传达出人物的所思所想，自然说明学生理解了文本的内涵，并从中体会到语言艺术的魅力。

(三)统筹两个主题，感受美好品质

本单元的"单元主题"是"体会人物美好的品质"。在《灰雀》一文中，我们体会到了列宁的善解人意以及小男孩的天真诚实。然而，分别体会这两个人物的两种品质难免会有一种割裂感，我们需要把它们拧成一股绳，融为一体。此时，"文本主题"进入了我们的视野。文章最后提到，"男孩是诚实的"，这恰恰是男孩给予列宁的反馈，更是在点拨读者：这篇课文正是围绕"爱与诚实"的主题展开的——列宁对灰雀的爱感动了误入迷途的男孩；列宁对男孩的爱又呵护了男孩的自尊。最后，男孩用诚实的行动回

报了这份爱与信任。学生在美好品质的碰撞之中，触摸到更高层次的文本主题，必然会有一种豁然开朗的欣喜，这便是《灰雀》一文能够带来的美好的阅读体验。

二、学情分析

三年级的学生已经学习过阅读策略单元——预测，已基本掌握了"一边读一边预测，顺着故事情节去猜想"的阅读方法，这也为《灰雀》这篇课文的学习提供了有益的支架。同时，学生要在二年级开始学习默读的基础上，逐步达到第二学段默读"不出声，不指读"以及"带着问题默读"的能力水平，并为之后"提高默读的速度"做好准备，这也是进行学习活动设计的目标指向与学情依据。因此，教学时应着重培养学生带着问题默读课文并解决问题的能力。

此外，三年级学生对故事类文本表现出极大的兴趣，具有基本的理解文本大意的能力，但对于人物形象的感悟，尤其是对更为抽象的人物"品质"的把握存在一定的认知难度。本课"爱与诚实"的文本主题比较贴近儿童的生活与认知。因此，教师可以通过联系生活、创设情境等方式，让学生充分发挥想象、移植经验，更好地理解文本主题与内在意蕴。

三、学习活动设计

【学习目标】

1. 运用多种方式分角色朗读课文，能够读出对话的语气。

2. 带着问题默读课文，理解课文的意思；能抓住人物的语言、动作，体会列宁和男孩的心理以及他们各自的个性品质。（学习重点）

3. 领悟"爱与诚实"的文本主题，感受美好品质带来的温暖，努力将其内化为自己的行动。（学习难点）

【学习过程】

板块一：温故知新，导入新课

1. 回顾线索，复述故事

课文共叙述了三件事：灰雀不见了、列宁找灰雀、男孩放回灰雀。（PPT 出示：线索图）哪位同学可以借助图示为我们讲一讲这个故事？

预设：一天，列宁发现公园里深红胸脯的灰雀不见了，在寻找灰雀的过程中，他发现灰雀的失踪与男孩有关，但是他并未直接批评男孩，而是通过交谈，让男孩意识到自己的错误，主动放鸟归园。

（评价点：具体、完整、富有条理。）

2. 过渡

故事虽然简单，但人物心理是耐人寻味的。今天，我们就要继续走进《灰雀》。跟着老师板书课题。注意，"雀"的上半部分是一个变形的"小"字；下面的横画排布要均匀，最底下的一横要长。（板书课题：灰雀）

【设计意图】复述叙事性作品的大意是第二学段阅读教学的训练重点。考虑到《灰雀》是三年级上册的课文，学生刚接触复述，所以在复述之前由师生共同梳理主要事件，再请学生借助提示进行复述，降低了复述的难度。

板块二：聚焦语言，读懂男孩

第一步　由己及人，对比思考

1. 切入人物

经过上节课的学习，我们知道了一个围绕灰雀发生的故事。在这个故事里，有哪些人喜爱灰雀？

预设：列宁、男孩

2. 提出问题

列宁和男孩都那么喜爱灰雀，可是他们二人对灰雀的喜爱是一样的吗？

一个好的问题可以帮助我们读懂课文。下面，请大家带着这个问题默读课文，注意要做到不出声、不指读。

（PPT 出示问题：列宁和男孩对灰雀的喜爱，到底有什么不同？）

3. 交流讨论

预设 1：列宁喜爱灰雀，经常看望它们并带来食物。

预设 2：男孩也喜爱灰雀，他把灰雀抓走，想要占为己有。

点拨：你也喜欢灰雀，你会像列宁那样做，还是像男孩那样做？说说你的理由。

预设 3：我会像列宁那样。假如我把灰雀抓到家里，那么它就失去了自由，我们不能把快乐建立在别人的痛苦之上。

点拨：爱它，又怎么忍心伤害它？男孩对灰雀的喜爱，是一种怎样的喜爱？——自私

第二步　细细推敲，品味语言

1."我是大侦探"

同学们一致认为，是男孩抓走了灰雀。推测，必须要有真凭实据。现在，大家都化身为大侦探：请带着问题再次默读课文，把你找到的证据用铅笔圈画下来。

（PPT 出示问题：你从哪里看出是男孩抓走了灰雀？）

2. 交流讨论

引导学生寻找证据，并指导朗读。

预设 1："没……我没看见。"这句话中有个省略号，说明男孩说话支支吾吾的，他

在说谎，他一定看见过灰雀。

点拨：你读得真仔细，连标点符号都没放过！老师来读列宁，你来读男孩。

（评价点：省略号要读出犹豫、停滞的意味；可以带上动作、神态，展现男孩的心虚。）

预设 2："会飞回来的，一定会飞回来的。它还活着。""一定会飞回来！"从两个"一定"以及男孩肯定的语气可以读出，他非常确定灰雀能够回来，说明他已经下定决心放鸟归林了。

读一读：男孩的笃定，成为他抓走灰雀最好的佐证；男孩的坚定，又透露出他弥补错误的决心。请你来读好这句话。

（评价点：读出肯定的语气，表现出坚决、郑重的神态。）

预设 3："那个男孩站在白桦树旁，低着头。"灰雀回来了，男孩照理应该高兴，可是他反而低着头，更能说明他内心愧疚。

点拨：抓住人物的反常举动，有助于我们探察人物真实的内心世界。

3. 总结

带着问题读课文，并且善于发现，勤于思考，我们就成功地读懂了男孩的紧张与纠结，愧疚与坚定。

【设计意图】本环节聚焦"学习带着问题默读，理解课文的意思"这一单元语文要素，围绕"从哪里看出男孩抓走了灰雀"这一问题展开，要求学生带着问题默读课文，关注男孩的语言、动作、神态，把文章读细、读懂。明确默读要求的同时，引导学生学习并运用圈画的阅读方法，边动笔边思考。

板块三：解读人物，感受品质

第一步　再读课文，设置疑点

从男孩的言行举止中，我们不难推测出是他抓了灰雀。那么，列宁是否知道这件事呢？

预设：列宁知道。

点拨：老师跟你的看法一样。善于提出问题的同学，才是会读书、会思考！读到此处，你是否会对列宁的行为产生疑问呢？

预设 1：列宁为什么不拆穿这个男孩呢？

预设 2：列宁为什么不批评这个男孩呢？

第二步　聚焦品质，感受"爱与诚"

1. 提出主问题

列宁的行为令我们心存疑惑，这也激起了大家探究的欲望。那么，列宁到底是一个怎样的人呢？想要了解人物的内心，就必须关注他的所言所行。

（PPT 出示：列宁和男孩的对话）

2. 小组合作，深入探究

(1)用爱感化男孩

预设："列宁说：'一定是飞走了或者冻死了。天气严寒，它怕冷。'""列宁自言自语地说：'多好的灰雀呀，可惜再也飞不回来了。'"我觉得列宁的做法很睿智。他表面上是在自言自语，其实话都是说给男孩听的，目的是引起男孩的愧疚之心。

点拨：列宁"看破不说破"，他真的只是想刺激男孩，为的是让他心生愧疚而放回灰雀吗？哪个同学愿意补充？

预设：列宁其实是想用这样的方法来感化男孩。

读一读：读书，就要潜入文字之中。你能揣摩列宁的语气读一读这两段话吗？

(评价点：引导学生关注第二句中的"可惜"，不仅要读出列宁对鸟儿境遇的担忧，而且应读出怜惜之感。)

点拨：男孩从最初的犹豫不决，到后来下定决心放鸟归林。列宁看似不经意的话语，给了男孩许多触动。同学们，假如你是故事中的那个男孩，那么当听到列宁说的这些话时，你心里会想些什么呢？

预设1：这位先生如此喜欢灰雀，看着他担心的样子，我实在是不忍心继续把灰雀占为己有了！

预设2：我只是希望能够天天见到灰雀、和灰雀一起玩，却从未考虑灰雀愿不愿意。我这样做，是不对的。

提问：从中，你感受到了怎样的列宁？

预设：我感受到了富有爱心、善解人意的列宁。他能够换位思考，用爱感染男孩，使男孩意识到自己的错误。

点拨：善解人意的列宁，用他对灰雀的爱与怜惜打动了这个误入迷途的男孩。全班同学捧起书本，列宁自言自语(微微地叹了一口气)地说——一起读。(板书：善解人意)你还能从哪里看出列宁的善解人意？

(2)用爱守护诚实

预设1：列宁没有直接问男孩，而是假装问灰雀的去向，说明他不打算拆穿男孩。这里也可以看出他的善解人意。

预设2：男孩已经意识到自己的错误了。列宁理解并爱护着他，因此不愿责备。

读一读：请大家来看这一段："列宁看看男孩，又看看灰雀，微笑着说：'你好！灰雀，昨天你到哪儿去了？'"请你来读好这句话。

(评价点：能够抓住列宁语气的变化，跟前文形成明显对比。)

点拨：此时的列宁一扫忧愁，喜笑颜开，你们知道他为何如此高兴吗？

预设1：因为灰雀重新回到了林中，恢复了自由。

预设2：因为男孩用实际行动证明了自己的诚实。

点拨：列宁用宽容守护着男孩的自尊，男孩也同样回报以诚实。（板书：诚实）

【设计意图】文本表层的内容（整个事件的经过）一目了然，然而文本的深层含义（爱与诚实）则需要细细品读、多加引导，学生方能体会。这里的"爱"有两层含义：列宁对灰雀的爱，以及列宁对男孩的爱。列宁对灰雀的爱感染了男孩，列宁对男孩的爱又守护了男孩的诚实。在体会文本主题的基础上，提出并总结人物的美好品质，力求达成大单元主题与文本主题的整合。

第三步　链接资料，深入把握

1. 提问

交流了这么多，那你们喜欢故事中的男孩吗？

预设：喜欢。因为他知错能改，是个诚实的好孩子。

那么，你喜欢故事中的列宁吗？

预设1：喜欢。因为他很聪明，既让男孩放回了灰雀，又不会让他难堪。

预设2：喜欢。因为他善解人意，遇到事情总能站在别人的角度上思考问题，我要向他学习。

点拨：列宁的做法很聪明、有大智慧，还善解人意，不仅保护了灰雀，而且呵护了男孩的自尊。

2. 链接资料

同学们，你们知道吗？这位温柔、宽和、被你们连连称赞的列宁先生可是苏联的领导人呢。他曾说过这样一句话：要成就一番大事业，必须从小事做起。于是，为了人民的自由与尊严，为了无产阶级革命的胜利，他奉献了一生。请同学们阅读大屏幕上的名人卡片，更深入地了解列宁。

（PPT 出示：列宁资料）

3. 分角色朗读（同桌读、点名读、全班读）

让我们把列宁和男孩的人物形象，再次通过朗读体现出来。

谁愿意读列宁？谁愿意读男孩？

【设计意图】本课朗读训练的重点是：分角色朗读课文，能读出对话的语气。之前在揣摩人物内心时，教师已随文指导过人物的语气、神态等。此刻，在充分把握人物心理和精神品质的基础上，教师再次要求学生分角色朗读，不仅可以检验学习的成效，而且可以对两个人物在不同场景下的不同心理状态有更为明晰的把握。

板块四：升华主题，拓展延伸

1. 升华主题

同学们，美好的品质，犹如温暖的阳光，带给我们希望和力量。在这个温暖的故事里，你觉得谁给谁带去了希望和力量？

预设1：列宁给男孩带去了希望和力量。列宁让男孩明白了什么是真正的喜爱，教会了他应当尊重灰雀的自由。

预设2：男孩也一样给列宁带去了希望和力量。男孩守住了自己的诚实，回馈了列宁的爱。

预设3：列宁和男孩共同给我们带来了希望和力量。他们都有美好的品质，所以故事的结局也很美好。

【设计意图】这一环节指向本单元的人文主题：美好的品质。在前面的学习中，学生们重点感受到了列宁身上的美好品质。该问题相对开放，学生们既可以对学到的内容加以总结，也可以发散思维，自由回答。他们会发现，不仅列宁身上具有美好的品质，而且男孩身上也有；不仅故事中的人物能互相给予温暖，我们身为读者，亦能感同身受。

2. 总结延伸

同学们，这节课，我们带着问题默读，细细品味人物的对话，走进了人物的内心，感受了他们身上美好的品质，这就叫作"言为心声"。假如你就是故事中的男孩，遇到列宁以后，那么你会怎么想，又会怎么做呢？

预设1：我会勇敢地承认错误，立刻放鸟归林。

预设2：我会感谢列宁能够保护我的自尊心。

预设3：我想和列宁成为朋友。

3. 转换视角，重构故事

每位同学一定都有自己的想法。课后，请大家站在男孩的角度，按照起因、经过、结果的顺序重新叙述这个故事。

（PPT展示：作业要求：①充分发挥想象：看到了什么？听到了什么？做了什么？心里会想些什么？②可以把这个故事写下来，也可以直接讲给爸爸妈妈听。）

【板书设计】（见图6-1）

图6-1 板书设计

例 2　《盘古开天地》文本教学解读与学习活动设计（全二课时）

一、文本教学解读

（一）宏观架构：单元定位的整体性

　　《盘古开天地》是统编本小学语文教材四年级上册第四单元的首篇精读课文。本单元的人文主题是"神话故事"，单元导语开宗明义："神话，永久的魅力，人类童年时代飞腾的幻想。"语文要素明确要求："了解故事的起因、经过、结果，学习把握文章的主要内容；感受神话中神奇的想象和鲜明的人物形象；展开想象，写一个故事"。本单元选编了《盘古开天地》《精卫填海》《普罗米修斯》《女娲补天》四篇课文，从神话类型来看，两篇创世神话，两篇英雄神话；从国别来看，三篇中国神话，一篇外国神话；从语体形式来看，三篇现代白话文，一篇文言文。选篇兼顾经典性与多样性，每一篇课文都呼应单元主题又具有各自独特的定位。同时，本单元还编排了"快乐读书吧"，推荐中外神话典籍，如《山海经》《中国古代神话》《希腊神话与英雄传说》。《义务教育语文课程标准（2022 年版）》对第二学段"整本书阅读"学习内容明确要求："阅读中国古今寓言、中国神话传说等，学习其中蕴含的中华智慧，口头或书面分享自己获得的启示。"[①] 因此，教师首先需要从单元整体的视角定位本篇课文。一方面，《盘古开天地》不仅是中国经典的创世神话，而且是本单元的第一篇精读现代文；换言之，其不仅是神话中关于天地万物的起源，而且是学生学习神话故事的开端。另一方面，教师需要结合语文要素和课标要求，明晰教学目标，设计学习活动，引领学生在语言文字的品读与运用中徜徉于神话的幻想世界。

（二）联结建构：神话故事的双重性

　　《盘古开天地》讲述的是巨人盘古用自己的整个身体创造了美丽的宇宙的故事，歌颂了盘古的献身精神，体现了中华优秀传统文化的深厚博大。它具有故事类文本的一般性特征，又包含神话类文本的独有特点：前者表现为情节脉络清晰，人物形象鲜明；后者体现在神奇丰富的想象，人神合一的形象。教师需要明晓神话故事的双重性，在文本解读时，在把握故事性的基础上挖掘神话的奇幻特质，并将神话性与故事性交融互渗、联结统一。具体而言，课文共分六个自然段，具有故事的一般脉络，即起因、经过与结果。第一自然段为故事的起因，讲述天地未分、盘古在混沌中沉睡；第二、

---

　　① 　中华人民共和国教育部：《义务教育语文课程标准（2022 年版）》，32 页，北京，北京师范大学出版社，2022。

第三、第四自然段为故事的经过，讲述盘古开天辟地、顶天立地的过程；第五、第六自然段为故事的结果，讲述盘古最终身化万物，创造了宇宙。同时，第六自然段又是中心句，总结全文，点睛升华。因此，教师首先需要帮助学生梳理故事的脉络。教材中的插图以连环画的形式呈现，四幅图之间前后关联，又留有空白，是达成梳理故事脉络这一目标的良好支架。教师可以引导学生提炼关键词为四幅画命名，并梳理故事的起因、经过与结果，然后加上连接语、扩充关键词来复述故事，真正实现本单元语文要素的落地。

《盘古开天地》既是一个神奇的故事，同时又包含着一个神奇的人物、一股神奇的力量、一种神奇的变化，这些共同构成本文的"神奇"色彩。具体而言，第一，巨人盘古沉睡了一万八千年后，开天辟地，顶天立地，创造了世间万物。在此过程中，体现了创世英雄盘古矢志不渝、奉献牺牲的伟大精神，他既具有人一样的样貌与精神，又具有神的力量与使命。此可谓"人物神奇"。第二，盘古的神力从文中的动词便可见一二。一个"劈"字，一声"巨响"，"大鸡蛋"碎了，足见其力量之大，勇猛无比；一个"撑"字，一句"不知过了多少年"，盘古一直在顶天立地，最终使得天地成形，足见其力量之久，坚韧伟大。此可谓"力量神奇"。第三，盘古倒下以后，身体器官发生了各种神奇的变化。课文连用了七个"变成"，生动形象地表现了盘古的变化和万物的化生；最后省略号的使用，加强了言之未尽的效果，更增添了本文的奇幻色彩，引人遐想，意蕴无穷。此可谓"变化神奇"。

（三）微处细构：中国神话的独特性

解读《盘古开天地》一文，在把握好单元定位的整体性和神话故事的双重性之后，还需再次回到文本展开细读，在文本的细微处、特色处、独特处反复斟酌，深思熟虑，发掘此文本的独特性，即教学价值的不可替代性。教材中特别标注"本文是中国神话，由袁珂整理"，并采用土黄色调作为文本背景，将盘古开天地的过程绘制成连环画；课文之后的选做题为："课后搜集中国的神话故事读一读，然后讲给同学听。"种种细节均指向教师需挖掘《盘古开天地》不同于其他神话的特点，即中国古代神话的独特性。中国古代神话是中华传统文化和民族精神的载体。《盘古开天地》作为中国古代神话的典型代表，其独特性突出体现在神话故事的语言表达及精神气质上。课文语言优美凝练，形象生动，具有强烈的节奏感、情境感，字里行间充溢着一种崇尚奉献与牺牲的"尚德"精神。具体表现为：第一，数字的使用。"很久很久以前"是讲述神话故事惯用的开头方式，而出现两次的"一万八千年"和"一丈"则是中国神话故事中最常用的数字。第二，句式精练对仗。比如"轻而清的东西，缓缓上升，变成了天；重而浊的东西，慢慢下降，变成了地"，运用三组近义词与反义词描写天地的变化，既构成鲜明的对比，体现了不同事物的不同特点，又有助于学生形成直观的认识，读起来朗朗上口，富有节奏感。第三，语言生动形象。比如第五自然段通过一组排比句式，呈现了一幅幅壮丽而生动的图景：盘古倒下后的身体变成了"四季的风""飘动的云""隆隆的雷声""大地的四极和五方的名山""奔流不息的江河""茂盛的花草树木""滋润万物的雨露"，所化之物从天到地，从宏大到细微，暗含顺序，描写也十分生动。第四，崇尚奉献与牺牲的"尚德"精神。盘古以牺牲自己的肉体来完成开天辟地的伟绩，来换取世间万物，在他身上体现出的牺牲与奉献的精神是中国神话所独具的民族精神和文化气质。因此，教师需引导学生在有感情的朗读与品读感悟中，体会中国神话的无穷魅力，感悟其所蕴含的神奇元素以及中华民族独特的文化内涵。

二、学习活动设计

【学习目标】

1. 正确书写"撑""竭"等 13 个生字；正确读写"混沌""滋润"等词语。

2. 借助课文插图、关键词等，厘清神话故事的起因、经过、结果，并说出盘古开天地的过程。（学习重点）

3. 边读边想象画面，说出故事中神奇的地方，体会盘古坚持、勇敢、奉献等精神。（学习重点、难点）

4. 感受神话故事想象丰富的特点，培养想象力，激发阅读中国神话故事的兴趣。

【学习过程】

（第一课时）

板块一：揭开神话，课题激疑

1. 游戏导入

同学们，从今天这节课开始，我们将进行崭新单元的学习，一起经历一场奇妙的神话之旅。我们先来玩一个游戏——"猜猜他是谁"。我说关键词，出示图片，你来猜。（PPT 出示：人物图片）

炼石补天的是——女娲；追逐太阳的是——夸父；

三头六臂的是——哪吒；射中九日的是——后羿。

2. 介绍神话

他们都是中国古代神话故事中的神话人物。那么，什么是神话故事呢？单元导语页告诉了我们答案，齐读："神话，永久的魅力，人类童年时代飞腾的幻想。"

那么，人类为什么要创造神话呢？对于这个问题，不同的人会有不同的见解，"快乐读书吧"是这样说的：（指人读）"我们的祖先对世界的许多问题都抱有强烈的好奇心，他们尝试着用神话的方式给出解释，并依靠口头讲述使其代代相传。"

3. 点题

同学们，你们看，神奇幻想、口头讲述等都是神话的特点。我们的祖先对世界的起源十分好奇，于是便流传着这样一个创世神话，让我们一起齐读课题——《盘古开天地》。（板书课题）

4. 激疑

《盘古开天地》，读完这个课题，你有什么疑问吗？

预设 1：盘古是谁？为什么要开天地呢？

点拨：你问的是故事的起因，老师也很想知道。

预设 2：盘古到底是怎样开天地的呢？

点拨：你问的是故事的经过，到底是怎么样的呢？

预设 3：盘古开天地后会发生什么呢？

点拨：你问的是故事的结果，文中自有答案。

（适时板书：起因、经过、结果）

5. 过渡

同学们，"为学患无疑，疑则有进"。"疑"是思之始、学之端，让我们带着疑问进入课文一探究竟吧！

【设计意图】1. 以有趣的游戏切入，不仅能够激发学生浓厚的兴趣，让本堂课有一个良好的开端；而且能唤醒学生的旧知，对既往的神话人物有更深的印象；更能在师生一问一答的活跃气氛、关键词与图片的互相照应中，进入生动神奇的神话故事的情境之中。2. 教材是第一资源，而教材资源不限于课文文本，教师需要对教材的每一处都仔细揣摩，有效利用。以"什么是神话""为什么要创造神话"两个关键性问题引发学生思考，教师并未直接给出答案，而是借用单元导读页和"快乐读书吧"中的两句话予以回应，既增强说服力，又能让学生对神话有更深的认识，并培养"处处留心皆学问"的意识和学习习惯。3. 引导学生由课文题目生发自己的疑问，增强学习的主动性；同时适时点评学生的回答，引出故事的起因、经过与结果，为下一步梳理文章奠定基础。

板块二：小组合作，共同识字

1. 小组合作识记生字

在品读课文、解开上述疑问之前，让我们先来扫清字词这个拦路虎。经过课前预习，书后的这些生字你都会读吗？小组合作，一起来读一读。

合作小贴士：

(1)将生字逐一读给小组同伴听，并圈出读不准的生字。

(2)请小组同伴当小老师，教你读准圈出的生字。

(3)小组长组织交流，动脑筋，想办法，记住生字的字形。

2. 强调

"滋"是平舌音；"浊""丈""撑"是翘舌音；"血"是多音字。

3. 赛读

各个小组赛读生字，读准字音，交流识记字形的方法和易错字，教师相机正音，适时总结。比如"劈"是形声字，形旁表意，声旁表音，用刀来劈；"茂"不能忘记最后一点；"奔""累""宗"等字，教师出示相应的图片，更直观地帮助学生理解字意。

4. 朗读并理解词语

由生字过渡到词语，按照上面的步骤，正确朗读与理解以下词语：

翻身、劈开、浑浊、一丈、撑起、累倒、血液、茂盛、滋润、

缓缓上升、精疲力竭、奔流不息

【设计意图】针对生字词这一教学目标，四年级的学生已经具备了一定的学习能力，教学时应结合学情，充分激发学生学习的主动性，却不等同于完全自主，放手不管。教师可以辅之以工具支架，比如"合作小贴士"，既点明要求，有条不紊，又发挥合作的最大功效，人人都读生字词，人人都是老师。这种建立在预习基础之上的小组合作学习，为学生提供自主识字、集体识字、比赛识字的平台，并通过识字方法的交流，实现方法共享、经验互补，让集体的互助激发出学习的热情与思维的火花。

板块三：图文并茂，梳理脉络

1. 带着问题初读课文

请同学们自由朗读课文，读准字音，读通句子，边读边思考一个问题：课文主要讲了一件什么事情？

点拨：（鼓励学生自由表达）有句话说得好："会读书的人能把一篇文章读成一句话。"其实，这个问题在文中自有答案——"人类的老祖宗盘古，用他的整个身体创造了美丽的宇宙"。

2. 小组合作，填写表单

那么，盘古又是怎样创造宇宙的呢？你能找到故事的起因、经过、结果所对应的段落，并用关键词适当概括吗？请同学们小组合作，并借助书中的四幅插图加以概括，完成下面的任务单。（见表 6-2）

表 6-2

故事	对应段落	帮助你概括的关键词	你的概括(插图名字)
起因			
经过	第一件事：		
	第二件事：		
结果			

3. 交流汇报，呈现表单

各个小组汇报交流学习成果，教师适时引导，呈现表单。（见表 6-3）

表 6-3

故事	对应段落	帮助你概括的关键词	你的概括（插图名字）
起因	第一自然段	混沌一片、睡	盘古沉睡
经过	第一件事：第二自然段	拿、劈、变成了天、变成了地	开天辟地
	第二件事：第三、第四自然段	头顶天、脚踏地、天和地成形	顶天立地
结果	第五、第六自然段	身体、巨大变化	身化万物

4. 讲述故事

你能结合书中插图并串联这些关键词，讲述这个故事吗？看谁把这个故事讲述得既清楚又完整，既简练又生动。

点拨：加上表示时间的关联词、动作等。

【设计意图】1. 依据故事的起因、经过和结果把握文章主要内容既是本单元的语文要素，也是课后习题之一，教师需要引导学生重点突破。在此设计多维学习支架，循序渐进，让学生依架而上，学有所得。具体而言，首先引导学生抓住课文的中心句，有助于学生对全文有整体的感知；然后以新课标提倡的任务驱动的方式进行教学，设计学习任务单，包含确立段落、找关键词、为画命名三个小任务，层层递进，在插画、文本与学生认知之间建立深层联系，实现深度学习。2. 新课标对第二学段"表达与交流"提出的第一条要求便是："乐于用口头、书面的方式与人交流沟通，愿意与他人分享，增强表达的自信心。"本课设计在用关键词概括故事后，鼓励学生讲述故事，即将故事文本从厚到薄，从薄再到厚，实现学生自我对于神话故事的二次加工。

板块四：精读起因，铺下悬念

1. 提问设疑

盘古为什么要开天地呢？故事的起因又是怎样的呢？请同学们自由朗读第一段，并对感兴趣的词圈点勾画。

2. 理解"混沌"

"混沌"是什么意思？你可以运用这个词语造句吗？

点拨：可以联系上下文理解词意（"天和地没有分开"）。混沌，就是指模糊一团，不清晰。注意读音"hùn dùn"。理解意思后，带入文本"宇宙混沌一片，像个大鸡蛋"，感受比喻的妙用。

3. 关注时间词

第一段中出现了两个时间词，"很久很久以前"和"一万八千年"，从中你能感受到什么？

点拨：时间很久远，发生在人类的远古时代，充满着幻想。

谁来读一读这段话？

点拨："很久很久以前"和"一万八千年"读得慢一些。

4. 铺垫

沉睡了一万八千年的盘古终于醒了，又会发生什么呢？他究竟是怎样开天辟地的呢？下节课让我们再深入走进文本，细细品味。

5. 布置作业

"我是故事大王"，将盘古开天地的故事讲给爸爸妈妈听吧！

【设计意图】第一自然段很短，只有两句话，在梳理完文章脉络后，可以带着学生品读第一段，理解"混沌"的意思，领会比喻的妙用，感受神话中时间词语的独特。最后的作业设计指向本节课的重点。神话故事的本质特征之一就是口耳相传，将课上所得在课后分享给爸爸妈妈，从而提高学生表达的积极性。

（第二课时）

板块一：复习导入，聚焦过程

1. 复习字词

出示第一课时学习过的生字词，学生齐读复习，指定个别学生读。

2. 回顾故事情节

上节课我们扫清了字词拦路虎后，还概括了这篇神话故事的内容，谁还记得？

（鼓励学生自由发言，讲述故事；教师评价和学生互评相结合）

评价要点 1：有故事的起因、经过、结果，讲述完整。

评价要点 2：抓住关键，语句要凝练，不要太冗长。

评价要点 3：用自己的话表达，生动形象。

3. 过渡

今天这节课，我们再次走进《盘古开天地》，看看盘古开天辟地、顶天立地、身化万物时，究竟是什么样的？边读边想象，进一步感受神话中的奇思妙想！

【设计意图】在第二课时的开头，第一，复习生字词，这既是巩固积累，又是温故知新，为本节课更好地体会文中语言的优美凝练、形象生动奠定坚实的基础；第二，回顾故事情节，教师针对性地评价，以提高学生复述故事的能力，从而对应《义务教育语文课程标准（2022 年版）》在第二学段"学业质量描述"中提出的："能复述读过的故事，概括文本内容，根据自己的阅读理解提出问题并与他人交流。"

板块二：潜心品读，发现神奇

请同学们默读课文第二、第三、第四自然段，了解盘古开天地的过程，并思考：哪些地方让你感到神奇？圈点勾画，做好批注。小组内部先交流，之后请代表发言。

· 第二自然段——开天辟地

预设：盘古拿起斧头，对着黑暗劈过去，一声巨响，"大鸡蛋"就碎了，很神奇。

1. 聚焦

这个"劈"字给你的感受是什么？你可以做一做这个动作吗？

点拨：结合图片和动作演示加深学生的理解。

2. 追问

"劈"，给世界带来的变化是什么呢？

点拨：天地缓缓分开了，"轻而清的东西，缓缓上升，变成了天；重而浊的东西，慢慢下降，变成了地"。

3. 品读

同桌合读这句话，你发现了什么？——三组近义词和反义词

点拨：三组反义词的运用形成鲜明的对比，让我们看到不同事物的不同特点。多次出现同一个词，会让人感觉重复乏味，所以，该句运用了三组近义词：轻和清、重和浊、缓缓和慢慢，体现了盘古开天地的艰难与漫长，也体现了汉语的魅力。

4. 朗读

朗读这句话需要注意什么？

点拨："缓缓"和"慢慢"读得慢一些，费力一些；"轻而清"读得轻一些，快一些，轻飘飘的；"重而浊"读得重一些，沉甸甸的。

师生合读，男女共读，自由读。引导学生进入情境，读出不同的感觉。

· 第三、第四自然段——顶天立地

预设：盘古可以撑在天地之间，随着天地的变化而变化，特别神奇。

1. 想象

盘古为了天地成形，是怎样"撑"的？画出相关语句，边读边想象当时的画面。

点拨：抓住关键句①"头顶天，脚踏地"，引导学生想象：怎样顶？怎样踏？②"站在天地当中，随着它们的变化而变化"，引导学生想象：天地会有哪些变化？盘古撑在天地中间，天地发生变化时他会怎么想、怎么说、怎么做呢？

2. 启思

同学们，通过想象，我们发现了天地和盘古的身体"变化"的神奇。那么，在此过程中，有什么是"不变"的吗？

预设1：盘古的动作没有变，一直在撑着。

预设2：盘古开天辟地、顶天立地的决心没有变。

预设 3：盘古坚持不懈、造福人类的精神没有变。

3. 对话

是啊，"一万八千年过去了"，盘古的动作、决心、精神一直未变；"又不知过了多少年"，盘古依旧未变。你想对这样的盘古说些什么呢？

盘古呀，盘古，_____ 。

【设计意图】1. "不动笔墨不读书"，教师要注重学生批注习惯的养成，落实《义务教育语文课程标准（2022 年版）》对第二学段"学习圈点、批注等阅读方法"的要求。同时，教师对朗读进行指导，关注重点词句，使学生在朗读中既能体会汉语的博大精深、中国神话语言的生动形象，又能感受到天地缓缓分开的漫长过程。2. 神话本身蕴含着丰富的想象，教师更要在文本阅读中培养学生的想象力，抓住课文中的"留白"处、意犹未尽处，让学生展开想象，在脑海中浮现当时的画面，进而勾勒盘古的形象。针对"盘古是什么样的"这一关键性问题，教师设计让学生探寻在盘古顶天立地过程中的"变"与"不变"，从而水到渠成地感悟盘古伟大的精神品质。

板块三：身化万物，感悟伟大

1. 连线

天地终于成形，精疲力竭的盘古也倒下了。他的身体发生了巨大的变化，都有哪些呢？先来读一读，然后完成下面的连线。

气息　　　　　名山
声音　　　　　雨露
双眼　　　　　花草树木
四肢　　　　　江河
躯干　　　　　风和云
血液　　　　　四极
汗毛　　　　　太阳月亮
汗水　　　　　雷声

2. 激疑

同学们一一连线后，老师有这样的疑问：为什么会有这样的变化呢？比如，为什么是血液变成了江河，而不是躯干变成江河呢？

点拨：血液和江河有很多的相似性。比如，形状都是弯弯曲曲的，都是流动的液体，血液滋养身体，江河滋养禾苗。盘古的身体部位和变成的事物之间原来还有这样的对应关系！你看，古人用想象的方式来解释万物的起源，同时他们的想象还抓住了事物的特性，有所依据，很有道理。

3. 想象

一起再来读一读第五自然段。同学们，你们发现了吗，这一段的最后是"……"，发挥你们的想象，盘古其他身体部位又会变化成什么呢？

预设1：他的头发变成了柔软的柳枝。

预设2：他的牙齿变成了洁白的玉石。

4. 对话

盘古把自己的身体、所有的一切都奉献出去了，化成了这个美丽的世界。再次对话盘古，你想对他说些什么？他又会如何对你说呢？

5. 总结

是啊，盘古是人类的始祖，是大地之父，是顶天立地、奉献自我的伟大英雄。他的生命与日月同辉，与山川共存。

【设计意图】1. 设计"连线"环节，有助于学生明确变化的本体与变体，将其一一对应后，再引导学生发现彼此之间的关联，以便学生更好地运用想象；在句式的训练上，注重相似句式的吸收与再使用，从内容到形式，让学生的言语能力自然生长。2.《盘古开天地》这一中国神话故事本身就饱含着浓浓的民族文化涵养，盘古身上的坚韧、大爱精神是中华民族优秀文化的象征。通过设计两次对话，引导学生走进盘古的内心世界，在潜移默化中让学生感受盘古的精神品质，赋予"伟大"这个词语更加鲜活的生命力，同时也落实了《义务教育语文课程标准（2022年版）》的核心理念：价值引领，以文化人。

板块四：延展创造，升华全文

1. 引读

同学们，相信你们一定心有感触，有所动容。让我们齐读最后一段："伟大的巨人盘古，用他的整个身体创造了美丽的世界。"

2. 解字

（PPT出示：创造）同学们，让我们再来仔细观察这两个字。"创"是"刂"旁，表示刀刃，用刀劈开东西；"造"是"辶"底，表示需要走一段遥远的路程。两个简单的偏旁就把"创造"的意思说明白了：通过大刀阔斧的改进，长时间的努力坚持，才能出新，才能有所创造。

3. 升华

盘古不正是身体力行，为我们诠释着"创造"二字的内涵吗？智慧的古人不正是通过神奇的想象，探寻万物的起源，创造了许许多多经典的神话吗？

4. 延展

神话故事是祖先留给我们的宝贵的文化遗产，是原始智慧的结晶，是民族精神的体现，是中华文化的彰显。中国古代神话蕴藏着瑰丽奇特的想象，带给我们美好奇妙的阅读感受。比如保存中国神话最早的书籍《山海经》，翻开它，你就能看到住着九尾狐的青丘之山，西王母的居所昆仑山，以及神奇的大人国、小人国、黑齿国、轩辕国……

同学们课后可以搜集中国的神话故事读一读，然后再跟其他同学分享。

【设计意图】最后在总结升华时，再提"创造"二字，通过说文解字，学生不仅对"创造"一词有所感悟，而且能深入体会盘古的创造过程，感受其中动人的情愫与伟大的精神。同时，链接课外，激发学生阅读中国神话故事的兴趣，并鼓励其讲故事，落实《义务教育语文课程标准（2022 年版）》对"文学阅读与创意表达"这一学习任务群的教学要求："注意整合听说读写"，"引导学生成长为主动的阅读者、积极的分享者和创意的表达者"。

例 3 《军神》文本教学解读与学习活动设计（第二课时）

一、文本教学解读

（一）文本解读

《军神》是统编本小学语文教材五年级下册第四单元中的一篇精读课文，作者是毕必成。本文以手术进展的时间顺序为故事情节发展的明线，以沃克医生的心理变化为暗线，记叙了刘伯承在重庆找沃克医生治疗受伤的眼睛时，为不影响大脑拒绝使用麻药，强忍巨大疼痛接受手术的故事，表现了刘伯承坚定的信念、钢铁般的意志以及镇定乐观的态度，表达了对他的赞美与敬佩之情。

《义务教育语文课程标准（2022 年版）》强调："关注个体差异和不同的学习需求，鼓励自主阅读、自由表达。"[1]因此，本课教学将组织学生以"阅读—分析感悟—批注—交流—再感悟"为主要学习方法，抓住课文重点词句深刻理解课文，学习刘伯承的精神品质。《义务教育语文课程标准（2022 年版）》还指出："引导学生在学习语言文字运用的过程中，逐步树立正确的世界观、人生观、价值观，体认和传承中华优秀传统文化、革命文化、社会主义先进文化，积淀深厚的文化底蕴，增强文化自信。"[2]并对第三学段提出目标要求："感受先贤志士的人格魅力，感悟老一辈无产阶级革命家的英雄气概、优良作风和高尚品质，体会捍卫民族尊严、维护国家利益和世界和平的伟大精神。"[3]可见，除了对于学法的指导，还要关注学生情感的生成。本篇课文是人物类革命传统故事，作为革命传统进中小学课程教材的重要载体，在教学过程中应着力挖掘文本的情感因素，加强学生学习过程中的情感参与和情感体验，引导学生在品读中思考、想象、

---

[1] 中华人民共和国教育部：《义务教育语文课程标准（2022 年版）》，3 页，北京，北京师范大学出版社，2022。

[2] 同上书，44 页。

[3] 同上书，13 页。

感悟，从而深化对人物的认识，促进情感的熏陶，融入对学生的爱国主义和革命文化教育。

本文表现的主体人物是刘伯承，却集中了较多笔墨来描写沃克医生的神态和情绪的变化：由最初的"冷冷"，到发现伤情后，闪现出"惊疑的神情"，"目光柔和了"，再到当得知病人拒用麻醉剂时，"眉毛扬了起来"，表示不理解，听了病人一番话后，"再一次愣住了"，最后在当病人说出刀数的时候，"惊呆"且"大声嚷道"，"脸上浮出慈祥的神情"，以至最终的"肃然起敬"。沃克医生的这些神态和情绪的变化，都是由刘伯承引起的。课文这样写，是以沃克医生神态、情绪的变化来烘托刘伯承的坚强意志和镇定坚忍的态度。教学时可以以此为突破口，引导学生从侧面描写中深入感知主人公刘伯承的个性品质以及本文的艺术手法。

(二)单元切入

本单元导语借用民族英雄林则徐的名句"苟利国家生死以，岂因祸福避趋之"，点明了家国情怀的人文主题。教学中应注意培养学生的爱国情怀，感悟老一辈无产阶级革命家的英雄气概、优良作风和高尚品质。本单元的语文要素为"通过课文中动作、语言、神态的描写，体会人物的内心"，课后习题三、四直接指向本单元语文要素。其中习题四要求"从课文中找出对沃克医生动作、语言、神态的描写，体会他的内心变化，再以他的口吻讲一讲这个故事"。这种由"读"到"讲"的要求是对语文要素的进一步深化。在教学过程中，应紧扣对刘伯承和沃克医生进行动作、语言、神态描写的语句，调动学生的主动性，引导学生在反复朗读中体会人物的内心情感，感受"军神"刘伯承的精神品质，并结合新时代的人或事，将自己与人物进行自觉对照，内化品质，传承精神，实现从一个"人"到一种"魂"的延续。

(三)关注学生

本课教学面向五年级的学生。他们在四年级下册第七单元曾学习过"从人物的语言、动作等描写中感受人物的品质"，加之本单元前两课已经学习过《古诗三首》和《青山处处埋忠骨》，学生对于通过动作、语言、神态等描写体会人物的内心情感、感受人物品质已经有了一定的基础。

当然，由于本课内容置于当下具有一定的时代隔阂，学生在对文本内容和语言文字的把握上或许存在较为明显的障碍，这就需要创设一定的情境，或使文本内容与学生实际生活相联系。例如，在上课初始阶段，播放战争视频的混剪，以渲染氛围，帮助学生尽快进入状态；当临近结课时，将学生的目光由文本引回到当代生活，感悟"军神"的丰富内涵，学习新时代"军神"精神。

二、学习活动设计

本篇学习活动设计是针对第二课时的。在第一课时，学生已经梳理明晰了全文的结构脉络，在对刘伯承层层身份的揭露中初步感知了其精神品质。本节课将引导学生通过分析人物的语言、动作、神态描写等走进刘伯承及沃克医生的内心，进一步体会刘伯承的品质，并以沃克医生的口吻讲讲这个故事，理解正面描写和侧面烘托对塑造军神形象的作用，最后联系文本和时代感悟"军神"的深层含义，学习新时代"军神"精神。

【学习目标】

1. 能在反复朗读中品味细节，透过动作、语言、神态描写等揣摩人物内心，体会刘伯承坚定的信念、钢铁般的意志及镇定乐观的态度。（学习重点）

2. 能借助沃克医生的心理变化图，以他的口吻讲讲这个故事，理解正面描写和侧面烘托对塑造军神形象的作用。（学习重点）

3. 联系文本和时代，感悟"军神"丰富内涵，学习新时代"军神"精神。（学习难点）

【学习过程】

板块一：情境导入，温故知新

1. 引入

播放战争视频。（板书课题：军神）

2. 提问

战火纷飞，硝烟弥漫，为了守卫祖国疆土，无数战士以肉身挡枪炮，以热血铸长城，而刘伯承正是这冲锋队伍中的一员大将，他因不幸负伤来到重庆的一家诊所进行治疗，在那里遇到了沃克医生。回忆一下他们之间发生了什么故事。

预设：刘伯承到沃克医生的诊所做眼部手术，拒绝使用麻醉剂，沃克医生称他为"军神"。

【设计意图】以战争视频导入，营造氛围。将士们在枪林弹雨中出生入死、保家卫国的画面瞬间将学生的思绪从当下拉入战火纷飞的年代，学生会不由地入情入境，生出敬仰之情，带着这样一种心情进入学习更有利于学生体认军神刘伯承的品质，奠定感情基调。接着引导学生回忆刘伯承与沃克医生之间发生的故事，既锻炼了学生的概括能力，又承前启后，自然而然地开启新课的学习。

板块二：聚焦细节，品味神力

围绕"沃克医生为什么要称刘伯承为军神"这一主问题，引导学生从动作、语言、神态描写等角度分析品评人物内心，从而体会人物的精神品格。

第一步　正面描写展"神"力

1. 思考

沃克医生为什么要称刘伯承为军神呢？默读课文，画出关键语句并做批注。

关键语句1：病人平静地回答："沃克医生，眼睛离脑子太近，我担心施行麻醉会影响脑神经。而我，今后需要一个非常清醒的大脑！"

预设：神态、语言描写。

(1)提问：刘伯承不打麻药的原因是什么？

预设：刘伯承为了保持大脑清醒、不妨碍以后作战指挥，坚持拒绝麻醉，体现了其保家卫国的坚定信念。

(2)追问：聚焦刘伯承说话时平静的神态，"平静"一词与句末的感叹号是否矛盾？

预设：不矛盾。无论"平静"还是句末的感叹号，都表现出刘伯承态度的坚决。

(3)朗读：找学生反复练读，读出"平静"与"坚定"，边读边体会人物内心，感受刘伯承冲锋上阵、保家卫国的坚定信念，将语气、语调读得逼真传神。(板书：信念)

关键语句2：病人一声不吭，他双手紧紧抓住身下的白床单，手背青筋暴起，汗如雨下。他越来越使劲，崭新的白床单居然被抓破了。

预设：动作描写。

(1)提问：读读这段文字，说说刘伯承当时内心在想些什么。

预设1：等我的眼睛治好了，我要继续冲锋上阵，保家卫国！

预设2：这每一刀痛苦我都要还给那些残暴的敌人！

(2)追问：同学们有没有过受伤的经历？我们受了伤可能会哭会叫，但是刘伯承却一声不吭，这是一种怎样的神力？

预设：刘伯承在手术中忍受剧痛却一声不吭，表现出他钢铁般的意志。(板书：意志)

关键语句3：病人脸色苍白。他勉力一笑，说："我一直在数你的刀数。"……"七十二刀。"

预设：神态、语言描写。

(1)提问："脸色苍白""勉力一笑"说明什么？

预设：刘伯承脸色苍白，说明手术的极大痛苦，但他居然还勉力一笑，体现了他镇定乐观的态度和钢铁般的意志。

(2)朗读：教师指导朗读，引导学生聚焦神态描写。既要读出手术带来的极大痛苦，也要读出他的坚定与乐观，感受刘伯承此刻做完手术的疼痛虚弱，以及镇定乐观的态度和钢铁般的意志。

2. 引导

七十二刀，一刀不少，刀刀钻心，然而刘伯承从头到尾没有喊过一个"疼"字，怪不得沃克医生惊呆了，大声嚷道："你是一个真正的男子汉，一块会说话的钢板！你堪称军神！"我们一起来读——再读——

（PPT 出示：沃克医生惊呆了，大声嚷道："你是一个真正的男子汉，一块会说话的钢板！你堪称军神！"）

点拨：注意提示语"惊呆了""大声嚷道"以及句末的感叹号，读出沃克医生的震惊、赞扬、敬佩之情；可以加上"大拇指"的动作。

3. 小结

正是因为有着无比坚定的信念、钢铁般的意志以及镇定乐观的态度，刘伯承才能从一个"人"变成一位伟大的"军神"。（板书：人；画台阶）

第二步　侧面描写衬"神"力

1. 过渡

除了正面描写刘伯承外，文章还用了大量笔墨写了谁？——沃克医生。既然文章题为《军神》，为何要耗费笔墨描写沃克医生？

预设：侧面描写。通过沃克医生的动作、语言、神态描写表现其心理变化，侧面烘托刘伯承的精神品格。

2. 小组合作

默读课文，画出文中关键词句并用词语概括沃克医生的心理变化。以小组为单位绘制一幅沃克医生的心理曲线图。

3. 成果展示

班级同学点评，选出优秀作品，并请相应小组说说图是如何绘制的。（见图 6-2）

预设：

冷冷地问——冷漠

蓝色的眼睛里闪出一丝惊疑 ——惊疑

眉毛扬了起来、生气地说——生气

再一次愣住了、有点儿口吃——诧异

双手却有些颤抖、额上汗珠滚滚——紧张担心

由衷地说——关切、佩服

吓了一跳、不相信地问，惊呆了、大声嚷道——震惊

慈祥的神情、注视、肃然起敬——钦佩

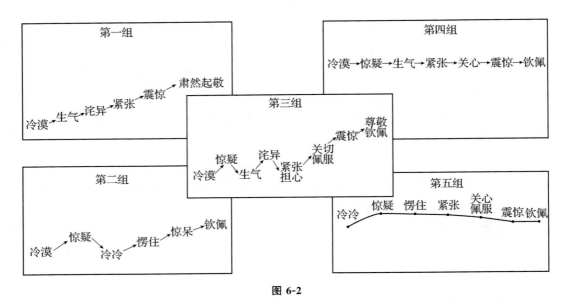

图 6-2

点拨：无论心理变化如何起伏，从开始的冷漠到最后的钦佩，总体而言呈向上趋势。

4. 借图讲故事

借助优秀小组绘制的沃克医生的心理曲线图，以小组为单位，讲故事：假如你是沃克医生，讲一讲这个故事。（推举小组代表，展评交流）

5. 小结

通过正面描写与侧面烘托，我们深入走进刘伯承与沃克医生的内心世界，同时也从侧面进一步深切感受了刘伯承之"神"力。

【设计意图】本环节是本课的重点。以手术进展的时间顺序为故事情节发展的明线，以沃克医生的心理变化为暗线，通过正面描写与侧面烘托，让学生深入走进刘伯承与沃克医生的内心世界，深切感受刘伯承之"神"力。在分析正面描写刘伯承的句子时，教师主要让学生抓关键词、联系自身实际，在反复朗读中引导学生从动作、语言、神态描写等角度分析品评人物内心，从而感受刘伯承的品质。而在侧面描写上，教师先让学生思考文中用大量笔墨描写沃克医生的原因，引出侧面描写的手法，继而让学生默读全文，画出并尝试用词语概括沃克医生的心理变化，旨在促进学生透过动作、语言、神态描写的句子分析人物心理。小组合作绘制沃克医生心理变化曲线图，而后进行屏幕展示、师生评价、优秀作品解读、以沃克医生的口吻讲述故事等活动，学生既梳理了课文内容，同时也对语文要素加以深化，从侧面感受刘伯承的品质。

板块三：走向时代，传承神魂

1. 过渡

在那个战火纷飞的年代，还有很多像军神刘伯承这样的人，例如，邱少云、黄继光、朱德……他们有大无畏的牺牲精神、爱国情怀、坚定信仰，构成了中华民族永不褪色的革命文化。事实上，"军神"不仅仅指的是一个人，也是指人们心中的精神之魂。（板书：画红旗；写"魂"字）

2. 提问

在新时代的今天，你认为还有哪些人有军神之魂呢？

预设：保家卫国的军人、奋斗在一线的防疫人员、刻苦训练为国争光的运动员……

3. 升华

无论是历史上可歌可泣的英雄人物，还是当下在平凡岗位上发光发热的爱国者，精神都长存。如今我们生在红旗下，长在春风里，诸位同学当心怀祖国，刚强坚毅，发奋学习，传承新时代军神之"魂"！

【设计意图】美国教育家华特曾言："语文学习的外延与生活的外延相等。"语文课堂大到整个社会，语文学习具有全息兼容的广延性和化育人格的修身性。在对课文中刘伯承的形象与品质有所把握之后，将学生的目光由文本链接到当代生活，思考新时代的今天还有哪些人具有军神之魂，学生会很自然地联想到军人、运动员等，感悟并学习他们身上的精神品质。由此，从"一个人"关联到"一类人"继而升华为"一种魂"，军魂意蕴会变得更加充实、具体，从而具有了时代价值与实践价值。

4. 作业

迁移学习"阅读链接"《丰碑》，对比阅读两篇文章的异同，从动作、语言、神态描写等方面体会人物的心理变化和精神品质。

【设计意图】本课的"阅读链接"《丰碑》讲述了红军长征途中一位军需处长把自己的棉衣让给战友而自己被冻死的感人故事，从动作、语言、神态等方面塑造了鲜活的人物形象，颂扬了舍己为人的精神品质。学生利用本课学法迁移学习《丰碑》，再一次指向了语文要素的训练，同时开阔了阅读视野，进一步感受到革命先烈的品质，加深了对《军神》文本意义的理解，从而实现"内引外联，双翼并举"。

【板书设计】（见图 6-3）

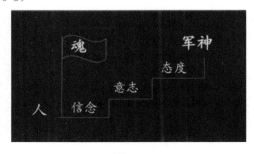

图 6-3

【设计意图】板书总体呈阶梯状，在授课过程中将刘伯承的精神品质相机写在每一级台阶上，意指刘伯承正是因为这些品质才能从"人"变成伟大的"军神"，并在最后画了一面高高飘扬的红旗，上面写有"魂"字，意指军神之魂永远屹立在人们心中。既便于学生理解和记忆，厘清文章脉络，又简明扼要、清晰直观地将课堂重点传递给学生。

章后练习

1. 小学语文故事类文体教学解读包含哪些策略？结合相关课例阐释。

2. 在小学语文故事类文体教学中，如何提升学生的复述能力？

3. 在《盘古开天地》一课中，中国神话故事的独特性体现在什么方面？

4. 选择《为中华之崛起而读书》（四年级上册），进行文本教学解读及学习活动设计。

延伸阅读

1. 王荣生：《阅读教学教什么》，上海，华东师范大学出版社，2016。

2. 刘专：《神话教学落实核心素养的有效路径——以统编教材四年级上册第四单元为例》，载《语文建设》，2021(22)。

3. 陈先云：《文道统一原则在小学语文教科书选文中的具体运用》，载《课程·教材·教法》，2021(4)。

4. 许嫣娜《难忘的泼水节》（二年级上册）教学实录。

5. 虞大明《猎人海力布》（五年级上册）教学实录。

6. 张祖庆《狼牙山五壮士》（六年级上册）教学实录。

第七章

寓言文体教学分析
与学习活动设计

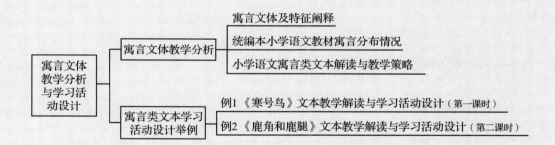

寓言文体教学分析与学习活动设计

├─ 寓言文体教学分析
│   ├─ 寓言文体及特征阐释
│   ├─ 统编本小学语文教材寓言分布情况
│   └─ 小学语文寓言类文本解读与教学策略
│
└─ 寓言类文本学习活动设计举例
    ├─ 例1《寒号鸟》文本教学解读与学习活动设计（第一课时）
    └─ 例2《鹿角和鹿腿》文本教学解读与学习活动设计（第二课时）

　　寓言，借助简短生动的故事，寄托意味深长的道理，是启蒙儿童心智的优选文学体裁。明确的寓意、生动的比喻、精练的概括性、幽默的讽刺性是寓言的基本特征。统编本小学语文教材共选入 15 篇寓言文体的课文，主要分布在低、中年级，并在三年级下册专设了寓言主题单元。小学语文寓言类文本在解读与教学时可以运用以下四大策略：读好故事，读活语言；抓住情节，简要复述；读懂故事，感悟寓意；链接素材，提升素养。其中"读懂故事，感悟寓意"这一策略可以从以下五点切入：人物特点、特殊情节、生活实际、角色体验、多元角度。通过精心组织的学习活动，学生在寓言故事的学习中感受形象，发展语言，启迪智慧。

第一节
寓言文体教学分析

一、寓言文体及特征阐释

(一)寓言的含义

　　"寓"是寄托的意思。《说文解字》曰："寓，寄也。从宀，禺声。庽，寓或从广。"①

　　《教育大辞典(第 2 卷)》是这样定义寓言的："隐含明显讽喻意义的简短故事。其特点是：主题鲜明，每个故事都有明显的寓意，多是借此喻彼，借远喻近，借古喻今，借小喻大，使事理或哲理从简短的故事中体现出来。语言简练，概括性强，给人以思索的余地。"②

　　德国著名剧作家、文艺批评家莱辛认为："要是我们把一句普遍的道德格言引回到一件特殊的事件上，把真实性赋予这个特殊事件，用这个事件写一个故事，在这个故事里大家可以形象地认识出这个普遍的道德格言：那么，这个虚构的故事便是一则寓言。"③

---

　　①　(东汉)许慎：《说文解字》，357 页，上海，上海古籍出版社，2007。

　　②　顾明远主编：《教育大辞典(第 2 卷)》，200 页，上海，上海教育出版社，1990。

　　③　中国社会科学院文学研究所编著：《古典文艺理论译丛(卷三)》，1334 页，北京，人民文学出版社，1961。

以上对于寓言的解释，都指明寓言必须由教训和故事组成。这两个要素构成了寓言的完整内涵，二者缺一不可。

寓言也是统编本小学语文教材中的一种重要文学体裁。它凭借生动夸张的形象、简短有趣的故事情节和丰富深刻的哲理性、教育性赢得了儿童的喜爱。

综上所述，我们可以将"寓言"定义为：寓言是一种文学体裁，多为一个假托的简短故事，采用拟人、比喻、夸张等手法，寄托意味深长的道理，给人以启示，常有讽刺或劝诫的性质。

(二)寓言的三大发祥地

寓言是一种古老的文体形式。它在世界上有三大主要发祥地，即古希腊、古印度和中国。

古希腊作为欧洲寓言的发源地，在公元前 6 世纪就出现了著名的《伊索寓言》，被誉为西方寓言的始祖，标志着寓言文学的高度繁荣与成熟。《伊索寓言》由三百余篇短小精悍的故事构成，每个故事都含有深长的寓意，多是以动物为主人公。其中的许多寓言故事已经进入我们的日常生活之中，如《龟兔赛跑》《乌鸦喝水》《狼来了》《狐狸和乌鸦》《狐狸和葡萄》《农夫和蛇》等。

印度寓言是世界上最古老的寓言之一，主要由民间寓言和佛经寓言构成。大约编成于公元 1 世纪的《五卷书》是古印度著名的民间寓言故事集，也是一部征服了世界的寓言童话集。

中国的寓言产生于先秦时期，当时的一些思想家把寓言当成辩论的手段，为了在政治主张上战胜对方，阐明自己的观点，往往通过艺术加工，用鲜明生动的故事代替抽象的议论进行说理。尽管那时的寓言仍作为散文的附庸而未取得独立地位，但在艺术上却相当成熟，创造了我国寓言创作的黄金时代。我们可以在《庄子》《韩非子》《战国策》等著作中看到大量的寓言作品。我国各个少数民族也产生了众多形式多样的寓言故事。

中国古代寓言创作最值得一提的是韩非子。他善于通过短小精悍的寓言故事来说理，使深刻的道理通俗化，增强了作品的艺术感染力和理论说服力。《韩非子》一书中就有寓言 320 余篇，脍炙人口的寓言故事俯拾皆是，如《自相矛盾》《守株待兔》《滥竽充数》《买椟还珠》《郑人买履》等。

(三)寓言的基本特征

1. 明确的寓意

寓言主要由两个要素组成：故事和寓意。法国 17 世纪著名寓言诗人拉·封丹在为自己的《寓言诗》作序时说："一个寓言可以分为身体和灵魂两部分。所述的故事好比是身体，所给予人们的教训好比是灵魂。"寓言的最终目的是阐明教训或哲理，寓意是寓言的灵魂，故事必须为寓意服务，这就形成了寓言与一般故事的本质区别。

2. 生动的比喻

寓言虽以教训为目的，但绝不是直接进行说教，而是通过虚构的、隐喻的故事来折射寓意。寓言将文本的外在故事形式作为喻体，由此实现寓意的文学性传达。可以说，任何一篇寓言作品本身就是一个完整的比喻。

寓言的比喻同时借助拟人、象征等多种艺术手法来完成，主要表现为两种方式：一是采用现实生活中某个具体的事件，或根据现实生活加以想象、虚构而成的事件。比如《滥竽充数》《自相矛盾》等。二是采用拟人化手法，通常以动物为主人公，与现实拉开一定的距离，最后又将目标指向人类社会。比如《狐假虎威》《龟兔赛跑》等。

3. 精练的概括性

寓言可以说是叙事性文学中最简短的一种。作者往往抽取生活中最富代表性的片段加以概括、提炼，将深刻的道理浓缩在一个简洁的故事中，有时甚至只用三言两语便把要阐明的事理充分揭示出来，体现出高度概括的文体特征。

寓言的概括性主要体现在故事情节和语言形式两方面。寓言的故事单一，紧紧围绕寓意进行，不过度展开、不生枝蔓，不着意安排悬念和细节，也忌讳冗长的叙述和繁琐的议论。寓言的语言通常简约而犀利、尖锐而明快，作者往往运用凝练的语言，达到一针见血的表达效果。

4. 幽默的讽刺性

寓言往往传达的是道德的箴言、人世间的真理，然而读者尽管能够从中获得启示，但在阅读时却似乎看不见教训者的真正面目，而是透过文本感受到作者强烈的批判意识。因此，寓言或多或少带有讽刺的意味。同时，寓言还经常采用对人或事物某一特点进行极度夸张的方法，以造成戏剧性的故事情节和场面，或凸显人物动机与效果的极度不协调，从而达到幽默、讽刺的效果。

二、统编本小学语文教材寓言分布情况

在统编本小学语文教材中，寓言文体的课文共有 15 篇。它们主要分布在低、中年级，尤以低年级为多，在高年级相对较少。《义务教育语文课程标准（2022 年版）》对第一学段"阅读与鉴赏"提出具体要求："阅读浅近的童话、寓言、故事，向往美好的情境，关心自然和生命，对感兴趣的人物和事件有自己的感受和想法，并乐于与人交流。"因此，寓言更集中地出现于低年级语文教材之中也是合情合理的。各册教材编入寓言课文数量见表 7-1。

表 7-1　统编本小学语文教材寓言课文数量统计表

	一年级	二年级	三年级	四年级	五年级	六年级
上册	1	4	0	1	0	0
下册	1	1	4	0	1	1
总计	2	5	4	1	1	1

一年级上册第 13 课《乌鸦喝水》是学生接触到的第一篇寓言作品；一年级下册第 18 课《小猴子下山》既是童话也是寓言。二年级上册编排了《坐井观天》《寒号鸟》《我要的是葫芦》《狐假虎威》四则寓言故事；二年级下册第 12 课《寓言二则》是教材首次对"寓言"的明确表述，旨在帮助学生初步感受寓言的特点。三年级下册第二单元，"寓言"作为一个独立单元出现在教材中，包括《守株待兔》《陶罐和铁罐》《鹿角和鹿腿》《池子与河流》四篇寓言故事，其中略读课文《池子与河流》是以寓言诗的形式出现的。本单元课文之后的阅读链接以《南辕北辙》《北风和太阳》两篇寓言故事进行阅读拓展，而且还在"快乐读书吧"板块编排了"小故事大道理"专题，推荐并介绍了中国古代寓言故事，以及外国经典寓言作品（如《伊索寓言》《克雷洛夫寓言》），以激活学生对寓言的阅读兴趣与整体感知。四年级上册第 27 课《故事二则》包含《扁鹊治病》和《纪昌学射》两则古代人物小故事，它们虽以"故事"命名，但其中也蕴含着一定的哲理意味，因此亦可归入寓言的范畴。五年级下册第六单元编入文言文形式的寓言《自相矛盾》。六年级下册第 14 课《文言文二则》选用了《学弈》和《两小儿辩日》两则寓言小古文。

表 7-2　统编本小学语文教材寓言类课文及出处一览表

教材	篇目		出处
一年级上册	《乌鸦喝水》		［古希腊］《伊索寓言》
一年级下册	《小猴子下山》		作者发掘
二年级上册	《坐井观天》		据《庄子·秋水》改写
	《寒号鸟》		据陶宗仪《南村辍耕录·卷十五》改写
	《我要的是葫芦》		作者刘仲元
	《狐假虎威》		据《战国策·楚册一》改写
二年级下册	《寓言二则》	《亡羊补牢》	据《战国策·楚策四》相关内容改写
		《揠苗助长》	据《孟子·公孙丑上》相关内容改写
三年级下册	《守株待兔》		《韩非子·五蠹》
	《陶罐和铁罐》		作者黄瑞云
	《鹿角和鹿腿》		［古希腊］《伊索寓言》
	《池子与河流》		作者［俄］克雷洛夫

续表

教材	篇目		出处
四年级上册	《故事二则》	《扁鹊治病》	据《韩非子·喻老》相关内容改写
		《纪昌学射》	据《列子·汤问》相关内容改写
五年级下册	《自相矛盾》		选自《韩非子·难一》
六年级下册	《文言文二则》	《学弈》	选自《孟子·告子上》
		《两小儿辩日》	选自《列子·汤问》

由表 7-2 可见：

一方面，统编本小学语文教材中寓言的选文来源十分广泛。有的来自中国古代典籍，如《韩非子》《孟子》；有的取自外国寓言名家名著，如《伊索寓言》《克雷洛夫寓言》；有的是由民间故事改写，带有鲜明的民间文学特色；有的则是现代作家创作，体现出寓言文学的现代性元素。教材的寓言选文，可谓古今中外囊括其中，兼顾经典性、时代性、多样性，遵循了《义务教育语文课程标准（2022 年版）》提出的教材应"理解和尊重多样文化"的要求。不同时代、不同国家的寓言所体现的思想、文化不尽相同，有助于开阔学生的视野和阅读面，发展学生的思维，也有助于提高学生的人文素养和多元文化意识。

另一方面，统编本小学语文教材对于寓言类课文的安排非常合理。教材中寓言的难易梯度清晰，依据学生能接受的心理维度进行布局。从所选寓言的形式层面来看，低学段学生的抽象逻辑思维在逐步发展，但具体形象思维仍占明显优势，因而低中年级选用的篇目基本都是语言浅显、情节生动的童话式寓言，或根据中国古代寓言改编的故事性较强的白话寓言；高年级，教材所选用的三篇寓言皆以文言文形式呈现，并带有一定的思辨色彩，有助于学生发展逻辑思维。从教材寓言的内涵层面来看，低学段学生尚处在他律阶段，思维不具有可逆性。在低学段，寓言故事所蕴含的道理较多地指向学生发展的道德层面，并且较为单一。中学段的学生向自律阶段过渡，思维逐渐具有可逆性，因而中学段寓言的寓意除了道德层面以外，还更多指向了思维模式层面。高学段的学生，经验积累更加丰富，能在一定程度上将生活经验与阅读经验进行有效的结合，所以高学段的寓言更多地指向社会经验层面，并且也融合了道德与思维层面的内容。

三、小学语文寓言类文本解读与教学策略

(一)读好故事，读活语言

一篇寓言故事的语言，通常包括叙述式语言、人物造型语言、对话语言、哲理语

言等类型。教师可设置相关朗读练习，引导学生品味语言，体会不同形式语言的表达效果。学生也能在朗读过程中了解故事情节，感受故事人物。

以三年级下册第二单元为例，这是统编本小学语文教材中首次出现的"寓言"主题单元。本单元中，《守株待兔》采用的是第三方叙事的形式，《陶罐和铁罐》《池子与河流》出现了大量的人物对话，《鹿角和鹿腿》运用了人物独白的方式。四篇课文对于朗读都提出了各自的要求。《守株待兔》一课要求"把课文读通顺，注意读好'因释其耒而守株'"；《陶罐和铁罐》一课要求"结合课文中描写陶罐、铁罐神态和语言的语句，说说陶罐、铁罐的性格有什么不同，再分角色朗读课文"；《鹿角和鹿腿》一课要求"朗读课文，注意读出鹿的心情变化"；《池子与河流》一课要求"分角色朗读课文"。可见，统编本小学语文教材对于寓言的朗读是非常注重的。

朗读叙述性语言，要读得自然、流利，语气、语调起伏不宜太大。

朗读人物造型语言，要感受寓言故事中塑造的人物形象，脑海中对于这个形象的外形、动作、个性等有一个基本衡量，根据人物不同特征读出不同感觉。

朗读对话语言，要把自己代入这个角色之中，语气、语调要符合人物的身份和说话的意图。例如，引导学生朗读《陶罐和铁罐》一课，要启发学生分别想象陶罐说话时谦虚的神态与铁罐说话时傲慢的神态，感受陶罐的谦虚和铁罐的自大，并读出相应的语气、语调。

朗读哲理语言，可以娓娓道来，或稍稍加重语气，以引起学生对作者的共鸣和思考。

总之，朗读寓言类课文，要注意不同语言类型的朗读方式，在语境中读活作品中的语言，以语言勾连情节，学生才能更好地走进故事，走进人物内心。

(二)抓住情节，简要复述

故事和寓意是寓言的两个基本要素，尤其是面向小学生的寓言作品，精彩有趣的故事更是必不可少。讲故事也是走进故事、走进寓言文本的过程。学生在练习复述故事乃至讲好故事的过程中，运用内化的知识，对文本进行解构和重组，从而对寓言的故事内容有更整体的把握，为进一步把握人物形象和寓意奠定基础。同时，学生也可在此过程中提升语言表达能力。

复述寓言故事，可以采取很多不同的方法。一是可以借助课后习题，引导学生复述故事。比如一年级下册的《小猴子下山》，课后习题要求："结合插图，说说小猴子看到了什么，做了什么，最后为什么只好空着手回家去。"学生便能依据这样的提示进行故事的复述。二是可以借助表格、示意图、思维导图等方式梳理故事内容后再进行复述。比如教学《扁鹊治病》时，可以以"时间变化—病情发展—劝说"为脉络，梳理出情节表格帮助复述；有的课文也可以依据事件的发展顺序，围绕"起因—经过—结果"进行复述。三是根据文本特点进行复述。比如类似《陶罐和铁罐》这种两个人物之间对比鲜明的寓言故事，教学时可以通过对比不同人物各自的做法及其结局指导复述。

值得注意的是，各个学段对复述的要求是逐层递进的。《义务教育语文课程标准（2022年版）》第一学段只要求"对感兴趣的人物和事件有自己的感受和想法，并乐于与他人交流"；第二学段要求"能复述叙事性作品的大意，初步感受作品中生动的形象和优美的语言"，"讲述故事力求具体生动"；第三学段则要求"阅读叙事性作品，了解事件梗概，能简单描述印象最深的场景、人物、细节"，"表达有条理，语气、语调适当"。二年级主要是借助提示讲故事；三年级则要引导学生进行详细复述，可融入面部表情、身体动作等复述故事，让讲故事的过程更吸引人；四年级应着重训练简要复述技能，引导学生根据情节的发展，抓住整篇课文中最重要的内容进行复述，以培养学生的概括能力。五年级时应引导学生进行创造性复述，即在尊重原文、理解文本的基础上，进一步充实内容、发展情节、刻画更鲜活的人物形象。比如，改变人称复述，如教学《纪昌学射》时，引导学生进行角色转换，把自己当成"纪昌"，用第一人称"我"来进行复述。再如，发挥合理的想象，给故事增加合理情节，或是增加人物的语言、动作、神态、心理等的刻画，使故事更鲜活。此外，还可以通过续写故事、调换情节顺序等形式对寓言作品进行复述。

在复述过程中，学生有序组织思维、合理组织语言，对寓言故事的叙事结构、语言表述有更通透的理解和把握，有助于将语言内化，从而促进学生言语能力的提升。

（三）读懂故事，感悟寓意

寓言故事单纯，情节紧凑。教学时，不可忽视寓言的完整性，建议让学生从整体上把握故事情节，在读懂故事的基础上感悟寓意。

教师可以通过以下方式帮助学生感悟寓言中蕴含的道理。

1. 从人物特点切入

寓言中的人物一般具有鲜明的特点，往往运用语言、动作、神态等的描写来展现人物的内心。教师可以引导学生通过人物外在的表现，揣摩人物内在的心理。

比如《陶罐和铁罐》一课，铁罐对陶罐进行了三次奚落。铁罐的态度，从"傲慢"到"轻蔑"，再到"恼怒"；对陶罐的称呼，从"陶罐子"到"懦弱的东西"，再到"不能和我相提并论的东西"。从铁罐傲慢刻薄的个性表现中，学生感知到铁罐总在用自己的长处贬低陶罐的短处，由此感悟到这篇寓言的寓意：每个人都有自己的长处和短处，不要总拿自己的长处和别人的短处比。

再如《寒号鸟》一课，聚焦喜鹊和寒号鸟之间的两次对话，两个动物的语言、动作描写传神，勤劳与懒惰的形象对比鲜明，二者最终也走向了不同的结局。通过这样的描写和命运对比，引导学生进一步思考：寒冬腊月，为什么喜鹊能待在温暖的窝里，寒号鸟却冻死了？寓言的寓意由此水落石出：要认真对待生活，不能得过且过，更不能懒惰，否则后果不堪设想。

2. 从特殊情节切入

寓言故事的情节具有虚构性，在故事中，常有"矛盾点""转折点"出现。教学时，可抓住这些特殊的情节，帮助学生把握寓意。

如《自相矛盾》一课，抓住"吾盾坚——吾矛利——以子之矛陷子之盾，何如"的思维过程，理解卖者话里的矛盾之处，推想围观者质问卖者时的思维过程，从而明白这个故事蕴含的道理：说话做事要前后相应，不要自相矛盾。

再如《坐井观天》一课，青蛙和小鸟对于天有多大有着截然不同的看法，为什么会这样呢？抓住这一矛盾，读懂文本，学生会发现两人所处的位置不同，眼界不同，看法也就有所不同。

3. 从生活实际切入

寓言中的"理"是一种哲理，对我们的实际生活具有普遍的指导意义。在理解寓意时，教师可以让学生从故事本身延展开去进行思考，联系自己的生活经验，与现实生活中的事件和人物勾连，把一个人、一件事拓展到一类人、一类事。

如学完《亡羊补牢》后，可以谈谈自己生活中是否也有类似的经历以及自己的感受。学生可能会勾连自己的学习："一次单元练习失败后，我通过总结经验、查漏补缺，及时弥补了当时的薄弱知识点，在下一次练习中取得了好成绩，真是亡羊补牢，为时未晚。"也可能会勾连自己的生活："球赛输了，原因很多，我们虚心检讨，想办法补救。事实证明，这样的做法很有效。"通过这样的联系，哲理化的寓意被移植到生活情境之中，从而实现了真实的、有意义的建构。

4. 从角色体验切入

寓言教学，需要启发学生走进故事，与故事里的人物进行同频共振，从而引导学生体会故事中蕴藏着的一些深邃的道理。

如教学《小猴子下山》一课，思考"小猴子最后为什么只好空着手回家去"这一问题时，可以引导学生将自己代入"小猴子"这个角色，想其所想，做其所想。通过角色的代入，学生展开想象，充分讨论，揣摩故事中人物的真实的想法。小猴子之所以一无所获在于目标不够明确，做事不够专心。进而，再次延展，进一步假设"如果你是这只小猴子，你会这样做吗？你又会怎么做？"实现从分析原因到提出做法的进阶，激活学生的思维，深化文章的主旨。

5. 从多元角度切入

对于一篇寓言故事而言，寓意是不可或缺的，有时它所蕴含的哲理又是多元化的，教师可引导学生进行思辨、讨论，这也是一种思维训练的形式。当然，多元寓意的呈现，应建立在道德正向的大方向上。

如《鹿角和鹿腿》一课，课后有辩证类题目："下面的说法，你赞成哪一种？说说你的理由。"学生围绕"美丽的鹿角不重要，实用的鹿腿才是重要的"，以及"鹿角和鹿腿都很重要，它们各有各的长处"这两种观点进行思辨。学生在思维的碰撞中激发想法，经过讨论也就更容易理解：物各有所长，各有所短，不要因为它的长处而看不到它的短处，也不要因为它的短处而否定了它的长处。同时也能明白：不要只看外表的美丽，更要讲实用；美丽和实用在不同的环境和条件下都有存在的价值。

（四）链接素材，提升素养

在寓言教学过程中，还可以围绕这一篇寓言作品，链接各项素材，进行多样化的实践活动，提升学生的语文素养。

1. 比较阅读

统编本小学语文教材三年级下册寓言单元之中，有两篇课文都以"阅读链接"的形式补充编排了与本课寓意接近的其他寓言作品。《守株待兔》课后的阅读链接是《南辕北辙》，两篇寓言的寓意都指向要用正确的思维指导正确的言行；《陶罐和铁罐》课后的阅读链接是《北风和太阳》，两篇寓言故事中都有傲慢的角色形象，寓意指向谦虚的美德。

以阅读链接的形式进行寓言阅读的拓展，不仅仅局限于同一寓意主题的阅读迁移，还可以链接同一寓言作家的其他作品，或者同一角色的寓言故事（如关于"狐狸"这一角色，在教学二年级上册《狐假虎威》之后，可以拓展《伊索寓言》中的《狐狸和乌鸦》《狐狸和葡萄》，让学生整体感知中外文学作品中的狐狸形象）。此外，也可以链接与这篇寓言相关的整本书阅读。通过形式多样的比较阅读，不但可以增进学生对寓言寓意的理解，而且还能增加学生对寓言故事的阅读兴趣。

2. 读写结合

在整体把握寓言故事情节、熟悉人物形象、了解语言结构、感悟寓意的基础上，教师可以进一步引导学生对寓言进行再创作。

学生可以对寓言故事进行续写或改写；可以抽取寓言故事中的人物，以其为主人公，再创编一个新的故事；可以依照寓言故事的语言结构进行仿写练习，或从寓言语言的简洁性出发，进行想象与拓展；也可以依据一篇寓言作品呈现的寓意，重新创作一个能够体现这一寓意的新故事。教师要引导学生关注生活，从生活中提炼素材，丰富表达。这样的读写训练，可以提升学生的思维能力和表达能力，是实实在在的语言运用的实践。

3. 多样呈现

寓言故事可以演一演。通过演绎整个故事，学生能够更好地把握寓言的内容，建构起寓言中的人物形象，对于进入文本、领会寓意大有裨益。低年级的学生通过合作表演，可以有效理解课文中一些难懂的词语，比如在表演《狐假虎威》时，就对重点词语"大摇大摆""东张西望"等有了直观的感知。中、高年级的学生，可以自行或合作创编剧本，将寓言故事通过课本剧的形式呈现出来，在此过程中，思维和合作能力也会得到有效的提升。

寓言故事可以画一画。小学生想象力丰富，喜欢调动各种感官参与学习。教师可以让学生将寓言故事通过绘画的形式呈现出来。比如《守株待兔》，在绘画过程中，学生不仅整体建构了寓言故事的内容框架，而且对于"株"作为"树桩子"而非"大树"的知识点也留下了鲜明的印象。人物形象的建构、寓言故事的理解，以及建立在文本解读基础上的拓展想象，都可以通过生动形象的画面得以直观显现，对学生的表现型评价也得以真正落实。

4. 文白对读

在学习寓言类小古文时，可以先让学生用自己的话说一说课文的意思，然后出示这则小古文的现代文版本，进行文白对读。在这样的比照阅读中，学生既能真切地感受文言与白话的不同特点，也能有效提升学生文言阅读的兴趣及能力，更能在比照对读中加深对此篇寓言故事的理解。

第二节
寓言类文本学习活动设计举例

为兼顾寓言类文本在学段、主题、民族、时代等方面的多样性，本节选取根据元末明初文学家陶宗仪作品改写的《寒号鸟》(二年级上册)，以及根据古希腊《伊索寓言》相关内容改写的《鹿角和鹿腿》(三年级下册)，作为寓言类文本教学解读与学习活动设计的具体案例。

例1　《寒号鸟》文本教学解读与学习活动设计(第一课时)

一、文本教学解读

(一)单元整体解读

《寒号鸟》是统编本小学语文教材二年级上册第五单元的第二篇精读课文。本单元围绕"道理"这个主题，安排了《坐井观天》《寒号鸟》《我要的是葫芦》三篇寓言课文，并在语文园地之"我爱阅读"板块编排了《刻舟求剑》这则寓言小故事。三篇课文，故事短小精悍，形象鲜明丰满，情节生动有趣，能激发学生的阅读兴趣。作为寓言文体，既内容浅显，又寓意深刻，旨在培养学生的思维品质，引导他们从故事中受到启发、吸取教训。教学时可以启发学生大胆想象，改编、续编故事，将文学阅读与生活经验联系起来。

（二）文本独特解读

《寒号鸟》是根据元末明初文学家陶宗仪撰写的《南村辍耕录》中的片段改写的。这篇寓言故事揭示了好逸恶劳、得过且过是没有好结果的，只有勤奋努力，才能创造美好生活的道理。

本文主要有以下几个特点：

第一，结构分明，脉络清晰。全文按照时间的先后顺序展开叙述。同时，课文主体部分的结构也颇为相似，都是围绕"劝告—应答—结果"来展开情节，符合低学段学生的阅读心理。

第二，人物语言活泼传神。课文主体部分的两段人物语言描写，既活泼有趣、和谐简洁，非常贴合情境及人物的个性特点，又同中有异、异中有同，在反复与变化中塑造人物、推进情节。活泼生动、个性鲜明的人物语言既适合作为二年级学生朗读训练的材料，又值得细读品味、入情入境。

第三，多重对比，鲜明立体。课文中的两个角色——喜鹊和寒号鸟，形成了鲜明的对比：住处的对比，搭窝态度的对比，命运的对比。在多重对比中，人物形象立体鲜活、传神可感，寓言的寓意也得以凸显。

低年级学生喜欢听故事、讲故事。本文虽为寓言，但情节生动，脉络清晰，结构完整，具有浓郁的故事性特征。因此在整个教学环节中，应始终营造"故事"情境，各个环节紧扣一个"趣"字，激发学生的阅读兴趣。

朗读和识字是低年级语文教学的重点。在朗读教学上，需根据本文的语言特点，关注音韵、节奏、语气，同时培养学生自主阅读的能力，体现"扶学—共学—延学"的教学思路，逐步放手，让学生有法可循。识字教学，应随文识字与集中识字并行，抓部件巧解，培养学生的识字能力。

二、学习活动设计

【学习目标】

1. 学会运用多种方法，学习本课生字、新词；写好"面""将""夜"。
2. 能正确、流利地朗读课文，厘清故事脉络。
3. 读好人物对话，读出音韵美、节奏感和不同的语气。

4. 初步感受这篇寓言的语言特点，感知寒号鸟和喜鹊的不同形象。

【学习重难点】

学会运用多种方法，学习本课生字、新词；厘清故事脉络。（重点）

读好人物对话，读出音韵美、节奏感和不同的语气。（难点）

【学习过程】

板块一：初识角色，趣解课题

1. 导入

小朋友们，今天教室里来了一位新朋友，它虽然名字叫鸟，但却不是鸟。瞧，（PPT 出示：寒号鸟图片）它浑身长满了软软的毛，像只小松鼠；它虽然有一对飞膜，但却不会飞行，只会滑行，多特别呀！让我们一起喊喊它的名字吧——寒号鸟。（板书课题，齐读课题）

"号"在这里读第二声，表示"叫"的意思。文中还有一个词，（PPT 出示：哀号）读作——"哀号"，一起读。那么寒号鸟是怎么叫的呢？

2. 模仿叫声

"哆啰啰，哆啰啰"，这就是寒号鸟的叫声。你来叫叫；你再来叫叫。

【设计意图】开课引出特别的故事主角——名字叫鸟却非鸟的寒号鸟。通过观察它新奇的外形，学学特别的叫声，激起学生参与课文学习的兴趣。再顺势以多音字这个点破解课题，将"号叫"与文中的"哀号"两个多音字进行链接。

板块二：初读课文，趣学语言

第一步　多重引读，融入情境

1. 图文结合

看，山脚下有——一堵石崖，崖上有——一道缝，寒号鸟就把这道缝当作自己的窝。再结合课文，石崖前面有——一条河，河边有——一棵大杨树，杨树上住着喜鹊。（板书：喜鹊　寒号鸟）

2. 朗读词组

谁来读读这些词组？

一堵石崖　　一道缝　　一条河　　　一棵大杨树

点拨：既要读准确，还要读得字正腔圆。

3. 引入故事

故事就这么发生啦！让我们一起走进这个故事吧！（PPT 出示：第一自然段）

引读：山脚下——有一堵石崖，崖上——有一道缝，寒号鸟就把这道缝——当作自己的窝。石崖前面——有一条河，河边——有一棵大杨树，杨树上——住着喜鹊。寒号鸟和喜鹊——面对面住着，成了邻居。

4. 识字：寒号鸟和喜鹊面对面住着（PPT 出示：面对面），成了邻居。

看，这个"面"字，古时候就是这样写的哦！像什么呀？（PPT出示：）

预设1：像只眼睛。

预设2：像脸蛋。

点拨：是呀，"面"最初就是指脸庞。来，拿出你的手指跟老师一起写。"面要正，眼有神，两竖稍稍往里收"，这个字就写得很正。

第二步 读准读通，感知故事

寒号鸟和喜鹊这对邻居之间发生了什么有趣的故事呢？打开课本，大声朗读课文，遇到不认识的字，借助拼音读；难读的句子多读几遍。

（PPT出示：自读要求：1.大声朗读，借助拼音，读准字音。2.读通句子，遇到难读的句子多读几遍。）

第三步 梳理脉络，读好对话

1.理层次，扶学"第一次劝告"

（1）出示词组，读出音韵美

几阵秋风，树叶落尽，冬天——快要到了。有一天，天气晴朗，喜鹊……忙着做窝，准备过冬。可是寒号鸟却只知道出去玩，累了就回来睡觉。

喜鹊就劝他：（板贴词组：天气暖和 赶快做窝）你来读。

点拨：多音字"和"，读作"huo"；要读出音韵美。

师问生答：天气怎样？——天气暖和；赶快干吗？——赶快做窝

"暖和""做窝"各读两遍。

"天气暖和""赶快做窝"连起来读。

点拨：读出儿歌的韵味。

可是寒号鸟呢？它不听劝告。瞧，它正躺在崖缝里对喜鹊说：（板贴词组：太阳高照 正好睡觉）你来读。

让我们一起读一读！

（2）出示句子，读出节奏感

①自由读：词，我们会读了，相信句子也一定能读好！先自己来读一读吧！

②同桌对读：同桌在哪里？哦，好邻居，来，面对面。喜鹊，你快劝一劝寒号鸟吧！

点拨：读出语句的节奏感。

（3）引入情境，读出不同语气

①师生对读：现在老师是寒号鸟，哪只小喜鹊（生）来劝劝我？

点拨：读出喜鹊急切、劝告的语气。

②生生对读：现在请你（生）当寒号鸟，请你（另一生）当小喜鹊，你们来读读！

点拨：读出寒号鸟慵懒、不耐烦的语气。

③男女生对读：我们请男生来做喜鹊，女生来做寒号鸟，再来读一读这两句话。

（4）送句入段，整体感知

几阵秋风，树叶落尽，冬天快要到了。你接着读——（生分别读第三、第四自然段）

2. 放手读，共学"第二次劝告"

冬天说到就到，寒风呼呼地刮着。可是，寒号鸟的窝还没动工呢！好邻居喜鹊又来劝它了，听——

（1）出示词组，读出音韵美

（板贴词组：现在懒惰　将来难过　天气暖和　得过且过）

学生领读：哪位小老师来领着大家读一读？

（2）出示句子，读出节奏感

（PPT 出示句子：趁天晴，快做窝 。——傻喜鹊，别啰唆。现在懒惰，将来难过。——天气暖和，得过且过。）

小组对读：请这一组做喜鹊，那一组做寒号鸟，比一比，哪一组读得更有节奏感。

点拨：三对三，真好听。四对四，真整齐。

（3）引入情境，读出不同语气

喜鹊着急啊！劝道——"趁天晴，快做窝。现在懒惰，将来难过。"

寒号鸟伸伸懒腰，答道——"傻喜鹊，别啰唆。天气暖和，得过且过。"

哪些同学喜欢做喜鹊？哪些同学喜欢做寒号鸟？再读读看吧！

点拨：这只喜鹊越来越着急了！这只寒号鸟越来越懒、越来越不耐烦了！

3. 知结局，整体感知故事

寒冬腊月，大雪纷飞。

寒号鸟已经在夜里冻死了。

第四步　聚焦哀号，延学对比

1. 练读

当寒风呼呼地刮着的时候，寒号鸟在崖缝里——（PPT 出示：冻得直打哆嗦；齐读）

寒冬腊月，大雪纷飞。北风像狮子一样狂吼，崖缝里——（PPT 出示：冷得像冰窖；齐读）寒号鸟重复着哀号——"哆啰啰，哆啰啰，寒风冻死我，明天就做窝。"（生读）

点拨：读出发抖、冻僵的感觉。

2. 练说

"冻得直打哆嗦""冷得像冰窖"这样的说法让你觉得更冷了，简直像把你扔到一个巨大的冰箱里一样。

平时，我们还会这样说——"热得（　　　　）"

3. 总结

寒号鸟的故事就读完了，看——（顺势出示故事梗概）

秋风起，叶落尽。喜鹊劝：天气暖和，赶快做窝。寒号鸟不听，说：太阳高照，正好睡觉。——真是过一天算一天。

冬天到，寒风刮。喜鹊又劝：现在懒惰，将来难过。寒号鸟还是不听，说：天气暖和，得过且过。——仍然是过一天算一天，真是得过且过！

寒冬腊月，大雪纷飞。寒号鸟重复哀号，冻死风中。

【设计意图】这些语句不仅字数相等，句式齐整，而且富有韵味，读起来朗朗上口。为指导学生有方法地朗读，教师通过词语—短句—长句—段落的方式，分解难度，帮助学生逐步达成。同时在分解过程中，又有不同趣味：词语注重读出音韵美，短句注重读出节奏感，长句指导读出不同的语气，从而激发学生学习语言的乐趣，掀起整节课的小高潮。同时培养学生自主阅读的能力，从"扶学"到"共学"再到"延学"，逐步放手，学生有法可循，学习语文的能力也将逐步得到提高。

板块三：初学生字，趣记部件

1. 读一读：小朋友们可不能"得过且过"哟！没有了拼音，你们还认识它们吗？

（PPT 出示：四会字：面 阵 朗 枯 却 将 纷 夜；每个字读两遍）

2. 写一写：我们来挑战两个最难的字！（"将"和"夜"）

比较：这两个字有个相似的部件。（类似"夕"的部件）

点拨 1：我们先来写"将"字，怎样才能写好呢？"夕"的横撇与下面"寸"的长横要互相穿插避让。（师范写）口诀：左窄右宽靠靠拢，上下穿插写紧凑。

点拨 2：我们再来写"夜"字。"夜"字的横撇变长了，为什么呢？因为要和捺穿插。撇捺舒展，这里还能放个小三角呢！（师范写）口诀：单人稍稍向外撇，横撇变长捺穿插，藏个三角站得稳。

练习：请小朋友们翻开习字册，写好"面""将""夜"三个字。

评价 1：我们来看看这位小朋友写的"面"字。哎呀，这张脸有点脏，擦得太多啦！再看看这本作业，两竖稍稍往里收，这张脸真漂亮！

评价 2：我们来看看这位小朋友写的"将"字。哎呀，"夕"和"寸"分家了，靠靠拢。更好看。

评价 3：看看这位小朋友写的"夜"字，撇捺交叉，站得多稳啊！

【设计意图】识字写字是低年级语文教学的重点，除了安排随文识字外，此处还安排了集中识字进行强化。集中指导本课最难写的两个生字，通过教给学生拆解部件的方法，趣味性地识记生字，帮助学生掌握书写规律。

板块四：初理形象，趣添期待

小朋友们，下课后，和小伙伴们分角色大声地读一读这个故事吧！讨论讨论，为什么喜鹊能住在温暖的窝里，而一直号叫的寒号鸟却冻死了呢？下节课我们再来把故事读得更有滋味吧！

【设计意图】第一课时致力于读好课文，第二课时则致力于读活课文。通过第一课时的趣味朗读，学生已对人物形象有了初步感知，通过课后巩固朗读和思考，更为第二课时奠定了理解基础。

【板书设计】（见图 7-1）

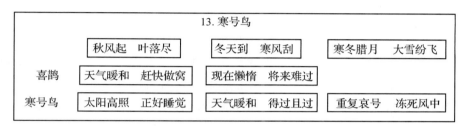

	13. 寒号鸟		
	秋风起　叶落尽	冬天到　寒风刮	寒冬腊月　大雪纷飞
喜鹊	天气暖和　赶快做窝	现在懒惰　将来难过	
寒号鸟	太阳高照　正好睡觉	天气暖和　得过且过	重复哀号　冻死风中

图 7-1　板书设计

例 2　《鹿角和鹿腿》文本教学解读与学习活动设计（第二课时）

一、文本教学解读

《鹿角和鹿腿》是统编本小学语文教材三年级下册第二单元的第三篇精读课文，讲述了一只鹿欣赏自己美丽的角，抱怨细长的腿，却在被狮子追逐的过程中发现，美丽的角差点让他丧命，而难看的腿却帮助他狮口逃生的故事。这篇课文有着引人入胜、一波三折的情节，生动的语言以及耐人寻味的道理，告诉我们，事物各有自己的价值，不能只凭外表去判断事物的好坏。

本单元的人文主题是"寓言故事"，单元导语为："寓言是生活的一面镜子。"指向单元阅读教学的语文要素是："读寓言故事，明白其中的道理。"这是统编本小学语文教材以独立单元的形式对寓言文体的统整与强调。本单元包括《守株待兔》《陶罐和铁罐》《鹿角和鹿腿》《池子与河流》四篇寓言作品，前三篇为精读课文，寓言诗《池子与河流》为略读课文。单元之中的"阅读链接"拓展了《南辕北辙》《北风和太阳》两篇寓言故事，又在单元之后"快乐读书吧"板块推出"小故事大道理"专题，推荐并介绍了中国古代寓言故事，以及外国经典寓言作品（如《伊索寓言》《克雷洛夫寓言》），以激活学生对寓言的阅读兴趣与整体感知。

学生在学习《鹿角和鹿腿》时已经具备了寓言阅读的基本方法与经验，这是学生学习的逻辑起点。因此，本课教学要在对已有经验进行迁移和运用的基础上，将学生寓言阅读的能力进一步提升。这样，对教材文本的研读以及对教学目标的确定就显得尤为重要。课后习题是教材重要的助学资源，本课设置了三道练习题：(1)朗读课文，注意读出鹿的心情变化。(2)根据下面的提示，用自己的话讲讲这个故事。(3)下面的说法，你赞成哪一种？说说你的理由。这三道习题分别关注课文情节的梳理、复述能力的培养、多元思维的形成。因而本课教学应着重围绕以下三个方面进行设计。

(一)关注文体特点，体会寓言之"趣"

寓言的"寓"代表着"寄托"。寓言往往短小精悍，却寄托了作者一定的思想，蕴含着深刻的道理。编排寓言单元，旨在引导学生整体感知寓言这种文学体裁，体察寓言通过短小生动的故事揭示寓意这一基本特点。教学寓言时，教师应带领学生透过故事本身去寻找潜藏于其中的道理。但是，学生借助寓言所感知的道理，不能仅仅停留在语言文字层面，而应该与生活经验碰撞融合，最终形成能够帮助学生成长的、鲜活的、属于他们自己的道理，这正是寓言真正的趣味与价值。

因此，在学习活动设计中，教师需要抓住寓言的文体特点，引导学生在讲、演、复述故事的过程中感受故事内容，并及时联系生活，谈自己的看法，比如，"在你们的身上，一定也存在着某些地方，像鹿的角和腿一样，也许是外表、个性、爱好……想一想，同桌之间交流交流"。设置这样的环节，就是为了紧扣文体特点，令学生将所学的道理内化为自身的经验，这样才能使生动幽默的寓言故事不仅仅停留于书本字面，而是走进学生的生活，在给予学生思想启迪的同时，全面提升他们的语文核心素养。

(二)紧扣教学重点：从读到讲，层层深入

本课的学习目标与重点：根据提示，用自己的话讲讲这个故事。讲故事应力求具体生动，而讲故事实际训练的是学生的"复述"能力。《义务教育语文课程标准(2022年版)》对第二学段"表达与交流"做出具体要求："能复述叙事性作品的大意，初步感受作品中生动的形象和优美的语言，关心作品中人物的命运和喜怒哀乐，与他人交流自己的阅读感受。"[①]《鹿角和鹿腿》一课语言生动，情节跌宕起伏，的确是训练"复述"的好材料。

若要把故事讲得具体生动是极富挑战性的，而《义务教育语文课程标准(2022年版)》对"复述"的要求则给我们的教学提供了思路：在感受优美语言的同时，可以抓住

---

① 中华人民共和国教育部：《义务教育语文课程标准(2022年版)》，10页，北京，北京师范大学出版社，2022。

描写小鹿心情变化的句子，包括动作、语言、神态描写等。这些句子，不仅是朗读训练的重点内容，而且也是讲好故事的核心要素。因此，在第二课时的学习活动设计中，可以将小鹿心理变化图贯穿始终，从读到讲，层层深入，无论是对梳理文意还是讲述故事，都大有裨益。

（三）打开学生思路，追求多元理解

与本单元前两篇课文有所不同，《鹿角和鹿腿》一课没有单一的寓意，而是可以进行多元思考与解读。正如课后习题三所设置的两种说法：一是"美丽的鹿角不重要，实用的鹿腿才是重要的"，二是"鹿角和鹿腿都很重要，它们各有各的长处"。两种说法各有一定的道理。《义务教育语文课程标准（2022年版）》在"总目标"中强调："乐于探索，勤于思考，初步掌握比较、分析、概括、推理等思维方法，辩证地思考问题，有理有据、负责任地表达自己的观点，养成实事求是、崇尚真知的态度。"[①]在本课教学中，让学生通过对这两种观点的比较、分析，在充分阅读的基础上进行思辨，一是为了激发学生去思考，提升学生的思辨能力，二是为了发散学生的思维，促成多元的理解。有的学生会提出自己的主张："实用性比观赏性更重要。"有的学生会做出客观公允的评价："每个事物都有各自的优点和缺点，我们要正确看待。"也有学生能够悟出更高层次的道理："学会扬长避短，才能充分发挥自己的价值。"这样各抒己见、表达多元理解的开放课堂，才是我们应该追求的。

二、学情分析

在前面的学习中，学生已初步掌握了寓言这种文学体裁的学习方法，懂得要去探索故事背后的深刻意蕴，为本课学习奠定了基础。

三年级学生的阅读经验尚停留在感性层面，思维还离不开具体形象的支撑。因此，教师应引导学生通过关注鹿的动作、神态、语言描写的句子，感受鹿对自己的角和腿态度的前后变化。同时，三年级学生的思维还不够发散，教师需要多加引导，鼓励学生对寓言进行多元化理解。

---

①　中华人民共和国教育部：《义务教育语文课程标准（2022年版）》，6页，北京，北京师范大学出版社，2022。

三、学习活动设计

【学习目标】

1. 正确、流利、有感情地朗读课文，能够读出鹿的心情变化。

2. 梳理课文大意，借助鹿的心理变化图，用自己的话把故事讲生动。（学习重点）

3. 理解寓言背后蕴含的深刻道理，能够多角度思考问题，并有理有据地发表自己的看法。（学习重点、难点）

【学习过程】

板块一：温故知新，导入新课

1. 回顾

上一节课，我们初读了《鹿角和鹿腿》这篇课文。哪位同学能够带领大家回忆一下故事情节呢？

2. 第一次复述：借助提示复述

（PPT出示：角：美丽 欣赏 差点儿送命；腿：难看 抱怨 狮口逃生）

预设：一只鹿欣赏自己美丽的角，抱怨细长的腿，却在被狮子追逐的过程中发现，美丽的角差点让他丧命，而难看的腿却帮助他狮口逃生。

【设计意图】复述叙事性作品的大意是第二学段阅读与鉴赏教学的训练重点，且学生在二年级已掌握了"借助提示讲故事"的基本要领。因此，教师在第一课时的基础上给予学生关键词提示，就能帮助他们回顾上节课的内容，同时，为完成课后习题第二题奠定基础，可谓一举两得。

3. 过渡

寓言短小精悍，却拥有引人入胜的故事情节。那么，本课中，鹿在逃生的时候究竟经历了怎样的波折呢？今天我们来继续学习《鹿角和鹿腿》。跟着老师板书课题，一起读课题。

（板书：鹿角和鹿腿）

板块二：梳理情节，读好故事

第一步 梳理狮口逃生的经过

1. 提问

请同学们默读第五至第七自然段。思考：小鹿在逃生的过程中经历了怎样的波折呢？把你找到的地方圈画出来。

2. 交流

学生交流课文中的句子，教师帮忙梳理总结。

点拨：池边抱怨——突遇狮子——长腿有力，摆脱狮子——鹿角挂树，再入险境——拼命奔跑，狮口逃生。

第二步　完成“小鹿心理变化图”，想象练读

1. 提问

请看学习单上的“小鹿心理变化图”，老师已经填写了第一处。从“噘起了嘴，皱起了眉头”可以感受到，小鹿此刻充满了——抱怨和不满。（板书：不满）

你能否和老师一起，从字里行间感受小鹿的心情呢？小组之间，交流讨论。

2. 小组合作

教师相机出示心情标签：惊慌、害怕、庆幸……

预设1：从“鹿猛一回头，哎呀，一头狮子正悄悄地向自己逼近”，“鹿不敢犹豫，撒开长腿就跑”，感受到小鹿此刻突然遇到狮子的惊恐。（板书：惊恐）

预设2：从“有力的长腿在灌木丛中蹦来跳去，不一会儿，就把凶猛的狮子远远地甩在了后面”，感受到小鹿的庆幸。（板书：庆幸）

预设3：我从“鹿的角却被树枝挂住了。狮子赶紧抓住这个机会猛扑过来”“眼看就要追上了，鹿用尽全身力气，使劲一扯”感受到了小鹿的紧张和害怕。（板书：紧张、害怕）

【设计意图】狮口逃生的部分是本篇课文的转折点，也是最精彩的部分。学习这个部分，可以让学生通过小组合作，绘制“小鹿心理变化图”。这样的活动设计，能够激发学生的兴趣。虽然三年级的学生具有感受小鹿心情的能力，但并不是所有学生都能够准确地用词语概括出来，所以，教师可以提前准备好“心情标签”，让学生以选择的方式找出对应的词语。

3. 想象练读

想象：小鹿成功甩开了狮子，它此刻也许会说什么呢？

（PPT出示：鹿不敢犹豫，撒开长腿就跑……不一会儿，就把凶猛的狮子远远地甩在了后面。鹿终于松了一口气，说：“＿＿＿＿＿＿”）

预设1：还好我跑得快！多亏了这四条长腿！

过渡：惊魂未定之时，意外又发生了。

想象：原本已经脱离了危险，却出现了这样的事。此时的小鹿又会说什么呢？

（PPT出示：糟糕！鹿角被树枝挂住了。凶猛的狮子露出贪婪的目光，再次扑了过来，小鹿吓坏了：“＿＿＿＿＿＿”）

预设2：难道今天，我就要被美丽的角害死了吗？

点名朗读：千钧一发之际，谁能把小鹿的紧张和害怕读好？

点拨：偏快的语速可以制造出紧张的氛围。要读出紧张、害怕和形势的危急。

过渡：那么短的时间内，小鹿经历了一系列的危险，终于死里逃生。最后他恍然大悟，读——

（PPT出示：两只美丽的角差点儿送了我的命，可四条难看的腿却让我狮口逃生！）

（板书：恍然大悟）

【设计意图】补白心理活动，有助于学生体会小鹿的心情。而通过入情入境的朗读，可以将学生对小鹿心情的感知加以外显和强化，从而帮助学生更好地理解故事及人物，进而领会寓意。

板块三：聚焦细节，讲好故事

1. 衔接

通过刚才的学习，同学们都充分体会了小鹿的心情变化，真是跌宕起伏！在我们讲故事的时候，像"狮口逃生"这样一波三折、跌宕起伏的情节必不能少。

2. 方法点拨

想要讲好"狮口逃生"这一情节，需要考虑哪些因素？

预设1：各种波折、意外。

预设2：小鹿的心情。

3. 第二次复述：添加想象与细节

(1)分三组轮流讲述，教师视情况进行提示和指导。

第一组：长腿有力，摆脱狮子

第二组：鹿角挂树，再入险境

第三组：拼命奔跑，狮口逃生

范例：（鹿角挂树，再入险境）就在狮子快要放弃，小鹿即将摆脱危机之时，意外发生了——美丽的角竟然被树枝挂住了。小鹿害怕极了，心想：难道我引以为傲的美丽的角，今天就要害我丧命于此了吗？（拼命奔跑，狮口逃生）它用尽所有力气想要把角从树枝中抽离。就在狮子下一秒就要扑过来的时候，小鹿奋力一扯，终于挣脱了！它拼了命地奔跑，在一双长腿的帮助下，彻底摆脱了狮子的追赶。

点拨：语气抑扬顿挫；情节的讲述生动有趣；想象合理，内容充实。

(2)请同学在全班面前展示讲述完整的故事，可以配合一些动作。

评价点：情节完整、曲折；语言生动、流畅；节奏松弛有度；表情、动作到位。

4. 小结

经过同学们精彩的演绎，这个寓言故事变得更加鲜活起来了！

【设计意图】借助小鹿的心理变化图，用自己的话把故事讲生动，这是本课的教学重点。当然，讲故事不难，但若想把故事讲得生动具体则并非易事。为此，教师通过分工讲、指导讲、串联讲的过程，引导学生以"小鹿心理变化图"为纲领，以情节与心情变化为两条重要线索，发挥想象，添加细节，把故事讲好。有了第一次复述的基础，本次复述只需要着重指导"狮口逃生"部分，再将其他情节串联进来。这样既提升了学生复述的能力与技巧，又能让学生更好地感知和理解文本、领会寓意。

板块四：思维碰撞，多元理解

1. 提问

出示课后习题三，学生讨论并交流看法。

2. 交流

预设1：赞成第1种说法。美丽的鹿角差点害小鹿丧命，而难看的腿却让它狮口逃生。说明在我们的生活中，实用比美观更重要。

点拨：所以你觉得美丽的鹿角一无是处吗？

预设2：赞成第2种说法。美丽的鹿角可以带来美的享受，这本身就是一种价值。鹿角和鹿腿各有各的好处。

预设3：在不同的情况下，要学会具体问题具体分析，扬长避短，充分发挥自己的价值。

预设4：把鹿角和鹿腿分开看，事物都有两面性，我们要正确看待它们的长处和短处。

点拨：各抒己见，各有道理。能够深入思考问题，值得肯定。

3. 拓展

在你们身上，一定也存在着某些地方，像鹿的角和腿一样，也许是外表、个性、爱好……想一想，同桌之间交流交流。

预设：我是一个急性子，每次老师布置作业，我都会第一时间动笔，用最快的速度完成。但这也带来了一些坏处，比如毛毛糙糙，经常出现错误。我的"急性子"就跟鹿角、鹿腿一样，优点和缺点并存。

【设计意图】理解寓言背后蕴含的深刻道理，能够多角度思考问题，并有理有据地发表自己的看法，这是本课教学的重点与难点。本课相较于前两篇寓言的明显不同，就在于它没有给出固定的寓意或道理。因此，让学生进行多角度的思考是非常重要的。本环节以课后习题三为基础，先是让学生判断对错，进而衍生出自己新的看法和理解。适时联系生活，是学生深入思考的突破口，教师应多多鼓励学生分享自己的看法。

板块五：总结升华，布置作业

1. 总结

这堂课，同学们化身小小故事家，做到了把寓言故事讲精彩，不仅读懂了寓意，而且生发出各种各样的思考。老师在你们身上，看到了思维火花的进射。

2. 推荐阅读

《鹿角和鹿腿》选自《伊索寓言》。这本书中还有许许多多有趣的寓言故事，老师也给大家带来了一些。

（PPT出示：《胆小的狮子》《狐狸和乌鸦》《狼和小羊》）

3. 作业

从上面PPT出示的几个寓言故事中任意选择一个进行阅读，写下感悟，并试着用自己的话给爸爸妈妈讲讲这个故事。

　　【设计意图】"讲故事"是本课的训练重点之一。这项作业设计是对课堂学习的强化与延伸。同时，教师在学生感受到寓言之趣时介绍原著，也能激发学生课外阅读的兴趣，促进整本书阅读。

　　【板书设计】(见图 7-2)

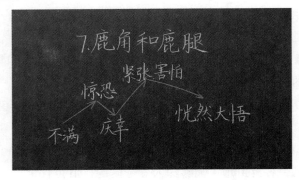

图 7-2　板书设计

章后练习

　　1. 寓言有什么基本特征？结合具体例子说明。

　　2. 在小学语文寓言文本教学中，如何引导学生感悟寓言故事中蕴含的道理？

　　3. 在《鹿角和鹿腿》一课中，如何引导学生进行多元思考与理解，以提升学生的思辨能力？

　　4. 尝试对《我要的是葫芦》(二年级上册)进行文本教学解读和学习活动设计。

延伸阅读

　　1. 李吉林：《创设情境，教好寓言》，载《课程·教材·教法》，1995(5)。

　　2. 张青民：《近 30 年小学语文寓言教学研究综述》，载《语文建设》，2013(34)。

　　3. 管贤强，徐竹琴：《小学语文寓言专题学习的实施与挑战》，载《语文建设》，2019(4)。

　　4. 许嫣娜《乌鸦喝水》(一年级上册)教学实录。

　　5. 何捷《鹿角和鹿腿》(三年级下册)教学实录。

　　6. 赵志祥《自相矛盾》(五年级下册)教学实录。

第八章

小说文体教学分析与学习活动设计

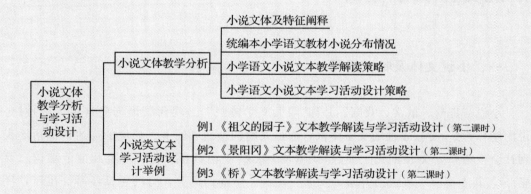

章前导语

　　小说是当今社会最重要、最有趣、最富有生命力的文学样式之一。小说教学是小学语文教学的重要内容，它承载着语言、文学的教学功能，同时又对学生的个性塑造、阅读能力的提升、语文素养的培养有着重要的意义。统编本小学语文教材共选入 23 篇小说，主要分布在中、高年级，并在六年级上册专设了小说主题单元。小学语文小说文本教学解读可以采用整体式解读和关系式解读两大结构模式。小学语文小说文体学习活动设计策略包含以下五大方面：补充背景知识，完善认知基础；巧借图式支架，理清情节脉络；创设情境氛围，入境感人悟情；开展角色扮演，深入品析人物；组织群文阅读，种下兴趣之种。

第一节
小说文体教学分析

一、小说文体及特征阐释

　　小说与诗歌、散文、戏剧，并称"四大文学体裁"，《现代汉语词典》（第 7 版）对小说的阐释为"一种叙事性的文学体裁，通过人物的塑造和情节、环境的描述来概括地表现社会生活"[①]。刘世剑先生在《小说概说》中说"小说具备人物、环境和情节结构三要素"[②]，其中情节一般包括开端、发展、高潮、结局四部分，有的包括序幕、尾声，环境包括自然环境和社会环境。依据分类标准不同，小说按照篇幅及容量可分为长篇小说、中篇小说、短篇小说和微型小说（小小说）；按照体制可分为章回体小说、日记体小说、书信体小说、自传体小说；按照语言形式可分为文言小说和白话小说；按照表现的内容可分为神话、仙侠、武侠、科幻、悬疑、古传、当代等小说。

　　小说作为文学体裁的一种，其独特的文体决定了小说教学的特殊性和针对性。总体来说，小说这类文体具备叙事性、虚构性、形象性等特征。"叙"为叙述，"事"为故事，也就是叙述故事，这是小说的基本层面，真正的小说必须要有故事，故事是小说

---

① 中国社会科学院语言研究所词典编辑室：《现代汉语词典》（第 7 版），1443 页，北京，商务印书馆，2012。
② 刘世剑：《小说概说》，19 页，长春，东北师范大学出版社，1986。

最离不开的因素；虚构性是小说的本质，小说是以虚构作为最重要的特征存在，是既贴近于生活，又高于生活的艺术；小说的形象性不仅包含在跌宕起伏的情节中，而且包含在人物的不同性格、环境的渲染之中，形象性与小说的虚构性紧密相连，小说通过虚构的故事情节展示出其生动形象性，从而表现出独特的艺术形象性。同时"捕捉人物生活的感觉经验"，是小说竭力要挖掘的艺术内容，其感觉经验越是新鲜、细微、独特、准确、深刻，就越是小说化。此外，依据小说分类的不同，各类不同的小说还具备更加细化而具体的特征，如微型小说具有精短化的篇幅、精当化的选材、精巧化的构思和精美化的语言等特征，散文化小说具有淡化的故事情节、松散的结构、淡远疏放的语言、自然的风格特色等特征。

二、统编本小学语文教材小说分布情况

总体而论，小说这一文体在统编本小学语文教材中总共选入 22 篇，较前一版的 19 篇，数量有所增加，主要集中分布在中、高年级，具体见表 8-1；同时，随着年级的升高，小说的数量也逐渐增多，五年级较之四年级有大幅度的增加。

表 8-1　统编本小学语文教材小说分布数量表

	一年级	二年级	三年级	四年级	五年级	六年级
上册	0	0	0	0	1	5
下册	0	0	1	4	8	3
总计	0	0	1	4	9	8

具体来看，如表 8-2 所示，小学语文课文中出现的第一篇小说是三年级下册的《剃头大师》，随着学生认知水平不断发展，课本中小说篇数逐渐增多，五六年级教材还专门设置小说阅读单元，学习阅读不同类型小说的方法和技巧。五年级下册第二单元是古典小说"四大名著"专题，语文要素提出"初步学习阅读古典名著的方法"；六年级上册第四单元是统编本教材第一次以单元的方式引导学生接触小说，选编了中外不同作家的三篇各具特色的微型小说，语文要素中明确提出"读小说，关注情节、环境，感受人物形象"；六年级下册的第二单元是外国名著（包含小说）专题，语文要素提出"借助作品梗概，了解名著的主要内容，就印象深刻的人物和情节交流感受"，关注世界名著的整本书阅读，阅读方法及要求较五年级更加细化与深化；此外在"快乐读书吧"板块推荐小说书籍，鼓励学生进行课外的小说阅读。

表 8-2　统编本小学语文教材小说具体分布情况

年级册数	具体单元	课文名称
三年级下册	第六单元	《剃头大师》
四年级下册	第六单元	《小英雄雨来》(节选)
		《我们家的男子汉》
		《芦花鞋》
	第七单元	《"诺曼底号"遇难记》
五年级上册	第六单元	《慈母情深》
五年级下册	第一单元	《祖父的园子》
	第二单元	《草船借箭》
		《景阳冈》
		《猴王出世》
		《红楼春趣》
	第五单元	《人物描写一组》
		《刷子李》
	第六单元	《跳水》
六年级上册	第四单元	《桥》
		《穷人》
		《金色的鱼钩》
	第五单元	《盼》
	第八单元	《少年闰土》
六年级下册	第二单元	《鲁滨逊漂流记》
		《汤姆·索亚历险记》
	第三单元	《那个星期天》

三、小学语文小说文本教学解读策略

教师对小说文本解读的深刻与否，直接决定了小说教学设计的优劣。小说文本的解读通常可以采用以下两种结构模式。

(一)"先见森林，再探树木"的整体式解读

人物、情节、环境既然是小说的三要素，那么小说类文本解读理应从这三方面入手，但却不能止步于此，否则教师容易出现解读模式单一或解读内容不到位等问题，

抹杀了不同小说文本的特性，忽略了每一篇小说独有的教学价值以及所要传递的主题思想与潜在的语文要素。同时，教师在对某个文本进行深入解读之前，应当修正点状式或割裂式思维方式，形成大单元视域下的整体思维方式。单元导语是整个单元设计的目标指向，其所包含的人文主题和语文要素是单元"共性"之所在，单元中各个单篇文本都要遵循，这是整套教材编者意图"网络"中的一个"节点"，而"节点"的分布各有侧重，这正是教师应该通盘考虑、具体落实的。比如六年级上册第四单元是小说单元，选编了中外不同作家的三篇各具特色的微型小说，教师在进行文本解读时自然可以生发出很多见解，如对小人物悲苦命运的同情、战争的残酷等，当然，这些本就是单篇文本各自主题的某一方面，也是应当引导学生加以感受的，但教师不能顾此失彼、本末倒置，跑偏或背离整个单元的人文主题——"美好品质"。也就是说，教师一方面要走出一元解读的误区，自身做好并引导学生对小说进行多元解读，另一方面，又要从大单元的整体视域来透析这个单元下的各个小说文本，把握好多元解读的"度"，如此，实现小说文本的多元解读与一元解读的交互融合，使得对小说类文本的解读既见树木，又见森林。

（二）"三大要素，深层切入"的关系式解读

1. 梳理情节，解密结构

小说离不开情节，情节是矛盾冲突的发展过程。小说文本解读时应厘清故事情节，把握情节间的内在联系，从而弄清事情的来龙去脉，把握事情背后的矛盾冲突，并初步感受人物形象。具体而言，梳理情节时，一方面，可以以关键词的方式概括出情节构成的因素，如《桥》的情节可以概括为：山洪暴发、村民逃生（开端），老汉指挥、有序过桥（发展），揪出小伙、群众先走（高潮），桥塌人亡、父子牺牲（结局），既清晰明朗，又一目了然；另一方面，可以寻找出故事线索，方便厘清情节的前因后果，获得对小说文本的整体感知。如《穷人》，表现了凡卡的艰难生活，小说的情节设计是围绕凡卡三次叹息而展开的，通过"三次叹息"这一细节呈现，我们看到了一个可怜、不幸、孤苦伶仃的凡卡形象，也让我们对劳苦人民的痛苦生活充满怜悯。

2. 聚焦环境，体会背景

人，总要植根于一定的环境（包括社会环境和自然环境），并同环境发生错综复杂的联系。教师在进行小说文本解读时，切不可忽略环境。对文本中环境描写的相关语句有所聚焦，不仅可以感知人物所处的舞台背景，而且能够被文中独特的气氛所感染，从而更好地把握人物的情感或性格，审视人物所承载的意义。具体而言，一方面，可以通过细读思辨，感受环境推动情节之效果。小说中的环境描写与情节发展是相辅相成的，环境描写的时机选择、文字择取都体现了作者独特的用心和表达的智慧。因而文本解读时不可对环境描写孤立处理，而是应当关注环境描写对情节发展所起的推动

作用。如《桥》没有较为集中的环境描写，而是将环境描写作为线索贯穿故事的始终，阅读时，不妨思考作者为什么要这样处理环境描写，或者试着将删除环境描写后的文本与原文进行对比。另一方面，可以通过对比关联，感受环境描写对刻画人物之效果。既可以以环境与人物间的关联为抓手，也可以根据环境描写的内容找准对比点展开思考，在对比阅读中，感受环境描写对人物形象所起的烘托作用。如解读《穷人》时，可将桑娜家的屋内环境与西蒙家的屋内环境进行对比阅读，通过这样的对比关联，不仅提升了小说阅读的整体性能力，而且对小说中环境描写的认知也在向着把握人物形象这一核心目标推进，在审视典型环境中感知人物的意义。

3. 品读人物，感悟主题

小说之所以在文学世界里别具艺术生命力，就在于它塑造了比真实形象更有活力、有生气的各色人物。因此，品读人物形象应是小说阅读的中心目标。小说作者通过语言、动作、心理等关键描写方法，丰富人物形象；教师在文本解读时也应聚焦关键描写，体会人物内心，品味独特个性，了解性格特征，进而把握文章的主旨意蕴。具体而言，首先，可以关注语言与心理描写，感受人物的内心世界。因为通过语言描写，可以直接透视出人物的性格；通过心理描写更能揭露人物内心深处的状态，增强人物思维的立体感。如《穷人》，细读桑娜和丈夫的对话以及桑娜多处的心理描写，前者是故事发生的高潮，后者展现了桑娜矛盾与不安的心理，更容易体会主人公高尚的品质。其次，可以解读动作，使人物形象更鲜活。因为人物的行为动作不仅可以推动情节的发展，而且还蕴含着深厚的性格积淀。如《水浒传》"血溅鸳鸯楼"中，武松斩杀诸奸人后，蘸着血，在白粉壁上写下八个大字："杀人者打虎武松也"，这一行为，将他内心的无所畏惧展现得淋漓尽致，以致金圣叹评曰："只八字，亦有打虎之力。"最后，还应细读文中"空白"，多层次解读人物。因为"空白"往往是作者精心设计的，意在引导读者拓展不确定的艺术空间，是真正的神来之笔，有待于我们去发现、想象和填充。如《草船借箭》中，诸葛亮与周瑜对话时，文章几乎未写到二人的神态、动作、语气等内容，这正是古典小说中的留白，有待读者展开丰富想象，进行自身的个性化阅读体验，从而使阅读内容更具趣味性与独特性。总之，人物形象分析是小说文本解读的核心。品读人物，既要分析人物描写方式本身，也要关注人物与环境、情节之间的联系，形成"关系式"解读架构。同时，小说所要传递的价值观、意在揭示的主题、批判的社会现象等，也是通过人物塑造实现的，深入品读人物，也有利于进一步凝练小说的主题思想。

四、小学语文小说文本学习活动设计策略

(一)补充背景知识，完善认知基础

文学作品带有时代性特征，小说也不例外。小学生由于跟小说作者所生活的时代不同，阅读时便会遇到一定的障碍。因此，教学时应提供小说相应的时代背景知识，帮助学生与文本搭建沟通的桥梁，并且拓展他们的知识视野，为其阅读该时代背景下的小说提供认知基础。如《穷人》一文，则需要交代沙皇俄国统治时期的社会背景，结合当时的时代环境和主人公桑娜一家的经济状况，让学生体会他们人性中的真善美。

(二)巧借图式支架，厘清情节脉络

教师在教授小说类文本时，引导学生把握故事情节是读懂小说的关键。在梳理故事情节时，可以借助情节图，使文本的内在结构更加清晰化、可视化。首先，在初读课文之后，引导学生梳理情节，把握结构，复述小说的主要内容；其次，引导学生进行简要概述，根据故事的发生、发展，提炼能概括故事情节的小标题；再次，厘清小说情节的脉络，师生共同完成情节图，以图文并茂的形式，做到一目了然；最后，让学生对照情节图，再次复述与表达。此外，在此过程中，可以以小组合作的形式，以集体的力量迸射思维的火花，充分引导学生利用图式支架，完成"自主思考—同伴协作—师生交流"的学习路径。

(三)创设情境氛围，入境感人悟情

由于小说的创作主体与作为接受对象的小学生在所处时代环境以及个人生活积累等方面存在较大差异，再加上小学生的文学接受与情感体验能力有限，小学生在独立阅读小说时，虽然可以浅层次感受人物性格和作品主题，但往往缺乏深层次的理解与感悟。此时可以采取李吉林老师的情境教学法，或以言语描述情境，或以音乐渲染情境，或以图片、视频再现情境，或以生活展现情境，模拟带领学生走进作品人物所处环境或者作品中的具体某个情节。在具体的小说教学过程中，根据小说不同文本的特征，创设情境，带领学生走进小说文本，理解人物形象，形成情感体验，使得他们真实感受到人物的善恶美丑，形成基本的道德认知和判断，在晓之以理、动之以情后，真正实现导之以行。

(四)开展角色扮演，深入品析人物

教师可以组织学生合作进行角色扮演，还原特定情境下的社会生态。学生通过演

绎文中的主要人物以及相关人物，使得人物形象更加真实、生动、饱满，并且学生也能够深层次地理解文本，形成深刻的阅读见解。比如，在教学"'凤辣子'初见林黛玉"时，可以通过模仿王熙凤放诞无礼的语言、动作、神态，体悟"凤辣子"的形象；还可以通过组织学生表演宝玉眼中的黛玉、众人眼中的黛玉、王熙凤眼中的黛玉三个情景剧，使学生全面把握林黛玉的形象。此外，教材五年级上册的名著单元，节选了中国古典小说"四大名著"的片段内容，语言偏文言，且作为长篇小说的节选，人物关系复杂。教学时，通过角色扮演，不仅可以提升学生的实践能力，而且可以发散学生对人物形象的思维想象能力，加深对作品的理解。

（五）组织群文阅读，种下兴趣之种

小说情节丰富，人物鲜明，是激发学生阅读兴趣的极佳载体。一方面，教师可以以节选小说作为出发点，鼓励学生阅读原著，开展讨论活动，抒发自己的见解和感悟，如在教学五年级下册的《祖父的园子》时，推荐原著《呼兰河传》；另一方面，可以推荐学生阅读相关类型的小说，或以教材中的小说为原点，让同学们自己查阅与该小说相似题材、主题或者同一作者的小说，选择感兴趣的来阅读，以此培养学生的自主阅读意识和个性化阅读习惯，如教学六年级上册的《金色的鱼钩》时，可以引导学生搜集革命题材的文学作品进行课外阅读。

第二节
小说类文本学习活动设计举例

为了体现小说文体在主题、形式、题材、时代等方面的多样性特征，本节选取五年级下册的散文化小说《祖父的园子》、五年级下册的古典小说《景阳冈》、六年级上册的微型小说《桥》，作为小说类文本教学解读与学习活动设计的具体案例。

例1　《祖父的园子》文本教学解读与学习活动设计（第二课时）

一、文本教学解读

《祖父的园子》是统编本小学语文教材中的经典名篇，几乎所有版本的教材都曾将它选入其中。过去的统编版教材以其作为略读课文；而今在统编本语文教材中，它是五年级下册第一单元中唯一的一篇现代精读课文，其重要性不言而喻。

（一）文体入手：散文化的自传体小说

在深入解读《祖父的园子》文本之前，有必要先来澄清其文体属性。笔者发现，有不少教师将其作为散文这一文体进行教学。如果单就课文本身来看，它的确具有散文的某些特质；但是我们不能孤立地作出判断，而是需要追根溯源，探究本质，还原其本来的面目。本文是萧红长篇小说《呼兰河传》的片段节选，毋庸置疑，其文体当是小说，而且是萧红的自传体小说。这种类型的小说虽然包含作者个人经历和事迹的影子，但却不完全等同于作者的生活经历，而是作者在亲身经历的真人真事的基础上，运用小说的艺术手法和表达技巧，经过虚构、想象、加工而成的。同时，作为我国现代著名女作家，萧红并没有按部就班地沿袭传统的小说创作模式，而是有意识地创新小说的结构，形成了自我独特的小说艺术风格，具体表现为：结构的散文化、语言的自由化，以及淡化人物性格、浓郁的主观抒情性等。著名文学家茅盾曾将《呼兰河传》称作"一篇叙事诗，一幅多彩的风土画，一串凄婉的歌谣"。综上所述，作为文本解读的第一步，我们理应从文体入手，清晰把握《祖父的园子》作为小说这一文体，并兼具自传体与散文化的文本特征。

（二）单元切入：童年往事与感情体会

《祖父的园子》是五年级下册教材第一单元的第二课，本单元的人文主题是"童年往事"，引用了冰心的一句话："每一个人都有他自己的童年往事，快乐也好，辛酸也好，对于他都是心动神移的最深刻的记忆。"语文要素为"体会课文表达的思想情感"，以及"把一件事的重点部分写具体"，前者是阅读训练要素，后者是习作训练要素。本单元包含精读课文《古诗三首》和《祖父的园子》，略读课文《月是故乡明》和《梅花魂》，口语交际：走进他们的童年岁月，习作：那一刻，我长大了。选文兼顾不同文体（古诗、小说、散文）、不同时代、不同作者记忆中的"童年"，人文主题与语文要素双线并行且结合紧密。假如以整体视角观照统编本教材会发现，以"童年"作为人文主题的单元为数不少，比如三年级下册第六单元、四年级上册第六单元等；但本单元的人文主题不止于"童年"，还有"往事"，教师不能顾此失彼，而是应当充分考量人文主题的丰富性与特殊性，兼顾回忆性文章的特点，亦即本单元的课文与低、中学段直接描述多彩童年文章的不同：不仅表现天真自由的童年往事，而且表达了由童年往事引发的一些更加复杂的情感。如《祖父的园子》，既包含对童年的喜爱，又带有对自由的向往，还交融着对亲人、乡土、祖国的思念等情感。所以教师既要挖掘到"童年往事"这一主题以及其中丰富的情感意蕴，更要思考如何设计学习活动，让学生能够通过文本的阅读与课堂的学习，深入体会课文表达的思想感情，从而落实本单元的语文要素。

（三）文本深入：园之自由与心之自由

1. 情景交融的特质

将《祖父的园子》还原成小说，不妨首先从小说三要素——人物、情节、环境入手，来解读这个文本：人物为祖父与"我"，情节是"我"跟着祖父在园子里自由地玩闹，环境是大花园。看似非常的简单直接，但是细细品读，仔细斟酌，能发现这简单背后的丰富。尤其是作为散文化小说，其意蕴不在于人物冲突或结局，而在于事件过程的意象所触发的情绪，也就是说，小说的主题不是通过人物、情节来实现的，人物和情节只是为了构建一个情境，作者通过情境营造氛围，并在这种氛围中抒发情感，从而唤起读者的情绪，达到情感的共鸣。因此，在解读时需特别注意文本中情与景的交融。比如作者用了大量笔墨来描写花园，如"花开了，就像睡醒了似的。鸟飞了，就像在天上逛似的。虫子叫了，就像在说话似的。一切都活了，要做什么，就做什么"。对此，需要特别留意长短句的交错、句式的重复以及"愿意""就"等特别的词语，并在作者描绘的光色交织的自然之景中进入清新明丽而又灵动鲜活的意境，进而明白"一切景语皆情语"，体会作者是如何表情达意的。此外，还需注意，文中前后两处都写到"园中景"，但不能混为一谈，应分辨其表达的侧重点：前者侧重于凸显园子之大，即"园子里样样都有"，种类繁多且色彩丰富；后者则进一步凸显景之自由。层次的拔高更是情感的递进，是作者的身心沉浸在自由之中的情景交融的体验。因此，针对这样的散文化小说，教师在进行文本解读时，需把握其"散文是形式、小说是内核"的文体特征，感受文本"骨子里的诗意"，并感知其"诗意里的厚重"，进而体会到"景越鲜活，情越真切"的文本表达特点。

2. 童心自由的主旨

儿童的世界有其特殊性，其理解问题的视角与成人不同，而《祖父的园子》正是萧红以儿童视角的叙述策略讲述记忆中在祖父的园子里度过的一段幸福快乐的童年生活，既阐述了童年体验，又把握了儿童的情趣，更是萧红童年情结的表现。她记忆中的童年生活，正是她抵御无奈现实生活的情感出口。所以，我们不能仅仅解读到童年的天真烂漫、无忧无虑而将教学目标单纯定位为体验快乐及学习相关表达，而是要注重合理多元的解读以及深度的挖掘与提取，感悟到作者对童年生活的留恋恰是对当下生活的补偿。成年以后的萧红之所以在脑海中不断地提取童年的记忆，怀念童年时期在园子中游玩所获得的愉悦的心理体验，是因为在追忆那多姿多彩童年生活的过程中，她寻到了逝去的亲情、难得的快乐，并以此反观压抑的现实。无论是文本内容还是叙述策略，《祖父的园子》都饱含"童心"，既尊重作者独特的童年生活体验，又使已成人的萧红以成人视角审视自我的生存状态，引发读者对自身的思考。而在这种追忆中，爱与自由是其根本与底色，正如文中萧红如数家珍地描述"我"与祖父的生活情景，刻画与祖父的生活细节，温馨画面一帧帧定格，仿佛历历在目，那一举一动、一问一答皆是祖孙之间的深厚情意。字里行间、行文始末都贯穿着萧红对祖父难以言说的"爱"，以及包裹在那份"爱"中的"自由"，体现出"爱越浓郁，心越自由"的创作旨趣。

二、学习活动设计

【学习目标】

1. 默读课文，能够概括祖父园子中的事物以及"我"和祖父在园子里做的事情。

2. 体会祖父的园子"样样都有"且丰富多彩，并从景物描写中感受文中表达的思想情感。

3. 感知作者童年时的自由自在，体会作者对童年、家乡、亲人的怀念。

【学习过程】

"园子"是课题中最核心的词语，既承载着萧红自由幸福的童年，又寄托着她和祖父纯真浓厚的亲情，所以学习过程紧扣"园子"展开，设计"四进园子"的过程，四次品读文本，沉浸情境。但每一次的落脚点都有所不同，从"物"到"事"到"情"到"心"，层层递进，逐步感受其中蕴藏的丰富而又复杂的情感。

板块一：一看园子，丰富多彩

1. 引入

同学们，正如单元导语页上冰心奶奶的这句话："每一个人都有他自己的童年往事，快乐也好，辛酸也好，对于他都是心动神移的最深刻的记忆。"今天就让我们再次走近著名女作家萧红，让记忆之轴拨动时光之弦，看一看她的童年记忆。

2. 提问

题目为"祖父的园子"，那么，这个园子里都有些什么呢？快速浏览课文，适时圈画。

3. 支架

老师为大家整理了三组词语，可以填一填。

(1)蜻蜓、蜜蜂、_____、_____

（2）大榆树、樱桃树、_____、_____

（3）倭瓜、玉米、_____、_____

4. 要求

结合课文内容，根据每组前面的两个提示词语，找出另外两个同类词语。不能随意填写。

5. 追问

根据词语的分类，再想想，这是一个怎样的园子呢？

预设：

三组词语的类别为昆虫、树、农作物，说明园子里应有尽有，非常丰富。

第一段的中心句："我家有一个大花园，这花园里蜜蜂、蝴蝶、蜻蜓、蚂蚱，样样都有。"直接点明了园中样样都有。

园中有白蝴蝶、黄蝴蝶、大红蝴蝶、金色的蜻蜓、绿色的蚂蚱，色彩斑斓，种类繁多，侧重描写昆虫的色彩。有了五彩的昆虫的点缀，园子一下子生动鲜活起来。

6. 总结

样样都有，五彩缤纷，生机勃勃，应有尽有……

【设计意图】以单元导语页冰心的话语导入本课，既点明主题，又铺垫情感。接下来以"园子里有什么"这一关键性问题引领学生通过阅读建立对课文的整体感知，一下子就把学生带进了作者童年时代那个令人怀念的生活环境。此时的阅读方式是"浏览"，既符合五年级学生的训练要求，又契合该问题的特性。同时，不是让学生回答园中一个个零散的事物，这对五年级学生来说太过简单，教学也会变得零碎，而是关注学生高阶思维的培养，践行新课标提出的"梳理与探究"这一语文实践活动，以提供支架的方式建立分类的意识，提炼统整为"昆虫、树、农作物"；如此再进一步追问学生对于园子的印象："这是一个怎样的园子？"从具体概括走向整体感知，重在体会园子的特点，即大、美、样样都有、充满生机。

板块二：二入园子，温暖幸福

1. 过渡

同学们，在这样一个应有尽有且充满生机的园子里，"我"和祖父做了许许多多的事情，你知道都有哪些吗？能否以"祖父_____，我就/也_____"来表达呢？

预设：

祖父戴大草帽，我就戴小草帽；

祖父栽花，我就栽花；

祖父拔草，我就拔草；

祖父种菜，我也种菜；

祖父铲地，我也铲地；

祖父浇菜，我也浇菜。

2. 追问

这样的童年趣事，你有吗？或者和亲人发生的其他趣事，都可以说一说。

（1）妈妈_____，我_____

（2）爸爸_____，我_____

（3）（谁）_____，我_____

3. 细读

同学们的童年趣事真开心快乐呀！作品中的"我"也是，从哪些语句中你能感受到"我"的快乐？默读文章，细细体会，写下感受。

4. 要点

抓住关键词，尤其是动作性词语。

第四自然段的"瞎闹"，第五自然段的"乱钩"，还有"乱闹""扬""喊"等词语，由此能够看出"我"真的不是在劳动，而是在快乐地玩耍呀！

5. 深剖

面对"我"的玩耍，祖父并未责怪，而是"把我叫过去，慢慢讲给我听，说谷子是有芒针的，狗尾草却没有……"。从祖孙二人的相处中，你能体会到什么？

预设：

祖父让我放松，没有责骂，耐心地教导我一些自然万物的特征。

让天真、幼稚、好动的我尽情放肆，让我得以充分地张扬，更见宠爱有加。

交谈中也能体现祖孙二人的亲密无间，表现祖父的慈爱与温和。

6. 总结

引导学生关注祖父三次笑的细节，更加深入体会祖父满满的慈爱、宠爱、耐心、呵护……孙女爱胡闹，祖父从不恼反笑的温情，"笑"中凝聚着的是祖父深深的爱。正是在爱的包围下，"我"才能够放飞天性，在其中更感温暖幸福。

【设计意图】从"一看园子，丰富多彩"到"二入园子，温暖幸福"，即从"物"到"事"的过渡，本环节重点让学生从"我"和祖父在园子中做的各种各样的事情中，体会祖父的慈爱与宠爱以及"我"感受到的温暖与幸福。首先提问引出"干了哪些事"，但不是以传统的词语来回答，而是给学生提供类似于课文中的句式。这一设计不仅能让学生感受并模仿萧红简洁而又生动的语言，而且还把文中涉及的重要事情用如诗歌般的语言表达出来。随后联系生活，以这样的句式引发学生唤醒自己的童年趣事，不仅关注学生的生活，而且容易与作者达成共鸣，为下面的学习做好铺垫。然后再细读文本，关注字里行间由衷的快乐以及祖孙相处的诸多细节。细节最易打动人心，教师要引导学生发现并细细品味个中含义，用自己独特的阅读体验与感受丰富课文情境中的细节，从而感受祖父与"我"之间的双向爱意与无限温情。

板块三：三读园子，自由自在

1. 过渡

从刚才的阅读中，我们感受到祖孙二人的温情。除此以外，你还有没有其他的感受呢？重点研读第十五至第十六自然段。（不再是默读，而是鼓励学生大声朗读出来）

2. 品读

读下面的句子，体会"我"当时的内心感受。

"黄瓜愿意开一朵花，就开一朵花，愿意结一个瓜，就结一个瓜。若都不愿意，就是一个瓜也不结，一朵花也不开，也没有人问它。"

"凡是在太阳下的，都是健康的、漂亮的。拍一拍手，仿佛大树都会发出声响；叫一两声，好像对面的土墙都会回答似的。"

3. 引导

你有什么感受？你是怎么感受到的呢？

方法1：通过有感情地朗读，把自己体会到的感情表达出来，也加深了对课文思想感情的体会。朗读描写园子里的花草、虫子、鸟儿等事物的语句，体会到了蕴含在字里行间的"我"对祖父和园子的深远的爱与怀念。

方法2：把自己想象成文中的"我"，在与园子里的事物一问一答，一应一和，仿佛诉说着"我"的美好的感受。大树、土墙其实都不会自己发出声响，不会回应，但"我"认为它们会，说明"我"把它们都当作好朋友，一切都是拥有灵气的，不受约束，充满自由的影子。

4. 细读

你觉得哪些词语最能体现这种自由呢？

"要……就……"，"愿意……就……"连用六个，句式整齐，节奏明快，读起来朗朗上口，并且层层递进，身心全部活了，自由的韵味淋漓尽致。

5. 仿写

你能仿照这样的写法，展开想象，写一写其他动植物在园子里自由自在的生活吗？如蚂蚁、青蛙、喇叭花等。（展示图片，给予灵感）

6. 朗读

（师生共读文中语段；学生朗读自己描写的语句）在朗读中进一步体会作者笔下的自由自在，以及我们体会到的那份自由自在。

【设计意图】从"二入"到"三读"，即从"事"到"情"的过渡，本环节重点让学生通过品词析句，令文字向情感纵深处延展，充分感受作者的自由自在。本文的语言自然、率真、朴素，这一环节着重赏读、品读，全面引导学生积累、感受、领悟课文的语言，抓住关键词语"要……就……""愿意……就……"，通过多种形式的朗读，引导学生从字里行间悟出情，实现披文入情，情景交融，达到语言与情思的同构共生。

板块四：四回园子，别有韵味

1. 链接

读读本课后面的"阅读链接"，说说你对课文有什么新的体会。

2. 分析

你看，链接资料中作者不厌其烦地描述着"我"与祖父年龄的变化："我出生的时候，祖父已经六十多岁了，我长到四五岁，祖父就快七十了。我还没有长到二十岁，祖父就七八十岁了。"反复使用的特殊语言形式，每字每句都能体现作者对时光流逝的感叹。而祖父离世之后，那些快乐的事情都统统消失，随风而散，抒发了作者对一切美好终将逝去的惆怅与怀念之情。

3. 知人

除了知道萧红是著名的女作家外，她的生平你们知晓吗？她命运坎坷，颠沛流离，1940年客居香港，疾病缠身。当时祖国和家乡正处于战争之中，她在如此境遇下完成了这部绝世之作，不久就去世了，年仅31岁。著名文学家茅盾曾评价萧红《呼兰河传》是"一篇叙事诗，一幅多彩的风土画，一串凄婉的歌谣"。

4. 回读

"阅读链接"明明也是《呼兰河传》的选段，但蕴藏的情感却与课文表达大不相同。知人论世之后不妨再读全文，相信刚刚那些你早已熟悉的文字，会有不同的全新滋味。

5. 延展

课后可以读一读《呼兰河传》，必读第三章，选读其他章节。以整本书视角重新审视这篇课文，相信你对其中蕴藏的情感意蕴定会有更深的体会。

【设计意图】本环节是最后的总结和升华。教师借助阅读链接和人物生平，引导学生在这些资料的浸润下再次回归文本，重新阅读那些看似愉悦快乐的语句，学生对于文本情感的认知会有不一样的体验：夹杂着一丝丝悲凉与酸楚、萧索与孤独。而这份珍贵的情感体验获得的过程需要由学生自己去经历，而不是由教师直接和盘托出，阐述冰冷的答案，如此是以教师的解读代替学生的体会，学生的阅读素养及人文素养自然得不到提升。最后进行有效的铺垫与拓展，设置阅读的弹性空间，引导学生进行整本书的阅读，丰富阅读体验。

例2　《景阳冈》文本教学解读与学习活动设计（第二课时）

一、文本教学解读

（一）定位——古典名著的浸润之旅

《景阳冈》是统编本小学语文教材五年级下册第二单元第6课，本单元的人文主题是"古典名著"，单元导语用精练的文字概括了中国古典小说"四大名著"的特点和内容："观三国烽烟，识梁山好汉，叹取经艰难，惜红楼梦断。"语文要素是"初步学习阅读古典名著的方法"，以及"学习写读后感"，前者是阅读要素，后者为写作要素。本单元选取了《草船借箭》《景阳冈》《猴王出世》《红楼春趣》四篇课文，前两篇为精读，后两篇为略读，在编排上由易到难，由现代文逐步过渡到原著片段的阅读，引导学生走进古典名著，并通过课文中的泡泡、阅读提示及课后练习，从不同角度层层递进，提示了一些阅读古典名著的方法。口语交际是《怎么表演课本剧》，写作为《写读后感》，并设有"快乐读书吧"《读古典名著，品百味人生》。可见，本单元所有的编排都指向"古典名著"，而《景阳冈》作为精读的第二篇课文，首先需明晰定位。一方面，学生在学习上一课《草船借箭》时已经初步掌握了阅读古典小说的一些方法，那么在本课学习中如何得到迁移运用并加以深化？前者若是种子课，后者便是生长课，那么《景阳冈》文本及教学的生长点在何处？另一方面，对于语文要素"初步学习阅读古典名著的方法"的"初步"如何定位？对此，课后习题和本单元的交流园地可以略见端倪。"初步学习"，换言之，即避免过度地拔高要求。针对古典名著中一些难理解的词句，可以引导学生联系上下文和自己的积累，猜测出大致意思即可，无须过度细究意思，导致阅读不畅、兴趣减弱；重点是引导学生读懂故事内容，感知人物形象，激发阅读古典名著的兴趣。应该说，这是一次"古典名著的浸润之旅"，教师潜移默化地渗透，学生在"旅程"中浸入文本，乘兴而来，载趣而归。

（二）明晰——情节发展的跌宕起伏

《景阳冈》是根据我国古典名著《水浒传》第二十三回改编的，向来被认为是古典小说最精彩的篇章之一。课文记叙了武松在阳谷县的一酒家内开怀畅饮后，趁着酒兴上山，赤手空拳打死猛虎的故事，表现了武松勇敢、机智、豪放及无所畏惧的英雄性格。本课的情节发展跌宕起伏。一方面，教师要有整体视野，引导学生以关键词的方式梳理事件发展顺序："喝酒→上冈→打虎→下冈"，同时深入思考各个部分与"打虎"之间的关系；另一方面，教师需精准定位，重点品读，并引导学生赏析打虎的片段，三大回合精彩连连，高潮迭起，尤其是武松与老虎过招时的那些动作描写，攻守交替，细腻传神。教师不妨自己先借助表格等形式，梳理打斗的回合，明晰重复而又变化的动词（见表8-3），进而引导学生紧抓动作描写，发挥自己的合理想象，以表格为支架，以想象为翅膀，用自己的话并加上恰当的语气、表情和动作，重现武松打虎这一场面。如此，学生不仅明晰了故事发展的顺序，而且在沉浸式的讲述中进入文本，通过自身的展示更恰如其分地演绎了打虎这一情节。

表 8-3　武松打虎三回合动作一览表

	武松	老虎
第一回合	一闪，一躲，又一闪	一扑，一掀，一剪，一吼
第二回合	抢梢棒劈，只一跳	咆哮，翻身又只一扑
第三回合	又只一跳，丢棒，揪住老虎乱踢，摁住虎头捶打	挣扎，咆哮，身底下扒起两堆黄泥
结局	武松打死老虎，老虎眼里、口里、鼻子里、耳朵里都迸出鲜血	

（三）洞察——酒与梢棒的锦心细勾

　　文本解读不仅要整体明晰，而且需洞察细节之处，发现课文的精妙所在，如此更能让学生体会古典小说的无限魅力。在本课中，尤其需要关注"酒"与"梢棒"这两件"道具"，它们在文中频频出现，看似无关紧要，实则是作者的锦心细勾。首先来谈"酒"。英雄与酒仿佛确有不解之缘，于武松亦然。店小二一句"三碗不过冈"的好心话，让武松酒兴大发，连饮一十八碗。"十八碗"不仅写出了武松惊人的酒量和不凡的胆魄，而且更是诱导着故事走向高潮，为故事的发生设定了最佳的时机，演绎着故事的激情和结局。具体而言，它不仅令整个打虎过程悬念陡生，扣人心弦，也使得故事的情节和结构更加合理。当冈上吊睛白额大虫扑地跳出来时，武松惊得"酒都做冷汗出了"，金圣叹曾评曰："神妙之笔，灯下读之，火光如豆，变成绿色。"借酒壮雄心，在半醉半醒间，面对庞然大物，武松将积蓄的所有能量全部释放出来，在应激性下瞬间就完成了将酒食能量转化为气力的过程。武松因酒而向虎山行，借酒而逞英豪，更是借酒的神力打死猛虎，而在酒醒之后，似乎又变回原形——清醒而理智的凡人！[①] 再来看"梢棒"，文中前后提及了十多次，它是防身之物，武松与它形影不离，时时放至身边，可见武松警惕性之高。出店时"手提梢棒便走"，看到告示时"横拖着梢棒，便上冈子来"，一"提"一"拖"可见心态的微妙变化，也可见其对梢棒的信赖程度之高。同时，梢棒也是手的延长，人和动物的区别就在于人可以制造工具以对抗动物，武松的梢棒正像李逵斫杀四虎的朴刀那样起到重大作用；而作者精巧的设计在于，梢棒在打虎时因打在枯树上折作两截，此时就将武松和老虎放在了同等的"格斗场"上，武松只能靠自己，赤手空拳，最终尽平生之力，仗浑身武艺，五七十拳将老虎打得迸出鲜血，更显其天人的胆量，更成就了打虎英雄千古不朽的威名。武松失棒，反添英勇！

（四）深思——凡人英雄的双重特性

　　艺术典型需要具有鲜明的个性特征，这是它区别于同类人物的标志，是艺术生命

---

① 张海燕：《简析景阳冈武松打虎中的哨棒与酒》，载《文学界（理论版）》，2010(4)。

存在的形式。武松是 108 位梁山好汉中的一个，具有鲜明的个性，引导学生感知这一人物形象的个性特征无疑是小说教学的重中之重。因此，教师首先要对武松有丰富而又深入的认知，切忌片面偏激，也不能脱离文本泛泛而谈。孙绍振先生曾经专门作文讨论武松的神性和人性，金圣叹的四目总评："他是'神人'，但在心理上却是凡人，小小老百姓而已。"①我们细细来看，文中对武松进行了多维度的描写，丰富的动作、语言、心理、神态描写，令其形象更加饱满。尤其是打虎片段的动作描写，生动传神，富有变化，更显武松的"力""勇""智"：赤手空拳打死一只吊睛白额大老虎为"力"与"勇"；打虎前的巧妙三"闪"躲过老虎的"扑""掀""剪"为"勇"与"智"。而心理描写细腻自然，拉近了武松与读者的距离，使这一人物形象更具真实感。作者没有盲目夸大地渲染，而是随着情节的推进展现武松情绪的起伏。如在读了印信榜文知道真的有虎后，武松也曾闪现退缩的念头，心里十分挣扎："欲待发步再回酒店里来，寻思道：'我回去时，须吃他耻笑，不是好汉，难以转去。'"再如武松打死老虎后的心理活动是："倘或又跳出一只大虫来时，我却怎地斗得他过？且挣扎下冈子去，明早却来理会。"寥寥数语，将武松当时复杂微妙的内心世界进行了淋漓尽致的展示，其行为举止似神人，但在心理上却是凡人。此外，教师也可援引资料，深入分析武松这一人物形象的塑造及其突出的艺术成就，适时对比：为什么李逵打死了四只老虎却远不及武松打死一只老虎更被大家津津乐道呢？原因之一便在于，李逵打虎只有一腔仇恨，内心并没有起承转合；而武松打虎这一过程则表现了他情绪的变化以及情感层次的丰富复杂，兼具英雄的超然和凡人的真实，其双重个性奠定了这一艺术形象塑造成功的基础。

二、学习活动设计

【学习目标】

1. 默读课文，遇到不理解的字词，学会运用多种方法猜测大致意思。能够以关键词的方式概括故事的发展顺序，并概括课文的主要内容。

2. 用自己的话并加上恰当的语气、表情和动作，讲述武松打虎的过程。

3. 深入文本，辩证分析武松这一人物形象，并激发阅读古典名著的兴趣。

【学习过程】

板块一：上下景阳冈，故事发展先厘清

1. 导入

同学们，上节课我们已经初学了《景阳冈》这篇课文，扫清了难懂的生字词，并梳

---

① 孙绍振：《武松的神性和人性》，见余党绪、石海红选编：《当代时文的文化思辨》，224 页，上海，上海教育出版社，2015。

理了故事的发展脉络，我们先来复习一下。

2. 字词

读准下面的字词，做到字正腔圆：

筛　抡　簌　霹雳　枉送　吓唬　咆哮　耻笑　酥软　谋财害命　踉踉跄跄

3. 猜读

引导学生如何读懂不理解的词句。（鼓励学生发言，并结合相关的词句例子）

4. 方法

总结方法。在读像《水浒传》这种带有文言色彩的小说时，可以借助书中图画、换词理解、分解词语、联系上下文、猜一猜等方法来读懂不太明白的词句。

5. 复习

上节课通过小组合作学习，梳理了故事发展的顺序，你还记得吗？可以先把下面的内容补充完整。

喝酒 →（　　　）→（　　　）→（　　　）

6. 提问

按照"喝酒→上冈→打虎→下冈"这样的发展顺序，说一说故事的主要内容。

（鼓励学生表达、讲出故事是本节课重要的表达训练点之一。表达要清晰、有顺序。若让学生能适当用自己的语言、加上语气或其他突出点，教师要及时予以表扬，因为其为其他学生树立了榜样）

【设计意图】作为第二课时，教师不必过于着急地进入新课的讲解，这样容易顾此失彼，缺少上下两课时的衔接与过渡。可以适时复习第一课时的重难点，让学生温故知新，学有所获。在《景阳冈》课文学习中，有两处需要教师多加提及并及时复习，其也对应着课后第一、第二两道练习题。前者是运用多种方法来猜读，这是针对古典小说的阅读方法而设的，掌握方法将有助于学生今后的阅读；后者是梳理情节顺序，不仅能让学生对故事有整体的感知，以方便进入故事情境之中，而且为下一环节聚焦打虎奠定了基础。

板块二：聚焦打虎处，有勇有谋可洞察

1. 提问

同学们，你觉得武松是一个怎样的人呢？阅读全文，适时圈点勾画，做好批注，不仅要说出你的观点，而且要道明自己的理由。

2. 回应

这一环节是学生对武松形象的初感受，最为重要的是鼓励学生多发言，从不同角度阐述都行。教师这时不需进行过多评价，应尊重学生的阅读初体验。

预设：

前半部分的语言描写："主人家，快把酒来吃"，"怎的不来筛酒？"，表现武松性格的豪爽、直率。

当武松知晓真的有老虎时，想回去，但又怕人耻笑，有点固执和好面子。

所有人都怕老虎，武松却十分勇敢，打老虎时武艺高强，身手敏捷，英勇过人。

3. 聚焦

同学们说的各有道理。可见，人物形象藏在每个情节的细节描写之中，而全文最精彩的莫过于打虎部分。请同学们仔细阅读第六自然段，并说说你有什么感受。

4. 引导

关注其中的动作描写，尤其是"三招"与"三闪"。

要点1：老虎的"三招"：扑、掀、剪，既体现其凶猛无比，又从侧面烘托武松的"勇"。

要点2：武松的"三闪"（思考：能否换成"躲"或"藏"），既表现"闪"字用得精当，不是胆小地"躲"，更不是害怕地"藏"；又体现了武松的机智敏捷，特地避其锋芒，是当时最好的积极防御，以不变应万变，烘托武松的"谋"。

要点3：转守为攻时，武松的"揪、按、踢"等几个字，字字千钧，虎虎生风，形象生动地凸显了武松打虎的英雄气势，淋漓尽致地刻画了武松勇武过人的高大形象。

要点4：虎死之后，武松的表现："只怕大虫不死，把棒橛又打了一回。那大虫气都没了。"展现其小心谨慎、思虑周全、不留后患的性格特点。

5. 总结

的确，从这些细致生动的动作描写中可以看出武松的有勇有谋。那么，你能用自己的话语将这精彩的打虎片段讲出来吗？（第一位同学讲时，并不要求加上适当的语气、表情和动作，教师只是有针对性地加以点评，然后再提示这一点，这样，第二位同学讲时便有充分的对照，学生也会有更深的感触，从而丰富其阅读文本之后的再创造）

【设计意图】赏析第六自然段的"打虎"无疑是本节课的重中之重，但教师不一定一上来就直接聚焦此段而忽视其他段落，讲课也应"有详有略"。以"武松是一个怎样的人"，引导学生立足于全文，从各个地方发掘，形成对人物形象的初感。而面对全篇的最精彩之处，教师需把握其中的要点，如老虎的"三招"，武松的"三闪"等，适时点拨，让学生自己体会武松的人物特点，并感受情节的起承转合与跌宕起伏，感受武松与老虎打斗时的攻守交替与张弛有度，既能激发阅读兴趣，也是为"讲出来"做好铺垫。此外，这个故事实际源自宋元话本，而"话本"就是说话艺人演讲故事所用的底本。教师一定要足够重视"讲述武松打虎片段"这一表达任务，这正是为了帮助学生回归"话本"本源，通过入情入境与绘声绘色的讲述，让学生感受古代小说的特点，在讲述故事之中体会学习古典名著的乐趣，并为接下来的口语交际《怎么表演课本剧》奠定基础。

板块三：挖掘细微点，英雄形象深思辨

1. 矛盾

（出示课后练习四，引导学生深入地思考）对课文中的武松，人们有不同的评价。有人说："武松真勇敢，'明知山有虎，偏向虎山行'。"也有人说："武松很要面子，有些鲁莽，不听别人善意的劝告。"对此，你有什么看法？说说你的理由。

2. 引导

刚刚在打虎片段中，我们已经见识了武松有勇有谋的英雄气概，但也有人提出了异议，认为他鲁莽固执。对此，咱们不急于评价。让我们再次进入文本，关注打虎前后，看看你有没有什么新的发现。

3. 回应

武松不仅拥有"英雄"的一面，而且在阅读中同学们发现了他作为"凡人"的一面。比如在读了印信榜文知道真的有虎后，武松也曾闪过退缩的念头，心里十分挣扎："欲待发步再回酒店里来，寻思道：'我回去时，须吃他耻笑，不是好汉，难以转去。'"再如武松打死老虎后的心理活动是赶快走，害怕又出来一只老虎。

4. 总结

武松作为一个英雄，并不是完美无缺、神乎其神、千篇一律的，而是英雄与凡人的结合体。这样就更拉近了我们与武松之间的距离，让这一人物形象深入人心。

5. 思辨

同学们，你们知道吗？《水浒传》中另一位好汉李逵也打过老虎，还打死了四只呢！那么，为什么李逵打虎远没有武松打虎这样出名并为人津津乐道呢？老师不会直接告诉你们答案，但大家可以课后读一读李逵打虎的片段，思考这一问题。

【设计意图】这一环节是对第二环节武松人物形象的延展和丰富。借助课后练习四所呈现的对武松这个人物的不同评论，引导学生尝试以多角度评价武松。当然，这种评价不是漫无目的或毫无根据的，而是旨在引导学生从文本中发现蛛丝马迹，由以往单一、扁平地概括人物特点逐步过渡到多元、立体地感受人物形象，深入体会"英雄也是人"以及"武松的神性与人性"。最后，援引《水浒传》中李逵打虎的片段进行课后的对比阅读，教师抛出问题，设置悬念，运用课堂"留白"技巧，留给学生自主阅读的空间，并引导学生回归原著，牵引其思维向深处拓展。

板块四：延伸资料袋，古典名著酿兴趣

1. 人物拓展

同学们，通过本节课的学习，相信大家一定对武松这一人物有了一些了解。那么，这些就是武松的全部吗？你知道吗，明末清初著名文学评论家金圣叹曾这样评价："武松天人者，固具有鲁达之阔，林冲之毒，杨志之正，柴进之良，阮七之快，李逵之真，吴用之捷，花荣之雅，卢俊义之大，石秀之警者也。"如果你想更加深入地了解武松，不妨再去读一读《水浒传》中关于他的其他故事，比如《斗杀西门庆》《醉打蒋门神》等。

2. 资料延展

课后的"资料袋"为我们介绍了《水浒传》的基本内容，并以"绰号＋人物"图文并茂地展示了一些主要人物，如及时雨宋江、豹子头林冲、智多星吴用、浪里白条张顺、行者武松。不止于此，《水浒传》写一百单八将，真是一百单八样。比如，只是写人粗鲁处，便有许多写法：鲁达粗鲁是性急，史进粗鲁是少年任气，李逵粗鲁是蛮，武松粗鲁是豪杰不受束缚，阮小七粗鲁是悲愤无说处，焦挺粗鲁是气质不好……不妨课后打开《水浒传》，让我们在古典名著中尽情徜徉！

【设计意图】如何激发学生的阅读兴趣、拓展学生的课外阅读？对此，教师需要有所思考，不能单单以介绍书名一带而过。可以用名人的评价作为导入，或以能够牵引好奇心的问题激趣，再或者稍微详细地介绍书中突出的某一点，以一点带一面，促进学生阅读整本书。此外，要充分利用教材资源。课后的"资料袋"不仅介绍了《水浒传》，而且还选取了著名画家戴敦邦绘水浒人物谱作为配图，在引导学生走进水浒英雄的同时，也是对学生审美性、艺术性的熏陶。

例 3 《桥》文本教学解读与学习活动设计（第二课时）

一、文本教学解读

（一）高屋建瓴：单元整体解读

《桥》是统编本小学语文教材六年级上册第四单元的第一篇精读课文，也是小学阶段的第一篇微型小说，其重要性不言而喻。作为小说单元首篇精读课文的教学，就应指导学生了解小说三要素，把握人物、情节、环境，引导学生抓住描写人物神态、语言、动作的关键语句，体会人物形象。从单元整体出发，明晰精读课承载的教学意图，精准定位，是教学解读的第一步。

（二）三刀直入：小说要素解读

《桥》塑造了一位普通的老共产党员的光辉形象。面对狂奔而来的洪水，他沉着冷静、伟大无私，把生的希望让给群众，把死的危险留给自己，用自己的血肉之躯筑起了一座不朽的桥梁。《桥》是一篇小说，具备小说的三要素：环境、情节、人物，课后习题也直指三要素。

1. 环境：全文见"水"

本文着重描写的"环境"，即对"洪水"的描写，匠心独具。一是数量多，写"水"的语句多达八处。二是贯穿全文，成为文章的线索。从洪水涨，再到洪水变，最后洪水退，全文皆可见"水"。三是手法巧妙，运用比喻和拟人，如"在路面上跳舞""狞笑""放肆地舔着人们的腰"等，渲染气氛紧张，突出情况危急。四是切换自如，对水、人、桥的镜头灵活切换，不仅推动了故事情节的发展，而且衬托出老汉沉着冷静、伟大无私的形象，让人如临其境，如闻其声。

2. 情节：一波四"折"

本文情节跌宕起伏，一波四折，短小精悍。第一折：所有人你拥我挤地奔向窄窄的木桥，如果一齐上桥，必定桥毁人亡！这时，老汉出现了。第二折：老汉第一个到达木桥却不过桥，无论是高喊"党员也是人"的党员，还是排在队伍靠前的小伙子，都被老汉制止。第三折：千钧一发危难之际，老汉和小伙子互相推让，最终桥塌人亡，双双牺牲。第四折：老妇来祭奠二人，揭示他们是父子关系。一波四折既使情节丰富饱满，又能激发读者的兴趣，同时也不断升华人物形象。

3. 人物：品质如"山"

本文人物丰富鲜活，品质如"山"，栩栩如生。全文只有几百字，27 个自然段，最少一段仅有 7 字，但作者"尺水兴波"，让读者的心一次次被揪起，从而一步步加深对老汉这一形象的认识。老汉是多重角色、多种品质的统一体：面对危情，他镇定如山；面对村民，他伟大如山；面对儿子，他父爱如山。他是一位好支书，是一位好父亲，也是一个一撇一捺、顶天立地的中国人。小说的环境、情节、人物都是为了在读者心中立"人"，凸显主人公的品质如"山"。

(三)匠心独运：本文独特解读

除三要素外，本文又是一篇微型小说，其独特性体现在：篇幅短，语言精，情感浓，结尾出人意料。这些独特性决定了其教学价值的不可替代性，应是教师进行文本教学解读时需要特别关注的，否则，它所蕴含的特殊教学价值便难以彰显。本文的独特教学价值可总结为以下三点：

第一，特殊的语言形式。主要表现为：短句，独词成句，独句成段。教师需要引导学生有感情地读好短句，体会短句的特殊表达效果。

第二，意外的故事结尾。文章最后才交代老支书和小伙子是父子关系，既出人意料，又在情理之中。教师需要引导学生品读结尾的耐人寻味之处。

第三，浓烈的情感表达。此文体现了生与死的抉择，越是危急，越显真情。教师需要引导学生体会老支书伟大神圣的灵魂。

二、学情分析

(一)知识基础

1. 六年级的学生已初步掌握一定的阅读方法，如概括文章内容、联系上下文、抓住关键词等。四年级下册学过的《"诺曼底号"遇难记》与本文有相似性，已为本课学习奠定了基础。

2. 学生很少接触微型小说，对于小说的文体特征以及该如何进行阅读，尚不太了解。

(二)能力水平

1. 学生对叙事性作品内容和人物形象具备一定把握能力。

2. 学生对品读出人物形象的丰富性、作品主题的深度等能力有限。

3. 学生换位思考、联系生活经验思考、联想想象等能力都有限，在对桥的深层含义的把握、领会老汉的优良品质等方面有一点难度，需要导之以行。

(三)情感态度

1. 六年级的学生情感逐渐丰富，开始内化自我道德判断，但仍不够全面和成熟。

2. 学生对小说这类文体表现出很大的兴趣，态度十分积极。

三、学习活动设计

【学习目标】

1. 通过教师范读、学生自读，全体学生都能够有感情地朗读课文，尤其是短句。

2. 能抓住人物语言、神态、动作描写，体会老汉镇定、伟大的人物形象。(重点)

3. 了解小说体裁特点，感悟环境描写对人物塑造的作用，以及巧设悬念的表达效果。(难点)

4. 领悟"桥"的深层含义，动之以情，导之以行，做如老汉般大写的中国人。(难点)

【教学方法】

教学中采取引生入境、感悟体会的方法引导学生实现与文本的对话，并引导学生通过自读自悟、换位思考、小组讨论等方法感悟文章中心，体会人物思想，领悟文章写法，做到依文而教，反复朗读，情景交融；适时点拨，联系生活，通人达情。教学方法主要有以下三种：

第一，情境教学法。视频再现情境，音乐渲染情境，语言描绘情境。在感受环境危急这一环节，播放洪水视频，配上琵琶背景乐，教师进行范读。通过营造情境，让学生感受气氛的紧张，并鼓励学生说出感受。

第二，小组讨论法。学生以小组为单位展开讨论，引导学生善于通过合作学习解决阅读中的问题，以集体的力量迸出思维的火花。

第三，自我探究法。不要以集体讨论和教师模块分析来代替学生个人阅读，教师明晰问题导向，让学生自读自悟，联系文本与生活经验，适时点拨和总结。

【学习过程】

整体思路：《桥》第二课时的教学设计关注小说三要素：人物、环境、情节，以"人"为主线，以"老汉是什么样的人"为主要问题，旁逸斜出点明环境描写与情节设计对人物刻画的衬托作用，循序渐进，环环相扣，最终在学生心中"立人"。

板块一：温故知新，导入新课

1. 回顾

小说三要素：人物、环境、情节。

2. 提问

谁能来回顾这篇小说的情节呢？

（评价点：流利、完整、简洁、生动）

3. 复习

以思维导图的形式共同复习。首先山洪暴发，村民逃生；其次老汉指挥，有序过桥；再次老汉揪出小伙，群众先走；最后桥塌人亡，父子牺牲。

4. 过渡

（展示课文插图）小说虽短，但情节扣人心弦。今天让我们再次走进《桥》，走进洪水肆虐的村庄，走近清瘦如山的老汉。（板书：桥）

【设计意图】一方面，让学生用自己的话讲故事，再以思维导图（如图 8-1 所示）的形式复习巩固，既可以培养学生的语言表达能力，也能培养学生对文本的逻辑概括能力，两者皆为小学中、高年段的阅读训练重点。另一方面，关注课文插图（如图 8-2 所示），以图过渡，以图入境，创造性地使用教材。

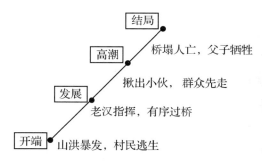

图 8-1 《桥》情节线索

图 8-2 《桥》教材插图

板块二：聚焦山洪，情景交融

第一步　找出句子，说出感想

1. 提问

自由朗读，用横线画出描写暴雨洪水的句子。

2. 预设

鼓励发言，进行补充，找全8处。

黎明的时候，雨突然大了。像泼。像倒。

山洪咆哮着，像一群受惊的野马，从山谷里狂奔而来，势不可当。

近一米高的洪水已经在路面上跳舞了。

死亡在洪水的狞笑声中逼近。

水渐渐蹿上来，放肆地舔着人们的腰。

水，爬上了老汉的胸膛。

小伙子被洪水吞没了。

一片白茫茫的世界。

3. 范读

配上视频和音乐，教师范读这些句子，营造情境。

4. 引导

同学们，你最大的感受是什么？

预设1：山洪好恐怖啊，好像朝自己涌来，它在咆哮。

预设2：感受到豆大的雨点就拍在自己脸上，太可怕了。

（评价点：抓住关键词，展开联想；结合生活经验和具体情境来阐述感想）

【设计意图】品读环境描写时，先让学生找出句子说说感想，符合学生的水平，易于达到。运用李吉林老师的情境教学法，同时利用现代媒体技术，播放洪水袭来的视频，配上琵琶背景乐，再加上教师的范读，让学生一下子进入课文情境，感受气氛紧张、情况危急，为引出"人"奠定心理基础。

第二步　边读边思，体会写法

1. 提问

再读，边读边思，作者是怎样写的？有何妙处？

预设1：句子都很短，"像泼。像倒。"竟都只有两个字。

点拨1：这叫短句。独词成句，独句成段，是本文最与众不同的表达特色。短句虽短，但简洁、清晰而有力。

预设2：采用拟人和比喻，比如"像一群受惊的野马""跳舞""笑"，等等。

点拨2：修辞手法的运用，既生动形象，同时也写出了洪水的肆无忌惮和当时情况的无比危急。

2. 生读

谁来读读这些句子？（生自读、小组读、全班读）

适时评价与点拨：读好短句，读好停顿、轻重、缓急，读出气势。

【设计意图】指向本课朗读训练的重点是有感情地朗读短句。首先要明确短句特点，然后明晰朗读要求，最后在情境中促读。设计学生自读、教师范读、学生再读、全班共读，从而形成一个闭环。

第三步　小组讨论，环境作用

1. 引导：全文只有几百字，最少一段仅有 7 字。写好人物与情节已经不易，为何要花这么多笔墨来写环境呢？小组之间相互讨论讨论。

预设 1：正因为洪水、暴雨来了，才会发生后面的故事。

点拨 1：环境的描写推动了故事情节的发展。

预设 2：洪水越是凶猛、危险，越能表现老支书的勇敢。

点拨 2：环境的描写更能突出人物的形象。

2. 总结：文中 8 处写水，从洪水涨，到洪水变，到洪水退，全文见"水"，推动情节发展，渲染紧张气氛；又突出情况危急，衬托人物形象，让人如临其境，如闻其声！

【设计意图】关注小说文体特点和课后习题指向，探讨环境描写对小说情节发展和人物塑造的重要性。不是教师单方面讲授，而是先让学生发散思维、小组讨论、形成观点后，教师再进行阅读的指导、引领和点拨。

板块三：走近老汉，感悟如山

提问：（主问题）同学们，你觉得这是一位怎样的老支书呢？默读课文第七到第二十二小节，找出描写老汉动作、语言、神态的句子，边读边想，并写下你的感想。

【设计意图】学生怎么读课文，是自由朗读还是默读抑或是浏览等，小小的引导细节也应蕴藏教师的设计。应根据文本特点、学生学段特征、课标要求等来选择恰当的形式。设计"默读"，不仅是课标对高年段的阅读要求，而且有助于学生静下心来更加深入地思考这一重要问题。

1. 第一层：神态镇定如山

预设 1：第八段的神态描写："老汉清瘦的脸上淌着雨水。他不说话，盯着乱哄哄的人们。他像一座山。"其他人乱哄哄，只有老汉沉着冷静，让人敬佩。

点拨 1：动与静形成鲜明的对比。周围的一切都在动，水在蹿，人在逃，唯有老支书岿然不动、镇定如山、目光坚定，让村民看着定心，因为老支书就是他们最信赖的靠山。

2. 第二层：语言伟大如山

预设 2：第十段的语言描写："桥窄！排成一队，不要挤！党员排在后边！"可以看出老支书坚定果断，引领大家有序过桥。

点拨2：最先到达桥边的老支书却迟迟不愿过桥。明明生的希望就在眼前，却让群众先走，这是一位多么伟大无私的好支书。（板书：好支书）

读一读：同学们读读这三句。

适时评价与点拨：三句，三个感叹号，层层递进。时间就是生命，秩序就是希望。声音要从桥头穿到桥尾，在人群中散开来。

3. 第三层：动作辩父爱如山

预设3：第十五段的动作描写："老汉突然冲上前，从队伍里揪出一个小伙子，吼道：'你还算是个党员吗？排到后面去!'"即便是自己的儿子，老支书也要把他揪出来。他不徇私情，公平公正，令人十分钦佩。

点拨3：这一"冲"二"揪"三"吼"，简单连续的动作，让我们看到了一位伟大如山的好支书，也让我们看到了一位铁面无私的父亲。

辩一辩：老汉真的狠心无情吗？你觉得他是无情还是有情？

（评价点：结合下文情节和关键词，有理有据；结合生活实际换位思考，有情有义）

总结：这一"揪"一"推"，看似矛盾，实则统一，既塑造了如山般镇定、伟大的好支书，也塑造了父爱如山、教子做人的好父亲。（板书：好父亲）

【设计意图】一方面，从"揪"这一动作，有些学生或许会感觉老汉是一位狠心无情的父亲，这是学生自然容易产生的困惑，教师备课时却往往容易忽略。对此，课堂上不能一笔带过，硬照设计流程走，而是要有问题意识，注重生成性问题的利用和解决。另一方面，解读"人"，体会人物形象，回答"这是一位怎样的老支书"这一问题，这是本节课的重难点。教师以任务驱动学生自主学习，设计"圈一圈""读一读""辩一辩"学习任务，借助活动，启发思考。同时呼应新课标对小学第三学段的学业质量要求"通过圈点、批注等多种方法记录自己的阅读感受与体验，并主动与他人分享"。在此过程中，通过学生自主探究，教师适当点拨，使学生的感性认识上升到理性的层面，进而升华感情，加深对文本的理解，提升学生感受形象、体验情感、品味语言的能力。

板块四：品读结尾，耐人寻味

1. 引导

这篇微型小说匠心独具，小说的结尾更是耐人寻味。同学们，回头想想，当你第一次读到结尾时，你有什么感想？

预设：感到出乎意料，原来他们是父子，心更被揪了一下。

2. 追问

小说为什么到最后才点明父子俩的关系？分小组进行讨论。

预设1：作者是在设置悬念，让我们觉得出乎意料。

评价1：从读者心理来分析，真不错!

预设2：这一结尾能让故事情节一波三折，耐人寻味，还更突出了老汉的伟大无私。

评价2：从小说三要素来分析，活学又活用，为你点赞！

3. 总结

这一结尾既在意料之外，又在情理之中，可谓字字悲壮，句句震撼！

4. 回读

让我们再来读一遍结尾吧！（感悟耐人寻味，加重情感浓度）

五天以后，洪水退了。

一个老太太，被人搀扶着，来这里祭奠。

她来祭奠两个人。

她丈夫和她儿子。

【设计意图】第一，品读结尾，再次品读"人"。这篇小说巧设悬念，结尾新奇，既在意料之外又在情理之中。教师若能引导学生体会到这一点，则会激发学生的阅读热情与兴趣，使学生课后自主阅读更多的经典小说，把课内所学延伸至课外，做学生阅读的摆渡人，让学生成长为课标所说的"主动的阅读者、积极的分享者和有创意的表达者"。第二，教学设计中的评价只是预设的评价，在实际课堂上，更要关注学生的真实回答，基于学生回答有针对性地进行评价，注重形成性评价以及生成性问题的解决和利用，因材施教，有的放矢。同时，课上不仅是老师评，而且应注重学生自评和生生互评，让评价主体多元化，评价方式多样化。

板块五：延展祭奠，再度释桥

1. 解字

结尾处提到了两次"祭奠"，同学们知道"祭奠"的含义吗？

"祭"，左上部是月（牲肉），右上部是又（手），下部是示（祭桌），表示以手持肉献于祭桌上来追悼。

"奠"，是象形字，甲骨文像祭台上置放的酒杯。

村民们纷纷来此祭奠，表达对老支书崇高的敬意和哀思。

2. 延展

我国现代诗人臧克家在诗歌《有的人》中写道："有的人活着，他已经死了；有的人死了，他还活着……他活着别人就不能活的人，他的下场可以看到；他活着为了多数人更好地活着的人，群众把他抬举得很高，很高。"

3. 释桥

一年之后，新桥建成，村民们想以老支书的故事来为此桥命名，你有什么好点子吗？开动你们的脑筋，同桌之间可以相互交流分享。

预设1："希望桥"——因为在灾难来临时，桥是村民们唯一的希望，同时也是老支书的镇定无私给村民们带来了生的希望。

预设2："生命桥"——因为在桥上老支书和儿子丧失了生命，却换取了更多的生命，这座桥是生与死的连接。

预设 3："父子桥"——因为老支书不仅是儿子之父，而且是百姓之父。

【设计意图】第一，由结尾的"祭奠"自然引入解字这一环节，不仅让学生感悟汉字的博大精深，而且紧扣主题，延展"祭奠"，让学生真正心有所触。第二，引用名篇，适度拓展。《有的人》的思想深度、精神境界与本文主旨高度契合。第三，设置新桥取名的情境，让学生挖掘题目的深意，一方面，可以使学生领会题目的精妙之处，另一方面，可以帮助学生把握文章的中心思想，了解作者的写作意图，升华情感，升华"人"。

板块六：走进生活，续编故事

1. 主题

同学们，让我们一起走出《桥》，走进生活。回顾本单元的导语："小说大多是虚构的，却又有生活的影子。"

2. 升华

通过本节课的学习，我们知道了老汉是一位好支书，也是一位好父亲，更是一个一撇一捺、顶天立地的中国人。（板书：人）

3. 融情

每当重大灾难来临之时，我们总能和这些镇定如山、伟大的中国人相逢。比如在疫情肆虐之际，无数如老支书般的逆行者，为我们扛起了责任之山，架起了生命之桥，也撑起了咱们中华民族的脊梁！

4. 作业：同学们，假如你也是其中的一名"逆行者"，或是医生，或是护士，或是警察，或是志愿者……在你身上会发生怎样的故事呢？发挥想象，创编你的"逆行"故事，期待你的妙笔生花！

【设计意图】作业的设计紧扣单元人文主题和语文要素。创编故事既回环目标，强化反思，延展生活，切实可行，让学生得法后用法；同时又紧密联系时代，立德树人，动之以情，导之以行，为学生树立榜样，做一撇一捺的中国人，回归"人"！

【板书设计】（见图 8-3）

图 8-3　板书设计

【设计意图】老汉是多重身份和多种品质的统一体：既是一位好支书，又是一位好父亲，更是一个一撇一捺、顶天立地的中国人。板书顺序也是教学的内在逻辑，循序渐进，层层感知，环环相扣，最终落于"人"。同时，课文原话"他像一座山"给予了设计灵感。板书造型如"山"，与老汉的人物品质紧密相关：镇定如山、父爱如山。

章后练习

1. 小学语文小说文本教学解读时，如何进行"三大要素，深层切入"的关系式解读？

2. 小学语文小说文本学习活动设计可以运用哪些策略？结合相关课例阐释。

3. 在《桥》一课中，如何引导学生体会老汉这一人物形象？

4. 尝试以《穷人》（六年级上册）为例，进行文本教学解读及学习活动设计。

延伸阅读

1. 王先霈：《小说技巧探赏》，成都，四川文艺出版社，1986。

2. 刘俐俐：《中国现代经典短篇小说文本分析》，北京，北京大学出版社，2006。

3. 孙绍振，孙彦君：《文学文本解读学》，北京，北京大学出版社，2015。

4. 孙双金《小英雄雨来》（四年级下册）教学实录。

5. 王崧舟《草船借箭》（五年级上册）教学实录。

6. 张祖庆《穷人》（六年级上册）教学实录。

第九章

科学文艺文体教学
分析与学习活动设计

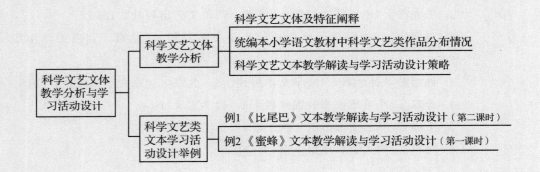

科学文艺文体教学分析与学习活动设计
- 科学文艺文体教学分析
  - 科学文艺文体及特征阐释
  - 统编本小学语文教材中科学文艺类作品分布情况
  - 科学文艺文本教学解读与学习活动设计策略
- 科学文艺类文本学习活动设计举例
  - 例1《比尾巴》文本教学解读与学习活动设计（第二课时）
  - 例2《蜜蜂》文本教学解读与学习活动设计（第一课时）

　　科学文艺是科学与文艺的有机结合，儿童从中既可以得到科学的启迪，又能获得艺术的熏陶。儿童科学文艺的基本特征主要表现在以下三大方面：科学性和文艺性的统一、客观性与幻想性的统一、思想性与趣味性的统一。统编本小学语文教材共选入73篇儿童科学文艺类文本，涵盖各个年级。科学文艺文本教学解读与学习活动设计策略包含以下三大方面：立足文体特点，解密文本结构；感受文化底蕴，体会科学精神；学习语言表达，归根语言实践，从而让学生在科学文艺作品的学习中获得科学思维和语文素养的双向提升。

第一节
科学文艺文体教学分析

一、科学文艺文体及特征阐释

(一)科学文艺与儿童科学文艺的内涵

　　科学文艺是指用文学的手法来描写科学、表现科学、普及科学的文学作品的总称。其中适合儿童阅读和欣赏的那一部分，便是儿童科学文艺。编入统编本小学语文教材中的科学文艺类作品，因其面向儿童，以小学生作为接受对象，故而皆可归入儿童科学文艺的范畴。

　　儿童科学文艺借助儿童喜爱的文学表现形式向儿童传递科学知识、科学方法和科学精神，它既不同于一般文学作品，也有别于采用理论论述、逻辑推理等抽象概括方法介绍知识的科普读物。它把具体的科学内容形象生动地表现出来，是科学与文艺的有机结合，儿童既可以从中得到科学的启迪，又能获得艺术的享受。

(二)儿童科学文艺的类别

　　儿童科学文艺作为一种特殊的儿童文学种类，当它与其他儿童文学体裁相交叉时，便形成了种类繁多的体裁形式，主要有科学童话、儿童科学幻想小说、儿童科学诗、科学小品、儿童科学故事、科学寓言等。

1. 科学童话

科学童话又称知识童话或自然童话，是用童话的形式来表现科学现象、讲述科学知识的作品。因此，科学童话的基本特征是优美的童话、幻想奇妙的艺术夸张和真实的科学发展的完美组合，在引人入胜的童话情境中，渗透科学知识及科学发展历程的描述。科学童话的主要阅读对象是学龄前期及学龄初期的儿童，因而它的知识内容比较浅显，情节结构也较为单纯明了。统编本小学语文教材低学段所涉科学文艺类作品，有不少都是以科学童话的形式呈现的。

2. 儿童科学幻想小说

儿童科学幻想小说是运用幻想手法描绘科学发展远景和人类探索大自然奥秘的小说。它以小说的形式承载科学幻想的内容。这类作品具有科学的、幻想的、小说的三要素，其科学的精神、幻想的素质有别于一般的小说。儿童科学幻想小说能为读者提供某些科学知识，但它的功能更在于提出富有启发性的科学预想，以及启迪智慧、促进科学思维、传播科学的人生观和宇宙观，鼓舞儿童对未来世界进行科学探索，有些作品甚至成为科学发明的前导。儿童科学幻想小说往往还具有思想性和社会性，对于启发小读者思考社会和人生问题具有积极的意义。

3. 儿童科学诗

儿童科学诗是以优美凝练的诗句来描写和表现科学内容，以丰富的情感将科学知识融入诗歌意境的作品。

儿童科学诗遵循儿童诗歌创作的一般规律，有浓郁的诗情、优美的意境、精练的语言，并且讲求节奏和韵律。但它又不同于一般的诗歌。它必须以科学为内容，所涉及的科学知识和原理，都有高度的科学性。

4. 科学小品

科学小品又称知识小品、自然小品，是指只写科学知识的某一个方面或科学发展的某一个侧面，内容精当、结构自由、篇幅短小的科学散文，即简洁明快地介绍科学知识、传播科学思想和科学方法的小文章。科学小品立意新颖，作品往往没有幻想或虚构的成分，不设置曲折动人的情节，也不刻画人物形象，然而它以小见大、雅俗共赏，具有独特的魅力。统编本小学语文教材到了中、高学段，科学小品类课文占据了明显优势。

5. 儿童科学故事

儿童科学故事用故事的形式讲述科学技术方面的各种知识。其内容多种多样，包括科学技术上的发现、发明、发展，以及常见的自然现象中的科学道理、动植物的特点、科学家的故事等。

好的科学故事，既要有动人的故事情节，又要有鲜明的人物形象。通过人物的活动和情节的发展来传播科学知识。

6. 科学寓言

科学寓言也称知识寓言，是指运用寓言的形式，概括地、生动地表现科学知识的内容，并由此表达一定的教诲、训诫意义的作品。它的特征是严谨的科学性、生动的形象性与深邃的哲理性的高度统一。

(三)儿童科学文艺的基本特征

儿童科学文艺体裁多样，各类体裁都有自身的文体属性。但它们又具有某些共同的特征，主要表现在：

1. 科学性和文艺性的统一

科学性，是指儿童科学文艺以科学为依据，反映事物自身的特点，揭示事物的本质及事物之间关系的规律的特性。其涉及的科学知识应准确无误。文艺性，是儿童科学文艺的本质属性，是传播科学知识的有效手段。它将抽象的概念变成具体的形象，把一些枯燥板滞的事物表现得饶有情趣，将一些深奥难解的道理说得通俗浅显，让小读者在受到科学启迪的同时获得审美的愉悦，并激发他们探求世界奥秘的兴趣。

儿童科学文艺是科学与文艺相结合的产物。它既不能忽视科学内容的正确性，否则就会混同于一般文艺作品；又不能忽视文本的形象性、生动性，否则就会失去文艺的特性，而与一般的科学论文、科普读物相混同。

2. 客观性与幻想性的统一

儿童科学文艺的客观性指的是在重视作品的艺术表现的同时，应该尊重科学事实，客观地分析、描绘科学内容，塑造文学形象。幻想性是作家艺术感觉审美活动所表现的一个重要因素。作家的创作活动，由感觉而产生体验，由体验而生发艺术想象，由此进入艺术构思。感觉要是不能同时伴随幻想，作品就失去了鲜活的生命力。幻想性虽然是使科学文艺作品具有超前性和奇幻色彩的有效手段，但是其依然基于客观性原则进行创作。

3. 思想性与趣味性的统一

科学文艺作品描写科学的现在和未来，作者赋予了作品深刻的思想内涵。它或表现一种哲理，或说明一种事物，或颂扬一种精神。但是，科学文艺的思想性并非强加的政治说教，也不是简单地联系时事，而是密切结合科学内容来艺术地表达。

儿童科学文艺的科学性、文艺性、客观性、幻想性、思想性和趣味性，是有机结合的整体，不能孤立地去理解。

二、统编本小学语文教材中科学文艺类作品分布情况

本章从广义层面界定儿童科学文艺的范畴，以蕴含科学知识与否为直接依据判断

具体作品是否属于科学文艺类文本。如表 9-1 所示，它统计了统编本小学语文教材中科学文艺类作品的数量（含课文文本与非课文文本）。

表 9-1　统编本小学语文教材中科学文艺类作品分布数量表

	一年级	二年级	三年级	四年级	五年级	六年级
上册	5	11	6	4	6	4
下册	3	10	9	4	7	3
总计	8	21	15	8	13	7

通过对统编本小学语文教材选文情况的梳理可以发现，科学文艺类作品在教材中的数量是相当可观的。六个年级十二册教材中都有相应的作品入选，其中二年级、三年级、五年级教材选入量都达到 10 篇。

如表 9-2 所示，其呈现了统编本小学语文十二册教材中科学文艺类作品的具体篇目、分布以及体裁信息。

表 9-2　统编本小学语文教材科学文艺类作品选文情况一览表

教材	篇目	体裁
一年级上册	《影子》、《比尾巴》、《谁会飞》（和大人一起读）	科学诗
	《乌鸦喝水》	科学寓言
	《小蜗牛》	科学童话
一年级下册	《要下雨了》、《棉花姑娘》、《小壁虎借尾巴》	科学童话
二年级上册	《小蝌蚪找妈妈》、《企鹅寄冰》（我爱阅读）、《雾在哪里》、《我是什么》、《雪孩子》、《风娃娃》	科学童话
	《植物妈妈有办法》、《树之歌》、《田家四季歌》、《十二月花名歌》（我爱阅读）	科学诗
	《鲁班造锯》（我爱阅读）	科学故事
二年级下册	《小柳树和小枣树》、《李时珍》（我爱阅读）、《最大的"书"》（我爱阅读）	科学故事
	《要是你在野外迷了路》	科学诗
	《寓言二则》（《揠苗助长》）	科学寓言
	《雷雨》、《太空生活趣事多》	科学小品
	《大象的耳朵》、《月亮姑娘做衣裳》（我爱阅读）	科学童话
	《小毛虫》	科学寓言
三年级上册	《秋天的雨》、《搭船的鸟》、《金色的草地》、《大自然的声音》	科学小品
	《在牛肚子里旅行》、《小狗学叫》	科学童话
三年级下册	《昆虫备忘录》、《海底世界》、《花钟》、《蜜蜂》、《小虾》、《我们奇妙的世界》、《纸的发明》、《赵州桥》、《一幅名扬中外的画》	科学小品

续表

教材	篇目	体裁
四年级上册	《爬山虎的脚》、《蟋蟀的住宅》、《夜间飞行的秘密》、《呼风唤雨的世纪》	科学小品
四年级下册	《飞向蓝天的恐龙》、《纳米技术就在我们身边》、《千年圆梦在今朝》、《琥珀》	科学小品
五年级上册	《什么比猎豹的速度更快》、《太阳》、《鲸》(习作例文)、《风向袋的制作》(习作例文)、《圆明园的毁灭》、《松鼠》	科学小品
五年级下册	《自相矛盾》、《田忌赛马》	科学寓言
	《威尼斯的小艇》、《牧场之国》、《金字塔》	科学小品
	《童年的发现》	科学故事
	《手指》	科学小品
六年级上册	《宇宙生命之谜》、《只有一个地球》、《故宫博物院》、《竹节人》	科学小品
六年级下册	《表里的生物》	科学故事
	《真理诞生于一百个问号之后》	科学小品
	《他们那时候多有趣啊》	科幻小说

从篇目分布来看，一年级到六年级的各册教材中都有儿童科学文艺类选文。这些作品多数是以课文形式出现的，有些是编入"和大人一起读"或"我爱阅读"板块，也有个别是以习作例文形式呈现的。教材中以课文形式编排的儿童科学文艺类选文，既有精读课文，也有略读课文。

从体裁上看，低学段和中、高学段的选文体裁偏向不同。在低学段，科学文艺类作品主要以科学诗、科学童话、科学故事这些体裁类型呈现。而在中、高学段，教材选取的科学文艺类作品中，科学小品占了较大的比重，这和《义务教育语文课程标准（2022 年版）》对高学段学生学习说明文所做出的要求相呼应。《义务教育语文课程标准（2022 年版）》对第三学段"阅读与鉴赏"明确要求："阅读说明性文章，能抓住要点，了解文章的基本说明方法。阅读简单的非连续性文本，能从图文等组合材料中找出有价值的信息。"[1]同时，《义务教育语文课程标准（2022 年版）》还对第三学段"思辨性阅读与表达"学习任务群的内容作出规定："阅读有关科学发现、技术发明的故事，用画思维导图等方式辅助，简洁清楚地表述科学家发现、发明的过程，学习科学家的创造精神，体会猜想、验证、推理等思维方法。"[2]并在"整本书阅读"学习任务群中推荐如《十万个

[1]　中华人民共和国教育部：《义务教育语文课程标准（2022 年版）》，12 页，北京，北京师范大学出版社，2022。

[2]　同上书，30 页。

为什么》《海底两万里》等科普、科幻方面的优秀作品。① 科学小品文作为科学知识、科学精神与说明方法相结合的文本载体，是实现《义务教育语文课程标准（2022 年版）》中对于此类文本的学段目标要求的必需材料。

从题材上看，统编本小学语文教材选取的科学文艺类作品所涉及的科学知识主要有两大类：自然科学知识和社会科学知识。其中低学段以向学生传递自然科学知识为主，如一年级下册的科普童话《棉花姑娘》，向学生普及了有关益虫的作用和重要性的科学知识。这既符合小学生的认知水平和知识积累的规律，贴近儿童生活，也符合《义务教育语文课程标准（2022 年版）》中培养学生关心自然和生命的态度的要求。中、高学段则增加了包含历史、文化等社会科学知识的选文，如《圆明园的毁灭》。这主要是基于中、高学段学生知识储备、理解能力和文化素养的提升，考虑到可以加强文化传承方面的教育。另外，其思维品质也在不断发展，因而包含思维品质和科学态度内容的课文在高年级也有所增加。

三、科学文艺文本教学解读与学习活动设计策略

（一）立足文体特点，解密文本结构

文无体不立，教无体不灵。小学科学文艺类文本的教学首先要依据科学文艺自身的文体特点，确定相应的学习目标和内容，采取适应的学习策略和方法。因为科学文艺类作品承载着传播科学知识、弘扬科学精神的使命，具有科学性、艺术性、客观性、幻想性、思想性和趣味性，所以在解读教材以及设计学习活动的过程中，要立足科学文艺的文本特点。

首先应当体认科学文艺作品的科学性。这种科学性主要体现在准确性和严谨性中。准确性是强调科学文艺在描摹其说明对象时没有偏差，而非强调"对"与"错"；严谨性是指在介绍说明对象特点时不能违背科学，要遵从事物本身的规律和特点，严密地说明。

如统编本小学语文三年级下册《蜜蜂》一文，出自法国著名昆虫学家法布尔之手，是一篇通俗易懂的科学小品文。科学小品文也称知识小品文或文艺性说明文。它用小品文的笔调，即借助某些文学写作手法，将科学内容生动、形象地表达出来，通常短小精悍、通俗易懂，语言丰富多彩。读这类文章，能够活跃思维、丰富见识、开阔视野。《蜜蜂》一文以"蜜蜂有辨认方向的能力"为切入口，作者半信半疑的态度促使他做了个实验，接着详细写出了自己做实验的过程，最终得出结论：蜜蜂之所以能准确无

---

① 中华人民共和国教育部：《义务教育语文课程标准（2022 年版）》，32 页，北京，北京师范大学出版社，2022。

误地回家，靠的不是超常的记忆力，而是一种无法解释的本能。从行文结构来说，实验的原因、过程和结论三个部分都非常科学、严谨；从实验的过程来说，实验的设计、实施体现了科学性；从文章的表达来说，其语言也体现了精准、严谨的特点。比如"二十只左右被闷了好久的蜜蜂向四面飞散，好像在寻找回家的方向"一句中，看似简单而且容易被学生忽略的是"二十只左右"，为什么要加上"左右"，包括后半句话中的"好像"一词，更增加了表达的不确定性。如果教师不引导学生关注这样的用词，那么学生必然会忽略。尽管"左右"是概数，好似不够明确，但是实事求是，体现了作者表达的科学、严谨。

其次，应当品味科学文艺作品的文艺性。科学文艺在表现科学、反映科学的同时，也充分顾及了读者的阅读兴趣与接受心理。因为科学知识往往抽象艰深，要普及更多读者，尤其是知识积累、理解能力都比较有限的小学生，就必须善于运用生动有趣、朴实无华的语言将复杂的知识或道理简单化、通俗化。

如统编本小学语文教材五年级上册《松鼠》，文章开头有这样一段描述："松鼠是一种漂亮的小动物，乖巧，驯良，很讨人喜欢。它们面容清秀，眼睛闪闪发亮，身体矫健，四肢轻快。玲珑的小面孔，衬上一条帽缨形的美丽尾巴，显得格外漂亮。它们的尾巴老是翘起来，一直翘到头上，自己就躲在尾巴底下歇凉。"若参以《中国大百科全书》(第二版)中的"松鼠"条目："松鼠体形细长，体长 17～26 厘米，尾长 15～21 厘米，体重 300～400 克。"对比两种表达方式可见，《松鼠》一文的作者在介绍松鼠这种小动物时，不是像《中国大百科全书》(第二版)那样将松鼠的特点直接告诉读者，而是运用各种描写手段以及修辞方法形象生动地介绍了这种小动物的长相、性格、习性等。尤其是作者对松鼠尾巴的介绍，就更显得既形象，又能让人喜爱。"帽缨形"一词，写出了松鼠尾巴的长度和蓬松状，让读者很容易联想到松鼠尾巴的样子；同时，作者又对松鼠的尾巴进行了动态的描写，表现了它的样子和用途，这样，文章就显得更加生动了。再比如，《蜜蜂》一文的语言既精准、严谨，又富有生动性、趣味性。如文中写到，当"我"跨进家门时，"小女儿就冲过来，脸红红的，看上去很激动"，以及对小女儿"高声喊道"的语言描写，跟"我"的推测构成截然的反差，既生动、形象，又增加了阅读的趣味性。

总之，科学性与文艺性是科学文艺类作品的两个基本属性，二者是一体两面的关系，相互交融，不可分割。比如对于在小学低学段出现较多的科学童话，教师在进行文本解读与学习活动设计的时候，应充分认识到，科学童话是以科学知识为主要内容的童话，它要普及一定的科学知识，通过这些知识内容启迪儿童的智慧。科学童话既具有语言美、想象美、象征美等童话审美特征；同时它还闪耀着独特而鲜明的知性美、求真美。在文本解读与教学时，要将作品中所体现的科学性和文艺性统合起来，并潜移默化地渗透到学生的阅读与鉴赏活动之中。当教学其他类型的科学文艺作品时，教师也必须从文本自身的特点出发，同时关注科学性和文艺性。

（二）感受文化底蕴，体会科学精神

不同的科学文艺作品具有不同的内容主题和文化内涵。笔者梳理了统编本小学语文教材所涉及科学文艺类作品的内容主题，大致可概括为热爱自然、阐明事理、传承文化、思考未来等几种类型。

例如，《小蜗牛》《要下雨了》《爬山虎的脚》《蟋蟀的住宅》等科学文艺类作品指向小学生要通过阅读与鉴赏活动感受大自然的神圣、美丽，产生探索的好奇心，落实到热爱自然、尊重自然以及与自然和谐相处的行动上；《揠苗助长》《真理诞生于一百个问号之后》等作品通过严谨的阐述，展现求真求实的科学精神；《金字塔》《故宫博物院》等作品则展示了古今中外人类的科学技术成就，以树立人类的文化自信；《宇宙生命之谜》《只有一个地球》《他们那时候多有趣啊》等文章还引导学生关注现实、探索未来。随着人类科学技术的进步，其实很多作品中的"幻想"已渐渐成了现实。比如，凡尔纳科幻小说里的不少设想，像潜水艇、热气球、摩天大楼、海底漫步、地心探险、绕月飞行等，在当时曾被视为痴人说梦，后来却一件件成为现实。在实际教学中，教师应注重通过科学文艺作品的熏陶，让学生充分感受其独特的文化底蕴。

学生在感受科学文艺作品的文化底蕴的同时，也要能领会作品中体现的科学精神。科学精神的内涵是丰富的，对于小学生而言，科学精神应包括：对新事物的好奇心、刨根究底的探索欲、创新精神和实事求是的科学态度等。教师需以科学精神的视角解读文本。首先，以科学精神的视角明晰行文线索。如在解读统编本小学语文教材六年级下册《表里的生物》一文时，抓住文中多次出现的表示时间的词语，如"小时候""一天""许多天""以后""后来"，体会随着时间的推移，"我"的心理和心情所产生的变化。其次，以科学精神的视角品味人物形象。如《表里的生物》中，"我"对父亲的怀表从疑惑、好奇、猜测，到最后证实了自己的猜想，这个过程是"我"极具刨根究底的探索欲的表现，如果仅仅关注"我"最后是靠想象解答自己的疑惑，那么学生会认为这是一个毫无道理、充满幻想的人物形象；相反，结合"我"当时是一个小孩的身份，再依据文章开头就提出的孩提时代的"我"根据自己的观察所得：凡是能发出声音的都是活的生物，像钟一类没有生命的事物想要发出声音就必须得到人的帮助，那为什么父亲的怀表会发出声音呢？接着写出自己所思所想的求证过程，"我"的探究思路其实是合情合理的，又与儿童的身份相吻合，学生从中能够品味到一个好奇心强、观察力强且有强烈探索欲的儿童形象。

（三）学习语言表达，归根语言实践

《义务教育语文课程标准（2022）年版》强调："语文课程应引导学生热爱国家通用语

言文字，在真实的语言运用情境中，通过积极的语言实践，积累语言经验，体会语言文字的特点和运用规律，培养语言文字运用能力。"①教学科学文艺类作品，教师应引导学生感受文本的语言魅力，并有意识地运用到语言实践当中。

1. 用严谨、科学的语言表达得更清晰、更准确

科学文艺类作品的语言严谨、科学，教师引导学生重点关注并学习运用这样的语言，可以帮助学生表达得更清晰、更准确。

如统编本小学语文教材六年级上册《宇宙生命之谜》一文中，有这样一段话："木星、土星、天王星和海王星离太阳很远，它们的表面温度，一般都低于－140℃，因此，也不可能有生命存在。"学生通过课前查阅资料或教师引导发现，木星、土星、天王星和海王星表面温度都很低，尤其是海王星，表面温度有时会低至－224℃（1989年监测数据），甚至更低，所以作者使用了"一般"一词，说明真实情况可能会更低，体现了作者用词的严谨、准确。学生在表达时，遇到自己不太了解或者限于目前的科技水平无法彻底表述清晰的情况，学会使用"大概""也许""左右""可能"这样的词语，可以增加语言表达的严谨性、准确性。

除了使用表示猜测、估计等限制性、修饰性的词语之外，还可以使用恰当的说明方法让语言表达得更清晰、更准确。

如《故宫博物院》中介绍太和殿的句子："太和殿俗称金銮殿，高二十八米，面积两千三百八十多平方米，是故宫最大的殿堂。"作者为了让读者能够直观地体会到太和殿的高大、宽敞，使用了具体、实在的数字，并且使用了诠释说明的方法：太和殿俗称金銮殿，是故宫最大的殿堂。通过学习科学文艺作品中列数字、作诠释、分类别、下定义、打比方、作比较等说明方法，学生可以有意识地模仿运用到自己的语言表达之中。

此外，合理地使用科学术语也会使学生的表达更清晰、准确。在统编本小学语文教材六年级下册《真理诞生于一百个问号之后》一文中，作者使用了大量的科学术语，如"石蕊试纸""大陆漂移学说""脑电波"等，不仅增加了文章的可信度、说服力，而且让表达更清晰、准确。因此，教师应有意识地引导学生在自己的表达中使用合理的科学术语。《真理诞生于一百个问号之后》所处单元之后的习作主题是《插上科学的翅膀飞》，要求："让我们写一个科幻故事，将头脑中天马行空的想象记录下来。"解读教材发现，此次习作的定位是科幻故事，而科幻故事与想象类习作有所不同：前者须有合理的科学知识作支撑。所以在习作前应指导学生选择合适的创作方向和主题。选择好相应的主题后，学生应通过各种方式收集相关的科学资料来支撑情节的发生、发展。

---

①　中华人民共和国教育部：《义务教育语文课程标准（2022年版）》，1页，北京，北京师范大学出版社，2022。

若是对"时空穿越"感兴趣，就必须了解爱因斯坦的相对论；若对"宇宙星球"感兴趣，就必须对天文学有一些了解。倘若脱离了相应的科学知识谈科学幻想，那只会成为一纸空谈。

2. 用严谨、科学的语言表达得更文艺、更生动

科学文艺作品是科学性和文艺性的统一。只关注到科学文艺作品表达的清晰、准确是远远不够的，学生还应将文艺、生动的语言风格迁移到自己的表达之中。

如统编本小学语文教材五年级下册《金字塔夕照》一文中："远远望去，它像漂浮在沙海中的三座金山，似乎一切金色的光源，都是从它那里放射出来的。"又如六年级上册《只有一个地球》开篇有这样一句话："据有幸飞上太空的宇航员介绍，他们在天际遨游时遥望地球，映入眼帘的是一个晶莹的球体，上面蓝色和白色的纹痕相互交错，周围裹着一层薄薄的水蓝色'纱衣'。"通过阅读，学生能发现，即使是在科学严谨的说明类文章中，恰当使用修辞手法也会使得表达更生动、形象。

此外，还应善用描述性语言，呈现事物的颜色、形状、气味、声音等不同方面的特点。

如统编本小学语文教材五年级下册《童年的发现》中对"我"做梦的一段描写："我的发现起始于梦中飞行。每天夜里做梦我都飞，我对飞行是那样迷恋，只要双脚一点，轻轻跃起，就能离开地面飞向空中。后来，我甚至学会了滑翔，在街道上空，在白桦树梢头，在青青的草地和澄澈的湖面上盘旋。我的身体是那样轻盈，可以随心所欲，运转自如，凭着双臂舒展和双腿弹动，似乎想去哪里就能飞到哪里。"虽然是写童年时的想入非非，但是作者在描写自己的梦境时，生动地写出了自己在梦里的一系列动作和内心感受，让读者体会到他的梦境是那么独特而神奇，也为下文他童年的发现做铺垫。这样的描述性语言可谓给文章增姿添色。

第二节
科学文艺类文本学习活动设计举例

为兼顾科学文艺类文本在学段、主题、体裁、民族等方面的多样性，本节选取问答式儿歌《比尾巴》（一年级上册），以及法国昆虫学家、文学家法布尔的科普说明文《蜜蜂》（三年级下册），作为科学文艺类文本教学解读与学习活动设计的具体案例。

例1　《比尾巴》文本教学解读与学习活动设计（第二课时）

一、文本教学解读

《比尾巴》是统编本小学语文教材一年级上册第六单元的一篇课文。本课采用问答式儿歌的形式，介绍了六种小动物尾巴的特点，语言和谐流畅、朗朗上口，内容简明易懂，极富儿童情趣，既能激起学生朗读的欲望，又能培养学生观察生活、感受生活的兴趣和能力。教材插图呈现了这六种动物尤其是其尾巴的样貌，形象直观，是课文学习的有效辅助。

本课作为一首包含知识性的儿歌，亦可归入科学文艺的范畴。在进行文本解读时需着重关注以下三个方面。

（一）趣味性

《比尾巴》是一首带有鲜明游戏色彩的儿歌。儿歌的欣赏者是低幼儿童，流传方式是口耳相授，是活在孩子口头上的文学。由于幼儿的主导活动是游戏，他们往往通过游戏了解、认识和熟悉周围事物，因此，讲究和追求动态的游戏性，将游戏与儿歌相结合，实现歌与戏的互补，便成为儿歌的一个显著特征。《义务教育语文课程标准（2022 年版）》"前言"部分指出课程标准的主要变化之一是："注重幼小衔接，基于对学生在健康、语言、社会、科学、艺术领域发展水平的评估，合理设计小学一至二年级课程，注重活动化、游戏化、生活化的学习设计。"[①]统编本小学语文教材第一学段编排了大量儿歌，也正是基于学生的认知和年龄特点，以一年级学生所熟悉的学习内容、学习方式实现幼小衔接，提升语文课程的活动化、游戏化、生活化水平。

《比尾巴》在艺术形式上属于儿歌中的问答歌。问答歌又称对歌、盘歌，是指以设问作答的方式，引导孩子认识事物或懂得一定道理的传统儿歌形式。这首儿歌采用连问带答的形式，以一组问引出一组答，所问答的事物皆是儿童熟悉且喜爱的小动物形象，极易调动学生的学习兴趣。课堂上，可以设计"诵读竞赛""我问你答大比拼"等环节，通过多种形式的问答式诵读，如男生问女生答、一组问二组答、一生问另一生答等，让学生在游戏情境中反复诵读儿歌，习得儿歌的内容，感受儿歌的音韵之美。同时，这首儿歌节奏明快，韵律十足，读来朗朗上口，因此也可借鉴拍手歌的形式特点，让学生在熟读成诵的基础上，同桌之间边拍手边吟唱儿歌，以感受儿歌的韵律，增加

---

①　中华人民共和国教育部：《义务教育语文课程标准（2022 年版）》，前言，北京，北京师范大学出版社，2022。

儿歌学习的趣味性。

(二)知识性

问答歌是一种别具特色的儿歌艺术形式，其特点是有问有答，而其目标则在于引导儿童认识事物或一定道理。儿童诵读问答歌，能引起他们的思考、联想，从而得到知识的启迪和美的享受。因此在教学《比尾巴》儿歌的过程中，文本的科学性、知识性特征不可忽视。结合科学文艺类作品的特点及其教学策略，这种科学性、知识性绝不是外加于作品本身，而是渗透在作品的文学性、艺术性之中，故而教学时不能将知识性内容从文本中单独抽离，更不能以说教或灌输的形式强塞给学生，尤其是面向《比尾巴》这类活泼生动的儿歌，倘若板起面孔进行知识传授的话，只能令学生避之唯恐不及。

事实上，科学的知识亦可借助轻松有趣的游戏形式来加以呈现。在本课第一课时教学中，可以首先采用图片与文字对应的形式，比如猴子的图片对应文字"长"，兔子的图片对应文字"短"，让学生直观感受不同动物尾巴的特点，建立起初步的、直观的印象。然后将几只动物的图片替换成相应的文字卡片，再来找一找对应关系。最后将这几种动物名称的文字卡片与"长""短""一把伞""弯""扁""最好看"字卡顺序打乱，让学生以"连线"或"找朋友"的方式将各种动物及其特点建立有效联系，形成对于文本的整体性印象，并且引导学生在比较中了解事物，培养他们观察和分辨事物的能力。在第二课时教学的后半段，可以在习得文本内容的基础上，为学生提供一定的学习支架，引导他们模仿这首儿歌进行再创作。比如呈现兔、马、象、猫、熊、狗等动物的图片，并提供"长""短""遮住脸""尖""圆""听得远"等字卡，让学生尝试着创作一首《比耳朵》。在第二课时拓展延伸阶段，还可以引导学生课后观察大自然，选择动物或者植物某一方面的特点，用儿歌的形式说一说。这种设计，其目的绝不仅仅是帮助学生习得这一首儿歌，而是将他们的视野从书本引向更加广阔的文学世界和自然天地，让他们在获得某一方面知识的同时，养成观察世界、分辨事物、感受生活的意识和习惯，做生活中的有心人。

(三)文学性

语文课程是一门学习国家通用语言文字运用的综合性、实践性课程，因而语文教学应落脚于学生语言文字运用能力的提升。儿歌是儿童文学体裁之一，因而"儿童性"与"文学性"也是儿歌的基本属性。儿歌教学虽然要注重趣味性、游戏性，但绝不能上成表面看来热热闹闹、学生开开心心实则内涵全无的游戏课；科学文艺类文本的教学虽然要注重科学性、知识性，但不能上成以知识传授为手段的说教课，或以识物辨物为目的的科学课。因此，在《比尾巴》一课教学过程中，有两点问题需要特别注意。

一是反复诵读的形式不可或缺。诵读是领略、欣赏儿歌之美最重要、最基本的途径和方法。和学生一起进行多种形式的诵读，是儿歌教学中必不可少的环节。儿歌不是凭借文字，而是依靠口耳相传的方式传播，因而只有吟唱方能充分体现其生命力。只有在反复诵读的过程中，儿歌形式的押韵、对仗，音韵的和谐流畅，节奏的铿锵明快，才能更好地被学生所体认，儿歌才能真正成为一种活在孩子口头上的文学。

二是以再创作的形式实现儿歌学习的增殖。"创作"一词付诸一年级语文课堂，看似好高骛远，但实际上，孩子从开口讲话的第一天起，就已经迈上了"创作"之路，只不过这条道路具有不同的层级、需要不同的走法。儿歌是一种极具开放性的儿童文学样式，其口耳相传的传播属性造就了其不稳定、可再生的文体特质。特别是像问答歌、数数歌、连锁调、颠倒歌、节序歌等一些传统儿歌样式，具有一定格式化的结构模式，只要善于观察、乐于想象，就很容易将儿歌中的某些内容进行更改、置换，从而创作出新的儿歌作品来。就以这首《比尾巴》为例，儿歌列举了六种动物，而在儿童的认知领域，有尾巴的动物又何止六种？这首儿歌是围绕动物的尾巴来写的，换个角度思考，动物的耳朵、鼻子、腿等是否也能编成儿歌呢？大千世界，除了动物外，形形色色的植物触目皆是，植物的叶子、花朵、植株形态等亦各具特点，那么，植物是否也能写一写呢？如此将课堂文本学习与生活观察所得相结合，并以随口吟唱的方式加以呈现，一来深化了学生对原儿歌文本艺术形态（包括句式、押韵、节奏、内容等）的体认；二来引导他们观察生活、感受生活，做生活的有心人，加强了语文与生活的联系，提升了语文课程的内涵和趣味性；三来也让学生初步参与到文学创作之中，降低创作的门槛，减轻畏惧和排斥心理，获得自信心和高峰体验，从而为今后的习作教学做好铺垫。如此说来，实可谓一举三得。

二、学习活动设计

【学习目标】

1. 通过多种形式朗读课文，读好问句的语气。背诵课文。

2. 理解课文内容，模仿课文形式做问答游戏，体会儿歌的韵味以及儿歌学习的乐趣。

3. 初步尝试模仿课文形式创作《比耳朵》或其他儿歌，养成观察生活、感受生活的意识和习惯，体验创作的快乐。

【学习过程】

板块一：游戏导入，复习回顾

1. 游戏：找尾巴

小朋友们，还记得我们昨天课上学习的一首儿歌《比尾巴》吗？大家一起认识了一群可爱的小动物。今天啊，这几只小动物又跑到咱们的课堂上来了，不过，它们把自己的尾巴弄丢了，咱们得先帮它们把尾巴找回来。谁来帮忙呢？

（板贴字卡：长、短、一把伞、弯、扁、最好看）

（学生上讲台将六种动物的图卡贴在对应的字卡之前）

真棒！咱们帮小动物们找到了自己的尾巴。可是现在麻烦又来了，小动物们都跑得没影了，只留下了这几张字卡，大家还能为它们找到自己的尾巴吗？

（出示字卡：猴子、兔子、松鼠、公鸡、鸭子、孔雀）

（学生上讲台将六张动物名称字卡贴在对应的字卡之前）

2. 板书课题

小朋友们真了不起！我们顺利闯过了两道关卡，终于可以打开书本，准备进入第三关了。请大家跟老师一起板书课题。注意"比"字，先写——横，再写——竖提，左小右大，弯钩略展。"尾巴"的"巴"字，最后一笔"竖弯钩"一定要写得舒展，这样才像一条长长的尾巴。

3. 复习生字

开火车读生字，看谁读得又快又准。

【设计意图】以游戏贴字卡（图卡）找尾巴的形式复习导入，实际是让学生在课堂伊始即进入课文的内容情境，一方面，调动学生参与课堂学习的积极性；另一方面，也是对于上节课所学文本内容的回顾。所设计的两道关卡，一是以图片对应文字，二是以文字对应文字，由直观而至抽象，逐渐提升难度。同时，字卡所涉文字也基本涵盖了本课生字，因此在贴字卡、读字卡的过程中，也是对第一课时识字教学的复习与检测。

板块二：赛读促学，感受韵味

1. 小组合作，分工诵读

我们为小动物们找到了自己的尾巴，顺利通过了两关。现在，第三关即将开启：谁能把课文读好？

四人为一小组，每人读一段，一会儿我们比一比，看哪个小组读得最好。

2. 评比展示，指导诵读

（几个小组展示诵读成果，评选最优奖）

为什么大家都认为 A 小组读得最好呢？

预设 1：声音响亮，读音准确。

预设 2：有节奏，就像唱歌一样。

预设 3：读出了疑问的语气，回答得也很干脆。

点拨：是啊，他们读得既响亮准确，又很有节奏感。最关键的是，第一段、第三段读出了疑问的语气，第二段、第四段回答得又很干脆、肯定，显得胸有成竹。那么，你们怎么知道第一段和第三段要用疑问的语气来读呢？

大家都是火眼金睛，都发现了每个句子后面的"？"。小问号很调皮，每当遇见问题就会跑出来给我们设置障碍，读好了这些问句，第三关才能通过哦。现在，我们各自在座位上大声地读一读课文，注意要读好小问号。

3. 有问有答，诵读竞赛

甲生读问题，乙生来回答。

一组读问题，二组来回答。比一比哪个组读得更好。

女生读问题，男生来回答。看看男生读得好还是女生读得好。

【设计意图】儿歌是活在儿童口头上的文学。通过多种形式的反复诵读，儿歌形式的押韵、对仗，音韵的和谐流畅，节奏的铿锵明快，才能更好地被学生所体认。同时，学生也在一遍一遍虽重复却并不单调，且充满游戏意味的诵读中，加深了对文本的记忆与理解。

板块三：熟读成诵，游戏识趣

1. 阶梯式背诵

现在开启第四关。请大家合上书本，咱们一起来背诵这首儿歌，看谁背得又快又好。

（1）字卡辅助背诵。（学生一边背诵，教师一边出示字卡：长、短、一把伞、猴子、兔子、松鼠、弯、扁、最好看、公鸡、鸭子、孔雀）

（2）部分字卡辅助背诵。（学生一边背诵，教师一边出示字卡：长、短、一把伞、弯、扁、最好看）

（3）动作辅助背诵。（教师做出相应的动作，学生背诵）

（4）无媒介背诵。（全班齐背诵、个别背诵、问答游戏背诵）

2. 同桌合作，拍手游戏

同桌面对面，边做拍手游戏边背诵儿歌。

3. 自编动作，表演儿歌

全班起立，配合背景音乐，跟着老师一起，一边做动作，一边念唱儿歌。可以照着老师的样子做，也可以做自己喜欢的动作。

【设计意图】1. 在学生熟读儿歌在前提下，借助字卡辅助、动作辅助的方式进行背诵，降低了背诵的难度，提升了背诵的趣味性。最后摆脱支架的辅助，学生很自然地完成了自主背诵。2. 尽管《拍手歌》作为课文是出现于二年级上册教材之中，但拍手游戏作为幼儿园常见的一种游戏形式，对于一年级学生并不陌生。在教学《比尾巴》儿歌时引入拍手游戏，既简便易行，又便于调动学生学习的积极性，让他们在熟悉的情境中放松身心，感受儿歌的韵律以及儿歌学习的乐趣。3. 此刻，四十分钟的课堂教学已过半程，正是一年级小学生注意力最容易分散的时候。以全班起立、边做动作边念唱儿歌的形式，既能振奋精神、缓解疲劳，又能让学生更好地感受儿歌的魅力。

板块四：自由问答，初试创作

1. 你问我答大比拼

小朋友们都很棒，不仅顺利通过了"背诵"这一关，而且还加上动作把儿歌表演了出来。新的一关又要开始喽。这一关就叫作"你问我答大比拼"。

(1)老师问，学生答

谁的尾巴最好看？

预设：孔雀的尾巴最好看。

谁的样子最可爱？

预设：兔子/小狗/小熊/的样子最可爱。

谁的鼻子长？谁的鼻子短？谁的鼻子最灵敏？

预设：大象的鼻子长，小猪的鼻子短，小狗的鼻子最灵敏。

(2)学生问，学生答

点拨：不仅可以围绕动物发问，而且可以拓宽视野，面向大千世界发问，如树叶、花朵、物质的软硬冷热等。

2. 我是小作家

这首《比尾巴》儿歌大家都会读、会背、会表演了。那么，咱们能试着根据老师的提示，一起创作一首儿歌吗？

(1)观察发现

(板贴兔、马、象、猫、熊、狗六种动物的图卡)小朋友们，先仔细观察，再说说它们身上的哪个部位最吸引你？

预设1：尾巴/鼻子/腿/身体……

预设2：耳朵。

点拨：看看它们的耳朵，有的长，有的短，有的尖，有的圆。老师还为它们准备了这些字卡，先跟我读——(出示字卡：长、短、尖、圆、遮住脸、听得远)

(2)贴字卡

谁来把这些表示动物耳朵特点的字卡贴在相应的动物后面？

预设：兔——长、马——短、象——遮住脸、猫——尖、熊——圆、狗——听得远。

(3)创编儿歌《比耳朵》

谢谢你，帮助这几种小动物找到了适合自己的耳朵。现在就让我们学着课文《比尾巴》的样子，创作一首新的儿歌——《比耳朵》。老师来说第一句——谁的耳朵长？——

预设：谁的耳朵长？/谁的耳朵短？/谁的耳朵遮住脸？//驴的耳朵长。/马的耳朵短。/象的耳朵遮住脸。//谁的耳朵尖？/谁的耳朵圆？/谁的耳朵听得远？//猫的耳朵尖。/熊的耳朵圆。/狗的耳朵听得远。

点拨：看来，小朋友们既是观察小达人，又是创作小能手！

（4）拍手游戏《比耳朵》

现在就让我们一边听着我们自己创作的儿歌《比耳朵》，一边做拍手游戏。（播放《谁的耳朵长》儿歌音乐）

【设计意图】《比尾巴》课文内容浅显，学生掌握起来并不困难，关键是要让学生从儿歌的学习中感受儿歌的形式特点及语文学习的乐趣，获得语文素养的全面提升。儿歌作为一种活在儿童口头的文学样式，具有内容与形式的开放性、延展性，因此可以让学生初步尝试儿歌的创编。当然，对于一年级学生而言，"创作"具有较大的难度，这就需要教师提供一定的支架，以阶梯式、渐进式的教学方式接近目标。在此，先以问答游戏引出问答歌内容的片段，同时拓宽学生的视野，活跃学生的思维，为后面的创作"热身"；再提供几种动物的图片，以直观的形式突出这几种动物共有的特征，并提供引导性词语；最后，提示学生模仿课文的样子，并给出创编儿歌的题目与首句。这样，一首新儿歌的创作也就水到渠成了。虽然整个过程教师步步为营、学生按部就班，但对于学生而言，一首全新的、完整的自编儿歌足以令他们振奋不已。这对于学生语言能力、思维能力的培养，学习兴趣的提升，乃至今后写作兴趣的激发，都具有积极的促进作用。

板块五：拓展延伸，感受生活

总结：今天我们学习了儿歌《比尾巴》，还一起创作了一首新的儿歌《比耳朵》。其实我们生活的这个世界真是丰富多彩，除了有各种各样的动物之外，还有千奇百怪的植物，以及各种有趣的事物。

作业：请小朋友们回家以后带着爸爸妈妈一起观察大自然，照着课文的样子，一起玩问答游戏。

【设计意图】能够将语文课堂所学在生活中加以有效迁移与运用，既是对课堂学习效果的检验，又是一种强化。语文学习的意义不仅仅在于掌握教材中的课文，还是以课文为媒介，获得语言、思维、审美、文化素养的全面提升，并且引导学生学会观察、善于感受生活，做生活中的有心人。

例2　《蜜蜂》文本教学解读与学习活动设计（第一课时）

一、文本教学解读

《蜜蜂》是统编本小学语文教材三年级下册第四单元的第二篇精读课文，出自法国昆虫学家、文学家法布尔的《昆虫记》，以第一人称写了他所做的一个实验，即证实蜜蜂是否具有辨认方向的能力。课文重点介绍了实验的经过，体现了法布尔善于思考、严谨求实的科学态度。文章语言生动准确，线索清晰，层次分明，是一篇兼具科学性与艺术性的科普说明文。在进行文本教学解读时，可从以下三个方面着手。

(一)明晰单元定位，把握教学重点

本课所在的单元共包含两篇精读课文(《花钟》《蜜蜂》)和一篇略读课文(《小虾》)，单元习作主题为《我做了一项小实验》。单元导语"看，花儿在悄悄绽放。听，蜜蜂在窃窃私语……自然界如此奇妙，留心观察，会有新的发现"指向本单元的人文主题——"观察与发现"。本单元的语文要素是：1.借助关键语句概括一段话的大意。2.观察事物的变化，把实验过程写清楚。前一课《花钟》重点学习了"借助关键语句概括一段话的大意"，这种概括的方法可以迁移到本课的学习中，即借助关键词句梳理实验过程。而本课的教学重点则应围绕语文要素 2 展开。且从单元整体编排来看，本单元的三篇课文中，本课是对单元习作目标指向最为明确的，因而本课阅读教学效果的优劣直接决定了此后习作教学的成败。本课的课后习题一要求"默读课文。把下面的示意图补充完整"，并以"实验目的→实验过程→实验结论"的示意图形式为学生搭建起学习支架，帮助学生有效地梳理文章结构，了解实验过程，为后面完成《我做了一项小实验》习作训练打好基础。

(二)紧扣文体特性，体认文本风格

本文是一篇科普说明文，属于科学文艺的范畴，而科学文艺是用文学的手法来描写科学、表现科学、普及科学，具有科学性与文艺性的双重属性。因此教学时，应让学生在理解课文内容的基础上，充分体认本文既科学严谨又生动形象的文本特质，学习作者的实验过程以及如何将实验过程写清楚的写作方法，并在习作实践中加以迁移、运用。

本文的科学性，既体现在实验设计的科学合理，也表现为语言表达的严谨准确。前者如实验对象数量的选择、实验干扰因素的排除等。后者则可借助课后习题二来让学生加以体会。习题二要求："读一读，注意加点的部分，说说你从中体会到了什么。再从课文中找出类似的词句，和同学交流。"三个例句中加点的部分分别是"二十只左右""好像""大概""两点四十分"，意在表现文本语言的准确性、严谨性，这其实也正代表着科学文艺类文章语言表达的一贯特点。

本文的文艺性主要体现在，尽管作者通过科学严谨的实验方式得出结论："蜜蜂靠的不是超常的记忆力，而是一种我无法解释的本能"，但并非按部就班地呈现实验步骤、实验结果，而是以文学笔法展现了自己探究的心理与自然万物的神奇，令读者在获得知识启迪的同时，也得到审美和情感的熏陶。比如文中写到，当"我"跨进家门时，"小女儿就冲过来，脸红红的，看上去很激动"，以及对小女儿"高声喊道"的语言描写，

跟"我"的推测构成截然的反差，既生动、形象，又增加了阅读的趣味性。实际上，这也由小见大地反映出法布尔《昆虫记》的总体特色：将昆虫的多彩生活与自己的人生感悟融为一体，用人性去看待昆虫，字里行间透露出作者对生命的尊敬与热爱。

（三）立足学情分析，提升课堂效果

三年级的学生已经积累了一定的自主识字、写字和阅读的经验，因而识字教学以及对文本的初读感知等环节可以更多地放手让学生去做，而把更多的课堂教学时间用在重难点的突破上。同时，这个年龄段的孩子学习热情高，他们爱观察、爱想象、爱表达。因此，本课设计紧扣单元导语的"奇妙"二字，激发学生浓厚的学习兴趣。教学中采用"猜读结合法"，引导学生边学边猜，边猜边学，让他们一直处在新奇之中。本节课的学习活动设计遵循三年级孩子的认知特点，旨在于孩子们心中种下留心观察并探索、发现奇妙自然的种子，让他们在今后的学习生活中主动去思考、去探索、去学习、去收获。

二、学习活动设计

【学习目标】

1. 随文自主识字，能正确认读"概""阻"等 9 个生字，以及"辨认方向""大概""减少阻力"等词语；会写"蜜""蜂"等 12 个生字。

2. 读通课文，理解内容，并借助图表梳理实验的过程，感受昆虫学家法布尔严谨认真的科学态度。（学习重点）

3. 在边猜边读、边读边猜中感受大自然的奇妙，激发学习兴趣，养成善于观察、主动探究、乐于思考的学习习惯。（学习难点）

【学习过程】

板块一：观看视频，激趣导入

1. 课前播放《探秘蜜蜂王国》视频中有关蜜蜂搭建蜂巢、产卵、采蜜、酿蜜等片段。

交流：你关注到了哪些新奇好玩的画面？你的头脑中产生了哪些疑问呢？

预设 1：蜜蜂使用蜂蜡搭建六边形的蜂巢，真神奇！我想知道，蜂蜡是从哪儿来的？

预设 2：蜜蜂居然有"采花篮"，太好玩了！它们每次采多少花粉才算完成任务？

预设 3：侦察蜂居然会跳八字形的舞告诉同伴蜜源在什么方向，成千上万只蜜蜂飞到那么远的地方去采蜜，它们会迷路吗？

2. 设疑：是呀，蜜蜂飞那么远去采蜜，它们还能找到家吗？

【设计意图】对于三年级的孩子而言，蜜蜂这种昆虫并不陌生，但是蜜蜂的"生活"对他们来说却很遥远。他们不会主动地、长时间地、近距离地观察蜜蜂是如何采蜜的，

蜜蜂世界里还有许多令他们惊叹的"小秘密"。课前观看《探秘蜜蜂王国》的视频,有助于激发学生的学习兴趣和求知欲,让他们在头脑中产生"十万个为什么"。带着疑问走进课堂,有意义的学习之旅便开始了。

　　板块二:走近作者,明确"目的"

　　1. 板书课题,学写"蜜蜂"

　　(板书课题)蜜蜂是一种昆虫,所以"蜜"和"蜂"这两个字都有"虫"部。"虫"在下扁而宽,"虫"作旁瘦而长。

　　2. 出示课文第一自然段,指名读,随文学习"辨"

　　"蜜蜂有辨认方向的能力,无论飞到哪里,它总是可以回到原处。"

　　交流:读了这一句,咱们课前的疑问有答案了吗?

　　它们成群结队飞到很远的地方去采蜜,能不能找到家?为什么?

　　预设:能,因为这是一句结论。

　　3. 加"听说",指名读

　　"听说蜜蜂有辨认方向的能力,无论飞到哪里,它总是可以回到原处。"

　　交流:蜜蜂能飞回家吗?为什么?

　　预设:不一定,因为听说的没有经过验证,不一定是真的。

　　4. 出示两句话,比较读

　　(1)蜜蜂有辨认方向的能力,无论飞到哪里,它总是可以回到原处。

　　(2)听说蜜蜂有辨认方向的能力,无论飞到哪里,它总是可以回到原处。

　　(板书:听说)

　　5. 出示法布尔资料,思考

　　法国著名的昆虫学家、文学家法布尔听说了这件事,他一定会怎么做?

　　齐读"我想做个实验"。

　　【设计意图】抓住重点词语感悟文本的内涵是三年级阅读教学的重点。紧扣"听说"二字,让学生在反复对比朗读中,理解结论和非结论的区别,从而明确著名昆虫学家、文学家法布尔做实验的目的——"为了验证蜜蜂有辨认方向的能力",并初步感知作者严谨求实的科学态度。

　　板块三:走进实验,体会严谨

　　1. 法布尔家草料棚的蜂窝里刚好有一些蜜蜂,同学们猜一猜,他会怎么做这个实验呢?(板书:实验)

　　预设1:捉一些蜜蜂放进一个玻璃瓶里,带到一个地方放飞。

　　预设2:捉一些蜜蜂在它们身上做上记号,然后放进塑料袋里,带到某个地方放飞,看它们能不能飞回来。

2. 法布尔到底是怎么做的呢？

出示第二自然段，先自己读一读，再指名读，随文学习"大概"和"阻力"。

交流：法布尔实验的哪些细节跟你想的不一样？他这样做有什么好处？

预设 1：法布尔把蜜蜂放进"纸袋"里，纸袋具有透气性，而且蜜蜂在纸袋里什么也看不清，不可能靠记忆力找到回家的方向。

预设 2：法布尔走了"四公里"才放飞蜜蜂，这个距离比较远，这样实验的结果才更有说服力。

预设 3：法布尔放飞了"二十只左右"的蜜蜂，这个数字不多也不少，便于统计结果。

预设 4：法布尔放飞蜜蜂时做了"白色记号"，还让"小女儿在蜂窝旁等着"，可见法布尔想得非常周到，不愧是昆虫学家，实验设计得很严谨。

3. 再读第二自然段，抓住关键词体会法布尔做实验的关键要素

【设计意图】本环节的教学先引导学生联系生活经验猜测法布尔是如何做实验的。学生兴趣盎然，在同伴猜测的基础上会不断补充。当他们集全班智慧于一体，呈现出最完美的实验步骤时，再出示第二自然段，让学生在文本中反复品读法布尔的实验过程。在不断比较自己的想法和法布尔的做法时，学生很快便抓住了关键词语，从而理解了法布尔实验的关键要素，反复朗读中，不由得拍案叫绝，再次感知作者严谨的科学态度。

板块四：猜读圈画，得出结论

1. 猜一猜

蜜蜂能飞回来吗？怎么回来呢？

预设：成群结队……

2. 出示"没等我跨进家门，小女儿就冲过来，脸红红的，看上去很激动"

猜一猜：她为什么会这么"激动"？

预设：一定是有蜜蜂飞回来了。

3. 导读

她高声喊道——"有两只蜜蜂飞回来了！它们两点四十分回到蜂窝里，肚皮下面还沾着花粉呢"

点拨：抓住"脸红红的""激动""高声喊道"指导朗读。

交流：从小女儿的话中，你知道了哪些信息？

预设：飞回两只、采完花粉回来的……

4. 默读思考

飞回两只能不能说明蜜蜂有辨认方向的能力？是不是就飞回了两只呢？打开课本默读第五到第七自然段，边读边圈出关键词。

预设：傍晚飞回另外三只，第二天发现了十五只。

点拨：因此，作者得出的结论是：蜜蜂靠的不是超常的记忆力，而是一种我无法解释的本能。（板书：结论）

【设计意图】1. 抓住关键词进行朗读训练，可以让学生走进人物的内心，培养语感。2."观察事物的变化，把实验过程写清楚"是本单元的语文要素之一。本环节的设计旨在让学生习得"圈画关键词"的概括方法。学生在圈画中得出了实验的结论，同时也知道了实验过程中认真持续的观察才能"一步步写清实验过程"，为本单元的习作教学做好了铺垫。

板块五：梳理过程，回归整体（见图9-1）

1. 朗读全文，根据板书（目的→过程→结论）试着梳理实验的过程

2. 再次默读课文，运用想象画面的方法把实验的过程在头脑中理一理

3. 把学习单上的图表补充完整并反馈

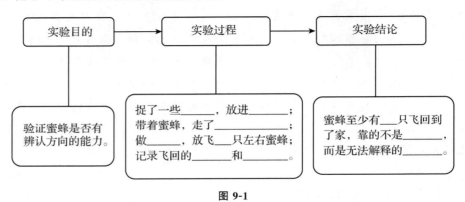

图 9-1

4. 情境梳理

昆虫爱好者们对法布尔的这项实验特别感兴趣，他们很想知道法布尔是如何做这个实验的。现在你就是法布尔，你能借助图表向大家介绍实验的过程吗？先组内介绍，再全班交流。

5. 总结

今天这节课，我们一起学习了作为昆虫学家的法布尔是如何做实验的。那么，作为文学家的法布尔又是如何把实验的过程写生动准确的呢？下节课我们继续交流。

6. 课后作业

（1）借助图表，把法布尔做实验的过程说给同伴或爸爸妈妈听。

（2）感兴趣的同学可以读一读法布尔的《昆虫记》，书中有更多关于昆虫的有趣发现。

【设计意图】本环节设计了多种方法让学生把实验目的、实验过程和实验结论连起来说一说，如借助关键词、默读想象画面、学习单梳理、情境创设等，旨在让学生加

深对课文内容理解的同时，激发想象力，提高语言表达能力和结构明晰的语言思维能力。课后作业设计是课堂学习的拓展延伸，通过这节课的猜读学习法和《昆虫记》的推荐阅读，既有助于培养学生爱观察、勤思考的学习习惯，也让留心自然、热爱自然的种子在学生心中生根、发芽。

【板书设计】(见图 9-2)

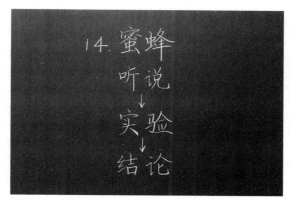

图 9-2

章后练习

1. 儿童科学文艺具有哪些基本特征？结合具体例子说明。

2. 科学文艺文本教学解读与学习活动设计可运用哪些策略？结合相关课例阐释。

3. 在《比尾巴》一课中，进行文本解读时需着重关注哪些方面？

4. 尝试以《爬山虎的脚》(四年级上册)为例，进行文本教学解读和学习活动设计。

延伸阅读

1. 张恩德，范远波：《科学小品文：科学与文学融合的桥梁》，载《教学与管理》，2011(22)。

2. 吴忠豪：《将科学童话故事上出浓浓的语文味——评顾家璋〈小壁虎借尾巴〉课堂实录》，载《语文建设》，2019(18)。

3. 刘中深：《基于核心素养的科学小品文实践性教学探究》，载《江苏教育研究》，2018(1)。

4. 陆虹《花钟》(三年级下册)教学实录。

5. 窦桂梅《圆明园的毁灭》(五年级上册)教学实录。

6. 周益民《只有一个地球》(六年级上册)教学实录。

参考文献

1. 中华人民共和国教育部．义务教育语文课程标准（2022 年版）[M]．北京：北京师范大学出版社，2022.

2. 刘勰．文心雕龙[M]．开封：河南大学出版社，2008.

3. 陈伯海．唐诗汇评（增订本）[M]．上海：上海古籍出版社，2015.

4. 洪迈．容斋随笔[M]．上海：上海古籍出版社，2015.

5. 余秋雨．何谓文化[M]．武汉：长江文艺出版社，2012.

6. 王荣生．阅读教学设计的要诀——王荣生给语文教师的建议[M]．北京：中国轻工业出版社，2014.

7. 贺新辉．古诗鉴赏辞典[M]．北京：中国妇女出版社，1988.

8. 王华杰．儿童文学论[M]．湘潭：湘潭大学出版社，2009.

9. 许慎．说文解字[M]．上海：上海古籍出版社，2007.

10. 顾明远．教育大辞典（第 2 卷）[M]．上海：上海教育出版社，1990.

11. 中国社会科学院文学研究所．古典文艺理论译丛（卷三）[M]．北京：人民文学出版社，1963.

12. 刘世剑．小说概说[M]．长春：东北师范大学出版社，1986.

13. 童庆炳．文学理论教程[M]．北京：高等教育出版社，2008.

14. 温儒敏．"部编本"语文教材的编写理念、特色与使用建议[J]．课程·教材·教法，2016(11).

15. 温儒敏．如何用好"统编本"小学语文教材[J]．课程·教材·教法，2018(2).

16. 温儒敏．用好统编本教材，切实提升教学质量——使用统编本小学语文教材的六条建议[J]．语文建设，2019(16).

17. 张海燕．简析景阳冈武松打虎中的哨棒与酒[J]．文学界（理论版），2010(4).